CONSTRUCTIVISMO LÓGICO-SEMÂNTICO

Volume 1

CIP-BRASIL. CATALOGAÇÃO NA PUBLICAÇÃO
SINDICATO NACIONAL DOS EDITORES DE LIVROS, RJ

C775
2. ed.
v. 1

Constructivismo lógico-semântico/ coordenação: Paulo de Barros Carvalho; Aurora Tomazini de Carvalho. - 2. ed. - São Paulo : Noeses, 2020.

422 p.
ISBN 978-85-8310-145-1

1. Direito - Linguagem. 2. Hermenêutica (Direito). 3. Semântica (Direito). 4. Norma (Filosofia). I. Carvalho, Paulo de Barros. II. Carvalho, Aurora Tomazini de.

19-61132 CDU: 340.12

Vanessa Mafra Xavier Salgado - Bibliotecária CRB-7/6644

Coordenação
Paulo de Barros Carvalho

Organização
Aurora Tomazini de Carvalho

CONSTRUCTIVISMO LÓGICO-SEMÂNTICO

Volume 1

2ª edição revista

2020

editora e livraria
NOESES

Copyright © Editora Noeses 2020
Fundador e Editor-chefe: Paulo de Barros Carvalho
Gerente de Produção Editorial: Rosangela Santos
Arte e Diagramação: Renato Castro
Revisão: Equipe Noeses
Designer de Capa: Aliá3 - Marcos Duarte

2020

editora e livraria
NOESES

Editora Noeses Ltda.
Tel/fax: 55 11 3666 6055
www.editoranoeses.com.br

NOTAS À SEGUNDA EDIÇÃO DESTE LIVRO

Sai a 2ª edição do "Constructivismo Lógico-Semântico Vol. I", coleção de textos sobre esse método que tanto vem contribuindo para o aprofundamento dos estudos e reflexões acerca da aventura do saber. Abrange todos os domínios do pensamento, se bem que tenha sido utilizado, com mais frequência, para investigações jurídico-positivas e jurídico-dogmáticas. O Constructivismo Lógico-Semântico é feito de sincretismos, mas em combinações adequadas e proporcionadas. Nele, articulam-se várias ciências e uma multiplicidade de termos que se justapõem, sotopõem e sobrepõem, contudo de maneira organizada, sem aquela miscigenação indesejada, feita ao léu, jogadas as formas ao acaso, sem concatenação, sem propósito e sem eixo de estabilização que assegure o equilíbrio do discurso. Aquilo que se tem como o lado negativo do sincretismo é apenas um ângulo de observação. Somente isso. Lembremo-nos que as grandes correntes filosóficas nada mais são do que feixes de proposições de origens diversas, conjugadas de modo tal que se cruzam para constituir teorias coerentes, plenas de sentido, testemunhos eloquentes dessa verdade: no fundo, representam enormes painéis que reúnem posições nem sempre bem articuladas sobre a participação do ser humano na trajetória de sua existência. Significa, em outras palavras, que o sincretismo não é um mal considerado em si mesmo. A palavra tem acepções diferentes: há o sentido que conduz à desordem teorética, à confusão metodológica, ao descontrole de conceitos, suscitando equívocos e proporcionando situações conflitantes. Esses devem ser evitados, a todo custo, porque comprometem o discurso e encaminham as conclusões para resultados incoerentes e inconsequentes, portanto insatisfatórios. Mas, há combinações úteis, profícuas, ensejadoras de harmonia. Sobre elas é que me refiro quando faço alusão ao Constructivismo. Convivem, no seu âmbito, teorias a propósito do Direito (normativismo, historicismo, sociologismo, antropologismo cultural); da Filosofia (ontologia, axiologia, filologia, lógica); ciências a respeito da linguagem, semiótica, retórica e tantas mais, além daquelas que aludem ao fenômeno comunicacional.

Chama a atenção, no que tange ao Constructivismo Lógico-Semântico, o "fechamento" do sistema, vale dizer, o modo como se entrelaçam as proposições, durante todo o percurso dos movimentos. Quem se locomove nos seus domínios percebe, claramente, a conjugação das ideias, aos pares ou em blocos, caminhando a partir das premissas, para chegar às conclusões que arredondam o pensamento, sem deixar arestas ou vazios afirmativos. Tais sensações de "clausura" descansam nosso espírito, preparando-o para enfrentar novas incursões e avançar nos dinamismos que o conjunto oferece. Realmente, o método propicia progressões animadoras, corrigindo, ao mesmo tempo, o que foi até então construído e advertindo o agente das eventuais repetições daqueles equívocos.

A Editora espera que a 2ª edição desta obra mantenha o interesse que o público leitor já demonstrou pelo trabalho.

São Paulo, 11 de novembro de 2019.

Paulo de Barros Carvalho

Professor Emérito e Titular da PUC/SP e da USP.
Membro da Academia Brasileira de Filosofia.

A TÍTULO DE APRESENTAÇÃO

> *"A linguagem entremeia todo o processo social, indistinguindo-se, no contínuo social, sua posição de causa e sua posição de efeito."*
>
> *Lourival Vilanova*

O Constructivismo Lógico-Semântico tem sido muito empregado pelos juristas nos últimos quinze anos. Por vezes inconscientemente, outras com o deliberado propósito de outorgar mais firmeza, seriedade e sentido de aprofundamento aos textos relativos ao direito positivo.

Entendemos que chegou a hora de promover uma reflexão mais detida a respeito do método, a fim de explorar ao máximo suas potencialidades, procurando também localizar possíveis imperfeições e, se for o caso, pensá-las e discuti-las, tendo em vista enriquecer esse vigoroso instrumento de aproximação científica. Advém daí a iniciativa de convidar um grupo de especialistas, de elevado nível intelectual, para dizer de sua experiência no trato com o Constructivismo. Os temas são variados. Aquilo que há de comum a todos eles é justamente a presença de expedientes metodológicos, todos convergentes num segmento estratégico já agora bem delineado nos seus contornos, impulsionando o discurso, desde as premissas até as proposições conclusivas. Eis o Constructivismo Lógico-Semântico aplicado com grande abrangência, para alimentar as investigações jurídicas, tanto aquelas preambulares, quanto as mais específicas, que aludem a interesses tópicos de análise.

Predominam, como não poderia deixar de ser, as iniciativas inerentes à aplicação do método. É óbvio que, se existe enquanto tal, será possível experimentá-lo e apurar seus resultados. Mas, há uma série de anotações sobre metodologias adjacentes, que se entrelaçam, por assim dizer, com o Constructivismo, sem perder as correspondentes autonomias. O presente volume trata de algumas delas, certamente para exibir os pontos comuns, confirmando a afinidade desde logo anunciada. E constam também metalinguagens sobre o movimento, tangendo aspectos filosóficos próprios de suas raízes ou concernentes à dinâmica de implantação para a pesquisa de assuntos peculiares. Em estreita súmula, a coleção de textos reunidos no espaço desta obra procura demonstrar a eloquente afirmação de que o Constructivismo Lógico-Semântico tem a sua individualidade, está fundado em concepções filosóficas conscientes, sobre reunir ótimas condições de aplicabilidade para o estudo de situações concretas da experiência jurídica, em qualquer dos domínios de sua manifestação.

Os escritos foram distribuídos em blocos que, de maneira não exaustiva, cobrem a extensão da matéria. O capítulo primeiro, como não poderia deixar de ser, versa *O Constructivismo Lógico-Semântico como método*. O seguinte (2) trata o *Direito como Texto*. Adiante, vem *Sintaxe, Semântica e Pragmática da linguagem jurídica* (3). O capítulo 4 se ocupa do tema *Sistema jurídico, ordenamento e norma* e o subsequente (5) fecha o assunto com *Interpretação e Positivação*.

É importante consignar que a elaboração do livro se tornou possível graças ao apoio de todos os autores, consoante a supervisão organizacional da Professora Aurora Tomazini de Carvalho, que participou dos valiosos instantes da concepção, mas, no momento oportuno, soube recolher o material e ordená-lo da maneira que melhor acentuasse o rendimento do conjunto.

CONSTRUCTIVISMO LÓGICO-SEMÂNTICO

Volume I

A Editora Noeses tem a satisfação de oferecer este trabalho coletivo, assinado por autores que compõem um grupo seleto de juristas entusiasmados com as perspectivas oferecidas por essa proposta metodológica, assinalando, com isso, um intervalo expressivo para o desenvolvimento das ciências que têm no fenômeno jurídico o objeto de suas preocupações.

Agora, tudo se estrutura para dar início à série de homenagens que o mundo jurídico pretende prestar à inesquecível imagem do jusfilósofo pernambucano Lourival Vilanova, com vistas à celebração do centenário de seu nascimento. A influência do professor de Recife foi decisiva para compor uma teoria do direito de cunho eminentemente analítico, porém banhada por um culturalismo sadio, numa convivência ao mesmo tempo comedida e harmoniosa, poucas vezes encontrada nos domínios do saber jurídico. Tal expansão da consciência epistemológica tem permitido a cada um de nós adjudicar outros recursos estratégicos, avançando com mais segurança em direção àquilo que concebemos por objeto. Tudo isso nos foi proporcionado pela presença física e assistência imediata desse mestre durante, aproximadamente, vinte e cinco anos, mas remanesce em nosso espírito como uma conquista histórica a cada momento consolidada pela reflexão e pela lembrança.

Sobremais, é pensamento da Editora produzir volumes subsequentes, com os mesmos autores ou com outros que estejam de alguma forma experimentando esse fecundo instrumento de produção científica.

São Paulo, 24 de março de 2014

Editora Noeses Ltda.

ÍNDICE

Capítulo I

O CONSTRUCTIVISMO LÓGICO-SEMÂNTICO COMO MÉTODO

Capítulo II

DIREITO COMO TEXTO

Capítulo III

SINTAXE, SEMÂNTICA E PRAGMÁTICA DA LINGUAGEM JURÍDICA

Capítulo IV

SISTEMA JURÍDICO, ORDENAMENTO E NORMA

Capítulo V

INTERPRETAÇÃO E POSITIVAÇÃO

Capítulo I

O CONSTRUCTIVISMO LÓGICO-SEMÂNTICO COMO MÉTODO

ALGO SOBRE O CONSTRUCTIVISMO LÓGICO-SEMÂNTICO

Paulo de Barros Carvalho[1]

1. Advertência inicial

No âmbito jurídico, como em outras manifestações intelectuais do mundo da cultura, o caráter emulativo é muito presente e, vezes sem conta, prejudica a compreensão do estudioso. A cada instante nos deparamos com "superações" que deixam para trás ideias importantes, sob a alegação de que seu tempo histórico já teria passado e, portanto, considerar aquele conjunto de reflexões ou o sistema que lhes organiza a existência representaria retrocesso. Ora, a *filosofia supera tudo* e não será preciso muito esforço para conduzir uma proposição afirmativa qualquer à condição de enunciado paradoxal. Como explicar, porém, a referência às propostas filosóficas milenares, que teimam em frequentar os escritos dos grandes pensadores, mostrando uma notável resistência às tentativas de corrosão das críticas especializadas? Dir-se-á que as necessidades retóricas não só justificam como até

1. Professor Emérito e Titular de Direito Tributário da USP e PUC-SP.

impõem a utilização de certas alusões, como providência de cunho estratégico, sob pena de enfraquecer o teor persuasivo das mensagens. Aliás, quando o desempenho do raciocínio começa a ficar difícil; quando o autor encontra obstáculos discursivos de transposição duvidosa, um dos primeiros impulsos de nossa mente é lançar mão desse recurso argumentativo, pois se trata de instância inexorável, já que *a não retórica é retórica também*. Há, contudo, maneiras distintas de movimentar o pensamento, ajustando sua trajetória dentro de padrões mais serenos, tolerantes e produtivos, mesmo porque, *se tudo está superado, então nada está superado* e o espírito humano permanece pronto para locomover-se, livremente, nos horizontes da consciência.

2. Expediente metodológico e não filosófico

O Constructivismo Lógico-Semântico é, antes de tudo, um instrumento de trabalho, modelo para ajustar a precisão da forma à pureza e à nitidez do pensamento; meio e processo para a construção rigorosa do discurso, no que atende, em certa medida, a um dos requisitos do saber científico tradicional. Acolhe, com entusiasmo, a recomendação de Norberto Bobbio, segundo a qual *não haverá ciência ali onde a linguagem for solta e descomprometida*. O modelo constructivista se propõe amarrar os termos da linguagem, segundo esquemas lógicos que deem firmeza à mensagem, pelo cuidado especial com o arranjo sintático da frase, sem deixar de preocupar-se com o plano do conteúdo, escolhendo as significações mais adequadas à fidelidade da enunciação.

Apesar de suas origens e das concepções que estão bem caracterizadas na plataforma inferior de suas bases, dista de ser um projeto filosófico: de método é seu estatuto. Mas um traço na configuração dessa proposta metodológica chama logo a atenção. Se, para a perspectiva semiótica, ao lado da estrutura lógica e da dimensão semântica haverá sempre a projeção pragmática, por que omitir-se essa instância na denominação do movimento epistemológico? Três razões podem pretender justificar a ausência: de primeiro, a circunstância de sua necessária presença na implicitude do nome, pois seria plano imprescindível na configuração do projeto semiótico, de tal sorte que as referências sintáticas e semânticas implicariam sempre a pragmática; de segundo, na elaboração do texto as cogitações de ordem pragmática seriam sobremodo difíceis, pois esse é o tempo da própria criação do enredo textual, da preparação da mensagem para ingressar no contexto comunicativo, seguindo em direção ao destinatário ou receptor. Por certo que caberia melhor na interpretação do escrito para efeito de revisão, quando tomado na sua integridade constitutiva. E terceiro, o nome ficaria muito extenso, suscitando logo a pergunta sobre os motivos pelos quais não se teria logo adotado a expressão *constructivismo semiótico*.

Agora, evitando o perigo dos meros sincretismos metodológicos e da mistura irrefletida de correntes filosóficas tomadas ao acaso, aquilo que a observação nos permite ver nesse movimento de ideias e de construções é uma admirável injeção de culturalismo incidindo no que há de mais apurado entre as conquistas do neoempirismo lógico do Círculo de Viena, conjunção, aliás, que consulta bem à formação do Professor Lourival Vilanova, muito influenciado pela Escola de Baden, a temperar suas conhecidas inclinações para privilegiar o plano sintático da análise textual.

3. Origem da designação

O jusfilósofo pernambucano vinha frequentemente a São Paulo, nas últimas décadas do século passado, por três motivos importantes: visitar sua filha Ana Lúcia, genro e netos; atender aos insistentes convites para integrar bancas examinadoras na

Faculdade de Direito do Largo de São Francisco; e proferir palestras e conduzir grupos de estudos sobre Filosofia e Teoria Geral do Direito na Pontifícia Universidade Católica de São Paulo. Assim registrei no prefácio do livro **Escritos Jurídicos e Filosóficos**, editado em dois tomos:

> *Certo dia, perguntando como conviria definir sua atitude jurídico-filosófica e o tipo de trabalho que vinha desenvolvendo, respondeu-me que poderíamos perfeitamente chamá-lo de "constructivismo". Não segundo o modelo do "constructivismo ético", todavia, agregando ao nome o adjetivo composto "lógico-semântico", pois, afinal de contas, todo o empenho estaria voltado a cercar os termos do discurso, para outorgar-lhes a firmeza necessária (e possível, naturalmente), tendo em vista a coerência e o rigor da mensagem comunicativa. Isso não significa, porém, relegar o quadro das investigações pragmáticas a nível secundário. Expressa tão somente uma opção metodológica. Melhor seria até dizer que a proposta lógico-semântica aparece como contribuição para um estudo semiótico do discurso.*

A crença na existência de objetos extralinguísticos, que discretamente mobilizou o pensamento do mestre, não é molestada pelo constructivismo. Existindo ou não existindo tais entidades elas somente entrarão para o âmbito do conhecimento quando vierem a fazer parte da intersubjetividade do social, *inteiramente* tecida pela linguagem.

4. Constructivismo Lógico-Semântico e Teoria Comunicacional do Direito

O Constructivismo mantém uma relação muito íntima com a Teoria Comunicacional do Direito. Esta tem abrangência maior, aproximando-se mais de uma concepção filosófica. Ambas, porém, tomam a linguagem como constitutiva da realidade, depositando no texto o objeto de todas as suas preocupações. Procuram levar às últimas consequências duas premissas fundamentais: *a palavra é a morada do ser* (Heidegger) e *tudo aquilo que puder ser interpretado é texto* (Gadamer). Nesse quadro, a hermenêutica não só adquire uma função decisiva, como passa a ser o modo por excelência de compreender-se o mundo. Falo da hermenêutica geral, formada pelo conjunto organizado das hermenêuticas regionais, na linha de Ricoeur, para quem a hermenêutica é a teoria das interpretações da compreensão em sua relação com a interpretação dos textos.

Gregorio Robles trata a teoria comunicacional do direito dentro do âmbito da *hermenêutica analítica*, posta sua missão de aprofundar o conhecimento do objeto com os delicados instrumentos da análise. É compondo e decompondo, articulando e desarticulando, reunindo e separando, organizando e desorganizando que o agente avança para dominar o texto e compreender a comunicação. Ora, precisamente esse é o caminho percorrido pelo Constructivismo Lógico-Semântico: enquadra-se nos parâmetros da hermenêutica atual, lendo e interpretando para compreender, todavia em todos os passos de sua trajetória está presente o tom da analiticidade. É analisando que o trabalho cognoscente prospera e caminha em direção a seus objetivos.

Outro dado importante que marca o perfil do constructivismo é ocupar-se do texto dentro do chamado *factum comunicacional*, indagando sempre pelo autor da mensagem, pelo canal por onde ela transita, pelo destinatário, pelo código linguístico comum a ambos, pela conexão psicológica que se estabelece e pelo contexto em que a comunicação se dá. O direito estudado como fenômeno comunicacional proporciona elementos valiosos para a construção de sentido e a compreensão do texto, associado, aqui e ali, com os poderosos recursos da *retórica estratégica*, segundo as categorias pesquisadas e desenvolvidas por João Maurício Adeodato e a Escola Retórica de Recife. Aliás, a filosofia retórica, que parte de uma antropologia carente, opera com a linguagem como o único meio perceptível, de tal modo que não haveria acesso ao chamado "mundo real", simplesmente porque não existem elementos externos a ela. Todo objeto é composto pela linguagem, o que significa dizer que o conhecimento é formado por acordos linguísticos intersubjetivos de maior ou menor permanência no tempo, mas todos circunstanciais temporários, autorreferentes e assim passíveis de constantes rompimentos (ADEODATO, João Maurício – *Uma teoria retórica da norma jurídica e do direito subjetivo – São Paulo, Noeses – 2.011 – ps. 06 e 07).*

A conversação tecida entre o constructivismo, a teoria comunicacional e a filosofia retórica, mencionada acima, flui, como se vê, de maneira natural e produtiva. Seus resultados são auspiciosos e percebe-se enorme entusiasmo entre todos aqueles que superam os obstáculos convencionais e alimentam as expectativas de implantar o diálogo.

Ainda sobre as aproximações existentes entre o constructivismo e a teoria comunicacional do Direito, cabe dizer que em ambas se pesquisa o *ethos* da trilogia aristotélica, investigando o editor da mensagem, nos expedientes que desenvolve para cumprir sua invariável vocação de controlar o curso e os efeitos do ato comunicativo que exerceu; mas também do *pathos*, como a procura dos modos pelos quais se desperta no receptor as emoções indispensáveis ao entendimento cabal do que foi transmitido pelo orador; e do *logos*, tomado aqui como ciência ou razão, algo que brilha pela sua presença na descrição minuciosa e precisa do fenômeno comunicacional.

Mantêm-se de pé os ideais do giro linguístico, em que se toma a realidade como constituída pela linguagem, conjunto de signos utilizados para a comunicação ou potencialidade humana para comunicar-se. A totalidade dos signos, organizados por meio de regras de formação e de transformação, no seu feitio estático, é a língua, vista aqui pela perspectiva sistêmica ou institucional. Entra em exercício mediante os *atos de fala* que inauguram o *factum* da comunicação.

5. Como vem sendo aplicado o Constructivismo Lógico-Semântico

A primeira aplicação do modelo constructivista, em termos de consciência, no que tange a seus limites e extensão, penso ter ocorrido com a tese "Direito Tributário – Fundamentos Jurídicos da Incidência", apresentada no concurso que fiz para titular na Faculdade de Direito do Largo de São Francisco, logo depois lançada pela Editora Saraiva, em 1989. O tema da incidência jurídica foi analisado em suas proporções lógicas, com discussão de relevantes aspectos semânticos, ficando assentado *que não se dará a incidência se não houver um ser humano fazendo a subsunção e promovendo a aplicação que o preceito normativo determina. As normas não incidem por força própria. Numa visão antropocêntrica, requerem o homem, como elemento intercalar, movimentando as estruturas do direito...*

Hoje, há centenas de obras em que os autores aplicam o Constructivismo Lógico-Semântico e vale acrescentar que não é só no Direito Tributário. As premissas do constructivismo foram penetrando outros setores, de tal sorte que os estudiosos o veem como instrumento poderoso para estabilizar o discurso, adjudicando-lhe rigidez e objetividade. Os textos básicos têm sido os de Fabiana Del Padre Tomé (*A prova no direito tributário – São Paulo, Noeses – 3ª edição, 2011*) e os de Aurora Tomazini de Carvalho (*Teoria Geral do Direito – O Constructivismo Lógico-Semântico - Noeses, 3ª edição, 2013*), mas todos aqueles que lidam com a regra-matriz de incidência, em qualquer de seus aspectos, estarão certamente percorrendo os eixos desse esquema metodológico. Acontece que a estrutura da regra-matriz já é uma construção lógica, com a hipótese ou antecedente e o mandamento ou consequente expressos nas variáveis representadas por signos formais unidos por constantes. O passo subsequente é saturar as variáveis lógicas com os conteúdos de significação da linguagem do direito positivo, chegando assim à norma geral e abstrata. Em seguida, as determinações ditadas pelo processo de positivação nos compelem a empregar a linguagem da facticidade social para preencher, mais uma vez, aquelas variáveis, promovendo, agora o expediente formal da subsunção ou inclusão de classes. Eis o território das normas individuais e concretas. Tudo isso requer o cuidadoso exame do modo como os termos são empregados pelos utentes dessa linguagem, o que equivale a pesquisar o ângulo pragmático.

Realmente, tratar com a regra-matriz revela momentos de convívio intenso com partes do processo constructivista, e creio existir centenas de estudiosos que se envolvem com o tema, na procura do conhecimento mais atilado da situação jurídica que lhes interessa discutir.

É verdade, também, que o uso do modelo pode favorecer mais o plano sintático ou lógico, contudo, há muitas investigações que isolam a plataforma dos significados para atingir os objetivos da pesquisa. E outro tanto ocorre com a dimensão pragmática, de tal arte que as aplicações variam quanto à predominância dos setores de abrangência e, da mesma forma, com relação à intensidade e permanência nos intervalos do modelo. Reafirmando a força desta notação, há textos que implantam o método, enfatizando a teoria dos valores, numa ostensiva manifestação de culturalismo jurídico.

6. Dos propósitos do livro

O presente volume foi concebido com objetivos bem definidos: i) mostrar o estilo de aplicação do modelo, em temas diversos, mantendo-se constantes os pressupostos de que falamos linhas acima; ii) reiterar as possibilidades de diálogo com outros métodos, sem cair no indesejado sincretismo metodológico; iii) oferecer condições para que a potencialidade do discurso fique enaltecida com a utilização do Constructivismo Lógico-Semântico; e iv) proporcionar textos selecionados para a leitura dos interessados.

Claro está que cada um dos autores segue a linha discursiva que mais aprouver aos seus interesses cognoscentes, bem como revela suas preferências estilísticas ao lidar com o patrimônio do linguajar jurídico. Nutro a convicção, porém, de que essas aplicações do processo venham a servir de fonte de inspiração para todos aqueles que queiram experimentar os recursos do Constructivismo Lógico-Semântico, visto que os colaboradores desta obra são especialistas que bem dominam suas categorias e os correspondentes trabalhos certamente poderão assumir a função de paradigmas para outros desenvolvimentos discursivos semelhantes.

O CONSTRUCTIVISMO LÓGICO-SEMÂNTICO COMO MÉTODO DE TRABALHO NA ELABORAÇÃO JURÍDICA

Aurora Tomazini de Carvalho[1]

1. Introdução

Este artigo decorre de uma entrevista que concedi à Revista Consulex, a ideia do texto é trazer algumas considerações sobre o Constructivismo Lógico-Semântico, como: em que se constitui, quais são seus pressupostos e as consequências da sua implementação no estudo do direito.

Meu primeiro contato com esta Escola Epistemológica do Direito se deu em 2001, quando ingressei na Pós-Graduação

---

1. Advogada, Especialista em Direito Tributário pelo Instituto Brasileiro de Estudos Tributários – IBET e em Direito Empresarial pela Universidade Estadual de Londrina – UEL, Mestre em Direito Tributário e Doutora em Filosofia do Direito pela Pontifícia Universidade Católica de São Paulo – PUC-SP. Pesquisadora do IBET. Professora dos Cursos de Especialização em Direito Tributário da PUC-SP/COGEAE, IBET, FAAP e EPD, Coordenadora do Curso de Extensão em Planejamento Tributário do IBET e Professora da Universidade Estadual de Londrina – UEL. Autora dos livros "Direito Penal Tributário – Uma análise lógica, semântica e jurisprudencial", Ed. Quartier Latin e "Curso de Teoria Geral do Direito – O Constructivismo Lógico-Semântico", Ed. Noeses.

em Direito Tributário do IBET em Londrina, um ano depois de concluir a graduação do Curso de Direito na Universidade Estadual de Londrina e a sensação que tive foi como descobrir um oásis no meio do deserto, como se tudo que eu tivesse aprendido até aquele momento não fizesse qualquer sentido, perante esta nova forma de enxergar o direito, que a princípio parecia mais simples (ao reduzi-lo à linguagem), mas, no entanto, muito mais organizada e sofisticada.

Logo veio a curiosidade de querer entender mais sobre esta perspectiva de estudo do direito, pela qual me apaixonei à primeira vista. Foi então que resolvi me mudar para São Paulo, estudar com o Prof. Paulo de Barros Carvalho. Fiz Mestrado e Doutorado sob sua orientação e os postulados do Constructivismo foram se sedimentando aos poucos em minha cabeça e me ajudando a conceber a concepção de direito com a qual trabalho.

Hoje, mais de 10 anos depois, tenho plena certeza e convicção de que nenhuma outra corrente explica tão bem a realidade vivenciada por nós juristas como a Escola do Constructivismo Lógico-Semântico. Agradeço, sempre, a oportunidade e o privilégio da convivência com o Prof. Paulo de Barros Carvalho, neste período de construção e fortalecimento dos pressupostos desta Escola, bem como todas as oportunidades que me concedeu ao longo destes anos. E digo mais, o Constructivismo, para mim, não é apenas um modo de enxergar o direito, mas a vida, a nossa existência e a realidade. É, antes de tudo, uma Concepção Filosófica sobre o Conhecimento, que mudou minha forma de ver o mundo, onde o plano de fundo é o direito.

2. Que se entende por Constructivismo Lógico-Semântico?

A expressão "Constructivismo Lógico-Semântico" é empregada em dois sentidos: (i) para se reportar à Escola

Epistemológica do Direito da qual sou adepta, fundada nas lições dos professores Paulo de Barros Carvalho e Lourival Vilanova e que vem, a cada dia, ganhando mais e mais seguidores no âmbito jurídico; (ii) e ao método utilizado por esta Escola, que pode ser empregado no conhecimento de qualquer objeto.

A proposta metodológica da Escola do Constructivismo Lógico-Semântico é estudar o direito dentro de uma concepção epistemológica bem demarcada, a Filosofia da Linguagem (uma das vertentes da Filosofia do Conhecimento) e a partir deste referencial, amarrar logica e semanticamente suas proposições, para construção de seu objeto (que se constitui em uma das infinitas possibilidades de se enxergar o direito).

Por isso, o nome: Constructivismo Lógico-Semântico – "*Constructivismo*", porque o sujeito cognoscente não descreve seu objeto, o constrói mentalmente em nome de uma descrição. E assim o faz, amparado num forte referencial metodológico, que justifica e fundamenta todas as proposições construídas, desde que estas estejam estruturalmente e significativamente amarradas a tais referenciais, o que justifica o "*Lógico-Semântico*" do nome. O cientista constrói seu objeto (como a realidade que sua teoria descreve) a partir da ordenação lógica-semântica de conceitos.

Um exemplo esclarece melhor: Vamos pensar na realidade direito, o que é o direito? Antes de tudo direito é uma palavra que comporta inúmeras significações, para estudar e saber o que é o "direito" alguém terá que delimitar o conceito desta palavra. Aquilo que chamaremos de "direito" será exatamente o que se enquadrar naquela delimitação. Neste sentido, o nome "Constructivismo", quando o cientista delimita um conceito, cria aquela realidade cientificamente. Ao delimitar o conceito da palavra "direito" eu crio a realidade "direito" para mim. O "Lógico-Semântico" porque a criação este conceito, para se garantir a credibilidade da construção, deve estar amarrado estruturalmente e significativamente aos referenciais filosóficos, às premissas que o fundamentam e aos outros conceitos dele decorrentes. No caso do nosso exemplo, ao delimitar "direito" como "o conjunto de normas jurídicas válidas num dado país", seria incoerente dizer linhas à frente que este é composto por princípios e normas jurídicas, para construir um discurso científico coerente ou teremos que mudar nosso conceito de direito (para "o conjunto de princípios e normas jurídicas válidos num dado país) ou admitir que "princípios" são normas jurídicas.

O Constructivismo Lógico-Semântico, enquanto método, garante essa uniformidade e coerência na construção do discurso científico e, consequentemente, da realidade objeto deste discurso. Por quantas vezes nos deparamos com conceitos jurídicos desconexos? Lidamos com estas delimitações, e não conseguimos identificar em nossa mente a realidade a qual o conceito faz referência, não conseguimos o construir como uma realidade. Isto se deve, principalmente, à falta de rigor estrutural na delimitação de conceitos presentes nas doutrinas jurídicas, que acabam por criar realidades jurídicas totalmente desconexas, sem-sentido e que só dificultam ainda mais a compreensão do objeto.

Era essa sensação que tinha da doutrina jurídica até me deparar com o Constructivismo Lógico-Semântico. Este método (quando utilizado adequadamente) proporciona a construção de um discurso científico estruturado e de conteúdo rigoroso, o que nos possibilita ter uma visão plena da realidade por ele constituída.

É o que se observa na Escola do Constructivismo Lógico-Semântico, cuja realidade "direito" é constituída como tal com o emprego deste método. Os conceitos são delimitados de forma amarrada, cuidadosamente pensados, dentro de uma concepção filosófica, por meio de técnicas metodológicas justificadas nestes referenciais, o que lhes atribui ainda maior credibilidade. Diferente do que se verifica na grande maioria da doutrina jurídica.

3. A importância da delimitação do referencial filosófico

Se quisermos conhecer cientificamente o direito (ou qualquer outra realidade), temos primeiro que compreender como se dá o conhecimento e como atribuímos a característica de cientificidade a este conhecimento. Respostas que só encontramos na Filosofia. Por isso, a importância de se trabalhar com um referencial filosófico determinado, pautado em postulados da Epistemologia (Filosofia do Conhecimento Científico) e mais ainda, de saber identificar tal referencial e suas consequências para o conhecimento do objeto.

Há várias teorias sobre o conhecimento, sobre a forma como justificamos e atribuímos credibilidade a tal conhecimento para que o objeto conhecido se torne uma realidade (verdadeira) para nós. A forma como concebemos o conhecimento muda totalmente o modo como construímos este objeto e como lidamos com sua construção. Muitas teorias se voltam para infinitos objetos, constituindo infinitas realidades, mas são poucas que se preocupam em identificar o referencial epistemológico e as premissas com as quais trabalham.

No direito, por exemplo, as teorias de hermenêutica jurídica tradicionais são todas pautadas no referencial da Filosofia da Consciência e em razão disso, trabalham com a existência de um sentido próprio dos textos positivados a ser revelado pelo intérprete do direito, já a hermenêutica jurídica moderna, pautada no referencial filosófico do giro linguístico, não acredita num sentido próprio a ser extraído pelo intérprete do texto, mas num sentido construído, de acordo com os referenciais e com o contexto que ele vivencia. E qual das duas estão corretas? Certamente há uma concepção que me agrada mais, a qual vou seguir. E porque me agrada mais? Porque foram construídas dentro do referencial filosófico com o qual trabalho (ainda que intuitivamente – sem mesmo saber que o adoto – porque esta é a forma eleita pelo meu intelecto para conhecer as coisas).

Muitas teorias se voltam para infinitos objetos, constituindo infinitas realidades (verdades), mas são poucas que se preocupam em identificar o referencial epistemológico e as premissas com as quais trabalham.

Ter esta base filosófica garante maior credibilidade às construções científicas, que são elaboradas em alicerces sólidos. De modo que, uma teoria sem referencial filosófico não se sustenta. E uma teoria, cujo referencial filosófico e as premissas nas quais se fundam a construção do objeto, não se encontram evidenciadas, não convence.

A evidência da adoção de um referencial filosófico e a demonstração das premissas eleitas para construção do objeto, além de serem fundamentais para a credibilidade da teoria é, também, um ato de humildade para com o leitor. Uma série de conclusões jogadas ao léu, por mais que tenham sido construídas com propósitos sérios, reclamam o conhecimento do modelo por aquele que entra em contato com a teoria.

Quando não conhecemos o modelo de referência, as proposições conclusivas de uma teoria (que constituem seu objeto) ficam sem fundamento, parecendo que saíram de lugar algum. Sem fundamentos sólidos, não há credibilidade, paira a dúvida do leitor ao atribuir o valor de verdade às proposições formuladas: "mas será que nesse referencial que o autor disse isso? Porque em outro suas conclusões deveriam ser outras", isto dificulta a construção da sua realidade. E assim, a teoria perde sua principal função: a de ser informativa quanto ao seu objeto, gerando a impressão de uma perda de tempo àqueles que se propõem a estudá-la. É o famoso: "disse, disse, mas não disse nada" – muito comum no direito.

Neste sentido, a importância do Constructivismo como método. A estruturação lógica e semântica de conceitos e a possibilidade do regresso às bases premissiológicas que fundamentam tal construção garantem a coerência e credibilidade do discurso constitutivo do objeto (realidade "descrita" pela teoria), o que é essencial a qualquer conhecimento científico, pois esta é a forma mediante a qual nosso intelecto transforma os juízos cognoscitivos numa realidade "verdadeira" para nós, mediante um processo que chamamos de racionalização (ou raciocínio).

Poder, também, visualizar na teoria todas as etapas da construção de seu objeto e não só as conclusões que o constitui é um ato de generosidade. O Constructivismo viabiliza esta franqueza cognitiva ao compartilhar com o leitor e seus adeptos a construção de seu objeto desde o início.

4. A visão de direito pela Escola do Constructivismo Lógico-Semântico

Adotamos uma posição normativista do direito, considerando-o como o complexo de normas jurídicas válidas num dado país. Este é o primeiro corte metodológico para demarcação do nosso objeto de estudos: há "direito" onde houver normas jurídicas.

Seguindo, contudo, a concepção filosófica por nós adotada (giro linguístico), não podemos deixar de considerar as normas jurídicas como uma manifestação linguística, sendo este nosso segundo corte metodológico: onde houver normas jurídicas haverá sempre uma linguagem (no caso do "direito" brasileiro, uma linguagem manifesta, necessariamente, na forma escrita).

Enquanto linguagem, o direito é produzido pelo homem para alcançar determinados fins: disciplinar condutas intersubjetivas.

Isto implica reconhecê-lo como produto cultural, e aqui fixamos nosso terceiro corte metodológico: o "direito" é um instrumento, constituído pelo homem com a finalidade de regular condutas intersubjetivas, canalizando-as em direção a certos valores que a sociedade deseja ver realizados. Encontra-se, na região ôntica dos objetos culturais e, portanto, impregnados de valores.

Uma imediata consequência deste recorte metodológico é a diferença entre enunciado prescritivo e norma jurídica. O enunciado (sinônimo de frase) pertence ao plano de expressão do direito, a forma mediante a qual ele se manifesta para nós, mas a norma jurídica é uma construção do intérprete, é um juízo construído em sua mente e, portanto, sempre condicionada aos referenciais do intérprete e ao contexto que ele vivencia.

O primeiro contato do operador do direito, no percurso de construção do sentido dos textos jurídicos é com o campo da literalidade textual, dado físico, formado por enunciados prescritivos, um conjunto estruturado de letras, palavras, frases, períodos e parágrafos graficamente manifestados nos documentos produzidos pelos órgãos de criação do direito. É seu plano de expressão, único dado que lhe é objetivo (igual para todos), base material para a construção das significações jurídicas.

Isolada a base física dos textos que pretende compreender, com a leitura dos enunciados prescritivos que os compõem, o intérprete ingressa no plano dos conteúdos e assim o faz na medida em que vai atribuindo valores aos símbolos positivados pelo legislador. Neste momento ele sai do plano da literalidade e o "direito" passa a existir não mais no papel (fisicamente), e sim na sua cabeça, na forma de juízos. Assim, aparecem as normas jurídicas, como significações estruturadas na forma hipotético-condicional (H→C), construídas na mente do intérprete, mediante a atribuição de valores aos enunciados prescritivos (suporte físico do direito positivo) e, portanto, sempre condicionadas a seus referenciais culturais.

Dizer que há "direito" onde houver normas jurídicas válidas importa, desde logo, afastar do campo de interesse da Dogmática Jurídica o "direito" passado (normas jurídicas não mais válidas) e o "direito" futuro (normas jurídicas ainda não válidas). É claro que sendo a norma jurídica uma construção do intérprete, ela está condicionada por seus referenciais e contexto, isto é pela História, pelos acontecimentos sociais, políticos, econômicos e por todos os outros que fizeram parte de sua vida e informam seus horizontes culturais. Da mesma forma, a produção dos enunciados jurídicos que compõem o plano de expressão, base física do direito, também foram produzidos dentro de um contexto cultural, em razão de certas circunstâncias históricas, políticas, econômicas e sociais. Desta forma, não há como desvincular o direito de conceitos sociais, históricos, econômicos, políticos, antropológicos, mesmo porque ele existe para regular condutas intersubjetivas, incide sobre a realidade social. Mas não é estudando a realidade social, política e econômica que vamos conhecer o direito de um povo. É estudando as normas jurídicas válidas naquela sociedade.

Ainda que elementos sociais, históricos, políticos, econômicos, antropológicos informem a criação/produção e a interpretação/aplicação destas normas, são objetos de outras Ciências específicas, que não a Jurídica.

Um estudo, por exemplo, da evolução das normas jurídicas no tempo compete à História do Direito. A análise das mudanças sociais por elas reguladas é realizada pela Sociologia do Direito. O estudo da situação política em que tais normas foram produzidas compete à Política do Direito, etc. Tais Ciências, no entanto, apenas auxiliam o estudo do direito, não o tomam como objeto, de modo que, não o conhecemos por meio delas.

Hoje em dia fala-se muito sobre um estudo interdisciplinar do direito (como crítica à posição kelseniana). Mas não podemos esquecer que o interdisciplinar só existe em razão do disciplinar. E os alunos são os mais prejudicados com esse tipo de análise, pois muitos saem da faculdade sem ao menos saber o que é o direito, porque se voltam para outros aspectos da realidade social, que não efetivamente o jurídico.

O jurista que parte sua análise do fato social (político, econômico, antropológico, etc.), apesar de construir suas proposições em nome de uma análise jurídica, realiza um estudo sociológico, e não jurídico, do direito.

Quando, por exemplo, uma empresa contrata um advogado para analisar sua fusão com outra. Ela espera que seu objeto sejam as normas jurídicas que regulam tal fusão, não seus impactos ou causas sociais, se assim o fosse, ela contrataria um sociólogo, economista, cientista político, etc., não um advogado.

O problema é que como o direito regula a realidade social, o jurista acaba tomando-a como objeto de sua análise e se desvirtuando do estudo das normas jurídicas. Isto não significa, porém, desconsiderarmos a importância de todos os demais enfoques, cada qual, no entanto, próprio de uma Ciência específica, que não a Jurídica.

5. Técnicas metodológicas do Constructivismo Lógico-Semântico

A palavra "método" é derivada do grego *methodos* que significa "caminho para se chegar a um fim". Por método científico entende-se a forma lógico-comportamental investigatória na qual se baseia o intelecto do pesquisador para buscar os resultados que pretende (construir suas proposições científicas – ou seja, o objeto).

O método, no entanto, pode consubstanciar-se em diferentes técnicas, informações reunidas e associadas instrumentalmente para realizar operações intelectuais. Com o intuito de aproximar-se do objeto, o cientista vale-se de outras teorias e de seu conhecimento em diversos setores, aplicando tais informações para construir formalmente seu objeto e testar suas proposições, tudo isso dentro de uma forma lógico-comportamental própria. Assim, método e técnica não se confundem. Uma teoria pode ter um método próprio, mas valer-se de diferentes técnicas para reduzir as complexidades de seu objeto.

Um dos pontos diferenciais da Escola do Constructivismo Lógico-Semântico é tratar o direito como texto. Ao perceber que direito é texto o jurista dá um passo além, transformando a realidade do seu objeto e, a partir de então, passa a dispor de um arsenal de técnicas hermenêuticas e analíticas inigualáveis para seu estudo.

O Constructivismo Lógico-Semântico revela uma tomada de posição hermenêutico-analítica perante seu objeto. Tomado o direito como um corpo de linguagem o método analítico mostra-se eficiente para o seu conhecimento. Analisar é decompor a linguagem jurídica e para isso, utilizamos como técnica as Ciências da Linguagem (que nos dizem como uma linguagem pode ser analisada). Amparados na Semiótica, por exemplo, realizamos a decomposição do discurso jurídico para estudá-lo minuciosamente em seus âmbitos sintático (estrutural), semântico (significativo) e pragmático (prático – de aplicação). Com o auxílio da Lógica alcançamos a estrutura da linguagem jurídica, verificamos as amarrações dos conceitos e decompomos o processo de aplicação. E, assim, construímos a unicidade do objeto por meio de seu detalhamento.

Mas, por outro lado, quando lidamos com os valores imersos na linguagem jurídica e com os fins que a permeiam, o método analítico não é suficiente. Pressupomos então a hermenêutica. Com ela entramos em contato com as variações de sentido dos textos positivados e com os referenciais culturais que os informam. Neste momento, a Teoria dos Valores e da Decisão são de fundamental relevância como técnica para implementação do método, elas nos permitem identificar as circunstâncias culturais e ideológicas dos sentidos atribuídos ao texto positivado.

6. O direito como texto - um dos pressupostos da Escola do Constructivismo Lógico-Semântico

No trato com o direito tudo a que temos acesso são textos, um conjunto de palavras devidamente estruturadas com o objetivo de incitar na mente de quem os interpreta a construção de uma mensagem prescritiva. Fisicamente ele se apresenta na forma idiomática escrita, é composto por vocábulos arbitrariamente construídos e aceitos por convenções linguísticas (símbolos). Este é o seu dado empírico, por isso, qualquer estudo jurídico que se pretenda, tem como ponto de partida e de retorno um texto.

Para sabermos, por exemplo, que regras jurídicas disciplinam as relações familiares, a compra e venda de bens, a constituição de uma sociedade, a contratação de funcionários, etc., temos que nos dirigir aos Códigos Civil, Comercial e à Consolidação de Leis do Trabalho. E o que encontramos nos Códigos, e nas Leis senão um aglomerado de palavras gravadas num papel? Tudo a que temos acesso, na nossa experiência sensorial com o direito, são palavras estruturadas em frases e sistematizadas na forma de textos. Assim sendo, *o trato com o direito positivo sempre nos conduz ao manejo de textos.*[2]

Ao lidar com o direito, não há outra saída para o jurista, aplicador, advogado, estudante de direito, ou para o mero interessado (curioso), senão o manejo de textos. Quando o Poder

2. MORCHÓN, Gregorio Robles, *Teoria del Derecho (fundamentos de teoria comunicacional del derecho)*, Madrid: Civitas, 1998, p. 69.

Constituinte promulga a Constituição Federal, produz um texto, quando o legislador edita uma Lei produz um texto, quando a administração edita atos administrativos o faz mediante a produção de textos, quando o juiz sentencia, produz um texto, o advogado, ao peticionar, produz um texto, os particulares ao contratarem, também produzem um texto. A Constituição Federal, os Códigos, as Leis, os Decretos, as resoluções, portarias, atos administrativos, sentenças, acórdãos, contratos, regulamentos, etc., apresentam-se invariavelmente como textos. Logo, não há outro modo de entrar em contato com o direito que não seja o trato com textos. É neste sentido que Gregorio Robles Morchón sustenta ser o "direito um grande texto composto de múltiplos textos parciais".[3]

No direito brasileiro estes textos são necessariamente escritos. Pensemos em qualquer manifestação jurídica e logo percebemos que ela se encontra reduzida a termo. Desde as manifestações mais complexas como a Constituição Federal e os compêndios legislativos até as mais simples como as resoluções e portarias se apresentam na forma de texto escrito, cuja função pragmática é direcionar comportamentos intersubjetivos.

6.1. Que é texto?

Utiliza-se a palavra "texto" como sinônimo de linguagem, ou seja, um conjunto estruturado de signos. Assim, falar em texto remete-nos a outro termo: o signo.

Num conceito mais genérico, o signo é tudo que representa algo para alguém: um objeto, um desenho, um dado físico, um gesto, uma expressão facial, um símbolo, etc. Num conceito mais específico, adotando-se as terminologias de

3. Obra citada, p. 70.

Edmund Husserl, o signo é uma relação triádica entre: (i) um *suporte físico*; (ii) um *significado*; e (iii) uma *significação*.[4]

O *suporte físico* é a parte material do signo, apreendida pelos nossos sentidos, aquilo com o qual temos contato fisicamente (ex: os gestos da mímica; as ondas sonoras da fala, as marcas de tinta no papel da escrita, as roupas do vestuário, etc.). Ele refere-se a algo que está no mundo (concreto, imaginário, subjetivo, empírico, atual, passado ou futuro), denominado de seu *significado*, entendido como a representação individualizada do suporte físico. E, suscita na mente de quem o interpreta uma noção, ideia ou conceito, que é sua *significação*.[5]

A palavra "cadeira", por exemplo, é um signo: as marcas de tinta "CADEIRA" gravadas no papel é o seu *suporte físico*. Este suporte físico refere-se a uma realidade individualizada, por nós conhecida como "Assento para uma só pessoa, com costas" – seu *significado*. E, suscita na mente de quem o lê e o interpreta um conceito (ideia), variável de pessoa para pessoa, de acordo com os valores inerentes a cada um, que é a sua *significação*.

A ilustração a seguir ajuda-nos a visualizar melhor esta noção de signo:

4. Há um grande descompasso entre os autores a respeito das denominações atribuídas aos termos (elementos) do signo e ao fato de ser tal relação triádia ou bilateral. CARNAP utiliza-se da terminologia *indicador* e *indicado*; SAUSSURE *significante* e *significado*; UMBERTO ECO *significante, referente* e *significado*; PEIRCE *signo, objeto* e *interpretante*; MORIS *veículo sígnico, denotatum* e *designa tum* (In: CARVALHO, Paulo de Barros, *Direito tributário, linguagem e método*, São Paulo: Noeses, 2008, p. 34).

5. CARVALHO, Paulo de Barros, *Direito tributário, linguagem e método*, p. 33-34.

Explicando: A palavra "CADEIRA" que está no papel é o suporte físico; a "cadeira" assento físico é seu significado; e a "cadeira" que aparece como objeto, na nossa cabeça, quando lemos a palavra é sua significação. O signo, nesta concepção, é um *suporte físico* que se associa a um *significado* e que suscita uma *significação*, compondo o que se denomina de *triângulo semiótico*, uma relação entre esses três elementos.

Trabalhando com os pressupostos do giro linguístico a ideia de significação e significado se misturam, pois a realidade a que se refere qualquer suporte físico é construída pelo intérprete e, portanto, sempre condicionada às suas vivências.[6] Da mesma forma, tanto o significado, quanto a significação, materializam-se noutros suportes físicos, já que nenhuma realidade existe senão pela linguagem. Mas, justamente, por ser o signo uma relação, todos estes conceitos estão intimamente ligados, de modo que um influi diretamente na existência do outro.[7] Todo suporte físico suscita uma interpretação

6. O significado de "fazenda", por exemplo, depende da minha significação de "fazenda", pois sem ela, a fazenda (objeto representado pelo signo) não existe para mim.

7. É por isso que alguns autores preferem explicar o signo como uma relação diádica (na terminologia de SAUSSURE, *significante* – no lugar de "suporte

(significação), que constitui uma realidade como seu significado, esta realidade, por sua vez, é também uma linguagem, materializa-se num suporte físico, que suscita outra interpretação (significação), numa semiose sem fim.[8]

O direito positivo, enquanto corpo de linguagem voltado à região das condutas intersubjetivas, com a finalidade de implementar certos valores almejados pela sociedade, tem como suporte físico os enunciados prescritivos que o compõem materialmente (ex: artigos, incisos e parágrafos de uma lei – art. 121 do Código Penal "*Matar alguém: Pena - reclusão, de 6 (seis) a 20 (vinte) anos*"). Tais enunciados fazem referência a uma conduta entre sujeitos (aquela regulada juridicamente – "*o homicídio e a pena imposta*"), que é seu significado. E, suscitam na mente daqueles que os interpretam a construção de juízos hipotéticos-condicionais (a normas jurídicas - "*se matar alguém, deve ser a obrigação de cumprir pena de reclusão de 6 a 20 anos*"), que se constituem na sua significação.

O gráfico abaixo esclarece tal anotação:

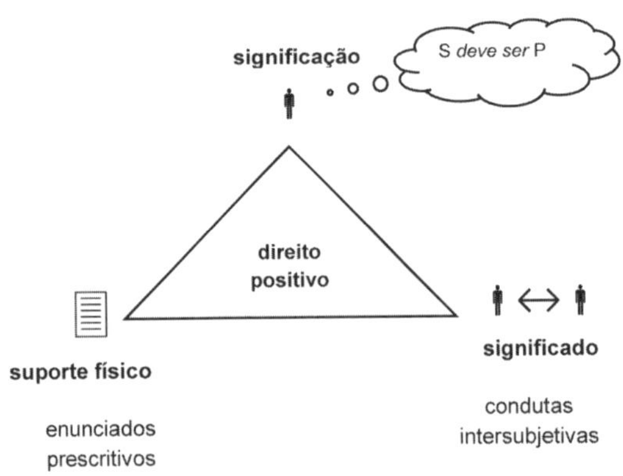

físico"; e *significado – englobando o significado e a significação, in Curso de Linguística Geral,* São Paulo: Cultrix, 1991, p. 4).

8. "Semiose" aqui entendida como o processo de um signo gerar outro.

Explicando: A figura triangular representa o direito positivo enquanto um signo ("um grande texto composto de múltiplos textos parciais" – para utilizarmo-nos da concepção de Gregorio Robles[9]), seu suporte físico são os enunciados prescritivos (▤), que têm como objeto-referente (significado) as condutas intersubjetivas por eles regulada (👤 ↔ 👤) e sua significação são as normas jurídicas construídas na mente daqueles que os interpretam ("S deve ser P").

A afirmação feita linhas acima, de que significação e significado se misturam, dado que a realidade (significado) a que se refere qualquer suporte físico acaba sendo aquela construída mentalmente pelo intérprete (significação), é reforçada no exemplo desta ilustração. Nota-se que, a significação do direito acaba por determinar o seu significado, ou seja, o modo como as relações intersubjetivas são disciplinadas. A "realidade jurídica", à qual o enunciado prescritivo faz referência, acaba sendo aquela construída pelo intérprete.

6.2. Sobre o conteúdo dos textos

Dos três planos que compõem as relações sígnicas de um texto, aquele a que temos acesso é o seu suporte físico, que é a base para construção das suas significações (conteúdo) e do dado referencial (aquilo que o conteúdo faz referência). É nele que as manifestações subjetivas de seu elaborador ganham objetividade e tornam-se intersubjetivas, vale dizer, se materializam e podem ser conhecidas (interpretadas-reconstruídas) por outros.

O suporte físico de um texto é o seu dado material empírico. Na linguagem escrita são as marcas de tinta gravadas sobre um papel. É unicamente a estas marcas de tinta que

9. MORCHÓN, Gregorio Robles, *Teoria del Derecho (fundamentos de teoria comunicacional del derecho)*, p. 69.

temos acesso quando lidamos com os textos escritos e é a partir delas, por meio de um processo interpretativo, que construímos seu sentido (conteúdo). Aquele que não sabe manusear tais marcas e que não consegue associá-las a um significado, não é capaz de construir sentido algum, olha para aquele aglomerado de símbolos e só vê marcas de tinta sobre o papel. Isto nos prova três coisas: (i) primeiro, que não existe texto sem conteúdo; (ii) segundo, que o conteúdo não está no suporte físico, ele é construído na mente daquele que o interpreta; e (iii) terceiro, que se o conteúdo é construído na mente do intérprete ele está, inevitavelmente, condicionado aos seus referenciais culturais e ao contexto que o envolve.

Os sentidos dos textos, no entanto, embora construídos como conteúdo de atos de consciência do ser cognoscente (subjetivo, pessoal), encontram-se condicionados pelas vivências do sujeito, sendo estas determinadas pelas categorias de uma língua (coletivo, social). É isso que faz com que as interpretações se aproximem e que o mundo "pareça" uno para todos que vivem na mesma comunidade linguística.

Quando, por exemplo, um médico lê no exame de um paciente "carcinoma basocelular esclerodermiforme" os termos 'carcinoma', 'basocelular' e 'esclerodermiforme' representam, cada um deles, significados convencionados, inteligíveis para quem habita a língua da medicina. Se assim não fosse, a proposição não teria sentido para o médico. Para o paciente, entretanto, que não vivencia tal língua, o exame nada significa objetivamente.

Interpretamos um texto estabelecendo vínculos com outros textos (intertextualidade) capazes de delimitar seu significado. Assim, toda interpretação encontra-se determinada pelos referenciais destas associações que, por sua vez, são marcadas por nossas vivências. É o que delimitamos por contexto.

Uma criança que nasce numa colônia de pescadores, por exemplo, olha para o mar e sabe distinguir os diversos tipos de marés, o que dificilmente acontece com uma criança que nasce na cidade grande. Isso se dá porque o referencial de uma é diferente do referencial da outra. Para a primeira criança o mar tem um sentido mais complexo, significa muita coisa, porque grande parte das vivências que formam seu contexto linguístico estão relacionadas a ele, o que já não se verifica com a segunda criança. Temos, assim, distintas interpretações, que se reportam ao mesmo dado experimental, constituindo duas realidades próprias, cada qual condizente com os referenciais dentro dos quais são processadas.

Além do referencial cultural, constituído pela vivência numa língua, toda interpretação pressupõe um modelo, um ponto de partida, que o fundamenta e atribui credibilidade o conteúdo interpretado. Este modelo consiste num conjunto de premissas que acaba por determinar aquilo que se conhece. Observamos, por exemplo, uma mesa de madeira a certa distância e afirmamos tratar-se de uma superfície lisa, olhando mais de perto, percebemos algumas fissuras e lhe atribuímos o qualificativo de rugosa, depois, observando-a com uma lupa, enxergamos várias rachaduras e concluímos tratar-se de uma superfície estriada. Mas, afinal, o que podemos afirmar sobre a superfície da mesa de madeira? Ela é lisa, rugosa ou estriada? A melhor resposta é: depende. Primeiro temos que saber qual o modelo adotado na construção da proposição. De longe a mesa é lisa, de perto ela é rugosa e com lente de aumento é estriada. Se não adotarmos um referencial, nada poderemos dizer sobre a superfície da mesa de madeira.

A leitura do plano de expressão de um texto (bruto) serve como estímulo para a produção de significações, sendo estas responsáveis pela constituição de diferentes mundos, produzidos em conformidade com os contextos estabelecidos e os referenciais de cada intérprete. Diante, por exemplo, da placa: "é proibido o uso de biquíni", podemos construir duas significações: (i) "deve-se usar roupa mais composta"; (ii) "deve-se tirar o maiô". São duas realidades distintas e contrárias, ambas constituídas do mesmo suporte físico.

Mas, como identificar a significação própria de um texto em sentido estrito? É possível estabelecer esta relação de propriedade? Em primeiro lugar devemos lembrar que não há vínculo ontológico entre suporte físico e significação e que tudo não passa de uma construção. Os sentidos são próximos em razão do contexto que os determina e por seus intérpretes vivenciarem a mesma língua, isto é, terem tradições comuns.

No exemplo acima, considerando-se o contexto, o sentido atribuído à placa tenderia à primeira opção (i – *deve-se usar roupa mais composta*) se ela estivesse fixada na porta de uma igreja; e à segunda (ii – *deve-se tirar o maiô*), caso fixada na entrada de uma praia de nudismo. Isolando-se o contexto, diante da placa, uma freira, provavelmente, ficaria com a primeira opção e uma jovem mais moderninha, com a segunda.

Trabalhando com os pressupostos da teoria comunicacional o que aproxima os sentidos e consequentemente as realidades significativas construídas (textos em sentido amplo) é o contexto comum e o fato de os intérpretes vivenciarem culturas próximas. Muda-se o contexto, modifica-se a significação. Muda-se o intérprete ou seus referenciais culturais e modifica-se a significação.

O gráfico a seguir demonstra mais claramente tal assertiva:

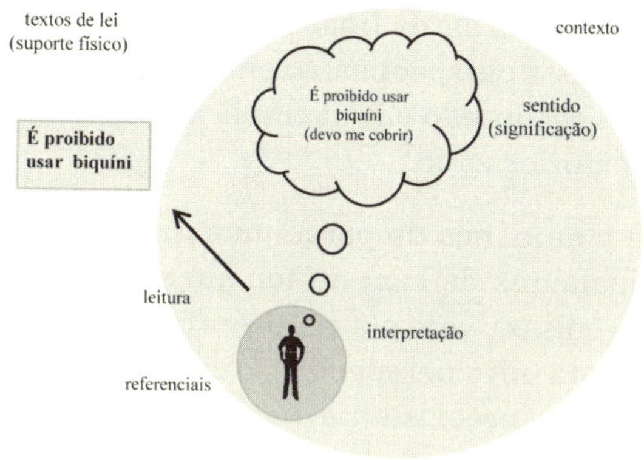

Explicando: Diante do texto (bruto) da lei que enuncia: "É proibido usar de biquíni", a mensagem (significação) construída "É proibido usar biquíni (devo me cobrir)" foi determinada pelo contexto e pelos referenciais do intérprete. Não pelos símbolos presentes na lei, estes apenas estimularam sua construção, mas não a condicionaram.

Neste sentido, a atribuição de um conteúdo ao texto não está vinculada ao que o emissor (legislador) quis dizer, muito menos à vontade da lei. Embora seja construída em nome dessas prerrogativas, está relacionada unicamente aos vínculos que se estabelecem entre os textos, os referenciais histórico-culturais e contexto de cada intérprete. Entre o conteúdo pensado pelo emissor e o construído pelo receptor há um completo aniquilamento de realidades.[10]

6.3. Inovação desta tomada de posição

Durante muitos anos a tradição hermenêutica associou o termo "interpretação" à ideia de revelação do conteúdo contido no texto. Interpretar era mostrar o verdadeiro sentido de

---

10. Como bem explica Vilém Flusser ao tratar da tradução, *Língua e realidade*, São Paulo: Annablume, 2004, p. 56.

uma expressão, extrair da frase ou sentença tudo que ela contivesse.[11] Sob esta perspectiva, o sentido era algo dado, contido no texto, mas escondido na sua implicitude, sendo a função do intérprete exteriorizá-lo.

Com a mudança de paradigma da filosofia do conhecimento, as palavras deixam de ter um significado ontológico (atrelado às coisas), vez que é a própria linguagem que cria o objeto. Sob esta nova perspectiva, o conteúdo dos textos deixa de ser algo dado, preexistente, para ser algo construído e vinculado aos referenciais do intérprete.

O sentido não está mais escondido no texto (em sentido estrito), como algo a ser descoberto ou extraído pelo intérprete. Não há um sentido próprio (verdadeiro) para cada palavra, expressão ou frase. Ele é construído por meio de um ato de valoração do intérprete. Sobre este ponto, Paulo de Barros Carvalho esclarece: "Segundo os padrões da moderna Ciência da Interpretação, o sujeito do conhecimento não extrai ou descobre o sentido que se achava oculto no texto. Ele o constrói em função de sua ideologia e, principalmente, dentro dos limites de seu mundo, vale dizer, do seu universo de linguagem".[12]

Transportando estas considerações para a especificidade dos textos jurídicos, em seu plano de expressão o direito positivo é constituído pela linguagem idiomática na sua forma escrita. Este é seu suporte material, dado objetivo ao qual todos que lidam com a realidade jurídica têm acesso. Mas como ter acesso ao conteúdo legislado, isto é, como são produzidos

11. O supracitado autor – Carlos Maximiliano, expressa bem esta tendência, segundo ele: "interpretar é explicar, esclarecer; dar significado de vocábulo, atitude ou gesto; reproduzir por outras palavras um pensamento exteriorizado; mostrar o sentido verdadeiro de uma expressão; extrair, de frase, sentença ou norma, tudo o que na mesma se contém" (*Hermenêutica e aplicação do direito*, Rio de Janeiro: Forense, 1997, p. 9).

12. *Direito tributário, linguagem e método*, p. 192.

os sentidos dos textos jurídicos? E a resposta é: *como de qualquer outro texto.*

O intérprete, limitado por seus horizontes culturais (determinados por suas vivências linguísticas e sistemas referenciais), entra em contato com o plano de expressão do direito positivo e, por meio da leitura, vai atribuindo valores aos símbolos nele contidos e adjudicando-lhes significações, neste processo (denominado de interpretação) vai alcançando vários níveis de compreensão até que se sinta satisfeito, fixando um conteúdo significativo como próprio do texto.

Há uma dificuldade, própria das mudanças de paradigmas, em conceber o direito (texto em sentido amplo) como uma construção do intérprete (significação), justamente pela subjetividade que lhe é atribuída por esta visão. Mas, dentro da concepção filosófica à qual nos filiamos, não conseguimos compreender de outro modo, mesmo porque, a pragmática jurídica só vem corroborar com nosso posicionamento. Se o direito fosse algo certo e determinado (significação unívoca) contido nos textos positivados (dado material), não haveria divergências doutrinárias, nem jurisprudenciais. O juiz simplesmente extrairia o conteúdo do texto e o aplicaria ao caso concreto, numa operação mecânica.

Mas, basta entrarmos em contato com o direito para percebermos como uma única frase é capaz de dar ensejo a discrepantes construções de sentido, cada qual consoante a valoração que o sujeito interpretante atribui aos termos empregados pelo legislador. Se a norma jurídica estivesse no plano material dos textos positivados não haveria tantas discussões sobre o conteúdo normativo.

Esclarecemos, porém, que adotar a postura de serem as normas jurídicas construção do intérprete, não importa situar o direito no plano das subjetividades (intrassujeito) e nem limitá-lo à vontade do intérprete. Adotamos uma posição culturalista perante o direito ao concebê-lo como instrumento linguístico susceptível de valoração e utilizado para implementar certos valores, mas ao mesmo tempo, positivista ao considerar que tais valores objetivam-se no texto positivado e que todas as valorações do sujeito interpretante estão restritas a ele, isto é, devem ser fundamentadas e justificadas no texto, sob pena de não se caracterizarem como jurídicas.

O texto em sentido estrito (dado material produzido pelo legislador) é a base para as construções do sentido normativo (conteúdo jurídico) e nele devem fundar-se todas as construções, sob pena de não mais se caracterizarem como jurídicas. Fixando tal restrição, Paulo de Barros Carvalho explica: "Em qualquer sistema de signos o esforço de decodificação tomará por base o texto, e o desenvolvimento hermenêutico fixará, nessa instância material, todo o apoio de suas construções".[13]

Não existe um limite objetivo para a interpretação, como pressupõe a teoria tradicional. A objetividade do direito está no seu suporte físico, que é aberto. A comunicação jurídica (entre legislador e intérpretes) se estabelece por ambos vivenciarem a mesma língua, a mesma cultura, por estarem inseridos no mesmo contexto histórico. É por isso que, para Heidegger, a referência objetiva do diálogo, que guia o processo de entendimento mútuo, deve sempre se dar no solo de um consenso prévio, produzido por tradições comuns.[14] As significações jurídicas, assim, se aproximam tendo em conta o mesmo contexto histórico-cultural, mas se afastam na medida em que se considera as associações valorativas ideológicas que informam os horizontes culturais de cada intérprete.[15]

---

13. *Direito tributário: fundamentos jurídicos da incidência*, São Paulo: Saraiva, 2008, p. 15.

14. HABERMAS, Jürgen, *Verdade e justificação: ensaios filosóficos*, São Paulo: Loyola, 2000, p. 87.

15. Tal abertura é que possibilita sentenças tidas por muitos como absurdas, mas totalmente compatíveis com os referenciais do juiz que as produziu.

O fato é que todo o conteúdo jurídico depende de valoração e esta condiciona-se às vivências do intérprete. Não existe um método hermenêutico que aponte objetivamente um único sentido (correto, verdadeiro, próprio) a ser atribuído aos enunciados do direito positivo, o que existe são técnicas de construção e justificação das valorações atribuídas. Prevalece a interpretação que convence, por sua justificação, devido à retórica do intérprete, pela identidade de referenciais, proximidade de culturas e pelo rigor de sua construção, ou então, aquela produzida (enunciada) por pessoa competente (ex: a do juiz num processo), aplicada efetivamente ao caso concreto.

Um exemplo disso está no descompasso das interpretações produzidas pela doutrina jurídica (Ciência do Direito). Vários autores podem falar sobre um mesmo texto jurídico, mas nenhum deles o fará exatamente do mesmo modo que o outro, pois a cada um competirá uma valoração diferente. Estudamos livros de autores ilustres que dizem uma coisa, depois nos deparamos com outros autores, tão ilustres quanto os primeiros, que dizem exatamente o contrário e tendemos a aceitar uma ou outra interpretação, em razão, também, dos referenciais que nos constituem como intérpretes.

Lidamos com a construção dos conteúdos normativos todos os dias, mas temos uma grande dificuldade em aceitá-la como algo condicionado às nossas vivências, porque interpretamos o direito com a expectativa da certeza e a segurança da existência de uma única significação correta.

7. Atuação pragmática do Constructivismo Lógico-Semântico no campo do direito

De nada adianta conhecermos uma teoria e não conseguirmos aplicá-la para conhecer uma realidade, não conhecemos então esta realidade e de nada adianta termos a prática se não temos uma teoria para explicá-la, também não conhecemos esta realidade. O conhecimento surge da intersecção entre a teoria e a prática. No meu livro[16] trago o exemplo do médico dermatologista que conhece teoricamente o câncer de pele, mas que quando se depara com a prática no seu paciente não consegue identificá-lo como tal. Ele tem a teoria e a prática, mas não consegue se utilizar daquela para conhecer esta, logo a realidade câncer de pele não existe ali para ele.

Esta era minha sensação perante o direito, diante de todas as teorias que estudei antes de me deparar com o Constructivismo Lógico-Semântico. Tinha uma angústia muito grande em lidar com ele no meu dia a dia, justamente porque ainda estava apegada à ideia de que havia um conteúdo intrínseco, inerente aos textos positivados e acabava por buscar os valores de justiça, igualdade, certeza nos textos jurídicos, quando eles não estão lá. Estão no intérprete e são condicionados por seus referenciais. É por isso que temos sempre, no mínimo, duas teorias totalmente diferentes para explicar os mesmos conceitos no direito e não há como dizer que uma está certa e a outra errada, mas sim que uma se amolda melhor aos meus objetivos do momento.

Perceber o direito como linguagem é um passo muito importante. O direito é texto, se materializa na forma de texto e essa é a nossa forma de lidar com ele. Nós não prestamos atenção nisso.

Então, se o direito é texto temos que saber como lidar com textos e entender que o sentido é uma construção do intérprete. Isto torna tudo mais fácil, porque deixamos de gastar esforços em procurar um conteúdo nos documentos normativos. E nos voltamos para a construção de uma interpretação mais elaborada, que convença.

---

16. *Teoria Geral do Direito - O Constructivismo Lógico-Semântico*, 3. ed. São Paulo: Noeses, 2013.

Para isso os pressupostos do Constructivismo são essenciais. Quando construímos um discurso amarrado logica e semanticamente é muito difícil de alguém refutá-lo.

SISTEMA JURÍDICO E CIÊNCIA DO DIREITO

Charles William McNaughton[1]

1. Considerações iniciais

O estudioso de direito que toma contato com a obra do Professor Paulo de Barros Carvalho se depara, logo no primeiro capítulo do *Curso de Direito Tributário*, com o tema "direito positivo e Ciência do Direito". O parágrafo inicial é o seguinte:

> Muita diferença existe entre a realidade do direito positivo e a da Ciência do Direito. São dois mundos que não se confundem, apresentando peculiaridades tais que nos levam a uma consideração própria e exclusiva. São dois corpos de linguagem, cada qual portador de um tipo de organização lógica e de funções semânticas e pragmáticas diversas.[2]

---

1. Charles William McNaughton. Doutor e Mestre em Direito Tributário pela PUC/SP. Professor do IBET e da COGEAE/PUC-SP. Advogado.

2. CARVALHO, Paulo de Barros. *Curso de Direito Tributário*. São Paulo: Editora Saraiva, 25ª edição, 2013, p. 31.

Essa diferença decisiva que o Professor Emérito da Universidade de São Paulo e da Pontifícia Universidade Católica de São Paulo toma como ponto de partida de seu Curso situa o estudioso perante seu objeto, demarcando a posição do discurso científico e da linguagem prescritiva tomada como foco de estudos.

Não é o caso de negar o caráter construtivo de qualquer interpretação ou descrição que se proponha a examinar com profundidade o direito positivo. Não. A relação firmada entre Ciência do Direito e direito positivo que estamos tratando dista de tornar a ciência uma mera repetição de seu objeto de estudos.

Trata-se, inicialmente, de uma distinção lógica: relação de metalinguagem e linguagem-objeto entre os dois corpos discursivos, tal que um toma o outro como núcleo temático.

Mas são também, direito positivo e Ciência do Direito, jogos de linguagem diferentes: um de caráter descritivo; o outro prescritivo.

Com essa reflexão epistemológica sobre as diferenças do discurso do direito positivo e da Ciência do Direito, o Construtivismo Lógico-Semântico contribui para um diálogo consciente entre Ciência e seu objeto, permitindo ao cientista compreender seu papel frente ao próprio direito e ao operador jurídico, em sua atividade de promover o avanço do processo de positivação desse sistema normativo, utilizar adequadamente o discurso teórico para fins práticos.

Muito bem. O intuito desse artigo é examinar as diferenças entre o sistema jurídico do direito positivo e o sistema da Ciência do Direito a partir da ótica do Construtivismo Lógico-Semântico. Para isso, tomaremos como foco a doutrina do Professor Paulo de Barros Carvalho.

2. Características do sistema do direito positivo

A dificuldade na separação de Ciência do Direito e direito

positivo é que teoria e objeto são corpos de linguagem sistematizados em constante processo de interdiscursividade. Em outras palavras, o direito se serve da Ciência como norte de legitimação de decisões jurídicas e a Ciência utiliza o direito como eixo temático para suas investigações.

Em que pese a tal desafio, uma descrição sobre o funcionamento desses sistemas é excelente instrumento para que a distinção seja estabelecida. Assim, iniciaremos descrevendo certas características do direito positivo e especialmente como reconhecer que certo conjunto de enunciados pertence ao "sistema jurídico". Em seguida, examinaremos a Ciência do Direito e indicaremos em que sentido esse corpo teorético se diferencia do direito positivo.

Pois bem. Iniciemos assinalando que o direito positivo é composto por um sistema de enunciados prescritivos, ou normas jurídicas, inseridos por certos veículos normativos designados, por Paulo de Barros Carvalho, de "veículo introdutor de normas". Não vou, nesse momento, oferecer uma definição conotativa para a expressão "veículo introdutor de norma", mas pretendo elucidar seu sentido a partir de exemplos. Assim, cabe assinalar que veículos introdutores de normas são a Constituição, as leis, os decretos, as portarias, as sentenças, enfim, todos os mecanismos jurídicos destinados a introduzir normas no ordenamento jurídico.

Reconhece-se que um enunciado prescritivo – isto é, aquele que emite uma ordem – pertence a determinado ordenamento porque é inserido por um veículo introdutor de norma previsto pelo sistema jurídico. De fato, quando observo uma lei ordinária publicada no diário oficial sei que sou compelido a obedecer os enunciados veiculados por tal ato normativo. O mesmo se diga quanto a uma sentença, a uma lei complementar e assim por diante. Observo, também, que esses atos inserem comandos a serem cumpridos. Assim, tenhamos que o direito positivo é composto por duas espécies de normas: as normas introdutoras, ou veículos introdutores, e as normas introduzidas.

Para que fique clara a diferença, enquanto as normas introdutoras são comandos que dizem, grosso modo, "observem as disposições contidas nesse ato", as normas introduzidas se identificam a partir de tais disposições inseridas pelos veículos, sejam os artigos de leis, seus incisos, parágrafos e assim por diante.

Dessa forma, se me deparo com um comando do tipo "se praticar o comportamento X pague a quantia Y" logo vou me questionar se essa ordem pode ser fundamentada por enunciados inseridos em veículos introdutores de normas. Na hipótese negativa – por exemplo ser um enunciado veiculado por uma propaganda de um produto – saberei que não estou compelido a observância de tal enunciado prescritivo. Agora, se puder identificá-lo como uma norma inserida por um veículo introdutor de norma – ou seja, estiver inserido em uma lei ordinária, lei complementar etc. - terei ciência que se trata de uma norma jurídica.

Portanto, a primeira característica marcante do sistema jurídico são seus elementos: é composto de normas, tanto as introdutoras como as introduzidas.

Agora, essas normas não são um emaranhado caoticamente disposto. Elas se relacionam mediante liames de subordinação e coordenação que fazem que o direito adquira uma organização lógica – uma sintaxe – caracterizando-o como um sistema.

A subordinação equivale à típica relação hierárquica em que certa proposição normativa retira fundamento de validade de outra. Por exemplo, uma norma inserida por lei retira fundamento de validade de uma norma inserida pela Constituição da República. Em outras palavras, a Constituição determina o processo de produção da lei e parte de seu conteúdo.

Já os vínculos de coordenação se verificam pela combinação de normas situadas em um mesmo patamar hierárquico e que se vinculam para regular as mais diversas condutas. Por exemplo, a norma que trata do lançamento tributário, que se constrói a partir do enunciado veiculado pelo artigo 142 do Código Tributário Nacional, tem relação de coordenação com a norma que trata da decadência, que se constrói a partir do enunciado veiculado no artigo 173 do Código Tributário Nacional. Uma não se interpreta sem a outra. De fato, sem saber o que é lançamento, quais suas modalidades, como se opera, não se consegue identificar os termos *a quo* e *ad quem* próprios do fluxo do prazo de decadência. Assim, os vínculos de coordenação são instâncias fundamentais no processo de interpretação das normas jurídicas.

Agora, é relevante identificar a eventual existência de hierarquia entre duas normas, especialmente, se regularem as mesmas condutas de forma distinta, caracterizando a chamada antinomia de normas.

Isso porque a hierarquia é o primeiro critério de solução de antinomias, de sorte que a norma hierarquicamente superior deve prevalecer sobre a norma inferior. Tomemos por antinomias as contradições entre duas normas distintas – uma proíbe uma conduta que a outra permite – ou as contrariedades – uma proíbe e outra obriga a mesma conduta. Apesar de o direito positivo conviver com antinomias, o ordenamento apresenta critérios de soluções que viabilizam a superação de tais oposições normativas.

O primeiro deles é o da hierarquia: norma superior prevalece sobre norma inferior. Trata-se de um critério pertinente às relações de subordinação entre normas. Já o segundo critério de solução de antinomia, que é a especialidade, e o terceiro critério, que é a cronologia, são vinculados às relações de coordenação de normas.

Nesse sentido, estamos percebendo o quanto a identificação da hierarquia pode ser importante ao operador do direito. Mas, como definir a posição hierárquica de cada norma?

Para Paulo de Barros Carvalho, essa relação pode ser vislumbrada justamente a partir do veículo introdutor de normas que insere o comando prescritivo no sistema. Suas palavras são as seguintes:

> Outra coisa, bem distinta, é reconhecermos o enorme interesse de investigar os plexos de normas que estão credenciados pelo sistema para o fim de promover a inserção de novas unidades, movimentando-o no sentido de projetar-se sobre a região material da conduta, e coordenando o fluxo das interações humanas, na direção que implanta os valores fundamentais da sociedade. (...) Sem ele, nada poderíamos dizer a propósito da situação hierárquica de determinado preceito que, por qualquer razão, convocasse os nossos cuidados, já que todas as normas jurídicas têm idêntica estrutura sintática (homogeneidade lógica), embora dotadas de conteúdos semânticos diferentes (heterogeneidade semântica). É por aceitar que norma N'entrou pela via constitucional que reivindico sua supremacia com relação à norma N", posta por lei ordinária. É por saber que norma individual e concreta veio à luz do bojo de um acórdão do Supremo Tribunal Federal, que me atrevo a declarar sua prevalência em face de outro acórdão proferido por tribunal de menor hierarquia.[3]

Nesse sentido, observando-se o veículo introdutor, é possível identificar (I) a pertinência dos enunciados nele veiculados no direito positivo e (II) a posição hierárquica de tais enunciados.

Agora, para se certificar de que um veículo introdutor de normas pertence ao sistema e consequentemente que os enunciados por ele expedidos têm validade, o operador deverá recorrer aos outros veículos de superior hierarquia. Por exemplo, saberá que uma norma é uma sentença após observar a lei

3. CARVALHO, Paulo de Barros. *Curso de Direito Tributário*. São Paulo: Editora Saraiva, 25ª edição, 2013, p. 71.

processual que rege sua produção; saberá que a lei processual é obrigatória porque retira fundamento de validade da Constituição; e sabe que a Constituição é norma de máxima hierarquia porque retira fundamento de validade de uma norma pressuposta – norma fundamental – que enuncia "obedeçam a Constituição".

Adotando-se esse recurso denominado "norma fundamental", empregado por Hans Kelsen, é possível observar o sistema jurídico como um composto dotado de unidade. Tenhamos, portanto, a norma fundamental como mecanismo que garante o fechamento do sistema jurídico.

Explicado tal ponto, vale acrescentar que esses enunciados prescritivos, veiculados nos mais diversos textos legislativos, devem ser interpretados para que construa a norma jurídica *stricto sensu*. Esclarecemos.

Examinando os diversos comandos de maneira isolada, o intérprete não poderá se orientar de forma adequada para cumprir as condutas exigidas pelo direito positivo. As condutas não são exigidas de todos a todo momento. As normas são caracterizadas por possuir uma hipótese de incidência, isto é, um pressuposto de fato para sua aplicabilidade que é condição suficiente para imposição de um consequente que prescreve o comportamento prescrito pelo direito. Verificada a hipótese no plano da facticidade jurídica, a partir da linguagem competente, será imputado o consequente normativo, que carrega o comando a ser cumprido pelo destinatário.

A hipótese e consequência da norma são vinculadas por um "dever-ser". Isso significa que entre o pressuposto de fato e o comando prescritivo há um "vínculo que deve ser" e não uma necessidade, lógica ou empírica. Uma proposição do tipo "se jogo um objeto, então ele cairá" expressa uma necessidade decorrente de uma lei da física. De fato, segundo a lei que enuncia a força da gravidade, a hipótese "se jogo o objeto" importa necessariamente, o consequente "então ele cairá". No direito, não é assim. A relação estabelecida pela proposição "se auferir renda no território nacional em 31 de dezembro então deve pagar imposto de renda" não exprime um vínculo necessário entre hipótese e consequente, mas apenas uma determinação pretendida pelo legislador em um ato de vontade.

Na obra de Paulo de Barros Carvalho esse "dever-ser" que une hipótese e consequente é denominado de "conectivo deôntico" ou "dever-ser interproposicional".[4] Trata-se de conectivo porque é um elemento que conecta duas proposições (hipótese e consequente). Ele é deôntico porque relaciona dizendo que deve ser. E é interproposicional porque une duas proposições na norma jurídica.

Agora, a norma também é composta de um "dever-ser modalizado", situado em seu consequente, tratando-se, portanto, de um conectivo intraproposicional. Em lógica, modais são termos que dizem acerca do modo de ser de certa proposição. Na lógica clássica, os modais são "necessário", "possível" e "impossível". Na lógica deôntica (lógica do dever-ser) os modais são "obrigatório", "permitido" e "proibido" e incidem sobre a conduta que é objeto do mandamento normativo. Assim, toda conduta no direito é "permitida", "proibida" ou "obrigatória".

Estamos percebendo que no sistema jurídico vigora o princípio do "quarto modal excluído". Esse princípio atesta que no direito toda conduta regulada é proibida, obrigatória e permitida, inexistindo uma quarta possibilidade.

Tanto o dever-ser interproposicional – que une hipótese e consequente - como o dever-ser modalizado indicam a prescritividade dos enunciados jurídicos que vimos insistindo. O caráter prescritivo leva em consideração que no direito há uma série de ordens que devem ser obedecidas. Exatamente por

---

4. CARVALHO, Paulo de Barros. *Curso de Direito Tributário*. São Paulo: Editora Saraiva, 25ª edição, 2013, p. 332.

isso não há sentido dizer que as normas jurídicas são verdadeiras ou falsas, mas sim válidas ou inválidas.

Pensemos nesse ponto. Uma descrição do tipo "a porta está fechada" pode ser verdadeira ou falsa. Agora, não há sentido qualificar uma ordem do tipo "feche a porta" como verdadeira ou falsa. Pode ser "válida" ou "inválida" que são os valores lógicos que colorem a linguagem prescritiva.

Quando se pensa em prescritividade está-se lidando com um aspecto que é a "função da linguagem". Uma linguagem pode ter várias funções, caracterizada pelo intuito de certo enunciado, aquilo que se pretende.

A título de exemplo, a linguagem pode ter uma função descritiva, quando se pretende informar certa notícia ao emissor; uma função expressiva, que exprime sentimentos de quem expede a mensagem; uma função interrogativa, que é a linguagem das perguntas; uma função performativa, utilizada para realizar uma ação ("eu os declaro marido e mulher"); uma função fática, destinada a iniciar ou manter uma comunicação (olá, tudo bem?); uma função fabuladora que é a das ficções; uma função metalinguística que é aquela que se focaliza no código ou no próprio discurso; uma função persuasiva que é a do convencimento e a função prescritiva que é aquela que exprime ordens a serem cumpridas por outros.[5]

Registre-se que essas funções nem sempre são exclusivas e podem se mesclar em um único discurso. Por isso que se diz que o importante é a preponderância. Daí porque no direito há enunciados precipuamente descritivos, como por exemplo, as hipóteses de incidência das diversas normas. Ainda assim, o direito é tipo como uma linguagem preponderantemente prescritiva, posto que existe para regular condutas.

---

5. CARVALHO, Paulo de Barros. *Direito Tributário, Linguagem e Método.* São Paulo: Editora Noeses, 5ª edição, 2013, pp. 37 a 52.

Pois bem. Assinalamos que sistema jurídico é composto por enunciados prescritivos que devem ser interpretados para que se construa a norma jurídica *stricto sensu*. Essa estrutura condicional a que nos referimos em que "dada a hipótese deve ser o consequente" não é identificada pela simples leitura dos textos jurídicos. Não. Os textos jurídicos são empregados da linguagem técnica – um misto de linguagem científica e linguagem corrente – e elaborados pelo legislador, tomado o signo "legislador" em uma acepção bem ampla. Como nem sempre o legislador tem formação jurídica, por vezes a expressão dos diversos enunciados normativos carregam imprecisões, contradições e impropriedades que deverão ser superadas pelo operador jurídico no ato de interpretar.

Nesse sentido, caberá ao aplicador do direito efetivar a leitura do texto – também chamado de suporte físico - interpretá-lo, organizando os diversos enunciados naquela estrutura condicional que indicamos, para atingir o plano da significação dos textos.

Logo se vê que a norma *stricto sensu* é um produto da interpretação. Agora, advirto que essa separação entre "significação" e "texto" não deve ser tida como exprimindo dois objetos distintos e independentes entre si. Significação e texto são elementos relacionados a partir de um signo. Signo é uma realidade una e não há cabida pensar em significação sem o suporte físico e nem o suporte físico sem significação. Por isso, não vejo o sistema jurídico como um conjunto de pensamentos existente, individualmente, na imaginação de cada operador, como se cada um de nós tivesse um direito específico que carregamos em nosso espírito. Vejo, sim, o direito como um fenômeno cultural que compartilhamos em nossa vida em sociedade.

De qualquer sorte, tenhamos que, de posse da significação que reflete a norma jurídica, o operador do direito deverá levar em consideração as relações de coordenação e subordinação a que mencionamos. De nada adianta construir a norma jurídica sem certificar-se se é ou não vigente, se tem sua eficácia limitada por outra norma ou se deve ceder em aplicabilidade em razão da existência de norma especial.

Quando se reflete sobre essa necessidade de se contextualizar as diversas normas jurídicas é que se toma consciência do direito em sua dimensão sistêmica. Se o direito fosse um conjunto caótico de comandos, não existiria um mínimo de previsibilidade. O direito não cumpriria sua função social a que remete Niklas Luhmann de generalização e estabilização de expectativas normativas.

Por todas essas características do sistema jurídico, poderíamos dizer que se trata de um sistema proposicional nomoempírico prescritivo. Compreendamos.

Os sistemas se classificam entre "reais" e "proposicionais". Tenhamos os proposicionais aqueles constituídos por enunciados e reais todos aqueles compostos por objetos extralinguísticos. Pedimos, por ora, que se abstraiam as considerações do giro linguístico no sentido de que a linguagem cria realidades apenas para se compreender a divisão tal como proposta. Nesse ponto, está claro que o sistema jurídico é do tipo proposicional eis que já vimos que suas unidades são as normas jurídicas.

Os sistemas proposicionais, por sua vez, se dividem em nomológicos e nomoempíricos. Os nomológicos são aqueles cujos elementos são derivados em relações estritamente lógicas. Por exemplo, a matemática é um típico exemplo de um sistema nomológico. Já os nomoempíricos têm referência empírica e são constituídos por objetos que não são meramente ideais. O direito é claramente nomoempírico, eis que tem como objeto as condutas intersubjetivas, que são entidades que distam de ser meramente ideais.

Além de ser nomoempírico, o sistema jurídico é prescritivo, haja vista o caráter de prescritividade que prevalece em sua linguagem. De fato, onde houver direito haverá regulação de condutas para instrumentalizar a vida em sociedade. Eis a nota fundamental que qualifica o dado jurídico.

3. Características da Ciência do Direito

A Ciência do Direito é composta de enunciados que descrevem o direito positivo. Logo se vê, portanto – como já bem frisamos - que tal Ciência é uma camada de metalinguagem porque tece considerações sobre o direito positivo que é sua linguagem-objeto. Levemos em consideração, para esses fins, que metalinguagem é a linguagem que trata de outra linguagem.

Essa divisão entre linguagem-objeto e metalinguagem já situa bem firmemente o discurso científico na posição de sobrenível – linguagem mais elevada - em relação ao direito positivo, sendo, portanto, duas entidades inconfundíveis.

Agora, nesse corpo de linguagem teorética, não há espaço para a prescritividade, eis que o cientista tem como intuito a descrição do sistema jurídico. Essa diferença lógica entre linguagem-objeto e metalinguagem bem indicam que o caráter prescritivo do direito positivo não se transfere à Ciência do Direito que lhe toma como eixo de investigação.

Daí bem se vê que esse corpo linguístico é dotado de um caráter descritivo. Se o direito positivo é embutido de comandos, ordens, a Ciência do Direito meramente tem por intuito tecer proposições que tomem esse corpo de linguagem como foco temático.

Descrever o direito positivo não significa tomar uma posição neutra sobre seu objeto de estudos. Por ser um objeto cultural, o direito está imerso de valores, impedindo a indiferença de quem o toma como objeto. Assim, o cientista estará invariavelmente adotando um ponto de vista sobre o objeto jurídico, por maior que seja o esforço de neutralidade que se pretenda exprimir.

Agora, essas tomadas de posição que o direito nos compele a firmar hão de ser efetivadas a partir de um discurso rigoroso, coerente e cuidadosamente tecido para que adquira o *status* de "discurso científico". Efetivamente, na construção de sua mensagem teorética, o operador deverá buscar zelo na linguagem empregada. E nesse ponto convém assinalar que a Ciência do Direito haverá de estar firmada em um texto que dê conta de ostentar precisão para imprimir uma mensagem suficientemente clara que permita um controle de sua consistência pela comunidade científica.

Não que a linguagem da Ciência do Direito chegue a assumir o caráter de linguagem formalizada. As linguagens formalizadas são próprias da lógica e da matemática e ostentam signos com significação unívoca. A Ciência do Direito utiliza termos próprios da linguagem não formalizada. Porém, na medida do possível, o teórico busca reduzir as ambiguidades e vaguidades que caracterizam a linguagem do cotidiano.

Para atingir esse resultado de precisão, o cientista há de empregar um método. O método próprio para lidar com o direito positivo – como qualquer objeto cultural - é o empírico-dialético. Por meio do método empírico-dialético, o cientista parte do exame dos fatos e dos valores. Com ele, o intérprete atinge o plano da compreensão das normas jurídicas, observando o dado empírico mas sempre levando em consideração o campo axiológico do direito. Por isso que a Ciência do Direito não admite uma mera descrição acrítica do dado jurídico, como já exprimimos.

Com o método devidamente selecionado, a Ciência do Direito exige uma adequada delimitação do objeto a ser examinado. Como ensina a Professora Aurora Tomazini de Carvalho:

> A delimitação do objeto indica os limites da experiência, evitando sua propagação ao infinito. E, o método determina

> a forma de aproximação do objeto, atribuindo sincretismo às proposições formuladas. Ambos exercem a função de controle dos enunciados construídos, que, para pertencerem a uma teoria, não pode extrapolar os limites de seu objeto nem serem produzidas em desacordo com as regras fixadas para sua aproximação.
>
> Não há como fazer ciência abrindo mão da uniformidade na apreciação do objeto (o que é alcançado com a utilização de um único método) e da rigorosa demarcação do campo sobre o qual deverá se voltar a atenção cognoscitiva.[6]

Nessa busca por um discurso teórico bem composto, o cientista deverá firmar premissas claras e a partir delas indicar inferências que embasem suas conclusões. Sobre esse aspecto valem algumas considerações.

Para imprimir premissas claras, um recurso recomendável é o das definições. Como a linguagem é naturalmente vaga e ambígua, à medida que se definem os termos a serem empregados ao longo do discurso e que se empregam tais termos de maneira coerente com o sentido semântico anteriormente delimitado, ameniza-se eventual ambiguidade ou vaguidade que poderia contaminar o discurso. Daí porque o Construtivismo Lógico-Semântico é caracterizado por um "ir amarrando os conceitos", sempre em busca da clareza na mensagem a que se pretende transmitir.

Agora, o discurso científico, apesar de buscar precisão, estará sempre embutido de um aspecto retórico. A retórica, aliás, conforme a evolução da hermenêutica, é condição para a própria interpretação. O interpretar é convencer a si mesmo sobre determinado sentido de um texto. Assim, sem retórica não há interpretação e não há como o texto científico transmitir a mensagem com força suficiente para ser compreensível.

---

6. CARVALHO, Aurora Tomazini de. *Curso de Teoria Geral do Direito – O Constructivismo Lógico-Semântico.* São Paulo: Editora Noeses, 3ª edição, 2013, p. 43.

Agora, há de se separar aquela retórica necessária para qualquer discurso que pretenda um mínimo de força, da retórica inconsistente, tomada em uma acepção mais pejorativa do termo. O discurso científico não convive com recursos retóricos mais rasos, que indicam ausência de preocupação com a consistência da mensagem.

Como se nota, consistência é condição necessária para um discurso científico bem composto. Se o direito positivo admite normas contraditórias ou contrárias, como já indicamos, o discurso teorético não convive com qualquer modalidade de contradição ou contrariedade, sob pena de ruir suas próprias bases de sustentação.

Daí porque aquela clara relação entre premissas e conclusões é tão importante no discurso científico. Todas as conclusões hão de ser fundamentadas por premissas devidamente estampadas. Em outras palavras, o cientista deverá indicar seu "sistema de referência", isto é, aquele núcleo significativo que dá base a sua teoria. Nesse sentido, o Professor Paulo de Barros Carvalho sustenta:

> Quando se afirma algo como verdadeiro, portanto, faz-se mister que indiquemos o modelo dentro do qual a proposição se aloja, visto que será diferente a resposta dada, em função das premissas que desencadeiam o raciocínio.[7]

Interessante notar, nessa linha, que é possível admitir diversas teorias aceitáveis, ainda que conflitantes entre si, desde que coerentes com seu sistema de referência.

Sem embargo, as proposições teoréticas são animadas pelos valores lógicos de "verdade" e "falsidade". Verdade sempre que corresponderem a seu objeto. Falsidade quando exprimirem

---

7. CARVALHO, Paulo de Barros. *Direito Tributário: Fundamentos Jurídicos da Incidência*. São Paulo: Editora Saraiva, 5ª edição, 2011, p. 3.

juízos que não guardem guarida no direito positivo. Note-se que verdade e falsidade são valores lógicos. Se o direito positivo é regido pela lógica deôntica (lógica do dever-ser) e os valores que animam as normas são validade e invalidade, a Ciência do Direito é regida pela lógica apofântica (apófase significa "ser") e seus valores são verdade/falsidade.

Ainda que a noção de "verdade por correspondência" esteja superada, na exata noção de que a realidade é constituída linguisticamente, é impossível não "falar em nome da verdade". Assim, Fabiana Del Padre Tomé chama atenção da importância da chamada "verdade lógica" ou "verdade em nome da qual se fala".

Por outro lado, não convém assinalar que o cientista esteja autorizado a selecionar premissas extravagantes para iniciar sua investigação do dado jurídico. Já vimos que o discurso científico exige um mínimo de retórica, para que possa transmitir as mensagens com a força necessária. Ora, a retórica exige que as eventuais premissas eleitas carreguem um mínimo de plausibilidade para que se possa convencer o destinatário da mensagem que as conclusões devem ser aceitas.

Não me atrevo, aqui, buscar definir o que seja esse mínimo de plausibilidade para selecionar premissas. Mas, creio, por exemplo, que um discurso que se pretenda científico não deveria partir da premissa de que o Brasil é uma monarquia e que vigora, no direito brasileiro, o princípio da imunidade dos aristocratas. O exemplo é pitoresco, mas serve para ilustrar o que pretendemos exprimir.

Feita essa ressalva, a comunidade científica há de ser tolerante aos diversos pontos de vista, a fim de possibilitar maior rendimento à conversação jurídica em um clima de respeito e cordialidade.

A teoria do direito, nessa medida, há de ser vista como um discurso consistente, elaborado a partir de um método, que visa retoricamente apresentar certas informações sobre o direito positivo, sendo imerso, portanto, em uma linguagem descritiva.

Assim como o direito positivo, a Ciência do Direito também é um sistema, porque suas proposições hão de estar concatenadas em rígida observância aos primados lógicos para transmitir a mensagem que descreva o direito positivo.

É preciso notar que a noção de sistema está contraposta à ideia de "caos" de sorte que sistematizar significa verter uma ordem para que se possa compreender certo conjunto de objetos. Nesse sentido, sem um caráter sistemático, a teoria do direito não daria conta de descrever seu objeto de forma adequada, tornando-o adequadamente compreensível.

Agora, assim como o direito positivo, a Ciência do Direito é um sistema proposicional – eis que vertida por enunciados – e nomoempírica, porque seu objeto é um dado cultural e existe concretamente no seio da sociedade.

Porém, logo se notará que ao contrário do direito positivo, a Ciência do Direito é um sistema nomoempírico descritivo, justamente porque suas mensagens são caracterizadas por uma função descritiva como vimos insistindo.

4. Sistema e ordenamento jurídico

Nos itens precedentes, tratamos o direito positivo como um sistema jurídico, utilizado de forma sinonímica ao signo "ordenamento jurídico". Há, contudo, duas posições diferentes que gostaríamos de comentar sobre o tema.

São posições que acabam tomando sistemas de referências com algumas diferenças perante o que estamos apresentando. Ainda assim, em razão de suas relevâncias, julgamos que um diálogo com elas poderia enriquecer o nosso sobre o sistema jurídico.

A primeira delas é a diferença de "sistema jurídico" e "ordenamento jurídico" para Gregorio Robles; a segunda, a diferença entre sistema e ordenamento para Bulygin. Vamos a elas.

4.1. Sistema e texto bruto

Para Gregorio Robles, apenas no plano da Ciência do Direito estaria configurado o grau de sistema. Segundo esse grande jurista espanhol, o direito positivo seria originado por decisões cujo produto seriam "textos brutos", ou seja, os diversos códigos, as leis etc.

Esses textos estariam à espera da interpretação pelo cientista que em seu labor iria transformá-los em um sistema que transpareceria na Ciência do Direito.

Por esse viés, uma vez interpretado pelo cientista, aquele conjunto de textos brutos seria organizado de forma coerente, adquirindo o *status* de sistema. Antes desse labor científico, àqueles textos prescritivos seria atribuído o caráter de "ordenamento" ou ORD, enfatizando-se a distinção do caráter sistemático adjudicado ao texto científico.

Vale conferir, nesse sentido, as explicações de Gregorio Robles:

> ORD es un texto desorganizado, bruto, compuesto de todos los textos tal como han salido de las decisiones de los generadores de normas puestos unos depos de otros, sin conexión entre ellos. Todo lo más, puede ser ordenado por matérias, poniendo primero la constitución, logo las normas referentes a materia civil, después las comerciales, las penales etc. ORD es una mera acumulación de materiales normativos tal como salen del BOE."
>
> (...)
>
> "El sistema es el resultado de la elaboración doctrinal o científica del texto bruto del ordenamiento. El sistema

> implica la ordenación del material jurídico y su interpretación. Es la presentación del derecho de una manera sistemática, conceputalmente, depurada, libre de contradicciónes y de ambigüedades. Si el ordenamiento lo proporciona lo legislador, o para ser más exactos, los operadores jurídicos que tienem competencia o capacidade para emitir decisiones normativas, el sistema es el productor de la labor de los juristas científicos, de la doctrina.[8]

Creio que essa distinção muito interessante que Gregorio Robles propõe pode ser compreendida quando se toma por ordenamento aquele conjunto de suportes físicos, ou seja, de textos antes de qualquer processo interpretativo.

Esclareço que nos itens anteriores tratei "sistema jurídico", "direito positivo" e "ordenamento jurídico" como sinônimos. Isso porque considerei que os textos brutos seriam o ponto de partida do processo interpretativo, mas não esgotariam a extensão do direito positivo.

Em outras palavras, tomo o direito como um cosmos dotado de textos, mas que também apresenta outra dimensão que é marcada pelo produto da interpretação que esses textos convidam o operador do direito a empreender. Uma vez interpretado, seja pelo cientista ou pelo operador jurídico, o direito apresenta todo seu caráter sistemático que descrevemos anteriormente.

Mas isso não implica uma recusa ou refutação da teoria majestosa de Gregorio Robles. Alteram-se os sistemas de referência, modificam-se as conclusões.

4.2. Sistema e ordenamento

Outra distinta visão que separa ordenamento e sistema seria aquela que toma como sistema o direito vigente em um

8. ROBLES, Gregorio. *Teoría del Derecho. Fundamentos de Teoria Comunicacional del Derecho*, Volume I. Navarra: Thomson, Civita, 2006, p. 123.

determinado instante ao passo que o ordenamento consistiria no conjunto de sistemas que vão se sucedendo à medida que normas são revogadas.

Por essa linha, a cada norma jurídica revogada ou modificada implicaria uma mudança de sistema. Por outro lado, todos os sistemas pertenceriam a um mesmo ordenamento.

Essa vertente, estampada por juristas como Eugenio Bulygin e Daniel Mendonca[9], é rica por conferir, por meio da noção de "ordenamento", uma unidade ao direito enquanto instância dinâmica, sujeita à transformações a todo momento, separando-os dos diversos sistemas.

Tárek Moysés Moussallem explica com precisão:

> Emprega-se expressão "sistema de direito positivo" para se referir ao conjunto de normas estaticamente consideradas. A voz "ordenamento jurídico" é usada no sentido dinâmico "de sequência de conjunto de normas", ou seja, "uma ordem jurídica é, de acordo com esta convenção, uma sequencia de sistemas normativos.[10]

Eis, portanto, proposta relevante que visa a separar sistema e ordenamento, a partir de uma visão estática ou dinâmica.

Já na visão anteriormente apresentada em nossas descrições, sistema jurídico e ordenamento seriam uma única entidade. Perde-se, com isso, uma designação específica para designar o direito a cada momento tomado como referência, tal como o signo "sistema" é utilizado nessa proposta que estamos examinando no presente item.

---

9. BULYGIN, Eugenio y MENDONCA, Daniel. *Normas y Sistemas Normativos*. Madrid: Marcial Pons, 2005, p. 45.

10. MOYSÉS MOUSSALLEM, Tárek. *Revogação em Matéria Tributária*. São Paulo: Editora Noeses, 2005, p. 129.

Por outro lado, se tomarmos o dinamismo do sistema tributário brasileiro, para ficarmos em um exemplo próximo de nosso cotidiano, caso adotássemos a concepção ora examinada, chegaríamos ao absurdo de reconhecer diariamente a existência de dezenas de sistemas jurídicos diferentes, a cada instante que uma nova norma tributária é posta, modificando o sistema anterior.

Outro ponto a ser levado em consideração é que mesmo o "ordenamento", enquanto conjunto de sistemas, não deixa de ser um sistema mais complexo, relativizando, um pouco, a divisão.

Agora, se pensarmos que as palavras são convencionais, não há que se dizer que uma classificação como essa seja "certa" ou "errada". E certamente a distinção entre "sistema" e "ordenamento" há de ser tida como valioso instrumental à disposição do cientista que possa dela se valer para determinados propósitos.

5. Palavras finais

Em uma síntese, poderemos assinalar que direito positivo e Ciência do Direito são ambos sistemas, cada qual com características peculiares.

Se o direito positivo é dotado de linguagem prescritiva, inserida por veículos normativos credenciados pelo sistema, regido pela lógica deôntica – animado, portanto, pelos valores lógicos de validade/invalidade – e constituído por uma linguagem técnica, a Ciência do Direito é uma metalinguagem embutida por um discurso descritivo, que toma o direito positivo como objeto, estruturada a partir de um método, regida pela lógica apofântica e consolidada a partir de uma linguagem rigorosa, em que se visa a eliminar vaguidade e ambiguidade.

Tomar consciência da distinção entre direito positivo e Ciência do Direito importa consequências importantes para o operador jurídico. Gostaria de finalizar esse artigo refletindo sobre algumas dessas consequências.

A primeira é que sendo a Ciência uma linguagem descritiva, o operador ou mesmo o próprio cientista pode se postar criticamente perante o discurso científico, questionando "verdades" tidas como definitivas e aceitas sem quaisquer questionamentos. Se a Ciência descreve seu objeto, a proposição científica pode ser sempre "testada" a partir das prescrições contidas no direito positivo, sempre levando-se em consideração sua consistência e força retórica.

Essa noção – eis a segunda consequência - permite a evolução e aprofundamento do discurso científico. A tradição da Ciência, com toda sua riqueza, é, sem dúvida, um ponto de partida valioso para quem se proponha a interpretar e por que não, produzir teoria do direito. Mas, o direito, sendo um sistema vivo, permite novas conversações e a adoção de novos de pontos de vista que contribuem para o aprimoramento da teoria do direito.

É nesse clima que o "Construtivismo Lógico-Semântico", instrumentalizado pelo Instituto Brasileiro de Estudos Tributários – IBET, inspira e estimula diversos operadores jurídicos a refletirem com profundidade sobre o direito positivo, a pensar, por si próprios, o dado jurídico, formando gerações de juristas.

Capítulo II

DIREITO COMO TEXTO

O DIREITO E A INEVITABILIDADE DO CERCO DA LINGUAGEM

Gabriel Ivo[1]

> "*stat rosa prístina nomine, nomina nuda tenemus*" (a rosa antiga permanece no nome, nada temos além dos nomes)
>
> - Umberto Eco
>
> *O Nome da Rosa*

1. Introdução

Muitas vezes parece que esquecemos. Mas, tal qual a moral ou mesmo a religião, o Direito é um sistema normativo, que tem um objetivo básico: regular a conduta humana.[2] Cada sistema, como os indicados anteriormente, tem as suas peculiaridades,

1. Mestre e Doutor em Direito pela Pontifícia Universidade Católica de São Paulo, Professor efetivo da Universidade Federal de Alagoas, Procurador de Estado de Alagoas.

2. Conforme HANS KELSEN: "O que as normas de um ordenamento regulam é sempre uma conduta humana, pois apenas a conduta humana é regulável através de normas". *Teoria Pura do Direito*, trad. João Baptista Machado, 6ª edição, Arménio Amado Editora, Coimbra, 1984, p. 34.

que estão atreladas aos fins a que se propõem. O Direito é um sistema dinâmico, e seus elementos derivam da delegação de competência entre as disposições normativas que o compõem. Ao tratar dos sistemas nomoempíricos normativos, nos quais se insere o Direito, MARCELO NEVES diz que "os sistemas nomoempíricos prescritivos (ou normativos) têm a função de direcionar a conduta humana em um determinado sentido, incluindo-se no 'mundo' da práxis. Não se destinam a representar gnosiologicamente a conduta, ao contrário do que propõe equivocadamente a Teoria Egológica em relação às normas jurídicas, mas sim a controlá-las e dirigi-las, dentro de um certo espaço de liberdade e possibilidades".[3] Mas o Direito que regula a conduta humana consiste também no objeto de estudo do Direito. Assim, temos dois planos com o mesmo nome: **(i)** Direito como conjunto de normas; e **(ii)** Direito como asserções sobre o Direito tomado como conjunto de normas. Os enunciados descritivos são vertidos em forma indicativa e visam a formular e transmitir informações e conhecimentos. Por sua vez, os enunciados prescritivos são imperativos, deônticos, e cumprem a missão primordial do Direito, que é dirigir, influenciar e modificar a conduta humana. Mas não com conselhos, e sim com imposições.

Já percebemos, nesta angusta introdução, um aspecto que é inescapável quando topamos com o Direito, seja em que plano for. Se o Direito, objeto, visa regular a conduta humana, só poderá fazê-lo por meio de uma comunicação, que exige uma linguagem,[4] haja vista que a linguagem é a faculdade que tem o homem de comunicar-se por meio da fala,[5] e, no caso a

---

3. *Teoria da Inconstitucionalidade das Leis*, Editora Saraiva, São Paulo, 1988, p. 7.

4. "(...) uma cosa è abbastanza chiara: il diritto – o, almeno, il diritto moderno – è (essenzialmente) un fenômeno linguistivo". RICCARDO GUASTINI, *Le Fonti del Diritto – fondamenti teorici*. Milano – DOTT. A. Giuffrè editore, Milano, 2010, p. 3.

5. "(...) a linguagem é uma faculdade humana abstrata, ou seja, uma capacidade: isto é, aquela capacidade que o humano tem de comunicar-se com os

linguagem apta, é a prescritiva. Outro ponto: se o Direito, tomado como assertivas sobre o objeto (Direito), visar a conhecer e transmitir conhecimento, também pede linguagem. Sem linguagem não conhecemos, e muito menos podemos transmitir conhecimento.[6] O que foi dito até agora não é uma defesa de causa, ou um argumento que decorre de uma autoridade. É a simples constatação empírica. Sem linguagem não é possível regular a conduta, nem conhecer e transmitir informações sobre as normas que regulam a conduta.

Ao regular a conduta, a linguagem do Direito tomado como objeto dirige-se ao mundo social. Às coisas da vida. Mas, para que possamos compreender as coisas da vida e a remissão que existe entre elas, temos a necessidade de uma linguagem para promover as relações. O exame dos eventos da vida nos leva a outras situações que são tecidas por meio de uma linguagem. A linguagem recolhe as distinções em todos os ângulos da vida humana. A análise de documentos, de imagens, de comportamentos, intenções, necessita inicialmente do emprego conceptual de palavras, expressões, costumes que se encontram na linguagem cotidiana. Aquela que torna possível a comunicação entre as pessoas dentro do seu existir diário, e conforme ela é delimitada pela cultura. Posta a questão nesses termos, passamos para a linguagem especializada, técnica. Da linguagem comum saltamos para a especializada. A linguagem ordinária é a primeira. E, no campo específico do Direito, podemos afirmar que as coisas chegam até ele por meio de palavras.[7] Os fatos (eventos) são introduzidos no

---

semelhantes por meio de signos mediante mecanismos de natureza psicofisiológica". CLEVERSON LEITE BASTOS e KLEBER B. B. CONDIOTTO, *Filosofia da Linguagem*. Editora Vozes, Petrópolis, 2007, p. 15.

6. PAULO DE BARROS CARVALHO, *Direito Tributário, Linguagem e Método*. 3ª edição, Editora Noeses, São Paulo, p. 21.

7. "Todo en el Derecho es susceptible de ponerse por escrito". GREGORIO ROBLES, *Teoria Del Derecho: fundamentos de teoria comunicacional del derecho*. Volumen I, tercera edición, Civitas, Navarra/Espanha, 2010, p. 87.

processo judicial, por exemplo, por meio da linguagem. Tal conclusão é inescapável.

O que pretendemos fazer neste texto é estabelecer uma intertextualidade com outro texto, intitulado "Incidência da Norma Jurídica – o cerco da linguagem". Nele apanhamos algumas questões para reafirmá-las. A distinção entre enunciado e norma, a linguagem construtora da norma jurídica, e a linguagem construtora do fato. Dois aspectos fundamentais para demonstrar a imprescindibilidade da linguagem na constituição do universo jurídico.

Embora seja usual na linguagem comum dos envolvidos com o Direito designar de norma jurídica qualquer enunciado que se encontra em uma fonte do Direito, a distinção entre enunciado e norma é demasiadamente conhecida. Seria enfadonho citar os autores que fazem a distinção. Tentarei apenas demonstrar a utilidade da distinção, e as consequências que da distinção derivam e que deveriam ser levadas a sério em toda a sua dimensão. Por sua vez, os fatos, sejam eles jurídicos ou não, não prescindem de uma linguagem para que se coloquem em bases comunicacionais. Seria impossível apontar os fatos com os dedos, pois os eventos só se tornam fatos quando revestidos em linguagem. A linguagem é constitutiva dos fatos, antes dela temos eventos que escapam no tempo.

Sempre que alguém se aproxima do Direito, seja qual for a finalidade, logo percebe. O Direito é essencialmente conceptual.[8] A interpretação que se faz do Direito consiste na maneira de inseri-lo na vida. Todo conhecimento do Direito implica uma permanente construção hermenêutica. Mesmo que seja o conhecimento vulgar, técnico ou científico. Esse caráter

8. "Los juristas no son 'descritores' de la realidad del derecho, sino 'constructores' de la misma. El lenguaje del derecho es el lenguaje de los juristas". GREGORIO ROBLES, *El Derecho como Texto (quatro estudios de Teoría comunicacional del Derecho)*. Editorial Civitas, Madrid, 1998, p. 26.

conceptual do Direito decorre da situação de ele existir mediante uma linguagem. O que os juristas, em sentido largo, dizem do Direito não é mera repetição da linguagem prescritiva. Determinam, isso sim, o significado do que é que o Direito diz. E, ao determinarem o que o Direito diz, os juristas terminam dizendo o que o Direito é. O que não deixa de ser um poder, pois afirmam o que dizem as palavras da lei.[9]

Por isso começamos nossas especulações com um excerto da obra de LOURIVAL VILANOVA, que diz que o conhecimento nunca é desinteressado: "O conhecimento sobre o direito não é desinteressado: é-o com vistas à aplicabilidade. Por isso, na teoria mais abstrata, há potencialmente uma manipulação com fatos".[10] É por isso que falamos, sempre, de um ponto de vista, de um modelo teórico que é, necessariamente, um redutor de complexidade do objeto. Todo modelo teórico reduz o seu objeto para poder falar sobre ele, pois seria impossível dele tratar na sua constituição mesma, no mundo. Como diria JORGE LUIS BORGES, um mapa que fosse tão medido e pormenorizado que reproduzisse a própria cidade, não serviria como mapa. Assim, nenhum modelo teórico tem o monopólio da resposta correta. Não seria ciência, mas totalitarismo. A ciência que se coloca no lugar do objeto destrói o objeto. Daí o perigo que há em muitas afirmações da ciência. E na forma de construção do conhecimento e reprodução dele, tanto no plano do objeto, quanto no plano da ciência, metalinguagem, ocorre por meio inexorável da linguagem.[11]

---

9. "A questão de saber qual é, de entre as possibilidades que se apresentam nos quadros do Direito a aplicar, a 'correta', não é sequer – segundo o próprio pressuposto de que se parte – uma questão de conhecimento dirigido ao direito positivo, não é um problema de teoria do Direito, mas um problema de política do Direito". HANS KELSEN, *Teoria Pura do Direito*. 6ª edição, Arménio Amado editora, Coimbra, 1984, p. 469.

10. Fundamento do Estado de Direito, *in Escritos Jurídicos e Filosóficos*. Volume 1, Editora AXIS MUNDI IBET, 1ª edição, São Paulo, 2003, p. 414.

11. "El lenguaje, ya sea en su forma oral o escrita, cumple una multiplicidad de funciones. Esto se debe al hecho de que 'decir algo es haver algo'; 'al decir

Conforme dito no início, ante a complexidade da vida em que estamos imersos, algumas vezes perdemos a noção básica de que o Direito consiste numa ordem da conduta humana. O objetivo do Direito, disposto em forma de sistema, é regular a conduta humana,[12] tendo em vista uma finalidade, valiosa, em determinado momento histórico. A mobilidade temporal do conteúdo torna o Direito histórico. Como afirma HANS KELSEN, "(...) a norma jurídica é dirigida a uma pessoa, não significa outra coisa senão que a norma estatui como devida a conduta de um ser humano ou de um determinado ou indeterminado número de pessoas, quer dizer, conduta humana, e nenhum outro acontecimento". Dessa forma, adverte PONTES DE MIRANDA, "o homem diminui o arbitrário, o azar, o irregrado, a *anomia* da vida e das relações inter-humanas".[13] Ao regular a conduta, não teria sentido o Direito coincidir com a realidade. Ao duplicá-la o Direito estaria construindo um sem-sentido deôntico. O Direito visa a alterar a realidade,[14] não repeti-la. E, dessa forma, o Direto vai constituindo outra classe de realidade que sem ele seria impossível. O Direito, assim, se constitui num esquema para que possamos compreender como certos eventos ocorrem. Mas o Direito não regula apenas a conduta das pessoas nas suas relações intersubjetivas. Há outra

algo, hacemos algo' y, 'mediante lo que decimos hacemos algo'". PAOLO COMANDUCCI, *Razonamiento Jurídico: elementos para un modelo*, Editora Fontamara, México, 1999, p. 19.

12. "El derecho es un orden de la conducta humana. Un 'ordem' es un conjunto de normas". HANS KELSEN, *Teoria General del Derecho y del Estado*. Tradução Eduardo García Máynez, Universidad Nacional Autónoma de México, México, 1998, p. 3. *Teoria Geral das Normas*. Tradução de José Florentino Duarte, Sérgio Antonio Fabris Editor, Porto Alegre, 1986, p. 38.

13. *Comentários à Constituição de 1967, com a emenda n. 1 de 1969*, tomo I, 3ª edição, Editora Forense, Rio de Janeiro, 1987, p. 33.

14. "Altera-se o mundo físico mediante o trabalho e a tecnologia, que o potencia em resultados. E altera-se o mundo social mediante a linguagem das normas, uma classe da qual é a linguagem do Direito". LOURIVAL VILANOVA, *As Estruturas Lógicas e o Sistema do Direito Positivo*. 3ª edição, Editora Noeses, São Paulo, 2005, p. 42.

conduta também objeto do Direito. A conduta de produzir normas a serem promovidas pelos órgãos competentes para produzir normas, que, por sua vez, são competentes em face de outras normas. Tudo isso para atingir o seu objetivo.

Seria impossível para o Direito, portanto, realizar a sua função sem assentar-se numa linguagem. E, mesmo as apreensões sensoriais, para o seu ingresso no nível comunicacional são vestidas de linguagem,[15] que é uma capacidade que tem o ser humano para comunicar-se com os seus semelhantes, o que ocorre por meio dos signos. O signo não é o objeto. Está no lugar do objeto, por isso tem *status* lógico de relação.[16] O Direito, além de se assentar na necessidade da linguagem social,

---

15. GABRIEL GARCÍA MÁRQUEZ, em seu saboroso *Cem Anos de Solidão*, traz uma passagem singular: "O mundo era tão recente que muitas coisas careciam de nome e para mencioná-las se precisava apontar com o dedo". Editora Record, São Paulo, 1967, p. 7. ÍTALO CALVINO, em *As Cidades Invisíveis*, faz um instigante relato: "Recém-chegado e ignorando completamente as línguas do Levante, Marco Polo não podia se exprimir de outra maneira senão com gestos, saltos, gritos de maravilha e de horror, latidos e vozes de animais, ou com objetos que ia extraindo dos alforjes: plumas de avestruz, zarabatanas e quartzos, que dispunha diante de si como peças de xadrez." Editora Companhia das Letras, São Paulo, 2003, p. 25. Mesmo os gestos, o apontar com os dedos, para se tornarem intersubjetivos não prescindem de um revestimento em linguagem. Em *Vidas Secas*, de GRACILIANO RAMOS, encontramos: "O menino mais velho hesitou, espiou as lojas, as toldas iluminadas, as moças bem-vestidas. Encolheu os ombros. Talvez aquilo tivesse sido feito por gente. Nova dificuldade chegou-lhe ao espírito, soprou-a no ouvido do irmão. Provavelmente aquelas coisas tinham nomes. O menino mais novo interrogou-o com os olhos. Sim, com certeza as preciosidades que se exibiam nos altares da igreja e nas prateleiras das lojas tinham nomes. Puseram-se a questão intricada. Como podem os homens guardar tantas palavras? Era impossível, ninguém conservaria tão grande soma de conhecimentos. Livres dos nomes, as coisas ficavam distantes, misteriosas. Não tinham sido feitas por gente". Editora Record, Rio de Janeiro, 2013, p. 33.

16. " O falar em linguagem remete o pensamento, forçosamente, para o sentido de outro vocábulo: o signo. Como unidade de um sistema que permite a comunicação inter-humana, signo é um ente que tem o *status* lógico de relação." PAULO DE BARROS CARVALHO, *Direito Tributário, Linguagem e Método*. 3ª edição, Editora Noeses, São Paulo, p. 21.

cria, haja vista sua natureza prescritiva, outra linguagem. Para alterar a realidade, cria outra realidade por meio de nova camada linguística. O Direito é um sistema de comunicação social que penetra todos os porões da existência humana. Conforme lição de GREGORIO ROBLES, "Gracias al Derecho podemos entendernos en nuestras relaciones, aunque varíen nuestras mentalidades y nuestras costumbres personales. Y si la comunicación es posible porque hay lenguaje, algo tendrá que ver con este también el Derecho".[17]

Em resumo, podemos afirmar que é impossível não se comunicar.[18] Tudo existente em nossa volta comunica-se todo o tempo. Todas as coisas que estão no mundo têm sentido para nós, o que nos obriga a afirmar que apreendemos as coisas por meio de uma linguagem, pois há sentido em tudo.[19] Assim, a exigência da linguagem é indisputável. O Direito, para cumprir a sua finalidade, que é alterar a conduta humana visando a solucionar conflitos, tornar a vida, dentro do possível, previsível,

---

17. *Teoría Del Derecho: fundamentos de teoria comunicacional del derecho.* Volumen I, tercera edición, Civitas, Navarra/Espanha, 2010, p. 86.

18. "Por outras palavras, não existe um não-comportamento ou, ainda em termos mais simples, um indivíduo não pode não se comportar. Ora, se está aceito que todo comportamento, numa situação interacional, tem valor de mensagem, isto é, é comunicação, segue-se que, por muito que o indivíduo se esforce, é-lhe impossível não comunicar. Atividade ou inatividade, palavras ou silêncio, tudo possui um valor de mensagem; influenciam outros e estes outros, por sua vez, não podem não responder a essas comunicações e, portanto, também estão comunicando." PAUL WATZLAWICK, JANET HELMICK BEAVIN e DON D. JACKSON, *Pragmática da Comunicação Humana.* Editora Cultrix, São Paulo, 1967.

19. "Cada pessoa, cada objeto, cada elemento natural ou artificial de nossa paisagem, cada força ou organização 'comunica-se' continuamente. Comunicar, neste caso, quer simplesmente dizer difundir informação sobre si, apresentar-se ao mundo, ter um aspecto que é interpretado, embora tacitamente, por qualquer um que esteja presente. Em seguida, a propósito desse fenômeno, seguindo uma terminologia semiótica mais rigorosa, falaremos de 'significar', ou de 'ter sentido'. Todas as coisas do mundo têm sentido para nós." UGO VOLLI, *Manual de Semiótica.* Edições Loyola, São Paulo, 2007, p. 18.

diminuir o azar, necessita estabelecer uma comunicação. Sem comunicação não há Direito. A comunicação, por sua vez, impõe uma linguagem.[20]

2. A distinção entre texto e norma

O Direito por meio da positivação torna-se histórico. Cai dentro de um tempo. É por isso que os conteúdos normativos são positivados, em certo momento do tempo histórico, por meio dos instrumentos normativos. Assim, a positivação dos instrumentos normativos insere o Direito no tempo e torna-o mutável conforme a história. A produção do Direito (a enunciação), que o insere no tempo histórico, deixa as suas marcas (a enunciação enunciada). São os dêiticos. Eles permitem identificar pessoas, momentos, locais, procedimentos etc. São os suportes físicos dessas marcas que têm cunho significativo. Os dêiticos não são o processo, mas estão no lugar dele para que se possa a ele retornar. As projeções lançadas para fora da enunciação permitem estudar o procedimento utilizado para a constituição do texto. Mas no Direito, como tudo se dá por intermédio das normas, a instalação e a forma como os dêiticos serão mostrados no documento normativo são também reguladas pelo Direito. Sem proposições normativas do sistema jurídico positivo nada pertence ao mundo jurídico. As normas abrem suas hipóteses para receber no universo do Direito os seus habitantes. Por meio dos dêiticos o Direito prende-se à realidade.[21] Mas a distinção entre a disposição e a norma jurídica

---

20. "No es concebible una sociedad sin lenguaje, como tampoco es concebible sin Derecho. Sociedad, lenguaje y Derecho son realidades que siempre han ido unidas." GREGORIO ROBLES, *Teoría Del Derecho: fundamentos de teoria comunicacional del derecho*. Volumen I, tercera edición, Civitas, Navarra/Espanha, 2010, p. 86.

21. "los deícticos (o indicadores, para É. Benveniste) son elementos lingüísticos referidos a la instancia de la enunciación y a sus coordenadas espacio-temporales: yo, aquí, ahora. (...) Se trata entonces, como se ve, de

promove uma segunda temporalização do Direito. Se a disposição fosse idêntica à norma, o Direito seria como água parada. Não se comunicaria com a realidade que precisa alterar.

Norma jurídica, expressão ambígua[22] usada em vários sentidos, não se confunde com meros textos normativos. Estes são apenas os suportes físicos. Antes do contato do sujeito cognoscente, não temos normas jurídicas, mas meros enunciados linguísticos esparramados pelo papel. Enunciados postados em silêncio. Em estado de dicionário. Aguardando que alguém lhes dê sentido. E enunciados plurívocos, pois não há uma correspondência biunívoca entre a disposição normativa (texto) e a norma jurídica (significação). Segundo PAULO DE BARROS CARVALHO, "uma coisa são os enunciados prescritivos, isto é, usados na função pragmática de prescrever condutas; outras, as normas jurídicas, como significações construídas a partir dos textos positivados e estruturados consoante a forma lógica dos juízos condicionais, compostos pela associação de duas ou mais proposições".[23]

No discurso jurídico, portanto, há forte ambiguidade do termo norma jurídica, que muitas vezes é tido por documento normativo, outras por enunciado prescritivo (conteúdo), e

---

la enunciación enunciada cuyo papel puede percibirse a través de los procedimientos de desembrague y de embrague que simulan la instalación o la supresión de una distancia entre el discurso-enunciado y la instancia de su emisión." A. J. GREIMAS e J. COURTÉS, *Semiótica – Diccionario Razonado de la Teoría del Lenguaje*. Tomo I, op. cit., p. 105.

22. "Com efeito, a ambiguidade da expressão 'normas jurídicas' para nominar indiscriminadamente as unidades do conjunto, não demora a provocar dúvidas semânticas que o texto discursivo não consegue suplantar nos seus primeiros desdobramentos. E a clássica distinção entre 'sentido amplo' e 'sentido estrito', conquanto favoreça a superação dos problemas introdutórios, passa a reclamar novos esforços de teor analítico." PAULO DE BARROS CARVALHO, *Direito Tributário, Linguagem e Método*. 3ª edição, Editora Noeses, São Paulo, 2009, p. 128.

23. *Direito Tributário, Linguagem e Método*. 3ª edição, Editora Noeses, São Paulo, 2009, p. 129.

ainda por sua interpretação, que é o que propriamente chamamos de norma jurídica.

Ao tratar da distinção entre texto e norma jurídica, JOÃO MAURÍCIO ADEODATO aduz que: "procura-se aqui um meio-termo teórico entre o casuísmo irracionalista, segundo cuja teoria o texto da norma jurídica quase nada significa e o juiz cria livremente o direito, e a defesa ingênua de uma verdade jurídica única para a aplicação da Constituição diante dos conflitos concretos, a crença na solução trazida por uma interpretação competente, justa e racionalmente cogente de textos jurídicos, adequada à coisa, isto é, ao seu objeto". E mais adiante: "o texto normativo genérico previamente dado, elaborado pelo poder legiferante, não constitui a norma jurídica, mas apenas fornece um ponto de partida para sua construção diante do caso concreto".[24]

O texto é um dado de entrada. Pois sempre devemos ter em mente que signo tem *status* lógico de relação. Ele não é o objeto, ocupa o seu lugar para permitir a comunicação. Por isso, a distinção entre disposição e norma se impõe. A norma como produto da interpretação se assemelha à tradução. Tanto a interpretação como a tradução são reformulações de disposições. Mas não basta a interpretação. Exige a acomodação dela numa estrutura sintática apta para promover a alteração da conduta. Por isso devemos distinguir o processo legislativo do processo normativo. O primeiro produz o instrumento normativo, o segundo, a norma jurídica.[25]

---

24. *A Retórica Constitucional – sobre a tolerância, direitos humanos e outros fundamentos éticos do direito positivo*. 2ª edição, Editora Saraiva, São Paulo, 2010, p. 193.

25. C. A. LÚCIO BITTENCOURT já chamava a atenção para essa situação, e situava a interpretação como parte complementar do processo legislativo: "(...) a interpretação (...) é a parte integrante, complementar, inseparável do processo legislativo". "A lei, enquanto não interpretada pela autoridade competente, é um organismo sem vida. O sopro divino do intérprete é que transmite à argila das palavras a força e o poder, o pensamento, o espírito,

A norma jurídica é construída pelo legislador autêntico e pelo não autêntico.[26] Numa sociedade do conhecimento, como a atual, o sentido dos enunciados é construído a partir de vários elementos que não estão apenas nos enunciados produzidos pelo legislador, senão em outras bases textuais. A construção da norma jurídica decorre de um processo complexo, que não se limita a tomar como base os textos contidos nos instrumentos normativos. LOURIVAL VILANOVA falava de uma autoconsciência entre o Direito, objeto, e o Direito, ciência. O sentido do direito positivo, para a solução de um caso, é construído a partir das proposições da Ciência do Direito, também.[27] Não só. O conjunto de decisões de outros casos, a jurisprudência, as proposições de outros campos de conhecimento, tudo isso concorre para a formação do sentido (a norma) a ser aplicado ao caso sob análise.

Daí decorre que o processo normativo, aquele que produz a norma, exige cautela para que não se ultrapasse o limite da legitimidade, pois não há uma correspondência entre dispositivo

---

enfim, que a vivifica e anima". A interpretação como parte integrante do processo legislativo, publicado originalmente na Revista Forense, vol. 94 – 1943/abril a junho, *Revista Forense – comemorativa 100 anos*, Tomo I, Direito Constitucional, coordenador Nagib Slaibi Filho, Editora Forense, Rio de Janeiro, 2005, p. 55 a 68.

26. Ver HANS KELSEN, *Teoria Pura do Direito*, trad. João Baptista Machado, 6ª edição, Arménio Amado Editora, Coimbra, 1984, pp. 469 e ss.

27. "Parece ser uma das características do direito positivo o constituir-se ele, também, com a Ciência do Direito. Os fatos físicos, em sentido amplo, não se compõem com as ciências que os têm por temáticos. Uma coisa é a luz; outra, a teoria científica sobre a energia luminosa. Mas, no direito, não se pode isolar, por exemplo, o instituto da posse, da teoria ou teorias dogmáticas sobre a posse. Nem um corpo inteiro de normas, como um Código Civil, da Ciência do Direito Civil, nem uma Constituição das tendências dominantes no direito público à época em que o constituinte elaborou a constituição. A Ciência do Direito é a autoconsciência, em termos de conceitos, do direito vigente: ao mesmo tempo, o direito vigente incorpora a ciência de si mesmo, autocompondo-se num processo dialético intérmino, sem repouso, entre os dois polos: a experiência jurídica e a teoria dessa experiência". LOURIVAL VILANOVA, Fundamento do Estado de Direito, *in Escritos Jurídicos e Filosóficos*, Volume 1, Editora AXIS MUNDI IBET, 1ª edição, São Paulo, 2003, p. 413/414.

(enunciado) e norma jurídica. Toda disposição é (mais ou menos) vaga e ambígua, de modo que tolera diversas, muitas vezes conflitantes, interpretações. Assim, tomada uma disposição como base empírica, podemos a partir dela construir não apenas uma norma, mas várias normas que se associam em sentidos possíveis da disposição.

Outras vezes, contudo, vários enunciados prescritivos, várias disposições, expressam a mesma norma. Tal situação ocorre, especialmente, quando analisamos disposições de instrumentos normativos diversos, ou seja, várias disposições que repetem no seu sentido a mesma norma jurídica. A mesma disposição encontra-se na Constituição, na lei e no regulamento. Embora em instrumentos normativos diversos, exprime o mesmo sentido, pois se serve do mesmo antecedente e prescreve a mesma regulação da conduta.

Quando afirmamos a existência de uma disposição sem norma jurídica, urge que esclareçamos o sentido de norma empregado. Dissemos linhas acima que a expressão norma jurídica é empregada de forma ambígua.[28] Em algumas situações a disposição não expressa uma norma jurídica em sentido estrito, mas é perfeitamente adequada à referência da norma em sentido amplo. E assim a linguagem vai compondo o mundo jurídico.

Embora a moldura de Kelsen[29] seja hoje colocada em dúvida,[30] não há como admitir-se norma sem disposição. Ou

---

28. "(...) 'norma jurídica', é uma expressão linguística, que como tantas outras não escapa do vício da ambiguidade, podendo ser utilizada nas mais diversas acepções." AURORA TOMAZINI DE CARVALHO, *Curso de Teoria Geral do Direito*. 3ª edição, Editora Noeses, São Paulo, 2013, p. 281.

29. "(...) o resultado de uma interpretação jurídica somente pode ser a fixação de uma moldura que representa o Direito a interpretar e, consequentemente, o conhecimento das várias possibilidades que dentro desta moldura existem." HANS KELSEN, *Teoria Pura do Direito*. 6ª edição, Arménio Amado Editora, Coimbra, 1984, p. 467.

30. "O que o legislador faz, mesmo o legislador constituinte originário, é

seja, sentido sem uma base empírica subjacente, e base empírica que tenha como referência um ou vários enunciados prescritivos. Muito embora saibamos que o sentido não é construído, apenas, a partir dele. Mas sem ele, o enunciado contido numa fonte, o Direito perde sua especificidade e se confundiria com outros sistemas normativos, como os mencionados logo no início do trabalho, que são sistemas estáticos. Sem uma disposição para estabelecer o ponto de partida, todo e qualquer sentido seria possível, o que tornaria frágeis as fronteiras do Direito, permitindo interpretações arbitrárias.[31] Por isso a importância do plano da expressão, aquele onde se encontram depositados os enunciados prescritivos, postos por autoridade competente, conforme as normas de estrutura. O Direito, como veremos adiante, sempre retorna ao plano da expressão.

A distinção entre texto e norma, no entanto, coloca alguns problemas que demandariam uma preocupação maior da doutrina. O que nem sempre ocorre. É que tendo em vista que as normas decorrem da combinação de várias disposições, uma norma pode ser alterada em face da alteração de disposições, inclusive de definições.[32] A modificação de disposições pode determinar a alteração da norma, sem que, digamos, a disposição principal que concorre para a construção da norma tenha sido alterada. Ou seja, de uma disposição constrói-se

---

produzir o texto legal ou constitucional, não a norma propriamente dita, nem sequer a moldura dentro da qual se situam as interpretações devidas." JOÃO MAURÍCIO ADEODATO, *A Retórica Constitucional – sobre a tolerância, direitos humanos e outros fundamentos éticos do direito positivo*. 2ª edição, Editora Saraiva, São Paulo, 2010, p. 202.

31. "Dizer que a interpretação (enquanto característica básica da semiótica) é potencialmente ilimitada não significa que a interpretação não tenha objeto e que corra por conta própria." UMBERTO ECO, *Interpretação e Superinterpretação*. Editora Martins Fontes, São Paulo, 1993, p. 28.

32. "las definiciones legales serían una clase especial de normas de conducta que diferirían de las demás por la mera circunstancia de que la conducta prescripta sería verbal o linguística, pero conducta en definitiva." DANIEL MENDONCA, *Interpretación y aplicación del derecho*, Universidad de Almeria, Almería, 1997, p. 44.

uma norma jurídica. De outra disposição, exprime-se outra norma. Mas das duas disposições tem-se uma terceira norma. A alteração da segunda disposição, por exemplo, irá refletir nas normas construídas com base nela. A segunda e a terceira normas.

Outros aspectos que merecem consideração dizem respeito à validade e à vigência. Validade e vigência seriam da disposição, não da norma. Não tem sentido falar de validade e vigência para as normas jurídicas. Todas elas só podem ser construídas a partir de enunciados prescritivos válidos e vigentes.

Outra questão decorrente da distinção entre enunciado prescritivo e norma jurídica é a hierarquia das normas. Seria possível falar de norma puramente legal? Toda norma seria, assim, constitucional? É comum a lição de que toda interpretação, o caminho para a construção da norma jurídica, é sistemática.[33] O processo de interpretação envolve a verificação da autenticidade e da constitucionalidade do dispositivo ou do ato normativo com o qual estamos envolvidos. Assim, a norma jurídica sempre decorre da combinação de vários enunciados prescritivos, por vezes situados em instrumentos normativos de hierarquia diversa.

Em razão do que fora afirmado logo acima, um ponto precisa ser ressaltado. A norma jurídica consiste, também, num método para nos aproximarmos do caso concreto e construirmos a solução. Construída a norma pelo aplicador do Direito, na sua aplicação ao caso concreto por meio da enunciação ela

---

33. "(...) o método sistemático, momento em que o intérprete se volta para o sistema jurídico para observar, detidamente, a regra em cotejo com multiplicidade dos comandos normativos que dão sentido de existência do direito positivo". "O método sistemático parte, desde logo, de uma visão grandiosa do direito e intenta compreender a lei como algo impregnado de toda a pujança que a ordem jurídica ostenta." PAULO DE BARROS CARVALHO, *Curso de Direito Tributário*. 23ª edição, Editora Saraiva, São Paulo, 2011, p. 131.

converte-se em enunciado.[34] Todo o processo de construção normativa, que leva em conta o universo jurídico, retorna ao texto (no sentido de enunciado). No processo judicial, a norma jurídica após a aplicação torna-se texto (enunciado), contido na sentença ou no acórdão. No processo administrativo, a norma converte-se em texto por meio do ato administrativo. E, no âmbito legislativo, a norma ao ser aplicada converte-se em emenda à Constituição, lei complementar, lei ordinária etc. A partir do texto, temos acesso ao que foi interpretado no momento da aplicação. Assim, embora a norma jurídica tenha sido construída com base em enunciados normativos constantes em instrumentos normativos de hierarquias diversas, após a aplicação, passa a ter a hierarquia do instrumento introdutor que a veicula por meio do seu texto (enunciado).

A construção da norma jurídica, conforme o sistema de referência que aceitamos, perpassa os quatro planos linguísticos que o Direito apresenta: a) o sistema da literalidade dos textos – plano da expressão; b) o conjunto dos conteúdos de significação dos enunciados prescritivos – plano das significações; c) o conjunto articulado das significações normativas – plano das normas jurídicas; e, d) a organização das normas construídas no terceiro nível, ou seja, os vínculos de coordenação e de subordinação que se estabelecem entre as regras jurídicas.[35] Embora seja evidente a relação entre os quatro sistemas, o plano dos significantes, o plano das normas e o plano da organização das normas construídas em S3 dependem do

---

34. A enunciação normativa produz os enunciados prescritos. Os enunciados prescritivos dividem-se em: a) enunciação enunciada e b) enunciado-enunciado. Esses enunciados compõem o documento normativo. Da enunciação enunciada construímos uma norma jurídica concreta e geral, o instrumento introdutor, como, por exemplo, a lei. Assim, a lei também é uma norma. A partir dos enunciados-enunciados construímos as demais normas, que significam o conteúdo da lei. Tais normas podem ser gerais e abstratas, individuais e concretas etc.

35. *Direito Tributário: fundamentos jurídicos da incidência*. 6ª edição, Editora Saraiva, São Paulo, 2008, p. 66 e ss.

plano da expressão, o que é ressaltado por PAULO DE BARROS CARVALHO: "em qualquer sistema de signos, o esforço de decodificação tomará por base o texto, e o desenvolvimento hermenêutico fixará nesta instância todo o apoio de suas construções".[36] O plano da literalidade é condição necessária para a existência dos outros três, porquanto é o único dotado de objetividade. E mais: é a partir dele que se pode avaliar a "correção" dos demais. Ele marca a validade e a vigência dos textos. Toda construção significativa só poderá ser validamente edificada em face de um plano da expressão vigente. As normas jurídicas são construídas a partir de textos vigentes, não somente válidos. Há textos válidos sem vigência; a partir deles não se constroem normas.

O recurso no âmbito judicial toma como base o texto do acórdão ou sentença. O mesmo ocorre no processo administrativo. É por isso que a hierarquia, a validade e a vigência sempre são referentes aos textos. É por meio do instrumento introdutor de normas, que recebe o texto (enunciado), que podemos construir os escalões normativos do Direito. Texto sem instrumento introdutor, além de impossível, restaria solto. Daí decorre a importância da enunciação que introduziu o instrumento normativo. O instrumento normativo permite que situemos as disposições que veicula no seu devido patamar, dentro da estrutura hierarquizada do Direito. Só aceitamos uma disposição qualquer da Constituição como superior às demais postas por lei ordinária, por exemplo, porque sabemos que seu ingresso se deu por meio da Constituição. Despregada do instrumento veiculador (Constituição, lei, decreto, portaria, sentença etc.), a disposição não mostra a sua posição no interior da hierarquia normativa.

A distinção entre disposição e norma também favorece o ativismo judicial, especialmente. Mas não só. Na atualidade há uma crescente juridicização de quase todos os aspectos da

---

36. *Direito Tributário: fundamentos jurídicos da incidência*, p. 15.

vida. Tal situação decorre da própria configuração do direito: objeto/ciência. É crescente o alargamento do objeto, como também cada vez mais a postura da ciência caminha no sentido de uma defesa da mais ampla da juridicização de aspectos da vida. Surge assim uma indagação: como responder ao dilema, na atualidade, de limitar a produção do sentido? Talvez seja uma tarefa impossível.

Alguns propõem a superação com textos menos vagos e ambíguos. Linguagem mais precisa. Tal atitude, contudo, aumentaria a complexidade do Direito no plano da expressão – S1 –, pois implicaria a capacidade de antever todos os conflitos e condutas individuais da vida humana. Seria um plano completo, dotado de enorme abrangência e, o mais difícil, unívoco. Mas, sabemos, a estabilidade do sentido dos textos (normas) não depende exclusivamente da precisão semântica. Conforme referência feita a LOURIVAL VILANOVA linhas acima, o conhecimento sobre o direito não é desinteressado: é-o com vistas à aplicabilidade.

3. A linguagem do fato

Os fatos jurídicos não são da ordem do inefável. Para propiciar certeza e segurança jurídica, o Direito exige registro. Não seria possível um fato jurídico sem determinação específica, por isso a linguagem. Mas não são apenas os fatos jurídicos que reclamam linguagem para a sua expressão.

Os eventos, os objetos que observamos no mundo, são parte de uma maquinaria conceptual que nos possibilita compreendê-los e falar sobre eles, bem como tirar conclusões acerca deles.[37] Tudo que observamos é apropriado, recebido

37. "Tanto no nacionalismo e tribalismo, como no mercantilismo, colonialismo, imperialismo e globalismo, os signos e os significados, as figuras e as figurações da linguagem revelam-se constitutivas da realidade, das condições

por uma linguagem, a linguagem do evento observado. Só assim é possível fecharmos os olhos e revestirmos o que observamos por meio de linguagem. Segundo PETER L. BERGER e THOMAS LUCKMANN, "las objetivaciones comunes de la vida cotidiana se sustentan primariamente por la significación linguística. La vida cotidiana, por sobre todo, es vida con el lenguaje que comparto con mis semejantes y por médio de él. Por lo tanto, la comprensión del lenguaje es esencial para qualquier comprensión de la realidad de vida cotidiana".[38]

A linguagem permite que percepções da nossa atividade da vida cotidiana possam ser observadas e contadas em outros contextos, ou seja, possam transmitir-se. Os eventos da vida só se tornam objetivos por meio da linguagem. Precisamos falar sobre eles, do contrário ficam misteriosos, distantes. Não seriam feitos por gente. Ainda segundo os autores mencionados linhas acima, "El lenguaje también tipifica experiências, permitiéndome incluirlas en categorias amplias en cuyos términos adquieren significado para mi y para mis senejantes".[39] O homem toma conta da realidade, de tudo que se encontra no mundo, por meio de sua capacidade de criar uma linguagem. O passado consiste no objeto da história, mas que é construído, escrito e compreendido, ante as circunstâncias do presente.

Assim, por exemplo, é por meio da prova que o Direito retorna ao passado para constituí-lo. O passado é irremissível. Esgota-se. Mas, por meio da prova, poderemos (re)constituí-lo, e assim ocorre porque saturamos os supostos acontecimentos por meio de uma linguagem. Inicialmente uma

---

e possibilidades socioculturais e político-econômicas de indivíduos e coletividades". Língua e Realidade, *in Aulas de Português: perspectivas inovadoras*, Editora Vozes, Petrópolis, 1999, p. 13.

38. *La Construción Social de la Realidad*. Amorrortu editores, Buenos Aires, 2001, p. 55.

39. *La Construción Social de la Realidad*. Amorrortu editores, Buenos Aires, 2001, p. 57.

linguagem socialmente aceita, primeira redução. Depois, uma linguagem, a competente, tecida pelo próprio Direito. Sem linguagem, seja social ou jurídica, não temos passado, nem muito menos prova dele.[40] A realidade externa, e tudo que nela se encontra, só pode ser apropriada pelo Direito por meio de uma linguagem.

Ainda no sítio da prova, ela busca mostrar a verdade. Só. A verdade consiste num confronto de enunciados. Algo em que no nível do pensamento possamos confrontar dois enunciados como verdadeiros. É uma abstração necessária. Desse aspecto normativo não se pode fugir. Embora seja impossível conhecer a verdade inteiramente, a linguagem é a forma de se construir a verdade e possibilitar mudança ou manutenção da ação. Saber para **quem** e para **quê** se dirige a verdade já tece de certa forma a própria verdade.[41] Mostra o modelo. E a verdade só é verdade quando relacionada com um modelo. É por isso que a verdade não se mostra, mas se constrói.[42] A linguagem não pode promover justiça social ou outro qualquer objetivo. Ela tem a função de mostrar a realidade, com toda a relatividade social que a realidade enseja. Assim, afastamo-nos de determinados relações e conexões que afirmam que o relato em linguagem diminui a realidade. Não há registro de tais conexões, que dependeriam de uma

40. "Tanto el discurso científico como el judicial son discursos linguísticos; o, si se quiere, en ambos casos se pretende afirmar la verdad no de hechos sino de enunciados sobre los hechos: en particular, en el discurso judicial los chamados 'hechos probados' no son más que enunciados asertivos de los que se predica la verdad." M. GASCÓN ABELLÁN, *Los hechos en el Decrecho*. Marcial Pons, Madrid, 2004, p. 53.

41. Ademais, embora não se deseje ir adiante nesse tema, existem várias teorias sobre a verdade.

42. "(...) las acumulaciones específicas de 'realidad' y 'conocimiento' pertenecen a contextos sociales específicos y que estas relaciones tendrán que incluirse en el análisis sociológico adecuado de dichos contextos." PETER L. BERGER e THOMAS LUCKMANN, *La Construción Social de la Realidad*. Amorrortu editores, Buenos Aires, 2001, p. 15.

larga investigação circunstanciada. Tudo isso necessita de uma linguagem[43] que revistasse esses acontecimentos.

Assim, não é uma mera ilação dizer que a linguagem também está presente na constituição do fato. O fato só se torna fato quando vertido em linguagem.[44] Antes, evento[45] que se consome no tempo e no espaço.[46] Segundo TERCIO SAMPAIO FERRAZ JÚNIOR, "é preciso distinguir entre *fato* e *evento*. A travessia do Rubicão por César é um *evento*. Mas 'César atravessou o Rubicão' é um *fato*. Quando, pois, dizemos que 'é um fato que César atravessou o Rubicão', conferimos *realidade* ao *evento*. 'Fato' não é pois algo concreto, sensível, mas um elemento linguístico capaz de organizar uma situação existencial como realidade".[47] E quando se trata de fato jurídico, linguagem competente é a linguagem das provas. Adverte PAULO DE BARROS CARVALHO:[48] "Se não há fato sem

---

43. Segundo A. CASTANHEIRA NEVES, "neste sentido que se poderá dizer que o direito é linguagem, e terá de ser considerado em tudo e por tudo como uma linguagem. O que quer que seja e como quer que seja, o quer que ele se proponha e como quer que nos toque, o direito é-o numa linguagem e como linguagem – propõe-se sê-lo numa linguagem (nas significações linguísticas em que se constitui e exprime) e atinge-nos através dessa linguagem". *Metodologia Jurídica – Problemas Fundamentais*. Universidade de Coimbra – Coimbra Editora, 1993, p. 90.

44. Fato é ação ou coisa feita, ocorrida. Passado. Dizemos: é fato. Ocorreu. Só podemos dizer que ocorreu se pudermos falar (dizer) sobre ele. E como fazê-lo sem o revestimento linguístico?

45. O evento em que se constitui o gracioso movimento de uma bailarina jamais poderá ser captado em sua riqueza e delicadeza pelo fato que o relata.

46. "Para relatar tal acontecimento, no entanto, é preciso conhecê-lo, o que, para nós, só é possível mediante linguagem. Percebemos os acontecimentos pela modificação de um estado físico, que se esvai no tempo e no espaço. À tal modificação só temos acesso cognoscitivo pela linguagem que dela fala." AURORA TOMAZINI DE CARVALHO, *Curso de Teoria Geral do Direito*. 3ª edição, Editora Noeses, São Paulo, 2013, p. 529.

47. *Introdução ao Estudo do Direito*. Editora Atlas, São Paulo, 1991, p. 253.

48. IPI – Comentários Sobre as Regras Gerais de Interpretação da Tabela NBM/SH (TIPI/TAB). *Revista Dialética de Direito Tributário*, Editora Dialética, n. 12, São Paulo, 1999, p. 44.

articulação de linguagem, também inexistirá fato jurídico sem a linguagem específica que o relate como tal". E complementa: "faltando a linguagem jurídica competente para narrar o acontecimento, não se poderá falar em fato jurídico. Conserva sua natureza factual porque descrito em linguagem ordinária, porém não alcança a dignidade de fato jurídico por ausência da expressão verbal adequada".

Um fato do mundo empírico (já relatado em linguagem), para que possa ser visto e interpretado como um fato jurídico, é de império que uma norma chegue até ele, apanhe-o, e constitua o seu sentido para o Direito.[49] No âmbito do Direito, todos os seus elementos são explicitados por meio de palavras, são verbalizáveis.[50]

Só serão fatos jurídicos aqueles enunciados que puderem sustentar-se em face das provas em direito admitidas.[51] As palavras de PAULO DE BARROS CARVALHO esclarecem: "De ver está que o discurso prescritivo do direito posto indica, fato por fato, os instrumentos credenciados para constituí-los,

49. "Un silogismo formado por una norma jurídica como premisa mayor (el elemento jurídico de la decisión), un conjunto de hechos particulares como premisa menor (el elemento fáctico de la decisión) y una conclusión que asigna a estos hechos la consecuencia jurídica prevista por la norma." FRANCISCO JAVIER EZQUIAGA GANUZAS, *"Iura Novit Curia" y Aplicación Judicial del Derecho*. Editorial Lex Nova, Valladolid – Espanha, 2000, p. 66.

50. GREGORIO ROBLES: "La linguisticidad es la forma natural de aparición fenoménica del Derecho. En ese sentido puede afirmarse que el Derecho es lenguaje." Teoría Del Derecho: fundamentos de teoria comunicacional del derecho. Volumen I, tercera edición, Civitas, Navarra/ Espanha, 2010, p. 87.

51. Situação interessante nos relata RAIMUNDO BEZERRA FALCÃO quando diz que "o problema da interpretação dos fatos tem no Direito muçulmano óbvias diferenças em relação ao Direito ocidental. A prova testemunhal feminina, por exemplo, tem menor valia que a prova testemunhal masculina" (Risala fi-l-Figh, XXXVIII), *Hermenêutica*. Malheiros Editores, São Paulo, 1997, p. 152. O mesmo evento tem para o direito sentido diverso, se observado por pessoas de sexo diferente. O olhar muda o fato, para o direito.

de tal sorte que os acontecimentos do mundo social que não puderem ser relatados com tais ferramentas de linguagem não ingressam nos domínios do jurídico, por mais evidentes que sejam".[52] Um fato qualquer só adquire a condição de fato quando revestido em linguagem; antes, mero evento. E no direito não basta a linguagem natural. Requer mais. Requer linguagem competente, a linguagem das provas que é prescrita pelo direito.

Tal circunstância não escapou à percepção de HANS KELSEN, que afirma:[53] "(...) cuando el orden jurídico, de manera general, enlaza a ciertos hechos, como condiciones, determinadas consecuencias, de manera necesaria deve prescribir también cómo debe comprobarse auténticamente la existencia del hecho condicionante en un caso concreto, para que la consecuencia estatuida pueda ser realizada". E complementa, deixando evidente que é a prova que constitui o fato: "Por ello, no son los hechos en sí a los que están enlazadas las consecuencias jurídicas, sino a la determinación constitutiva de los hechos dentro de un procedimiento jurídico". Sem estar provado, fato não é fato. É mero evento. É o direito positivo que estabelece como os fatos podem ser provados. Como diz o Professor PAULO DE BARROS CARVALHO, "fatos jurídicos não são simplesmente os fatos do mundo social, constituídos da linguagem do dia a dia".

A concreção do suporte fáctico necessita do conhecimento das pessoas, e esse fato que se deu no mundo da vida precisa ser provado por meio da linguagem competente das provas. A prova do fato, que atesta a incidência, também é resultante da incidência de outras normas. É o direito, e não a mera percepção física ou sensorial do homem, que atesta o fato. Ausente a prova jurídica do fato, não há que se falar em incidência. Os fatos

52. *Direito Tributário: fundamentos jurídicos da incidência*. 6ª edição, Editora Saraiva, São Paulo, 2008, p. 115.

53. Qué es um Acto Jurídico? *Isonomia*, n. 4, Madrid, 1996, p. 68/69.

jurídicos, para que possamos tomá-los como ocorridos, são suscetíveis de manifestar-se em linguagem. VICTORIA ITURRALDE SESMA, ao tratar da linguagem do Direito, deixa evidente: "Es um hecho patente el soporte linguístico del derecho".[54]

A lição de HANS KELSEN é importante para evidenciar o que pretendemos deixar claro: "É um princípio fundamental da técnica jurídica, embora frequentemente esquecido, que não existem no domínio do Direito fatos absolutos, diretamente evidentes, 'fatos em si', mas apenas fatos estabelecidos pela autoridade competente em um processo prescrito pelo ordem jurídica. Não é ao roubo como um fato em si que a ordem jurídica vincula certa punição. Apenas um leigo formula a regra de Direito dessa maneira. O jurista sabe que a ordem jurídica vincula certa punição apenas a um roubo assim estabelecido pela autoridade competente, seguindo um processo prescrito. Dizer que 'A' cometeu um roubo só pode expressar uma opinião subjetiva. No domínio do Direito, apenas a opinião autêntica, isto é, a opinião da autoridade instituída pela ordem jurídica para estabelecer um fato, é decisiva. Qualquer outra opinião à existência de um fato, tal como determinado pela ordem jurídica, é irrelevante do ponto de vista jurídico".[55] Destarte, a incidência só ocorre depois de conhecido o fato mediante as provas que o Direito prescreve. Não é o conhecimento meramente empírico, mas o conhecimento jurídico. E mais, a própria norma não incide, digamos, com a literalidade de seu texto. A norma, para que incida, necessita da construção humana, que se dá por intermédio da interpretação. Segundo RAIMUNDO BEZERRA FALCÃO, "(...) se se deseja dar vida vivente ao Direito, não se fale em Direito. Fale-se em interpretação dele. Esta é que se aplica à existência efetiva das relações convivenciais".[56]

---

54. *Lenguaje Legal y Sistema Jurídico*. Tecnos, Madrid, 1989, p. 29.

55. *O que é Justiça*. Op. cit., p. 246.

56. *Hermenêutica*. Malheiros Editores, São Paulo, 1997, p. 147.

Assim, a verificação dos fatos como fatos jurídicos também se constitui como outro momento da tarefa interpretativa. É que o procedimento da subsunção, ou incidência, também é etapa da interpretação. ALF ROSS chama esse momento da interpretação de "interpretação por referência". Diz ele: "Una interpretación del segundo tipo estará dirigida a decidir si un cierto curso de hechos 'satisface' el significado de la expresión, de modo que pueda afirmarse que nos hallamos en presencia de hechos que la expresión designa".[57]

O exame de todos os elementos necessários para aplicar o Direito exige que tais elementos estejam vertidos por meio de uma linguagem apta a compreendê-los. Tomar esses elementos como fora do texto é diminuir o sentido de texto. Se os elementos que não constituem o texto do direito positivo exigem interpretação, esta só poderá ocorrer se tais elementos estiverem, ou puderem estar, vertidos em linguagem. Sem ela, a linguagem, não haveria comunicação e seria impossível compreender esses elementos.

4. Conclusão

O Direito é composto por textos. Textos jurídicos, do direito positivo, e textos da realidade social sobre a qual incide. Mas não se deve confundir texto apenas com texto escrito. Uma passagem de GREGORIO ROBLES é bem interessante para retratar essa situação: "El Derecho no sólo está en los textos escritos sino también em los 'textos de la realidad social'. Es más, el texto escrito casi nunca es un texto completo, sino que su comprensión integral solo suele ser posible si se le conecta con su parte no escrita. Una regla jurídica escrita no puede ser entiendida si no se la conecta hermenéuticamente con la

57. *Sobre El Derecho y La Justicia*. Tradução Genaro Carrió, EUDEBA, Buenos Aires, 1994, p. 113/114.

realidad social a la que va dirigida, integrando dicha realidad como parte del texto completo de la regla en cuestión."[58]

Portanto, toda a realidade social que é suscetível de compreensão e de interpretação pelos homens consiste num texto. E é assim que a expressão texto é utilizada por PAULO DE BARROS CARVALHO: "Não é de hoje que os estudiosos no campo da semiótica vêm tratando a figura do 'texto' como conceito de abrangência maior que a formulação escrita d'uma ideia em expressões idiomáticas. Texto, na acepção que venho considerando em meus trabalhos, extrapola tal definição estreita para abranger tudo aquilo que se possa interpretar".[59]

O Direito não escapa do cerco da linguagem. Assim, onde encontrarmos porção da vida em que se entrelacem as relações interpessoais, aí poderá estar o Direito. Logo, também estará a norma jurídica e a forma como ela, a norma, se expressa: a linguagem. Deste modo, entender as formas de produção do Direito, as suas fontes, consiste em penetrar na linguagem do Direito para surpreendê-la naquilo que **diz** e que **faz**. Mas não apenas. O mundo, com tudo que ele implica, chega até nós por meio de uma linguagem. Já é o produto de uma interpretação promovida por intermédio dos limites da cultura. Só poderemos falar sobre o mundo mediante uma linguagem. Desse modo, os eventos, os elementos necessários à aplicação do Direito, existem a partir de uma interpretação. A linguagem do Direito abrange a linguagem normativa e a linguagem dos fatos. O Direito é o resultado daquilo que foi falado ou escrito, ou seja, o Direito é aquilo que foi comunicado, o que só é possível por meio de uma linguagem. O Direito, portanto, não vai além das bases textuais, pois todas as situações da vida se

58. *Introdução a la Teoria del Derecho*. Editora Debate, Madrid, 1993, p. 161.

59. Breves Considerações sobre a Função Descritiva da Ciência do Direito Tributário, *in X Congresso Nacional de Estudos Tributários*, Editora Noeses, São Paulo, 2013, p. 866.

mostram por meio de uma linguagem. Afastar a linguagem das coisas, ou seja, desprezar que o ato humano de recepção capta as coisas por meio da linguagem, é sugerir um mundo sem sentido. Tal situação seria impossível para o Direito, onde tudo que nele se encontra tem um efeito comunicação, com a finalidade de regular a conduta humana.

INTERTEXTUALIDADE NA LINGUAGEM JURÍDICA: CONCEITO, DEFINIÇÃO E APLICAÇÃO

Priscila de Souza[1]

1. Definindo intertextualidade

Intertextualidade é conceito de origem na Linguística, cuja adaptação é promovida nos mais diversos sistemas comunicacionais, como é o caso do direito.

Nesse campo do conhecimento científico (o da Linguística), alguns conceitos, tidos como *chaves* da comunicação, ora são tidos como equivalentes, ora como independentes, como é o caso especificamente de *enunciado*, *discurso* e *texto*, sobre os quais mostra-se necessário definir o modo como serão utilizados, para a manutenção da rigorosidade do desenvolvimento do presente trabalho.

Enunciado é tido como o significado atribuído ao texto, que é a forma, a materialização do enunciado em uso, e esse uso dos enunciados é o próprio *discurso*.

---

1. Mestre em Direito Tributário pela PUC/SP e Coordenadora do IBET Instituto Brasileiro de Estudos Tributários.

Com isso, podemos afirmar que cada um desses conceitos, equivale aos planos semióticos da comunicação: (i) o sintático, expressado pelos textos, representando a forma como se apresentam; (ii) o semântico, próprio das atribuições de significado, equivalentes aos enunciados; e (iii) o pragmático, do discurso, que, ao utilizar-se dos termos anteriores, viabiliza a própria comunicação.

Na linguagem de Bakhtin, a intertextualidade equivale a uma superação de fronteiras entre os textos; a presença de várias vozes num mesmo texto. Sendo que sua definição, de acordo com o Dicionário Houaiss[2], é:

> Superposição de um texto literário a outro 1 **influência de um texto sobre outro que o toma como modelo ou ponto de partida, e que gera a atualização do texto citado** <Mensagem, de Fernando Pessoa, apresenta i. com a épica camoniana> 2 utilização de uma multiplicidade de textos ou de partes de textos preexistentes de um ou mais autores, de que resulta a elaboração de um novo texto literário 3 em determinado texto de um autor, utilização de referências ou partes de obras anteriores deste mesmo autor. (grifo nosso).

A intertextualidade é o modo como os textos são construídos. Como se vê, todo discurso sempre se refere a outro discurso. Isso porque, diante da concepção de conhecimento da qual partimos, os enunciados se referem a outros enunciados e não a uma realidade "em si mesma". Não há como conceber que a criação de um texto possa ser absolutamente independente de outros textos.

Há uma intertextualidade constante. "É verdade que, para isso, há seleção e transformação da matéria, convertida e deformada em conceitos e classificações internas."[3] Isso é

2. HOUAISS, Antonio; VILLAR, Mauro de Salles. *Dicionário Houaiss da Língua Portuguesa*. Rio de Janeiro: Objetiva, 2001, s.v. *intertextualidade*.

3. DERZI, Misabel Abreu Machado. *Modificações da Jurisprudência no Direito Tributário*. São Paulo: Noeses, 2009, p. 43.

intertextualidade: fixação dos conceitos, conforme sua incorporação ao sistema linguístico.

É a intertextualidade, portanto, um processo contínuo na elaboração de textos, pois, na criação de um texto novo, seus textos de base são recriados; há constante atualização em seus conteúdos pelo processo de interpretação. É, ainda, fundamental para criação dos textos em virtude de não termos acesso direto à realidade, que nossa realidade sempre será "mediada" pela linguagem.

Desse modo, José Luiz Fiorin complementa: "o real se apresenta para nós semioticamente, o que implica que nosso discurso não se relaciona diretamente com as coisas, mas com outros discursos, que semiotizam o mundo. Essa relação entre os discursos é o dialogismo."[4]

A linguagem, como sabemos, não exerce papel coadjuvante na aquisição do conhecimento, a de mero "refletor" da verdade, mas é o próprio conhecimento. Nada se pode conhecer sem linguagem, o conhecimento é linguagem.

A construção de um texto sempre será consequência da soma de vários outros textos, de modo que o dialogismo se apresenta entre os discursos, mesmo que o locutor seja o mesmo nos dois textos. Importante ressaltar que no direito essa sobreposição de textos é limitada pelo próprio sistema, como é estabelecida, por exemplo, na regra do artigo 110 do CTN.

A intertextualidade é um valor atribuído pelo indivíduo que cria, aplica ou interpreta a norma, recolhendo os aspectos da realidade que entende necessários e conjugando-os com os que já existem na realidade jurídica, ocorre que muitas vezes esse processo se dá de forma inconsciente, daí a dificuldade em constatar a sua existência.

---

4. Interdiscursividade e intertextualidade. In: BRAIT, Beth (Org.). *Bakhtin - outros conceitos-chave*. São Paulo: Contexto, 2010, p. 167.

O conhecimento depende ainda de circunstâncias históricas, a forma como determinada sociedade, numa dada época atribui sentido aos termos, é o contexto histórico influenciando o sentido e alcance dos textos. Influência essa que também se apresenta como uma intertextualidade, visto que os textos são produzidos de acordo com as tendências daquele momento histórico. Mostra-se, com isso, ser fundamental aproximar-se da intertextualidade que há entre o texto e seu contexto, para compreender o texto, seu sentido e alcance.

A intertextualidade é equivalente à dialogia[5], que seria a troca de enunciados entre os discursos, entre as enunciações, entre o *eu* e o *outro*.

Bakhtin "abre" oportunidade à construção do conceito de intertextualidade, quando modifica o que se compreende sobre texto, deixando de enxergá-lo como uma produção exclusivamente individual para tê-lo como o produto dos conhecimentos culturais em conversação.

Não limita, entretanto, essa troca de conhecimentos com o que seja precedente ao texto, mas considera, ainda, os destinatários da mensagem em constante diálogo. Desse modo, a partir dessa concepção dialógica de texto, não há como desvincular tal conceito de sua característica dialógica.

Os diálogos presentes na composição do texto exercem o papel de "preenchedores" de sentido, fazendo com que cada contato mantido com o texto lhe outorgue conteúdo inédito e irrepetível.

---

5. O conceito de intertextualidade foi desenvolvido a partir das obras de Bakhtin. Ocorre que em seus escritos não há sequer uma menção do termo, fazendo com que os estudiosos de sua teoria tenham optado por equiparar os conceitos de dialogia e intertextualidade. Para saber mais, *vide*: FIORIN, José Luiz. Interdiscursividade e intertextualidade. In: BRAIT, Beth (Org.). *Bakhtin - outros conceitos-chave*. São Paulo: Contexto, 2010.

2. Intertextualidade, dialogia e polifonia

Conforme afirmamos, a construção de um texto sempre é decorrente de outros textos; não há como conceber seu isolamento absoluto. Isso se dá em consequência de os processos comunicacionais serem possíveis apenas no campo social, pressupondo a existência de, no mínimo, dois sujeitos, que se relacionam e se implicam.

É a *deformidade social* desenvolvida por Pontes de Miranda. Essa deformidade nada mais é que a sociedade, que, ao tornar esse indivíduo um *ser social*, o impregna de seus valores e consensos. É a intertextualidade que transforma o indivíduo em *ser social*.

A intertextualidade pode atuar na produção dos textos sob vários aspectos: (i) no contexto; (ii) quanto às vozes; e (iii) na comunicação.

Quanto ao contexto (i), há dialogismo entre o texto atual, o que se está produzindo, com seus antecessores, que contribuem para a produção de enunciados, sendo eles concorrentes ou estando em dissonância. Nesse aspecto, o dialogismo equivale a uma pesquisa científica, em que o pesquisador sai em busca de material já elaborado sobre seu objeto de estudo, sobre os quais vai elaborar seus juízos favoráveis ou contrários, agrega esses novos conhecimentos aos seus anteriores e produz um novo texto sobre o assunto. Uma dissertação de mestrado é ótimo exemplo desse tipo de dialogismo.

Em relação às vozes, o texto pode se apresentar, como monofônico ou polifônico (ii). Polifônico é o texto em que aparecem várias vozes producentes, há a demonstração da convergência ou da divergência de opiniões em sua produção. Tal modalidade é própria dos discursos heterogêneos, polêmicos, em que se quer deixar transparecer as mais variadas opiniões, a "própria vulnerabilidade do discurso".[6]

---

6. DISCINI, Norma. *O estilo nos textos*. São Paulo: Contexto, 2003, p. 224.

Monofônico, por sua vez, é o dialogismo que deixa transparecer apenas uma voz, tendendo a silenciar possíveis ambiguidades, buscando, com isso, um tom mais consensual, mais autoritário, portanto, contra o qual é mais difícil se exsurgir.

A monofonia é própria dos discursos jurídicos, pois, mesmo sendo produzidos por mais de um enunciador, esses o fazem em nome da sociedade, em busca de valores que esta pretende ver garantidos. É inerente à linguagem em sua função prescritiva, em que o emissor da mensagem busca estabelecer um *modus operandi* ao seu destinatário.

Ao discurso monofônico cabe destacar a passividade do destinatário da mensagem, em que as funções semântica e pragmática do discurso são enfraquecidas, por isso uma maior preocupação com o campo sintático. Essa característica se dá, pois os discursos monofônicos são criados para perdurar, justificando a vaguidade de grande número de regras jurídicas. Isso porque, o aspecto sintático, como central na inserção de um processo comunicacional, se dá quando o foco é posto sobre a mensagem, a força é do seu conteúdo.

O objeto do discurso monofônico aparece como um *certum,* pois não há presença reflexiva de interlocutores. Essa admissão é própria da linguagem normativa, visto que a ausência de reflexividade impõe ao discurso sentido único, desenvolvido com objetivo precípuo de ordenar.

No processo comunicacional (iii), há dialogismo entre emissor e seu destinatário, como dito. No pensamento *bakhtiniano*, o outro nunca é abstrato. Daí porque a inafastabilidade das relações entre textos, visto que estes serão produzidos sempre em função de um destinatário, por mais abstrato que isso possa parecer. Tal assertiva reafirma o que dissemos quando tratamos do processo comunicacional: não se pode falar na existência de comunicação sem qualquer de seus elementos, e entre eles está o receptor da mensagem, que, ao contrário do que se pode pensar, numa análise menos detida, não exerce função meramente passional, recebendo a mensagem formulada exclusivamente pelo emissor, mas, ao recebê-la, (re)constrói a mensagem, tendo como ponto de partida os enunciados proferidos, mas utilizando-se também de seus textos individuais, de suas experiências colaterais.

No presente trabalho focaremos o primeiro tipo: a intertextualidade existente na produção do discurso, seus limites e possibilidades.

O processo de interpretação do conteúdo normativo levando em conta os repertórios comuns do emissor da mensagem – a fonte normativa – e seu receptor, que é o destinatário da mensagem legislada, sendo que: ao travar contato com o texto de lei, mensagem formulada pelo emissor-legislador, o intérprete/aplicador, seu destinatário, constrói normas jurídicas num processo interpretativo inesgotável, que tem como ponto de partida o suporte físico normativo e como parâmetros as vivências e convicções do próprio intérprete.

No direito, o dialogismo se apresenta de várias formas. No percurso gerador de sentido, podemos identificar algumas delas:

S1 – *plano da literalidade*: para a formação dos enunciados prescritivos, por exemplo, de direito tributário foram necessárias especificações, apropriações de conceitos de outros ramos do direito, como é muito comum acontecer com o direito civil;

S2 – *plano das significações*: o intérprete, ao criar as significações dos enunciados prescritivos do sistema normativo, utiliza o código utilizado naquele discurso e também seu repertório, suas experiências para poder construir essas significações;

S3 – *plano das normas jurídicas*: da mesma forma, ao estabelecer o elo entre hipótese e consequente $D(H \rightarrow C)$, próprio da estrutura normativa, o intérprete faz uso de vários enunciados prescritivos, buscando as peças de composição da norma jurídica; e

S4 – plano *da sistematização*: no intuito de promover a sistematização do direito positivo, pelas relações de coordenação e subordinação das normas, o jurista realiza o dialogismo. Exemplo desse trabalho é o da busca do fundamento de validade de uma norma.

O dialogismo no sistema linguístico do direito também se apresenta de outras formas, como o que ocorre entre o direito positivo e a Ciência do Direito, esta metalinguagem, aquele como linguagem-objeto, ou, ainda, entre a linguagem do direito positivo e a da realidade social, sobre a qual aquele se coloca.

O modo de composição e conversação existente entre os diálogos acontecem em níveis, sendo que reconhecemos os primários como os mais comuns, que servirão de conteúdo para outros mais complexos, onde o discurso apresenta um grau maior de estabilidade e institucionalização.

Assim acontece com as decisões de primeira instância, exaradas com posicionamentos, muitas vezes, antagônicos se comparadas e que, indiretamente, acabam por influenciar as decisões dos tribunais superiores, numa relação dialógica não tão evidente quanto aquela existente entre as normas gerais e a realidade social à qual se referem.

É esse diálogo responsável por todo o processo comunicacional que tem início com o primeiro enunciado, mantém-se pela troca de enunciados entre os interlocutores e se conclui com a criação de um novo discurso. Importante salientar que esse diálogo não se restringe à atividade de réplicas contemporâneas, mas pode ocorrer também entre enunciados produzidos em momentos históricos diferentes.

3. Intertextualidade no direito

Como dito, para a finalidade do presente trabalho, examinaremos apenas a intertextualidade existente na produção dos textos normativos; a concorrência entre os textos produzidos e os que estão sendo produzidos. Nesse aspecto, sobre linguagem do direito, a intertextualidade se apresenta de duas formas: (i) entre os textos produzidos no interior do sistema jurídico e (ii) entre os textos do sistema jurídico e dos demais sistemas sociais.

Sobre o tema, faremos novo corte, focando nosso objeto de estudo sobre a primeira possibilidade, procurando imprimir à pesquisa caráter exclusivamente jurídico, dos textos positivados. A opção dá pretensão de manter um discurso racional, só possível tendo por base um sistema único de referência.

Ao legislador cabe realizar a tarefa da intertextualidade, construindo as regras e definindo, com o máximo de precisão, a hipótese da norma. Tem-se que levar em conta, entretanto, a dificuldade que é manter a precisão do discurso, visto que essa atividade é realizada com termos muitas vezes imprecisos, dada a predominância da linguagem vulgar no conteúdo dos textos positivados.

Além do que, excluindo a precisão da linguagem formalizada, todas as demais, por rigorosas que sejam, representam situações que estão certamente inseridas em seu contexto e outras claramente excluídas, havendo ainda uma terceira classe de situações que se põem em posição intermediária, não pontualmente incluídas, muito menos prontamente excluídas, cuja dúvida resultará na convocação do Estado-juiz, para definir acerca da incidência normativa.

Ao direito cabe estabelecer os limites dessa intertextualidade, mediante a edição de normas que determinem a forma como a intertextualidade pode/deve atuar no ordenamento jurídico. A mais comum das normas de estrutura que expressa a intertextualidade em matéria tributária é a das regras de competência. Afirmando essa limitação é que vem o artigo 110 do CTN. As normas de intertextualidade sempre devem ser postas pelo *jogo jurídico*, é regra do jogo de fundamental importância e, como tal, não poderia se apresentar de outro modo que o de nível constitucional.

A intertextualidade pode ser tida como um cálculo de relações que, no direito, é determinada pelo próprio sistema. Isso porque pode aparecer como alguma forma de antinomia e para cada caso haverá uma previsão de sistematização desse conflito diferente. É o caso da isenção, da responsabilidade, da revogação e dos tratados internacionais.[7]

Ainda há a questão da intertextualidade que mais gera questionamentos no sistema normativo, referente à multiplicidade de usos que os diplomas normativos fazem de um mesmo termo, conforme apresentado por Fernando Gomes Favacho:

> Não há uma mesma realidade para os diferentes idiomas, e não há uma mesma realidade jurídica para os diferentes sistemas jurídicos. "Tributo" pode ter uma significação para o Direito Tributário, e outra bem diferente para o Direito Financeiro.[8]

Cada ramo do direito faz parte de um mesmo todo, recebendo nomes específicos para facilitar a análise e aplicação dos textos jurídicos, conforme as pretensões e o uso que se faz deles. Assim, alguns conceitos podem ser utilizados/definidos em vários desses ramos, de acordo com o que cada um deles

7. Sobre a responsabilidade tributária: "[...] Esse papel é realizado pelas normas de responsabilidade. Todas elas intrometem modificações no âmbito do critério pessoal passivo da obrigação tributária. Guardando sua autonomia normativa, entram em cálculo de relações com a regra-matriz de incidência em sentido amplo, cujo resultado variará a depender da espécie ou da característica da responsabilidade de que se trate." (DARZÉ, Andréa Medrado. *Responsabilidade tributária: solidariedade e subsidiariedade*. São Paulo: Noeses, 2010, p. 193).

8. *Definição do conceito de tributo*. São Paulo: Quartier Latin, 2011, p. 32.

pretende regular. Indispensável, entretanto, reforçar a ideia de que todos esses "direitos" formam uma só realidade. O que se há de ter em foco são as peculiaridades de cada um, influenciando, muitas vezes, de forma diversa, a atribuição de sentido para um mesmo conceito.

Desse modo, para fins de tributação, poderão ser utilizados conceitos já insertos em outras áreas do direito, seja do direito privado (cível, trabalhista) ou de direito público (administrativo).

Com isso, podemos formular um possível raciocínio tendente à solução dos conflitos de definições de conceitos no direito: o legislador, que goza de autonomia ao criar presunções e ficções em relação à sua linguagem de base, a social, poderá, no âmbito tributário, modificar, ignorar ou determinar qual(is) aspecto(s) desse conceito será(ão) utilizado(s) para fins de tributação, desde que leve em conta as competências outorgadas pela Constituição Federal.

A intertextualidade deixa patente que o sentido das normas transcende o próprio texto, nas relações que se formam entre os textos elaborados pelo legislador e os textos dos intérpretes/aplicadores, numa atividade contínua do direito, na busca por imprimir certos valores na sociedade, mediante a regulação das condutas interpessoais. Essa atividade, no entanto, opera-se em constante transformação, de ordem pragmática, exigida pelo processo evolutivo a que todo e qualquer organismo está submetido.

Como visto, os textos normativos estão em constante relação, como elementos que são do sistema jurídico. A maneira como essas relações ocorrem é que sofre variações. Há relações entre dispositivos hierarquicamente dispostos, denominadas de subordinação, como também as mantidas entre diplomas de mesmo patamar, chamadas de relações de coordenação. A incidência normativa dependerá de relações nos dois sentidos: vertical e horizontal. A grande questão que ora se apresenta é como identificar o sentido que se atribui aos conceitos normativos e onde eles efetivamente estão postos.

Os preceitos contidos nas normas inferiores sempre deverão dar lugar aos das normas superiores, quando deles forem divergentes. A problemática é que nem sempre é possível afirmar em qual dos diplomas o conceito foi inserido. Isso porque as normas inferiores têm a função de conferir positividade às suas superiores, e quanto mais raso for seu nível, maior o grau de concretude que essa norma irá usufruir, de modo que a regra inferior sempre será mais precisa que a superior.

Problema que já se enfrentou nesse âmbito tratou da divergência existente entre a Lei Complementar n. 116/03 e a Constituição da República. Isso porque a Constituição, ao outorgar competências para tributar, reservou aos Municípios a possibilidade de instituir imposto incidente sobre a prestação de serviços. A edição da referida lei, no entanto, manteve em seu bojo (em virtude de ser a substituta da antiga LC n. 56/87, que tratava do assunto) os serviços sujeitos à tributação, a locação de bens, causando estranheza na comunidade jurídica, em virtude da impossibilidade de considerar a *locação de bens* elemento da classe *prestação de serviços*, e por essa relação ter sido estabelecida por uma norma infraconstitucional, portanto localizada abaixo daquela que concedeu ao Município a competência para cobrar o ISS. Todavia, até a edição da Súmula Vinculante n. 31, o que se presenciou foi a incidência do tributo sobre a referida atividade. Para justificar a edição da Súmula, os Ministros do STF utilizaram o argumento da ontologia do conceito de serviço, restringindo a atuação do Congresso Nacional para elaborar a lista de atividades tributáveis, escolhendo aquelas que se encaixassem no conceito, sem poder, no entanto, definir como serviço atividades que ontologicamente não o sejam. Para compreender melhor as justificativas do embate e do julgamento, trataremos oportunamente do assunto, em momento posterior.

Em consequência da amplitude, própria das normas constitucionais, é que muitas vezes não há como estabelecer prontamente quais conceitos foram definidos e quais estão à parte da previsão constitucional.

Haverá, contudo, esse diálogo sempre presente entre as normas dos mais diversos níveis hierárquicos, relação tanto possível como inerente à própria linguagem jurídica, o que não nos autoriza concluir, de modo algum, que, ao estabelecerem tais relações, com a justificativa de outorgar precisão e concreção às normas superiores, as inferiores alterem seu conteúdo. Isso porque sabemos que as normas infraconstitucionais não podem alterar o sentido e alcance daquelas postas na Carta Magna, em virtude de a regra do jogo do ordenamento exigir obediência à hierarquia das normas[9], conforme seja seu conteúdo, e o veículo que a introduz no sistema, critérios material e formal, respectivamente, fornecer fundamento de validade para sua criação.

A recíproca, todavia, não é verdadeira, como é o caso do IPTU progressivo.[10] Prova disso é o fato de a Constituição fazer previsão de incidência do tributo, como forma de sancionar os proprietários de terrenos em áreas urbanas, sem edificação, contrariando, portanto, a função social da propriedade – outra norma de patamar constitucional –, em oposição ao Código Tributário Nacional, que prescreve a impossibilidade de o legislador utilizar-se de situações tidas como ilícitas, como critério material de tributos.[11] Casos como

---

9. *Vide* artigo 59 da Constituição da República.

10. Art. 182, § 4º – É facultado ao Poder Público municipal, mediante lei específica para área incluída no plano diretor, exigir, nos termos da lei federal, do proprietário do solo urbano não edificado, subutilizado ou não utilizado, que promova seu adequado aproveitamento, sob pena, sucessivamente, de:

[...]

II – imposto sobre a propriedade predial e territorial urbana progressivo no tempo.

11. Importante consignar, entretanto, que o IPTU progressivo como sanção de ato ilícito não é um consenso na doutrina; para Aurora Tomazini de

esse representam as regras especiais, que não retiram a validade da regra geral, pelo contrário, a justificam por apresentar a uma exceção a ela.

Pelo que foi exposto, demonstra-se fundamental, na atividade legislativa, a edição de normas precisas, evitando, assim, qualquer vício de linguagem.

A prescrição dos textos normativos precisos garante ao sistema que os destinatários das normas adotarão determinado tipo de comportamento, em acordo ao previsto normativamente, e, atingindo dessa forma, o fim último do direito, valorativamente falando, que é a paz social.

Nessa relação dialógica, os textos do futuro, ou seja, os comportamentos dos indivíduos, são influenciadores dos textos produzidos no presente, já que estes são criados em virtude daqueles, num processo contínuo de construção linguística.

É o presente influenciando o futuro, e por este sendo influenciado ao constituir seu contexto histórico. Nas palavras de Gerardo Mello Mourão[12], trata-se de uma "arquitetura do futuro" em que a construção dos textos de hoje conversa dialogicamente com o de amanhã. Ao determinar as formas do presente, pode-se ter uma previsão de como ele vai influenciar este futuro, o que ainda vai se realizar, não como acontecimento concreto, mas o importante é a relação entre textos e esteja dentro do campo das possibilidades.

Como bem asseverou Santo Agostinho: "só se pode falar do que é e não daquilo que não é"[13], de modo que, se falamos

---

Carvalho, por exemplo, não se trata de exceção constitucional à regra geral dos tributos, estabelecida pelo CTN, mas da presença do instituto da extrafiscalidade, como incentivo ao uso da propriedade.

12. *A invenção do saber.* Rio de Janeiro: Paz e Terra, 1983, p. 44.

13. Interdiscursividade e intertextualidade. In: BRAIT, Beth (Org.). *Bakhtin – outros conceitos-chave*. São Paulo: Contexto, 2010, p. 161.

do futuro, o estamos produzindo, por meio da linguagem. É a linguagem criando a realidade.

4. Intertextualidade e tradução na linguagem do direito: fato e evento

Eventos são os acontecimentos do mundo fenomênico que, portanto, se perdem no tempo e no espaço. Sobre eles se pode produzir linguagem que os descreva, os eternize: esse é o fato.

O fato é linguagem que se produz acerca de um dado, é um dos inúmeros pontos de vista acerca do evento. O conhecimento do dado é linguagem, depende do repertório do sujeito cognoscente. Quanto maior o conhecimento, mais linguagem se pode produzir sobre o dado, mais complexo e detalhado será o fato. Entretanto, o fato nunca poderá representar todos os aspectos do dado, nunca o esgotará. Tampouco com o evento ele se confunde.

Da mesma forma que o signo não pode representar o dado bruto em sua inteireza, não pretende o fato jurídico representar o evento em sua completude de aspectos e detalhes.

A construção do fato emerge da necessidade de representação, possível apenas pela linguagem, como um limitador do que o fato deve representar, deve provar em relação a um evento. Nas lições de Paulo de Barros Carvalho, ele se utiliza do termo *objeto*, que trazemos para elucidar:

> [...] é comum a confusão entre "objeto" do conhecimento e o "objeto" que vemos ali, concretamente existente no mundo real. O que está em nossa consciência é o conteúdo da forma, não o objeto mesmo, tomado na sua contextura físico-material. Os filósofos separam de maneira clara essas duas situações, referindo-se a "objeto" em sentido amplo: a coisa-em-si, percebida por nossos órgãos sensoriais, e

> "objeto" em sentido estrito, vale dizer, em sentido epistêmico: conteúdo de uma forma de consciência. Efeito prático imediato dessa distinção é a lembrança de William James de que "a palavra 'cão' não morde".[14]

Ocorre que essa representação depende do sujeito cognoscente, das suas impressões acerca do evento, o que implica afirmar que não há uma verdade real, o que se tem são aspectos de vista sobre um mesmo objeto.

Fato jurídico é, pois, a construção linguística, realizada com base na legislação, ou seja, seguindo determinado procedimento previsto e feito por pessoa competente, que relate evento do mundo fenomênico de relevância jurídica.

Como sempre faz referência a um acontecimento, tem suas atenções voltadas ao passado. Esse evento, entretanto, não importa em sua completude para o direito. Ao direito cabe proceder com recortes desse acontecimento, trazendo para o interior de seu sistema apenas os aspectos que considere relevantes.[15]

O direito cria a própria realidade, como linguagem que é. Com isso, podemos afirmar que não existem fatos puramente jurídicos; exclusivo é o modo como o direito "enxerga" a realidade. Os eventos jurídicos, na verdade, são recortes de uma realidade maior. Ocorre que esse recorte é meramente abstrato, não há como separar o jurídico do social e manter o social inalterado.

O direito não opera sobre eventos, somente sobre a construção linguística desses eventos, ou seja, sobre os fatos jurídicos.

---

14. *Direito Tributário, Linguagem e Método*. 2. ed. São Paulo: Noeses, 2008, p. 14.

15. "O imediatamente dado na experiência é uma concrescência de aspectos que excedem os limites do conceptual, que tem sempre um certo *quantum* de abstracto, mesmo os conceitos concretos". (VILANOVA, Lourival. O poder de julgar e a norma. In: *Escritos Jurídicos e Filosóficos*. V. 1. São Paulo: Axis Mundi/IBET, 2003, p. 368).

Sem a produção da referida linguagem competente, os acontecimentos sociais, mesmo que previstos em normas gerais e abstratas, não chegarão a fazer parte do direito.

A interpretação do evento e a criação do fato jurídico se equiparam a uma tradução feita da linguagem social para a linguagem jurídica. A atribuição de sentido que o intérprete confere ao evento, mediante o uso de seus valores, são as significações que irão variar de acordo com a perspectiva que for levada em conta, de modo que um mesmo evento poderá dar ensejo à criação de vários fatos. O contexto, essa perspectiva a que aludimos, será determinante para a construção do fato, visto que o evento é o suporte físico para a criação do fato, não possuindo conteúdo *per se*, dependente, portanto, da determinação do intérprete ao agregar esse evento (texto em sentido estrito) ao seu contexto (texto em sentido amplo).

A construção dos fatos, como vimos, deriva não somente dos eventos, mas da atribuição de sentido conferida às ocorrências, de modo que cada intérprete realizará uma construção diferente. Um mesmo suporte físico pode gerar inúmeras construções linguísticas, por isso as divergências que se estabelecem na construção das normas, por não se tratar de processo mecânico.

Se os sentidos estivessem nos textos, bastaria ao sujeito ser alfabetizado, para aplicar o direito, fazendo conjugação entre realidade social e texto de lei para construir as normas. Muito diferente disso, a interpretação e aplicação do direito (tradução dos eventos e construção dos fatos jurídicos) depende de aspectos valorativos (limites do intérprete/aplicador) e dos positivos (limites dos textos jurídicos em sentido amplo, texto e contexto).

O contexto normativo se dá pela intertextualidade havida entre os diversos textos normativos componentes de uma mesma realidade jurídica, contribuindo na delimitação do sentido do fato produzido.

Essa *tradução* depende de dois corpos linguísticos: o da linguagem social e o da linguagem jurídica. A compra de um imóvel ocorre no contexto social, um evento, e será traduzido para a linguagem jurídica, formando fatos jurídicos de diferentes naturezas: (i) o registro público exigido nas formas da lei; (ii) os direitos de propriedade; (iii) a relação tributária com tributos devidos pela transmissão; como se vê, inúmeros recortes podem ser feitos de uma mesma ocorrência.

Encontra, a tradução, seu ponto alto de dificuldade quando busca por palavras cujo conteúdo não encontra similar na outra língua. Por mais que o uso de palavras seja próximo em duas línguas diferentes, as variações e formações de cada língua impedem uma tradução precisa.

O exemplo da famosa frase de Shakespeare, elaborada originalmente na língua inglesa: *to be, or not to be,* historicamente traduzida para a língua portuguesa como *ser ou não ser*, vem sendo questionada por inúmeros estudiosos da poética, propondo novas possibilidades de tradução, por entenderem ser mais adaptáveis ao texto de *Hamlet*, as referências "*estar ou não estar*" ou "*ser ou não estar*", dado o contexto da peça.

Nota-se que, mesmo com a preservação do texto (em sentido estrito), a sociedade, em contínuo processo de evolução, pode, em dado momento, atribuir novos sentidos a antigos textos. A manutenção, nesse caso, é exclusiva da sintaxe, enquanto a semântica e a pragmática estão sujeitas a contínuas transformações, em caso de mudanças no contexto (texto em sentido amplo).

4.1. Intertextualidade e o processo de positivação

Incidência é o relato do evento social, em linguagem jurídica – a construção do fato jurídico –, para que o sistema do direito positivo altere a realidade social, juridicizando-a.

Equivale à aplicação, de modo que, ao aplicar, o indivíduo interpretante cria novas normas.

A incidência das normas jurídicas requer a atuação humana, primeiro para relatar o evento ocorrido no mundo social, criando o fato, e depois para "encaixá-lo" nos moldes de norma individual e concreta, com a realização da subsunção, resultando na incidência e aplicação da norma, com a construção da norma concreta.

As definições de incidência e coincidência têm estrita relação com as características da lei a que se referem. A coincidência se liga à lei natural por essa ser uma mera descrição dos objetos naturais.

Se existe a previsão de uma lei natural de que "a chuva molha o chão", toda vez que ocorrer o fenômeno natural da chuva vai existir uma coincidência com a referida lei natural. Premissa e conclusão estão inseridas no mesmo plano da realidade.

Já a incidência traz consonância com as leis jurídicas, pelo fato de que existe uma realidade (a do direito) incidindo sobre outra realidade (a social) para fazer nascer o fato jurídico. São realidades distintas que se unem com um fim específico, entretanto uma não chega a "tocar a outra".

O direito depende do sistema social porque os eventos derivam desse último. Ocorre que, ao ingressar no mundo jurídico há uma tradução dos acontecimentos para a linguagem jurídica, sem a qual o sistema não tem força para operar.

A norma individual e concreta deriva da incidência/aplicação da norma geral e abstrata, que se dá pelo acontecimento no mundo concreto da situação prevista na norma geral e sua versão em linguagem competente, individualizando os sujeitos de direito em relação.

Essa tomada de posição contraria a de Pontes de Miranda, tendo a incidência não como automática e infalível, mas dependente da vontade humana; da aplicação da norma geral e abstrata, sobre a realidade social.

Compete exclusivamente à aplicação a capacidade de instalar o vínculo, concretamente, entre hipótese e consequência, ou seja, entre ocorrência no mundo fenomênico de situação prevista na hipótese de norma geral e abstrata e a relação jurídica entre sujeito ativo e sujeito passivo. Caso não haja o relato dessa ocorrência em linguagem competente, a relação jurídica não se instalará, não haverá criação da norma individual e concreta, porque essa não ingressará no sistema jurídico.

A partir dessa lição, podemos dizer que aplicação do direito equivale à incidência, visto que a aplicação somente se concretiza com a subsunção do fato à norma. Nesse processo, as normas gerais e abstratas cumprem a função conotativa da linguagem, estabelecendo os critérios que o fato deve possuir para se encaixar em sua regra, para se tornar jurídico. E, por seu turno, as normas individuais e concretas, apontam para as situações definidas nas normas gerais e se caracterizam como elementos denotativos daquela classe, criada pela conotação das normas gerais e abstratas.

É o processo de positivação atividade dialógica entre normas de diferentes graus de hierarquia e concreção. Para haver comunicação da mensagem jurídica geral e abstrata é necessário, portanto, o fenômeno da incidência, que é a percussão da norma, por meio da juridicização do acontecimento do mundo da experiência social, fazendo propagar os efeitos peculiares na disciplina das condutas interpessoais.

A imposição normativa se apresenta de duas formas diferentes: (i) nas normas gerais e abstratas, quando a vontade do legislador é manifestada por textos projetados para o futuro e não fazem qualquer referência a acontecimentos, portanto por signos do tipo símbolo; e (ii) nas normas individuais e concretas, que, fazendo referência a situações tidas por concretizadas, seus eventos, apresentam-se como indiciárias, ou mesmo em relação à classe das normas gerais e abstratas, são relações icônicas.

Assim, a incidência seria a exata conjugação dos aspectos trazidos pela linguagem simbólica apresentada na norma geral e os *indícios* da realidade. A incidência se dá pela intertextualidade entre os diplomas normativos e os suportes fácticos com que mantém ligação. É propriamente uma forma de dialogismo jurídico, onde as normas individuais e concretas utilizam-se dos critérios das normas gerais e abstratas para justificar sua criação e validade.

Recorrendo aos estudos semióticos, o processo de incidência/aplicação normativa pode ser descrito sob os aspectos:

(i) *sintático*, a análise da subsunção (delimitação dos fatos e das respectivas relações jurídicas deles decorrentes) e da imputação (vinculação do fato à relação jurídica);

(ii) *semântico*, escolha dos fatos que se encaixam nos moldes da norma geral e abstrata, caracterizando a denotação, ao selecionar os fatos sociais por se enquadrarem nos preceitos da norma; e

(iii) *pragmático*, equivalente à eficácia das normas, considerando que somente é eficaz a norma que atinge seu objetivo, ou seja, condicionar as condutas nela previstas, cujo processo inicia com a interpretação da linguagem social e da linguagem jurídica e culmina na produção de outra norma, agora individual e concreta.

À medida que o sistema impõe a determinados sujeitos o dever de aplicar o direito, essas normas que lhe servirão de base serão pelo sujeito interpretadas. O resultado dessa interpretação será a produção de novas normas, inseridas no sistema jurídico positivo, cujos limites serão postos pelo próprio sistema, como *regras do jogo*.

O direito é objeto cultural, impregnado de valores e movimentado a partir da ação do homem em sociedade, por consequência, sua aplicação também. Para ocorrer a incidência normativa, faz-se necessário o relato de evento em linguagem determinada pelo direito, feito por um indivíduo, para que a norma correspondente àquele fato possa ser aplicada.

O princípio da legalidade demonstra perfeitamente a necessidade da linguagem nos moldes *da lei*, afirmando ser a imposição de obrigações limitada ao previsto: sem linguagem competente "ninguém será obrigado a fazer ou deixar de fazer."[16] A moldura que se busca na lei deve ser completa. Ao fato jurídico, especialmente o tributário, não se pode falar em incidência normativa estando ausente ao menos um de seus requisitos, exigidos pela norma geral.

Especialmente no que concerne aos diplomas penal e tributário, há uma exigência de que a incidência da norma ocorra exclusivamente, acaso sejam atendidas determinadas formalidades. A abertura presente na interpretação diz respeito à ausência de sentido dos suportes físicos, mas necessariamente o aplicador deverá partir do texto. As dificuldades se mostram no tocante à valoração atribuída aos textos de lei.

Como já salientamos, os fatos jurídicos (que compõem as normas concretas) dependem de valoração do indivíduo acerca do evento e de suporte normativo.

O aplicador, traduzindo a linguagem social, põe norma no ordenamento, podendo permanecer válida produzindo todos os seus efeitos, ou até que outra norma, produzida por aplicador cuja competência seja superior, retire sua validade, mediante a criação de outra norma.

---

16. BRASIL. Presidência da República. Casa Civil. Constituição da República de 1988. Brasília, 5 out. 1988. Art. 5º, XXXIX. Disponível em: <http://www.planalto.gov.br/ ccivil_03/ Constituicao/Constitui%C3%A7ao.htm>. Acesso em: 29 set. 2011.

Tudo isso em virtude da impossibilidade de a norma geral enumerar todos os acontecimentos por ela previstos, determinando que o aplicador realize nova interpretação a cada norma criada. Não há como conceber o fechamento absoluto dos tipos ou dos conceitos, de modo que cada decisão deverá levar em conta todo o sistema jurídico, e não somente uma norma isoladamente posta.

5. Intertextualidade e o discurso normativo em matéria tributária

Atualmente, as grandes discussões em matéria tributária levadas aos Tribunais Superiores versam sobre conflitos decorrentes da interpretação dos conceitos utilizados no gozo da competência para instituir e, principalmente, para cobrar tributos. Tais demandas decorrem tanto das diversas definições que se atribuem aos conceitos nos vários ramos do direito, como acontece entre direito tributário e direito privado, nos conceitos de serviço, receita, faturamento, folha de salário, propriedade, mercadoria e também dentro do próprio direito tributário, como mais recentemente se deu com a determinação do conceito de insumo para a incidência da contribuição PIS/ COFINS, em muito diferindo daquele utilizado para a incidência do IPI.

Em matéria tributária, a regulação da intertextualidade se concentra apenas nos conflitos gerados por conceitos, tendo em vista duas áreas diferentes do direito, no mesmo ordenamento, pelo artigo 110 do CTN[17], determinando o respeito aos conceitos de direito privado quando esses forem

17. Art. 110, CTN – A lei tributária não pode alterar a definição, o conteúdo e o alcance de institutos, conceitos e formas de direito privado, utilizados, expressa ou implicitamente, pela Constituição Federal, pelas Constituições dos Estados, ou pelas Leis Orgânicas do Distrito Federal ou dos Municípios, para definir ou limitar competências tributárias.

previstos constitucionalmente, garantindo, assim, a distribuição de competências tributárias.

O referido preceito tem o intuito de controlar o uso da competência para aumento indiscriminado de receitas, com o alargamento dos conceitos utilizados, determinantes do critério material dos tributos, buscando ser critério objetivo limitador da atividade estatal quando da elaboração das regras-matrizes dos tributos inseridos em sua competência. No julgamento do Recurso Extraordinário 166.772-9/RS, o Ministro Marco Aurélio manifestou-se nesse sentido: "o conteúdo político de uma Constituição não é conducente ao desprezo do sentido vernacular das palavras, muito menos ao do técnico, considerados institutos consagrados pelo Direito."[18] Neste caso, a dificuldade está em determinar quais conceitos de direito privado foram determinados constitucionalmente, para atribuição das competências tributárias e como se dá esse processo. É o que tentaremos desenvolver deste ponto em diante.

A não contextualização da intertextualidade é responsável pelos grandes questionamentos jurídicos que tenham em foco conceitos vagos. Muito embora se sustente, a todo instante, a unicidade sistêmica, num mesmo ordenamento grande parte da confusão interpretativa decorre do mau uso dos termos. Entretanto, a definição, muitas vezes não é capaz de dar solução ao problema da aplicação, mas a garantia, nesse caso, vem das regras de legitimação de que a decisão fez uso. Isso porque, apesar de a finalidade do direito ser a garantia da paz social, mediante o acatamento de suas normas por toda uma sociedade, as regras necessárias a esse fim voltam-se aos mais diversos campos sociais, estes informados por outros sistemas, muitas vezes, totalmente estranhos uns aos outros.

---

18. BRASIL. Supremo Tribunal Federal. Recurso extraordinário n. 116.121-3/SP. Relator: Ministro Marco Aurélio. Julgamento: 11 out. 2000. Órgão julgador: Tribunal Pleno. Publicação: DJU 25 maio 2001, p. 17.

Assim é com o direito tributário, restringindo aqui a pesquisa ao nosso foco, cujas normas voltam-se aos direitos de família, quando a incidência tributária recai sobre a transferência de bens por sucessão, percorrendo até o outro extremo social, ao regular as formas de tributação de patrimônio que se encontre no exterior, por exemplo, adequando o ordenamento pátrio às tendências e necessidades de ordem internacional. Nesse contexto, quantos e quais valores são levados em conta para a construção dessas ordens? Resposta para essa indagação é impossível de se formular, isso em virtude de ser um sem número de realidades, cada qual com suas necessidades e conceitos, previamente estabelecidos. O grande desafio do legislador, e mesmo do aplicador do direito, é conjugar todos esses interesses, num mesmo campo, reduzindo ao máximo as contradições que dificultem o acatamento das normas.

São recortes feitos sobre uma mesma realidade, que é o fato social, podendo ensejar a construção de múltiplos fatos jurídicos. A compra e venda realizada entre dois sujeitos terá tanto repercussão nas normas de direito civil, no que tange aos direitos de propriedade, quanto no direito tributário, pela demonstração de capacidade contributiva, ensejadora do tributo que recai sobre a transmissão de bens. A cada modalidade de compra e venda, irão variar as incidências normativas, tanto as civis quanto as tributárias.

Caberá, portanto, ao Estado-juiz, na prestação da tutela jurisdicional, determinar os valores que aquela ordem pretendeu imprimir ao sistema, proferindo uma decisão que diz qual é a interpretação que se deve dar ao caso. Esse ato deriva de um processo dialógico entre a situação fática e o sistema normativo, colocando fim ao conflito, mas que não tem o compromisso de corresponder a uma verdade, e sim de determinar o modo como devem ser as condutas.

Outra questão responsável por inúmeras lides está ligada ao processo de legitimação das decisões, visto que esse processo também está sujeito à análise normativa. Isso porque a competência para dizer o direito é atribuída a determinados entes, muito embora essa atividade esteja vinculada ao próprio sistema, e com ele necessita ser coerente.

Não se pretende afirmar a ausência de argumentos políticos das decisões jurídicas, próprios dos Tribunais Superiores; o que se deve ter como parâmetro, todavia, é que esse politicismo deve corresponder à medida imposta pelo sistema normativo, não podendo ser extrajurídico, muito menos antijurídico.

6. Síntese conclusiva

Intertextualidade é processo contínuo na elaboração de textos decorrente da constante atualização dos textos do passado na produção do texto atual. É a intertextualidade que transforma o indivíduo em ser social.

A produção dos textos pressupõe intertextualidade. Essa influência da intertextualidade pode ser analisada sob três aspectos:

(i) contextual: de os textos em produção serem influenciados pelos textos do passado e do futuro, sendo que os textos do passado fazem parte da enunciação normativa, alguns já fazendo parte do universo jurídico e outros exclusivamente do universo social, a serem juridicizados, e que operam tendo em vista os textos do futuro, ou seja, as normas concretas produzidas face à presença das normas gerais;

(ii) das vozes: em função dos tipos de função da linguagem, podem ser notadas uma (monofonia) ou várias (polifonia) vozes, sendo que no discurso jurídico a intertextualidade se apresenta na forma monofônica, própria da linguagem normativa, por conter prescrições aos seus destinatários; e

(iii) na comunicação: na influência entre emissor e receptor da mensagem no direito, demonstrada pela relação estabelecida entre as normas, cujo legislador (em sentido amplo) apresenta-se como emissor e a sociedade como seu destinatário.

Ao legislador compete a determinação dos conceitos. Quando de suas escolhas, decorre um sentido novo a um conceito; será dessa forma que deverá comportar-se o destinatário da norma. Nos casos em que nenhuma ressalva for imposta, os conceitos carregarão o mesmo sentido daquele usado no contexto social, do qual pode derivar.

Nenhum conceito é determinado ou indeterminado, mas determinável. A determinação decorre inexoravelmente da interpretação.

A Constituição, muito embora não apresente definições para seus conceitos, tem como função precípua a de estabilizar o sistema, conferindo aos seus intérpretes aparatos que estabeleçam o modo de uso e limites de seus termos.

Toda norma, portanto, para ser aplicada depende de interpretação. Nas situações em que não há regulamentação específica, o uso da intertextualidade fica patente, pela análise do contexto no qual a norma se pode inserir.

A interpretação pressupõe a análise de todo o contexto normativo, sob pena de não ser considerada apta para a aplicação das normas, por ser incompleta. Atividade interpretativa que considere esta ou aquela norma levará o intérprete a conclusões parciais e equivocadas.

Dentro do ordenamento, poderá haver variação no sentido dos conceitos em decorrência da finalidade da norma. Essa diversidade é aceita pelo sistema, desde que não haja invasão de contextos. Um único evento social, portanto, pode dar ensejo a vários fatos jurídicos, que, por sua vez, são recortes de uma realidade com objetivos de regulamentação diversos, daí a possibilidade de diversas normas utilizarem-se de um mesmo conceito, atribuindo, entretanto, a ele significados diversos.

O legislador tem autonomia para criar ficções na linguagem jurídica, tendo em conta a linguagem social. Poderá, ainda, no que concerne ao legislador tributário, alterar o sentido de conceitos já utilizados em outras áreas do ordenamento, desde que sejam respeitados os limites impostos pelo próprio sistema. No caso específico do direito tributário, essa regra é prevista no artigo 110 do CTN, ao restringir tais definições às impostas pela Constituição na distribuição de competências.

SEMIÓTICA E INVESTIGAÇÃO DO DIREITO

Clarice von Oertzen de Araujo[1]

A linguagem inclui-se entre as instituições humanas resultantes da vida em sociedade. O Direito é apenas uma das formas sociais institucionais que se manifesta através da linguagem, que possibilita e proporciona a sua existência. A linguagem é o veículo do qual se utiliza o homem para comunicar-se. O direito positivo é texto de lei, veiculando a disciplina dos comportamentos sociais intersubjetivos, suscetível a mudanças sob a pressão das diferentes necessidades, com vistas a adaptar-se ao modo mais econômico e racional[2] de satisfazer o bem-estar social.

A investigação da natureza do direito positivo permite considerá-lo uma linguagem ou código artificial, na medida em

1. Mestra em Direito Tributário pela PUC/SP; Doutora em Filosofia do Direito pela PUC/SP; Livre-Docente em Filosofia do Direito pela FDUSP; Professora do Programa de Estudos Pós-Graduados em Direito da PUC/SP.

2. Estamos tomando a racionalidade nos termos propostos por Peirce, para quem "o pensamento é racional somente na medida em que ele se recomenda para um futuro pensamento. Ou, em outras palavras, a racionalidade do pensamento reside em sua referência a um futuro possível" (*CP 7.361*). *In* IBRI, Ivo Assad. *Kósmos Noētos, cit.*, p. 99.

que as leis comunicam padrões de comportamento lhes atribuindo valores: os comportamentos desejados são qualificados pelo direito de obrigatórios ou permitidos – comportamentos legais. Os comportamentos indesejáveis são qualificados de proibidos – comportamentos ilegais – e a sua prática é passível de aplicação de alguma espécie de castigo ou punição (sanção). Esta valoração de um comportamento como legal ou ilegal se consubstanciará no bit[3] mais importante e também mais comum no direito: legalidade/ilegalidade, licitude/ilicitude.

Ou seja, os sistemas jurídicos utilizam a linguagem natural (língua, vernáculo) como verdadeira substância de sua constituição. Para qualquer fenômeno ingressar dentro do sistema normativo ele deve estar expresso em algum tipo de linguagem.

Foi o que concluiu Paulo de Barros Carvalho ao deixar estabelecido que toda discussão jurídica é de cunho hermenêutico:

> O direito positivo é vertido numa linguagem técnica, assim entendida toda aquela que se assenta no discurso natural, aproveitando, em quantidade considerável, palavras e expressões de cunho determinado, pertinentes ao patrimônio das comunicações científicas. Projeta-se sobre o campo do social, disciplinando os comportamentos intersubjetivos com seus três (e somente três – lei do quarto excluído) operadores deônticos (obrigatório, permitido e proibido) e canalizando as condutas em direção aos valores que a sociedade

3. "Bit . Na teoria da comunicação, o bit é a unidade de medida da quantidade de informação. O termo 'bit' (diz-se também 'binit') é uma abreviação da expressão inglesa 'binary digit'. Os dados, nos sistemas de informação mecânica e eletrônica, como o computador, são representados somente por dois estados possíveis; é portanto uma notação binária que se emprega para ilustrar essas indicações. (...) Se se considera um código, ou sistema de signos, suscetível de servir de base à transmissão de uma mensagem, esse código, comportando dois sinais possíveis, ambos igualmente prováveis, (0 e 1, p. ex.), tem uma capacidade de 1 bit cada vez que é utilizado (...)". In DUBOIS Jean e outros. *Dicionário de Linguística*, São Paulo, Cultrix, 1998.

> quer ver implantados. Quanto ao tipo, é uma linguagem técnica, mas sua função é eminentemente prescritiva, incidindo como um conjunto de ordens, de comandos que buscam alterar comportamentos sociais, motivando seus destinatários.[4]

O Direito como um sistema de normas voltado à regulamentação da conduta tem o caráter de signo simbólico. O signo simbólico é aquele que se relaciona com o objeto que denota em razão de uma regra convencionada pela comunidade de usuários. Numa língua natural, em um idioma, essa convenção coletiva revela a estrutura ou sistema lexical segundo o qual se correlacionam 'imagens auditivas' e 'conceitos'. O símbolo é aquele signo que mantém a sua relação com o objeto em razão de uma convenção ou associação de ideias. Examinemos o caráter simbólico dos sistemas jurídicos.

Para Peirce, "um *símbolo* é um signo que se refere ao Objeto que denota em virtude de uma lei, normalmente uma associação de ideias gerais que opera no sentido de fazer com que o símbolo seja interpretado como se referindo àquele objeto. (...) Como tal, atua através de uma *Réplica*." *(CP 2.249)*.[5]

As leis, como signos que são, referem-se a objetos. Genericamente considerado, o objeto das leis jurídicas é a conduta humana em sociedade. Ou seja, o texto legal se refere às relações sociais, regulamentando-as. Mesmo as chamadas normas de estrutura – como as normas que atribuem competências – podem ser assim consideradas, na medida em que, em observância ao

4. CARVALHO, Paulo de Barros. Interpretação e Linguagem – Concessão e delegação de serviço público. *In Revista Trimestral de Direito Público*, n. 10, p. 81. Leia-se também Lourival Vilanova, Analítica do dever-ser; *In Direito Política Filosofia Poesia: estudos em homenagem ao Professor Miguel Reale, em seu octogésimo aniversário*/ Coordenadores Celso Lafer e Tercio Sampaio Ferraz Jr. São Paulo, Saraiva, 1992, p. 591.

5. PEIRCE, Charles Sanders. *Semiótica*. São Paulo, Perspectiva, 1977, p. 52.

princípio da legalidade, ao atribuir determinada competência, a norma assegura a legalidade de uma conduta, qual seja, a de produzir outras normas.

Os símbolos são signos que representam os objetos em virtude de uma convenção. O reconhecimento da associação simbólica que remete do signo ao objeto é o efeito pretendido na qualidade de seu interpretante. Nas democracias, o caráter convencional da imperatividade jurídica reside justamente no teor do correlato princípio democrático, o qual prescreve que todo o poder emana do povo, que o exerce por meio de representantes eleitos.[6] O respeito às eleições legitima e confere caráter imperativo para as leis produzidas e aprovadas pelo Poder Legislativo. A convenção pretende conseguir dos destinatários uma obediência voluntária e consciente. O que não retira do Direito o seu caráter coercitivo. A coercibilidade jurídica decorre da delegação que o povo faz ao Estado. O monopólio do exercício da força é outra convenção que marca as leis jurídicas como signos simbólicos. Este é o seu interpretante energético[7] genuinamente jurídico, que não encontramos nem nos signos morais e nem nos éticos. A manifestação da força bruta contra os cidadãos, salvo expressas exceções, somente pode ser exercida após autorização proveniente do Poder Judiciário, após o decurso dos trâmites legais que asseguram aos destinatários da ordem todos os meios de defesa previstos pelo ordenamento vigente.[8] Há ainda uma terceira

---

6. Artigo 1º, Parágrafo único da Constituição Federal: "Todo o poder emana do povo, que o exerce por meio de representantes eleitos ou diretamente, nos termos desta Constituição".

7. Esforços físicos e mentais envolvidos na manifestação dos efeitos de um signo.

8. Com efeito, o uso não institucionalizado da força bruta configura infração criminal, prevista pelo artigo 345 do Código Penal, o qual dispõe:

Art. 345. Fazer justiça pelas próprias mãos, para satisfazer pretensão, embora legítima, salvo quando a lei o permite: Pena: detenção, de quinze dias a um mês, ou multa, além da pena correspondente à violência.

convenção deflagrada pelos signos jurídicos em sua condição de símbolos: é a proibição da ignorância. A ninguém é permitido desobedecer a lei alegando que não a conhece. São convenções operacionais para o exercício da coercibilidade. A interpretação dos signos jurídicos, seja potencial (interpretante imediato) ou efetiva (interpretante dinâmico), passa necessariamente por tais associações.

Os interpretantes das leis são as normas jurídicas com a sua possibilidade de incidência nas condutas sociais que coincidam com as descrições insertas nas proposições denominadas *antecedentes* das normas jurídicas. Esta possibilidade ou potencialidade é destacada por Peirce:

> Signo é um cognoscível que, de um lado, é assim determinado (isto é, especializado, bestimmt) por algo diverso dele, chamado seu Objeto, enquanto, por outro lado, ele próprio determina uma mente existencial ou **potencial**, determinação esta que denomino o Interpretante criado pelo Signo, e onde essa Mente Interpretadora se acha assim determinada mediatamente pelo Objeto (8.177).[9]

Não é outra a conclusão de Lucia Santaella ao explicar a função mediadora do signo, quando afirma que " a referência do signo ao objeto não é dependente de qualquer interpretação particular. Ao contrário, é uma propriedade objetiva do signo, propriedade de autogeração que lhe dá o poder de produzir um interpretante, quer esse interpretante seja de fato produzido ou não".[10]

Quando a subsunção ocorre, dizemos que a norma incidiu. Esta incidência fica registrada, ou seja, a incidência materializa-se, pois corresponde ao fenômeno da positivação,

---

9. SANTAELLA, Lucia. *A teoria geral dos signos: semiose e autogeração.* São Paulo, ed. Ática 1995, *p. 84.*

10. SANTAELLA, Lucia. *A teoria geral dos signos: semiose e autogeração,* São Paulo, ed. Ática 1995, p. 38.

gerando novas normas, e revelando a própria natureza semiótica do direito positivo, na medida em que a positivação e a construção de novas e subsequentes cadeias de normas caracteriza a semiose do direito positivo. A própria jurisfação ou positivação de um ordenamento jurídico ilustra uma semiose porque nos mostra, com todas as características genuinamente normativas, a ação de signos legais gerando interpretantes, cadeias de interpretantes.

Sobre esta natureza semiótica debruça-se o Constructivismo Lógico-Semântico, considerando a natureza essencialmente linguística do direito positivo. O objeto de investigação da Ciência do Direito é a linguagem do direito positivo.[11] Neste aspecto, o discurso científico (a Ciência do Direito, a Dogmática Jurídica) que descreve o ordenamento jurídico é metalinguagem em relação à linguagem-objeto que é o direito positivo.

A experiência indutiva[12] revela o fenômeno jurídico como linguagem e como discurso normativo. O discurso caracterizando-se como a linguagem posta em ação.[13]

Efetivamente, a semiótica jurídica, com seu aparato metodológico, permite conceber o processo de positivação normativa como fenômeno do discurso (sem, contudo, limitar ou reduzir o Direito unicamente ao fenômeno discursivo[14]), como enunciação, como fato de linguagem. Esta premissa deriva da adoção de um quadro categorial aristotélico[15], característico

---

11. VILANOVA, Lourival, Analítica do Dever-Ser. *In Escritos Jurídicos e Filosóficos*, volume 2. São Paulo, Axis Mundi/IBET, 2003, p. 45 e ss.

12. A metodologia semiótica de matriz greimasiana persegue a cientificidade de demarcação de seu objeto valendo-se da indução e da dedução. BITTAR. Eduardo C. *Linguagem juridica*. São Paulo, Saraiva, 2001, p. 46.

13. DUBOIS, Jean. *Dicionário de linguística*. São Paulo, Cultrix, 1998, p. 192.

14. FERRAZ JR. Tercio Sampaio. *Teoria da norma jurídica*. 3ª edição. Rio de Janeiro, Forense, 1997, p. 7.

15. Benjamin Lee Whorf declara: "Nós dissecamos a natureza seguindo linhas estabelecidas por nossas línguas nativas. As categorias e tipos que isolamos

da tradição ocidental, que preconiza a análise do ato predicativo realizado pelo sujeito ao expressar-se num discurso em que a realidade está representada.[16]

Para Charles Morris, todos os tipos de discurso revelam um modo de significação e um uso primário dominantes. A linguagem legal observa a natureza do discurso designativo-incitativo.[17] O discurso legal revela aquilo que uma sociedade está preparada para assumir e empreender a título de ações e posturas jurídicas, no caso de certas condutas serem ou não adotadas pelos indivíduos. Em nível designativo, o discurso legal denota o corpo de leis que determina as práticas segundo as quais a comunidade se comprometeu a controlar os comportamentos sociais adotando o uso da força institucionalizada pelo Direito. Neste sentido, um enunciado legal somente será um enunciado normativo se por proferido pelas autoridades competentes e independentemente de sua verdade ou falsidade, no sentido científico. O aspecto incitativo se refere aos estímulos que a ordem jurídica oferece para sequências de respostas[18] que os indivíduos integrantes de uma sociedade

---

no mundo dos fenômenos não os encontramos ali porque nos olham de frente; pelo contrário, o universo é-nos apresentado num fluxo caleidoscópico de impressões que devem ser organizadas por nossa inteligência – o que significa: pelos sistemas linguísticos em nossas mentes. Nós escalpelamos a Natureza, organizamo-la em conceitos, e lhe atribuímos significados, em grande parte porque participamos de um acordo para organizá-la dessa maneira – acordo que se impõe em toda comunidade linguística e que se codifica nos padrões de linguagem. Trata-se, evidentemente, de um ato implícito e não formulado, *mas seus termos são absolutamente obrigatórios;* não poderíamos falar a não ser submetendo-nos à organização e à classificação de dados decretadas pelo acordo". Tradução colhida em CAMPOS, Haroldo de. *Ideograma, lógica, poesia, linguagem.* São Paulo, EDUSP, 2000, p. 229 e ss.

16. SILVEIRA, Lauro Frederico Barbosa da. *Curso de semiótica geral.* São Paulo, Quartier Latin, 2007, p. 40.

17. MORRIS, Charles. *Writings on the general theory of signs.* Paris, Mouton, The Hague, 1971, p. 210.

18. NOTH, Winfried. *A semiótica no século XX.* São Paulo, Annablume, 1996, p. 227.

são incitados a adotar como condutas adequadas às prescrições das normas jurídicas.

A segmentação dos processos semióticos ou da semiose (ação ou efeito gerado pelos signos) em três aspectos ou dimensões que podem ser abstraídos para o propósito de serem estudados isoladamente, e a denominação dos planos de investigação em "sintático", "semântico" e "pragmático" foi inicialmente proposta em 1938, por Charles William Morris (1901-1979), ao elaborar uma monografia (*Foundations of the Theory of Signs*[19]) que deveria compor a *International Encyclopedia of Unified Science*, publicação integrante de um extenso projeto de unificação das ciências, o que era um ideal fundamental do positivismo lógico.[20] Inclusive Morris contribuiu para levar Rudolf Carnap aos Estados Unidos, em 1936. Charles Morris acreditava na complementaridade de aspectos dos estudos empreendidos entre positivistas lógicos e pragmatistas, ambas as correntes tratando as questões do 'significado'.

---

19. MORRIS, Charles. *Fundamentos de la teoria de los signos*. Traducción de Rafael Grasa; 2ª edición em Espana. Ediciones Paidós Ibérica, S. A. Barcelona, 1994.

20. A monografia de Morris tornou-se o capítulo 2 do volume 1 da *International Encyclopedia of Unified Science* (University of Chicago Press). Curioso é o comentário de Thomas A. Sebeok a respeito da segmentação: "A tripartição da semiótica em sintática, semântica e pragmática – endossada repetidamente por Carnap (1942:8-11) – se tornou um dogma que é geralmente mais observado externamente do que dentro da semiótica, porque seu uso técnico operacional aparece minimamente". Tradução realizada por Maristela Sanches Bizarro (Programa de Estudos Pós-Graduados em Filosofia – PUC/SP). No original: "Morris's tripartition of semiotics into syntatics, semantics, and pragmatics – endorsed repeatedly by Carnap (1942:8-11) – became dogma which is generally more observed outside than inside semiotics, because its technical operational use appears minimal. In *Semiotics in the United States*. Indiana University Press, 1991, p. 74. A observação de Michel Meyer reforça o mesmo sentido: "O que há de insatisfatório nesta divisão da linguagem é que não podemos isolar estes níveis. Crer o contrário é empenhar-se numa via positivista. Aliás, foi o positivismo que consagrou esta divisão, seguido nisso, curiosamente, por Chomsky". In *Lógica, linguagem e argumentação*. Tradução de Maria Lúcia Novais. Editorial Teorema. Lisboa, 1982, p. 110.

Ele pretendia estabelecer a contribuição da semiótica para a exatidão das ciências humanas, adotando-se a concepção do signo como unidade científica fundamental. Nessa perspectiva, a noção de signo poderia assumir análoga importância à noção de átomo para as ciências físicas ou à noção de célula para as ciências biológicas. A valorização e a ênfase na utilidade da investigação semiótica não mirava apenas a sua promoção ao estatuto de uma ciência, mas também se concebia a semiótica como instrumento a serviço do rigor epistemológico de pesquisas científicas nas mais diversas áreas do conhecimento.

Entre os positivistas lógicos, entretanto, a ênfase da investigação relativa ao significado dos termos nas proposições residia no aspecto sintático, por se caracterizar como a sua traduzibilidade em outras proposições. Nas palavras de Morris:

> Se dizemos que o significado de um símbolo é a expectativa que levanta, isso é praticamente equivalente a dizer que o significado de um símbolo é sua extensão possível (isto é, todos os objetos aos quais pode ser aplicado) e isso, por sua vez, é semelhante a dizer que o significado de um símbolo é determinado pela especificação daquelas características que um objeto deve ter para que o símbolo seja aplicado. E, então, já que essas características devem, por sua vez, ser especificadas pelo uso de outros símbolos, nos vemos levados à posição formalista de que o significado de um símbolo é determinado por suas conexões sintáticas com outros símbolos (isto é, pelas regras gramaticais de seu uso).[21]

O estudo da ação dos signos (semiose) é área comum a um vasto universo de investigadores, dentre os quais destacam-se os linguistas, os lógicos, os filósofos, os psicólogos, os sociólogos,

---

21. Tradução colhida em WALL, Cornelis de. *Sobre pragmatismo*. Tradução Cassiano Terra Rodrigues. São Paulo, Edições Loyola, 2007, p. 193.

sem falar nos avanços mais recentes em que a investigação dos signos vem progredindo, como a música, a poesia e a estética. Nas áreas da semiótica, da linguística, da lógica e da filosofia da linguagem, as relações entre a sintaxe, a semântica e a pragmática dos signos, bem como os campos cobertos por cada um destes termos são temas trabalhosos a enfrentar. Muita diferença terminológica existe entre os autores que discorrem sobre estes domínios, sendo esta uma possível causa para as desavenças teóricas; o que um melhor domínio das diferenças ou uma única convenção oficialmente registrada pelos cientistas estaria apta a minimizar ou eliminar. Embora descrente da imutabilidade do significado, Peirce recomendava seriamente o rigor terminológico como etapa fundamentalmente necessária ao progresso científico. É o que se lê:

> Quanto ao ideal a ser alcançado, em primeiro lugar é desejável que qualquer ramo da ciência tenha um vocabulário que forneça uma família de palavras cognatas para cada conceito *científico*, e que cada palavra tenha um único e exato significado, a menos que seus diferentes significados se refiram a objetos de diferentes categorias que nunca poderão ser confundidas umas com as outras. Por certo, esse requisito poderia ser entendido num sentido que o tornaria absolutamente impossível, pois todo símbolo é uma coisa viva, num sentido muito estrito que não é apenas figura de retórica. O corpo de um símbolo transforma-se lentamente, mas seu significado cresce inevitavelmente, incorpora novos elementos e livra-se de elementos velhos. Mas todos deveriam esforçar-se por manter imutável e exata a *essência* de cada termo científico, embora uma exatidão absoluta não chegue a ser concebível (CP 2.222).[22]

---

22. PEIRCE, Charles Sanders. *Semiótica*. São Paulo, Perspectiva, 1977, p. 40. Miguel Reale também ressalta a inviabilidade do extremo rigor terminológico no campo das ciências humanas e sociais, dentre as quais se encontra o Direito. A impossibilidade se deve ao teor axiológico essencial para a compreensão da experiência jurídica. *In Lições Preliminares de Direito*. São Paulo, Saraiva, 2003, p. 64.

A dificuldade é sentida e registrada por vários autores que percorreram o estudo da comunicação. Na versão de Colin Cherry:

> Uma das grandes dificuldades em discutir um assunto que se situa na fronteira de vários campos de estudo bem delimitados é a escolha de linguagem e de definições. Quiçá seja verdade que os conceitos possam ser validamente pertinentes em diferentes campos; contudo, sua expressão em formas que os estudiosos dessas diversas especialidades aceitem talvez não se demonstre fácil. Em cada campo, pode já haver conjuntos de definições, e possivelmente os estudiosos relutarão em alterar, modificar ou ampliar suas definições costumeiras, ajustadas aos seus propósitos específicos, para que sirvam aos interesses de outrem.[23]

As dimensões sintática, semântica e pragmática foram concebidas por Morris na condição de abstrações, relações diádicas consideradas dentre as possibilidades combinatórias dos três correlatos que compõem a estrutura do signo (veículo sígnico, *designatum*, intérprete). Esta classificação é mais próxima da lógica do que da linguística, conforme adiante se revelará. O estudo das línguas naturais não pode abstrair das relações pragmáticas, havidas entre os usuários em situações de comunicação efetiva. Pois é a partir do estudo dos fatos de linguagem que as sistematizações das diferentes línguas são formuladas. É a partir da dimensão pragmática que as abstrações sintáticas e semânticas de uma língua natural podem ser realizadas.

1. A Sintaxe

A concepção de sintaxe lógica elaborada por Morris omite deliberadamente as dimensões semântica e pragmática, a

23. CHERRY, Colin. *A comunicação humana*. Tradução de José Paulo Paes. São Paulo, Cultrix, 1971, p. 22.

fim de se concentrar na estrutura lógico-gramatical da linguagem. Situam-se no domínio da sintaxe as relações formais que os signos mantêm entre si, bem como as regras de combinação que permitem a construção correta de estruturas sígnicas mais complexas ou sintagmas. As regras sintáticas, estando próximas do cálculo, foram definidas como o domínio das *implicações*, em três diferentes acepções:

a) estudo da estrutura formal dos signos;[24]

b) regras de combinação para a geração de signos compostos;

c) as relações formais dos signos entre si.[25]

A imputabilidade é a conexão sintática típica e elementar do direito. A forma sintática que corresponde aos signos normativos (direito positivo) é a forma deôntica biproposicional. A regra jurídica é proposição normativa bimembre e organizada sob a forma de juízo complexo (hipotético-condicional). As normas são proposições prescritivas e possuem um functor específico, que é o 'dever-ser' (o 'dever-ser' é tripartido nas formas 'obrigatório', 'permitido' e 'proibido'). Mas a deontologia, isoladamente, ainda não é o que caracteriza a sintaxe jurídica, pois está presente e caracteriza também as normas éticas, morais, religiosas. Além disso, há o acoplamento (em forma de disjunção excludente) entre a norma que estatui direitos e deveres intersubjetivos e a sanção que pune o descumprimento dos deveres assumidos. Outros encadeamentos entre as normas assumem as formas de coordenação, subordinação, inclusão, relações entre classes, pertinencialidade.

Eis a forma sintática nas lições de Lourival Vilanova:

---

24. CARVALHO, Paulo de Barros. *Direito Tributário: Fundamentos Jurídicos da Incidência*. São Paulo, Saraiva, 3ª edição, 2004, p. 25.

25. CARVALHO, Paulo de Barros. *Direito Tributário: Fundamentos Jurídicos da Incidência*. São Paulo, Saraiva, 3ª edição, 2004, p. 31.

> "Na proposição normativa ou deôntica, o dever-ser (que se triparte nas modalidades O, P, V, obrigatório, permitido e proibido) é constitutivo da estrutura formal, é o operador específico que conduz à proposição deôntica. Faltando, desfaz-se a estrutura, como se desfaz aquela outra estrutura se suprimirmos o conectivo apofântico *é*."[26]

> "É suficiente entrar um pouco mais além do formal que está na *prótase* – membro sintático da proposição jurídica – para despontarem valores metalógicos: os atos de valoração que selecionam objetos e propriedades-de-objetos do mundo, convertendo o meramente factual em fato juridicamente relevante, trazendo esse substrato para o universo-do-direito. Ainda encontraríamos valores metalógicos no interior na proposição prescritiva, na *apódose*, o outro membro sintático da proposição jurídica. O modal deôntico, que formalmente é indiferente a valores extralógicos, é forma aberta para se encher da concreção que as 'relações da vida' (E. Betti, *Teoria Del negocio jurídico*, p. 3-4) ofertam em sua incomparável riqueza."[27]

> "Dizendo-o em termos de semiótica, a diferença entre enunciados prescritivos e enunciados descritivos reside nos functores constituintes de normas (sintaxe), presente a estrutura formal da proposição prescritiva, na relação com o objeto (semântica) e no uso ou fim a atingir entre os utentes (pragmática) da linguagem."[28]

Na Ciência do Direito os aspectos sintáticos abrangem, por exemplo, a premissa da homogeneidade lógica da estrutura das normas jurídicas[29], as relações entre as normas primárias

---

26. VILANOVA, Lourival. *As estruturas lógicas e o sistema do direito positivo.* São Paulo, Max Limonad, 1977, p. 72.

27. VILANOVA, Lourival. *Escritos Jurídicos e Filosóficos,* São Paulo, Axis Mundi/IBET, 2003, volume 2, p. 43.

28. VILANOVA, Lourival. *Escritos Jurídicos e Filosóficos,* São Paulo, Axis Mundi/IBET, 2003, volume 2, p. 32.

29. Cuja expressão simbólica seria D[f → (S' R S")]. CARVALHO. Paulo de Barros. *Direito Tributário: Fundamentos Jurídicos da Incidência.* São Paulo, Saraiva, 3ª edição, 2004, p. 9 e 20.

e secundárias, as relações de coordenação e subordinação entre as normas, o problema do fundamento de validade conforme concebido por Kelsen, o procedimento de imunização condicional[30] e os procedimentos adequados de produção normativa. Todos os exemplos têm em comum o aspecto formal.

Do ponto de vista sintático, a validade das normas do direito é considerada pelo positivismo como o correto encadeamento entre normas de diferentes graus hierárquicos. A questão da validade das normas implica a investigação das relações hierárquicas entre normas superiores e inferiores. Mesmo nos casos em que uma norma superior não determine o conteúdo de uma norma inferior, o que é denominado por Kelsen de perspectiva dinâmica da ordem jurídica, as relações apresentam o seu caráter hierárquico. A questão das fontes do direito e da produção de normas jurídicas em um dado ordenamento apresenta, portanto, um expressivo valor sintático.

Tradicionalmente, a doutrina jurídica entende a validade como uma relação de supra-infra ordenação, na medida em que o direito regula a sua própria ordenação, e as normas determinam como deve ocorrer a criação de outras normas, muitas vezes limitando ou indicando o seu conteúdo.[31]

---

30. FERRAZ JUNIOR. Tercio Sampaio. *Teoria da norma jurídica, cit.*, p. 105 e ss. Não se pretende aqui negar a natureza pragmática do processo de imunização. Ao situarmos a imunização na dimensão sintática estamos considerando a linguagem do direito positivo em sua dimensão essencial de linguagem prescritiva, e, portanto, atentando para a sua dimensão pragmática. Mas, uma vez que a função prescritiva, operativa e técnica da linguagem das normas é de sua essência mesma, estamos observando que a imunização tem como função dominante a dimensão sintática como critério de aferição. No processo de imunização condicional o controle da validade, que é o efeito pragmático pretendido, se dá mediante a aferição de relações sintáticas entre as normas. A própria linguística, como ciência que sistematiza o estudo das línguas naturais, não nega a sua dimensão pragmática ao focalizar seu objeto sob o prisma da gramática ou da semântica.

31. KELSEN, Hans. *Teoria Geral do Direito e do Estado*. Tradução Luís Carlos Borges, 2ª edição, São Paulo, Martins Fontes, 1992, p. 129.

A validade das normas nos discursos jurídicos é uma relação de natureza predominantemente sintática, que se constrói mediante um processo de *imunização contra* reações de desconfirmação da autoridade do editor normativo pelos endereçados. A *imunização* ocorre na medida em que o relato de uma norma (chamada imunizante) autoriza o cometimento de uma outra (imunizada), que lhe é derivada, por subordinação, num *status* hierárquico imediatamente inferior. Deste modo podemos entender que a validade se apresenta como um conceito relacional, pois uma norma vale sempre em relação a uma ordem jurídica e a outra norma, que consubstancie o seu fundamento de validade.

A Pragmática Jurídica vê a validade como uma relação de competências decisórias e não uma relação dedutiva de conteúdos gerais, para conteúdos individualizados.

Deste modo, a validade é um conceito relacional e retrospectivo, uma vez que depende de uma norma anterior, que tenha previsto o desdobramento de regulação que ocasiona a norma inferior, até as normas concretas consubstanciadas por sentenças judiciais exaradas, atos administrativos, contratos. Este processo de desdobramento dos ordenamentos jurídicos é concebido segundo um *procedimento de imunização* das normas que impede o questionamento da relação de autoridade entre emissor e receptor normativos. Para a pragmática, a validade das normas é uma qualidade que assegura as expectativas entre o emissor e o receptor das normas, mesmo contra a fatualidade da desilusão de expectativas, neutralizando os comportamentos desiludidores.[32]

Na relação de imunização, que determina o padrão da validade sintática das normas jurídicas, o cometimento da

32. FERRAZ JR., Tercio Sampaio. (Maria Helena Diniz, Ritinha Alzira Stevenson Geogakilas), *Constituição de 1988: legitimidade, vigência e eficácia, supremacia.* São Paulo, Atlas, 1989, p. 22. No mesmo sentido: *Introdução ao Estudo do Direito. Técnica. Decisão. Dominação.* São Paulo, Atlas, 1988, p. 171.

norma inferior é determinado pelo relato da norma hierarquicamente superior (imunizante) como válido, sucessivamente, numa prospecção que vai até uma norma que seja inaugural desta cadeia, denominada *norma origem*. A norma superior pode determinar a relação de imunização de modo *condicional* ou *finalista*. A *imunização condicional* limita a formulação da norma inferior mediante um determinado procedimento.[33] É o caso das normas constitucionais de eficácia contida que demandam a edição de lei complementar. A norma constitucional pode também limitar a determinação do relato, erigindo um objetivo que deve ser atendido pela norma inferior, como no caso da regulamentação do direito de greve. Esta modalidade de relação chama-se *imunização finalista*.

As normas origem não são válidas segundo este padrão relacional retrospectivo porque são apenas normas *imunizantes*, não tendo sido *imunizadas* pelo relato de outras normas hierarquicamente superiores. Neste caso, o seu padrão de validade será a *efetividade*, conforme a seguir descrita. O clássico exemplo de uma norma origem é a Constituição de uma determinada ordem jurídica vigente, que não possui nenhuma outra norma de mais alta hierarquia que seria a norma imunizante para o seu cometimento. Mas assumindo que o sistema tem um padrão circular e não linear, temos que as normas formalmente inválidas – com relação à autoridade que as instituiu e aos procedimentos previstos para sua edição – serão também normas origem de outras cadeias normativas, nas quais elas funcionarão como normas *imunizantes*.

Se a decisão monocrática afirma a existência de relação jurídica, assevera também que houve o fato jurídico seu pressuposto. Quando decisão recursal infirma a sentença, inverte-se a valência e a relação até então existente deixa de exis-

---

33. Estas normas também são conhecidas pela Dogmática como *"normas de estrutura"* – conforme preceitua Norberto Bobbio. *In Teoria do Ordenamento Jurídico*, Brasília, Ed. UNB, 8ª edição, 1996, p. 33.

tir bem como a ocorrência do fato. A própria possibilidade de inversão do teor das decisões judiciais na condição de metalinguagem, interpretantes que são de outros signos jurídicos, assegura a independência da valência jurídica em relação à correspondência com o contexto. O que não significa dizer que a realidade jurídica é independente da realidade, mas sim que a correspondência entre a realidade jurídica e a social é contingencial, mas não necessária para a validade das normas jurídicas. A valência validade/invalidade das normas jurídicas não necessariamente corresponde à valência de verdade/falsidade que relaciona o teor das normas com a sua verdade de fato.

Conforme salientara Lourival Vilanova, "a validade independe da correção gramatical e da verdade empírica: há algo próprio na forma lógica".[34]

Se considerarmos a validade das normas jurídicas como uma das propriedades que se encontram entre os efeitos pretendidos (*meaning*) pelos signos normativos em sua função prescritiva de condutas, poderemos compreender Bakhtin, quando o linguista russo explica:

> Não se deve esquecer que a coisa e a pessoa são apenas *extremos*, e não substâncias absolutas. O sentido não pode (nem quer) modificar os fenômenos físicos, materiais; o sentido não pode operar como força material. E, aliás, nem precisa: ele é mais forte do que qualquer força, modifica o sentido global do acontecimento e da realidade, sem modificar o mais ínfimo de seus componentes reais (existenciais). Tudo continua a ser como era, adquirindo um sentido absolutamente diferente (transfiguração do sentido na existência). A palavra de um texto se transfigura num contexto novo.[35]

34. VILANOVA, Lourival. *As estruturas lógicas e o sistema de direito positivo.* São Paulo, Max Limonad, 1997, p. 45.

35. BAKHTIN, Mikhail. *Estética da criação verbal,* 3ª edição. São Paulo, Martins Fontes, 2000, p. 408.

2. A Semântica

O termo "semântica" foi originalmente utilizado por Morris em referência à relação verificada entre os signos e seus *designatum*[36], ou os objetos os quais o signo *designe* ou *denote*.

Entretanto, no domínio coberto pelo termo "semântica" registram-se divergências entre a concepção dos linguistas e a dos lógicos.

Haroldo de Campos definiu a Semântica Geral como "uma tentativa de anatomia dos velhos e dos novos 'modos de pensar', oferecendo métodos por meio dos quais se possa fazer a transição".[37] Em geral, segundo os linguistas, a "semântica" recobre o domínio da língua e o seu emprego; o que a lógica atribuiria à "pragmática". A este respeito houve um ilustrativo debate entre Chaim Perelman e Émile Benveniste que vale a pena conhecer.[38]

---

36. Morris trabalhou com uma distinção entre *designatum e denotatum*. O termo *designatum* refere-se aos objetos aos quais o signo se refere, sejam eles reais ou não. Para a alusão do signo a um objeto real é que Morris atribuiu o termo *denotatum*. Assim, todo signo alude a um *designatum*, mas nem sempre a um *denotatum*. Seria uma diferença semelhante àquela estabelecida entre "coisa" e "objeto", na medida em que os objetos podem ser reais, como as coisas, mas podem ser também ideais ou culturais. Portanto, o *designatum* possui um campo semântico necessariamente maior que o do *denotatum*.

37. CAMPOS, Haroldo de. *Ideograma, lógica, poesia, linguagem*. São Paulo, EDUSP, 2000, p. 232.

38. "A contribuição dos linguistas à teoria geral do conhecimento é precisamente na independência de sua abordagem, e deste modo, por sua própria conta, eles tentam elaborar este conjunto que representa a língua com sua complicação sempre crescente, a variedade de seus níveis, etc. Trata-se então de saber se a dicotomia que eu apresento é ou não conciliável (e se ela não o é, por que?) com a tripartição que os lógicos instituíram. Se não estou enganado, a noção de sintaxe, a noção de semântica e a noção de pragmática são três ordens de noções a que os lógicos geralmente aderem. Estas três noções constituem um conjunto que é articulado de modo totalmente outro que aquele que a língua em si mesma permite conceber. Em conjunto ou separadamente, elas pertencem exclusivamente ao domínio que é, na minha terminologia, aquele do semântico. (...) O linguista, eu creio, não vê necessidade para a distinção admitida em lógica entre a pragmática e a semântica. É importante

Segundo Peirce, a relação dos signos com os objetos é o domínio da lógica (MS 793).[39] A situação de um lógico frente ao problema da formalização de uma língua natural foi assim descrita por ele:

> Se um lógico tivesse que elaborar uma língua de novo – o que, na verdade, ele quase tem que fazer – naturalmente iria dizer: Necessitarei de preposições para expressar as relações temporais de *antes, depois* e *ao mesmo tempo que,* necessitarei de preposições para expressar as relações espaciais de *adjacência, inclusão, justaposição, ao alcance de, próximo de, distante de, acima de, abaixo de, antes de, atrás de,* e necessitarei de preposições para expressar movimentos na direção de ou a partir destas situações. Quanto ao resto, metáforas são suficientes. (...) Mas quando examinamos línguas reais é como se elas tivessem preenchido com gestos o lugar de muitas destas distinções (CP 2.290).[40]

A questão enfrentada pelos linguistas da mutação dos significados das palavras no uso corrente da língua é análoga

---

para o lógico distinguir de um lado a relação entre a língua e as coisas, que é da ordem do semântico; e de outro lado a relação entre a língua e aqueles que a língua implica em seu jogo, aqueles que se servem da língua, que é da ordem do pragmático. Mas para um linguista, se lhe pode ser útil recorrer a esta sub-divisão em um momento de seu estudo, em princípio uma distinção semelhante não é de imediato necessária. A partir do momento em que a língua é considerada como ação, como realização, ela supõe necessariamente um locutor e ela supõe a situação deste locutor no mundo. Estas relações são dadas em conjunto no que eu defino como semântica". In BENVENISTE, Émile. *Problemas de linguística geral, volumes I e II.* Tradução de Maria da Glória Novak e Maria Luisa Néri. 4ª edição, Campinas, Pontes. Editora da Universidade Estadual de Campinas, 1995. *Volume II,* p. 239.

39. "Anteriormente, definia a lógica como o estudo das condições gerais da referência dos Símbolos aos seus Objetos (isto é, seus Objetos Reais) (MS793). Tradução colhida em SANTAELLA, Lucia. *O método anticartesiano de C. S. Peirce.* São Paulo, Editora UNESP, 2004, p. 186.

40. PEIRCE, Charles Sanders. *Semiótica.* São Paulo, Perspectiva, 1977, p. 70 (nota 2).

àquela que se verifica no campo das linguagens técnicas que dela retiram o seu substrato. No Direito, o fenômeno ocorre de maneira muito semelhante. O clássico tema de interpretação das normas, segundo a intenção do legislador ou da norma em si mesma, é uma questão à qual os doutrinadores jurídicos atribuem um caráter eminentemente semântico.[41] Também é desta natureza a premissa da heterogeneidade dos conteúdos de significação das unidades normativas.[42]

O aspecto semântico dos signos diz respeito a suas relações com os objetos que denotam. O caráter semântico das normas jurídicas diz respeito às relações entre as normas (signos) e as condutas intersubjetivas ou relações (objetos). A linguagem prescritiva, portanto, é semanticamente aberta, cognoscente, uma vez que o significado dos signos é dialógico. Vejamos alguns princípios que o comprovam, no âmbito do direito positivo. Recorramos ao artigo 5º da Constituição Federal, que assegura os direitos e garantias individuais. Os incisos LIV e inciso LV da Constituição Federal, que correspondem ao princípio da ampla defesa e do devido processo legal asseguram tal dialogia, ao estabelecer que ninguém será

41. Leia-se a respeito as observações de Miguel Reale, ao referir-se à Semântica Jurídica: "(...) a norma jurídica pode sofrer profundas alterações semânticas, não obstante a inalterabilidade formal de seu enunciado, ou a permanência intocável de sua roupagem verbal: a Semântica Jurídica, ou seja, o estudo das mutações de sentido temporal das regras de direito, é a demonstração cabal de sua natureza integrante e dialética, constituindo uma pesquisa do mais alto alcance". *In O direito como experiência.* 2ª edição. São Paulo, Saraiva, 1992, p. 210. Ou ainda: "A *semântica jurídica*, em suma como teoria das mudanças dos conteúdos significativos das normas de direito, independentemente da inalterabilidade de seu enunciado formal, não se explica apenas em função do caráter expansivo ou elástico próprio dos modelos jurídicos, mas sobretudo em virtude das variações operadas ao nível da *Lebenswelt*, no qual o direito afunda suas raízes. *In Verdade e conjectura.* Lisboa, Fundação Lusíada, 1996, p.101. No mesmo sentido, Vieheg, Theodor. *Tópica y filosofia del derecho.* Traducción Jorge M. Seña. 2ª edición. Barcelona, Editorial Gedisa, S. A., 1997, p. 58.

42. CARVALHO. Paulo de Barros. *Direito Tributário: Fundamentos Jurídicos da Incidência.* São Paulo, Saraiva, 3ª edição, 2004, p. 9.

privado da liberdade ou de seus bens sem o devido processo legal, sendo assegurado aos litigantes, seja em processo administrativo ou judicial, o contraditório e a ampla defesa, com os recursos a ela inerentes. Há ainda o inciso XXXV que assegura a vedação ao *non liquet*.

Até mesmo a representação dos fatos jurídicos deve ser válida. É o que prescreve o inciso LVI, ao vedar a utilização, em processo, de provas ilícitas. Ou seja, ainda que uma prova contundente evidencie a ocorrência de um determinado evento, se foi ilicitamente obtida, não estará apta a garantir a aplicação da respectiva sanção. Sem a condição de validade das provas, as representações jurídicas refletiriam uma linguagem correspondente à realidade, ou uma linguagem verdadeira, na concepção da verdade por correspondência, corolário do princípio de identidade, essencial na lógica ocidental.

Em obra antológica sobre a escrita ideogramática chinesa, Haroldo de Campos[43] nos informa sobre a relatividade do conhecimento submetido aos padrões da lógica ocidental, tida por universal. O poeta questiona esta validade, apresentando aos leitores uma lógica oriental alternativa, essencialmente dialógica, na medida em que se apresenta como uma "lógica de correlação" ou de "dualidade correlativa", em que a relação entre os termos opostos não é excludente, mas os integra em uma inter-relação dinâmica, mutuamente complementar. Ora, esta é essencialmente a lógica do discurso normativo, a lógica que atende ao devido processo legal e à ampla defesa dos comunicadores. Esta é a lógica adequada às discussões em que se pretenda determinar a validade de um enunciado; é a lógica processual, procedimental, a lógica que perpassa todo o direito a partir da Idade Moderna, a que decorre dos princípios democrático e republicano, bem como dos direitos e garantias

43. CAMPOS, Haroldo de. *Ideograma, lógica, poesia, linguagem*. São Paulo, Editora da Universidade de São Paulo, 2000, p. 84.

individuais. Esta é a essencial diferença entre a lógica clássica e a lógica deôntica.

No âmbito semântico, por sua vez, teríamos os aspectos ligados à vigência das normas no tempo e no espaço. A semântica trata da relação dos signos com os objetos que representam. Quando o direito se propõe a regular as condutas, é evidente que pretende apanhar as ações humanas e as relações intersubjetivas concretas, localizadas historicamente. A confirmação desta dimensão semântica de uma ordem jurídica positiva está refletida nos princípios gerais de direito, notadamente os princípios da irretroatividade das leis, do respeito ao ato jurídico perfeito, ao direito adquirido e à coisa julgada.

Para esta análise, estamos adotando as premissas propostas por Paulo de Barros Carvalho, ao ressaltar a homogeneidade sintática e a heterogeneidade semântica das regras jurídicas.[44]

Segundo o primado da homogeneidade sintática, todas as regras jurídicas apresentam uma estrutura biproposicional que observa a forma dos juízos hipotéticos. As regras jurídicas possuem dois termos: a proposição hipótese e a proposição consequência. Ambas estão ligadas pelo conectivo deôntico do dever-ser. Os princípios jurídicos nem sempre apresentarão esta forma biproposicional hipotética. Eles podem aparecer como meros enunciados prescritivos, dotados de intensa carga valorativa.

A questão da heterogeneidade semântica das normas jurídicas se refere ao fato de que as regras possuem os mais variados conteúdos materiais, o que possibilita, por exemplo, a sua classificação em diversos ramos didaticamente autônomos do Direito

44. Vide CARVALHO. Paulo de Barros. *Direito Tributário: fundamentos jurídicos da incidência*. 3ª edição. São Paulo, Saraiva, 2004, p. 9.

Uma primeira diferença semântica entre as normas já se reflete da classificação das regras em primárias e secundárias. As regras primárias apresentam um fato lícito em suas proposições antecedentes e prescrevem as relações jurídicas que sintetizam os deveres e direitos subjetivos dos sujeitos envolvidos. As normas secundárias apresentam como hipóteses a ocorrência de atos ilícitos e prescrevem como consequências as sanções jurídicas. Esta diferençada semântica foi notada por Paulo de Barros Carvalho, que assim a descreveu:

> Na sua completude, as regras do direito têm feição dúplice: norma primária (ou endonorma, na terminologia de Cossio), a que prescreve um dever, se e quando acontecer o fato previsto no suposto; norma secundária (ou perinorma, segundo Cossio), a que prescreve uma providência sancionatória, aplicada pelo Estado-juiz, no caso de descumprimento da conduta estatuída na norma primária. (...) A organização interna de cada qual, porém, será sempre a mesma, o que permite produzir-se um único estudo lógico para a análise de ambas. Tanto na primária como na secundária a estrutura formal é uma só [D(p→q)]. Varia tão somente o lado semântico porque na norma secundária o antecedente aponta, necessariamente, para um comportamento violador de dever previsto na tese da norma primária, ao passo que o consequente prescreve relação jurídica em que o sujeito ativo é o mesmo, mas agora o Estado, exercitando sua função jurisdicional, passa a ocupar a posição de sujeito passivo. [45]

Com efeito, ainda que varie a eleição da norma primária e da secundária, qualquer critério de classificação adotado pela doutrina reflete a aceitação desta divisão binária entre normas primárias e secundárias, confirmando esta inaugural diversidade semântica.

---

45. CARVALHO. Paulo de Barros. *Direito Tributário: fundamentos jurídicos da incidência*, 3ª edição. São Paulo, Saraiva, 2004, p. 34.

Lourival Vilanova qualifica a incidência como uma relação semântica de referência, a qual é uma propriedade da hipótese fáctica.[46]

3. A Pragmática

Na terminologia adotada por Morris a pragmática seria o aspecto semiótico em que são considerados a origem, o uso e os efeitos dos signos; dimensão em que se verifica a relação dos signos com seus intérpretes[47] ou aquilo que os signos *expressam*.

O ambiente em que ocorre a comunicação também se revela fator importante para a definição dos sistemas interativos. Neste sentido, o contexto constitui "o conjunto de todos os objetos em cujos atributos uma mudança afeta o sistema e também daqueles objetos cujos atributos são mudados pelo comportamento do sistema".[48]

Segundo Peirce, o significado de um signo não é fechado, pronto e acabado. Em verdade, a concepção semântica de um signo, separada de seu contexto de ação, nunca foi proposta por Peirce, que notadamente associava o significado à intencionalidade, e, portanto, à dimensão pragmática. Vejamos.

> Um símbolo, uma vez existindo, espalha-se entre as pessoas. No uso e na prática, seu significado cresce. Palavras como

---

46. VILANOVA, Lourival. *Escritos Jurídicos e Filosóficos*. São Paulo, Axis Mundi/IBET, 2003, volume 2, p. 70.

47. MORRIS, Charles. *Fundamentos de da teoria de los signos*. Traducción de Rafael Grasa; 2ª edición em Espana. Ediciones Paidós Ibérica, S. A. Barcelona, 1994, p. 31; *Signification and Significance. A study of the relations of signs and values*. The M.I.T. Press. Masachusetts Institute of Technology; Cambridge, Masachusetts, 1964, p. 44.

48. WATZLAWICK, Paul. BEAVIN, Janet Helmick. JACKSON, Don D. *Pragmática da comunicação humana: um estudo dos padrões*, patologias e paradoxos da interação. São Paulo, Cultrix, 1999, p. 110.

> *força, lei, casamento,* veiculam-nos significados bem distintos dos veiculados para nossos antepassados bárbaros. O símbolo pode, como a esfinge de Emerson, dizer ao homem: De teu olho sou o olhar (CP 2.302).[49]

Sobre a relação entre o significado e o pragmatismo, vale uma importante leitura das palavras de Ivo Assad Ibri:

> Esclarecer o sentido dos termos, em especial, e dos conceitos, em geral, tem sido entendido como a função primordial do Pragmatismo clássico, a saber, aquele que tem raízes em seu fundador, Charles S. Peirce, e seus contemporâneos, notadamente William James e John Dewey, a despeito das diferenças de fundamento entre Peirce e esses dois autores.
>
> Todavia, pode-se entender o alcance da doutrina do Pragmatismo como algo que ultrapassa essa tarefa, na sua aparência meramente semântica, podendo suscitar, a uma primeira vista, que ela seja um simples operar sobre a linguagem filosófica.
>
> Não obstante aquela aparente e exclusiva função de análise semântica, operada sobre a linguagem, seja já em si mesma complexa e certamente nobre objeto da filosofia, o Pragmatismo impõe-se um exame dos fenômenos como o

49. PEIRCE, Charles Sanders. *Semiótica.* São Paulo, Perspectiva, 1977, p. 74. No mesmo sentido: CASSIRER, Ernst. *The logic of the cultural sciences.* Translated and with an introduction by S. G. Lofts. Foreword by Donald Philip Verene. Yale University Press, New Haven and London, 2000, p. 75: "A verdadeira síntese ocorre somente na troca ativa que vemos à nossa frente na forma típica de toda 'comunicação' linguística. A constância que requeremos para isto não é a das propriedades ou leis e sim das significações. Quanto mais a cultura se desenvolve, e mais se diferencia em áreas particulares, mais ricamente e variadamente este mundo de significações forma a si mesmo". Tradução realizada por Maristela Sanches Bizarro (Programa de Estudos Pós-Graduados em Filosofia – PUC/SP). No original: "The true 'synthesis' comes about only in that active exchange that we see before us in typical form in every linguistic 'communication'. The constancy that we require for this is not that of properties or laws but rather that of significations. The more culture develops, and the more it differentiates itself into particular areas, the more richly and more multifariously this world of significations forms itself."

> lado *externo* da *interioridade* dos conceitos, com o pressuposto que *significado*, em seu estrito senso, ultrapassa de longe qualquer operação de sinonímia, vinculando-o à sua expressão e influência na conduta racional.[50]

Chegando ao exame da dimensão pragmática da ordem jurídica, estamos nos dirigindo ao seu aspecto mais positivo, concreto. O estudo da incidência não deixa de possuir uma dimensão pragmática, a qual será tanto maior quanto maior for o grau de concretude das normas examinadas. A dimensão pragmática de uma ordem jurídica cresce em razão direta à sua positivação.

Nesta perspectiva, as classificações genéricas, formais, típicas das definições, apresentam-se singularizadas na prática efetiva da linguagem, isto é, a produção de um significado (*meaning*) exige a vivência de uma relação entre os interpretantes do emissor e do receptor, apoiados em seus respectivos repertórios. Segundo Peirce:

> (...) um símbolo, em si mesmo, é um mero sonho; ele não indica sobre o que fala. Precisa estar conectado ao seu objeto, e, para este propósito, um índice é indispensável. Nenhum outro tipo de signo pode atender a este propósito (CP 4.56).[51]

A concepção peirceana de comunicação envolve a presença de um emissor e um receptor. É suficiente que a existência do receptor seja meramente possível e não concreta no ato

50. IBRI, Ivo Assad. *Pragmatismo e a possibilidade da metafísica. In* COGNITIO. Revista de Filosofia / Centro de Estudos do Pragmatismo, Programa de Estudos Pós-Graduados em Filosofia da Pontifícia Universidade Católica de São Paulo – PUC/SP – volume 4 – número 1(2003) – São Paulo, Angra/ EDUC, 2003, p. 9 e 10.

51. *Apud* QUEIROZ, João. *Semiose segundo C. S. Peirce.* São Paulo, EDUC; FAPESP, p. 167.

da comunicação (CP 2.334).[52] Outrossim, a comunicação é concebida como o efeito (interpretante) que um signo provoca na quase mente (*quasi-mind*) do intérprete (CP 4.536).

O Direito trabalha com as concepções pragmáticas da verdade, na medida em que a linguagem jurídica deve revelar-se útil e eficaz para a solução dos conflitos intersubjetivos. O que a torna semanticamente aberta, dialógica, portanto. O próprio conceito de dialogia, desenvolvido por Mikhail Bakhtin, ressalta a dificuldade dos sistemas inspirados em modelos lógicos para abarcar a variedade e a historicidade dos significados.

Para os juristas, a pragmática compreende a utilização, pelos sujeitos, da linguagem do direito na motivação da conduta para a realização de certos valores prestigiados pela ordem vigente[53], ou funciona como um "modelo operacional" decorrente de um "princípio da interação" que relaciona emissor e receptor dos signos linguísticos.[54]

Os sistemas normativos encarados como discursos ou fatos linguísticos possibilitam um resgate produtivo das noções de *competência e desempenho* utilizados por Chomsky [55] para os níveis organizacionais do próprio direito. O nível de competência

---

52. "Em toda asserção podemos distinguir um elocutor e um ouvinte. Este último, é verdade, necessita ter apenas uma existência problemática, (...).PEIRCE, Charles Sanders. *Semiótica*. São Paulo, Perspectiva, 1977, p. 90.

53. CARVALHO, Paulo de Barros. *Curso de Direito Tributário*. 15ª edição. São Paulo, Saraiva, p. 99.

54. FERRAZ JR., Tercio Sampaio. *Teoria da norma jurídica: ensaio de pragmática da comunicação normativa, cit.*, p. 4.

55. *Aspects de la théorie syntaxique*. Traduit de l'anglais par Jean-Claude Milner. Editions du Seuil, Paris, 1971, p. 13. "No contexto da linguística, competência é um conceito introduzido por N. Chomsky para dar conta de faculdades capazes de atualizar potencialidades prévias. Competência seria, assim, a faculdade para produzir e compreender enunciados". MACHADO, Irene. *Escola de semiótica. A experiência de Tartu-Moscou para o estudo da cultura*. São Paulo, Fapesp/Ateliê Editorial, 2003, p. 143.

refere-se ao domínio técnico de suas estruturas. O nível de *desempenho* é aquele em que o usuário *cria* apoiado no nível de competência dos sistemas normativos.

Arruda Alvim, discorrendo sobre a teoria da ação, os conflitos de interesses e as suas respectivas soluções, trabalha com conceitos altamente elucidativos para explicar a noção pragmática de *competência* e *desempenho* de um sistema normativo. Confira-se:

> Na vida social são infinitamente mais comuns as hipóteses de respeito aos direitos (= interesses) alheios do que de violação dos mesmos. Assim, o direito civil diz que A é proprietário de um bem; ou que A tem um crédito para contra B; ainda, que A, casado com C, diante de um comportamento desta, tem direito de exigir a guarda dos filhos, em caso de separação. Ora, via de regra, a propriedade de A é respeitada; normalmente, o seu crédito será satisfeito, como ainda, o cônjuge sem razão, mais comumente, aquiesce numa separação consensual do que se aventura a uma separação litigiosa. Aqui, pode-se dizer que o direito se encontra num *estado fisiológico*. Já, porém, quando isto não ocorre, passaremos a um *estado patológico*. Se é violado o direito de propriedade de alguém; ou quando o devedor não paga, quer o proprietário quer o credor – que não podem agir *manu militari*, mesmo na defesa dos seus direitos, pois isto é crime (art. 345 do CP) – necessitam da intervenção do poder público (atualmente Poder Judiciário), para restaurar-lhe a lesão sofrida, ou para aplicar a norma que já incidiu.[56]

O que o eminente processualista chama de *estado fisiológico* do direito corresponderia à *competência de* um sistema. Refere-se ao seu estado inicial, potencial, matricial. A instância de seu *desempenho* corresponde ao que Arruda Alvim caracterizou de *estado patológico* do direito, pois diz respeito

56. ARRUDA ALVIM, *Manual de Direito Processual Civil*. 2ª edição refundida. Volume I – Parte Geral. São Paulo, Revista dos Tribunais, 1985-1986, p. 219.

à apropriação do sistema por seus usuários – no caso de um sistema normativo, pelos jurisdicionados.

A Pragmática privilegia a observação sobre o *desempenho* do sistema normativo. Claro está que o estudo do aspecto pragmático do direito vigente considera seus aspectos sintáticos e semânticos. Ocorre que tais aspectos são usualmente mais explorados no momento de elaboração das normas, quando se trata de relacionar a norma criada com a que lhe confere seu fundamento de validade, ou quando se considera quais são os significados ou as acepções previamente convencionadas – pelos legisladores[57] e também pela doutrina. Lembre-se que as acepções estabelecidas pela doutrina já caracterizam uma interpretação consagrada, tradutora de níveis de *uso* do próprio sistema.

Lourival Vilanova, ao caracterizar a natureza pragmática do direito, adotou a seguinte perspectiva:

> É certo o que observa Roscoe Pound (*Las grandes tendências del pensamiento jurídico*, p. 206): todos os ramos do governo (*Branches or departments of government*) atuam na sociedade em geral como um mecanismo de controle das forças sociais, como *social engineering*. Esta é, de resto, função pragmática ou instrumental do direito.[58]

A pragmática jurídica compreende o direito como um sistema interacional, encarando-o como um discurso em elaboração, em continuidade. Os objetos dos sistemas interacionais

---

57. Estamos utilizando o vocábulo 'legislador' na ampla acepção proposta por Paulo de Barros Carvalho, quando também considera normas jurídicas as manifestações singulares e plurais emanadas do Poder Judiciário, ao exarar suas sentenças – normas individuais e concretas, bem como aos atos administrativos expedidos pelo Poder Executivo no desempenho da Função Administrativa (CARVALHO, Paulo de Barros. *Curso de Direito Tributário.* 15ª edição. São Paulo, Saraiva, p. 4).

58. VILANOVA, Lourival. *Escritos Jurídicos e Filosóficos,* São Paulo, Axis Mundi/IBET, 2003, volume 2, p. 481.

são o funcionamento da própria comunicação, e não os agentes que venham a interagir ou o conteúdo das mensagens, pois estes dois últimos aspectos são mutáveis, e não servem a uma definição. O que ressalta como característica dos sistemas interacionais é a presença dos comunicadores e o processo da comunicação, que irá definir as relações entre eles.

O enfoque pragmático proporciona uma investigação que considera um aspecto fundamental das relações humanas, pois quando o direito passa a juridicizar certos fenômenos comunicacionais – ressaltando-se que não há relação sem comunicação – a troca de mensagens passa a evoluir de tal modo que, em uma análise prospectiva, verificaremos que a evolução das relações assim constituídas restringe paulatinamente as possibilidades de reação dos comunicadores envolvidos, em suas ações sucessivas. O fato explica-se devido ao padrão imperativo que rege os sistemas normativos, e que definirá sempre as relações jurídicas, nas quais as posições de autoridade e subordinado são relativas, complementares e mutuamente dependentes, pois não há autoridade sem obediência. Ou seja, as reações dos comunicadores devem ocorrer dentro de um limite que garanta uma configuração redundante do sistema.

A imperatividade do sistema faz com que o signo se relacione com o objeto na categoria de índice para os jurisdicionados e na categoria de símbolo para o editor normativo. O jurisdicionado estabelece entre signo e objeto uma relação existencial, correspondência de fato. Ao passo que o editor normativo fundamenta a relação signo objeto em seu caráter de imputação, convencional ou de lei.

Considerar o direito em sua dimensão de linguagem implica considerar o caráter significante perfeito do signo que é de gerar um interpretante que gerará outro, e assim prospectivamente.

O direito positivo, vertido em linguagem prescritiva e voltado para a regulamentação coercitiva das relações sociais, é uma linguagem de natureza técnica. A essência da técnica é conhecimento e procedimento para mudar a realidade, está associada a um desejo de dominação que está presente no Direito.[59] As normas jurídicas pretendem alterar a realidade, prescrevem a conduta, constituem motivação para a ação humana no contexto social. Os rompimentos dos limites globais dos ordenamentos jurídicos em sua dimensão sistemática são esporádicos. Em geral, os sistemas interativos conseguem manter seus limites durante longos períodos, o que explica a ultraestabilidade como sua característica essencial.

Ou seja, a linguagem do direito positivo não é neutra, não é desinteressada, mesmo porque não é linguagem descritiva, como a do conhecimento, mas tem um caráter imperativo, contrafático, possui uma natureza intermediária: não possui a plurivocidade e a informalidade que são próprias do vernáculo largamente utilizado nas diversas modalidades de interações sociais; mas também não possui a univocidade construída para e elaboração de um discurso científico. Esta univocidade é pretendida pela dogmática, pela Ciência do Direito, mas não é qualidade do direito positivo, objeto daquela ciência.

59. "La técnica no es ni una imagen ni una visión del mundo: no es una imagen porque no tiene por objeto representar o reproducir a la realidad; no es una visión porque no concibe al mundo como figura sino como algo más o menos maleable para la voluntad humana (...) Así, la técnica no es propiamente un lenguaje, un sistema de significados permanentes fundado en una visión del mundo. Es un repertorio de signos dueños de significados temporales y variables: un vocabulario universal de la actividad, aplicado a la transformación de la realidad y que se organiza de esta o aquella manera ante esta o aquella resistencia". PAZ, Otavio. *El arco y la lira. El poema. La revelación poética. Poesia e história. Lengua y estudios literários.* 3ª edición. México, Fondo de Cultura Econômica, 1973, p. 262/263.

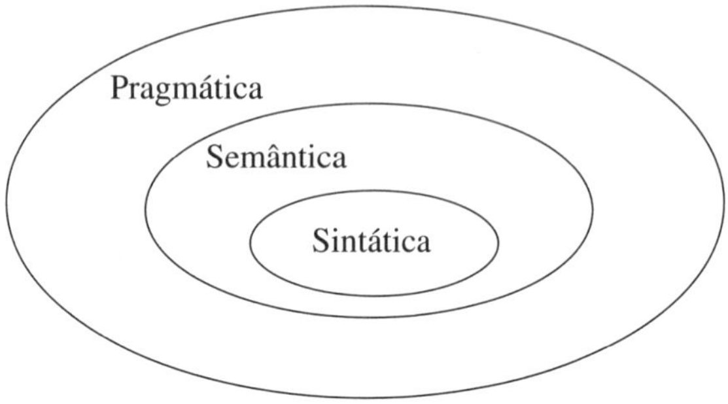

O gráfico acima ilustra os três níveis da Semiótica concebidos como abstrações sucessivas.[60]

Na Ciência do Direito é comum encontrarmos a adoção da divisão operada nos moldes da lógica entre os campos da sintaxe, da semântica e da pragmática das normas jurídicas. É notável, de fato, o efeito produzido pelo Círculo de Viena e o movimento do positivismo lógico sobre as ciências jurídicas, o que torna compreensível a afinidade dos juristas com as concepções semióticas de Charles Morris. O emprego dessa nomenclatura pode também se dever à afinidade epistemológica entre o positivismo filosófico e o jurídico[61], predominante na jurisprudência do último século.

60. Reprodução de Cherry COLIN, *A comunicação humana.* São Paulo, Cultrrix, 1971, p. 339.

61. Vieheg, Theodor. *Tópica y filosofia del derecho.* Traducción Jorge M. Seña. 2ª edición. Barcelona, Editorial Gedisa, S. A., 1997, p. 54.

Capítulo III

SINTAXE, SEMÂNTICA E PRAGMÁTICA DA LINGUAGEM JURÍDICA

A LÓGICA COMO TÉCNICA DE ANÁLISE DO DIREITO

Tárek Moysés Moussallem[1]

1. Níveis e tipos de linguagens

Ressalta na linguagem do direito positivo a função prescritiva ordenadora de condutas humanas. Em sobrenível, está a metalinguagem da Ciência do Direito que opera numa atribuição descritiva. Ou seja, a linguagem do direito positivo está no estrato L_0, ao passo que a linguagem da Ciência do Direito está em outro plano L_1: o da metalinguagem descritiva.

Embora descritiva, a função da linguagem em que está plasmada a Ciência do Direito, não é assim por dizer, uma "descrição ingênua" do direito positivo.

Por ser linguisticamente constituído, o direito positivo é fato cultural cuja forma de apreensão é a compreensão. O jurista *descreve-se por compreensão*. Eleger a árvore como dado para estudo, é, em grande parte, diferente de alçar a

---

1. Mestre e Doutor em Direito Tributário pela PUC-SP. Professor da Universidade Federal do Espírito Santo.

música (ou a obra de arte, literária, escultural, etc.) a objeto de análise.

A metalinguagem da Ciência do Direito (L_1) não tem o condão de alterar a linguagem-objeto do direito positivo (L_0).

Com isso, se mantém intactos os valores atribuídos às normas jurídicas (*rechtsnorm*) e as proposições jurídicas (*rechtszats*). Estas, verdadeiras ou falsas, aquelas válidas ou inválidas.

A linguagem prescritiva é do tipo técnica na qual se mesclam termos e significações oriundos da linguagem ordinária (empregada no dia a dia das pessoas) com outros provindos da linguagem científica (esmerada e com maior grau de precisão em relação aos significados e significações). Esta é própria da Ciência do Direito. Trabalha em outra camada. Outorga sentido ao objeto.

Retenha-se: a linguagem do direito positivo é linguagem-objeto e do tipo técnica, enquanto a linguagem da Ciência do Direito é de segundo grau e da espécie científica.

Diferente das duas acima referidas é a linguagem formalizada da qual exsurge a Lógica. Nela, a proposição como tal se torna fim temático. Abstrai-se o conteúdo referente ao mundo para ficar apenas com variáveis e constantes numa "retroversão do sujeito para as estruturas, nuamente expostas em seu esquematismo formal" como aludiu Lourival Vilanova.[2]

A proposição construída, seja oriunda de um enunciado descritivo seja proveniente de um enunciado prescritivo, sempre será passível de formalização. Isso não faz da Lógica uma simples metalinguagem de terceiro nível em relação à Ciência do Direito ou ao direito positivo. A Lógica, apesar de tomar a

2. *As estruturas lógicas e o sistema do direito positivo*. São Paulo : Max Limonad, 1998, p. 41.

experiência linguística como índice temático, não tem por objeto, em rigor, falar sobre outro corpo linguístico. Pelo contrário, busca expor a estrutura proposicional em que as linguagens de objetos se manifestam.

2. A forma lógica

Na comunidade intersubjetiva do discurso é possível suspender os conteúdos de significações das proposições a determinadas referências no mundo empírico para apreender a forma lógica, a estrutura.

Enunciados sintaticamente bem construídos tais quais, "João é homem", "O oceano é salgado", "O leão é um anfíbio" e "Maria é bonita" possuem a mesma forma lógica aristotélica "S é P". Na estrutura "S é P" atribui-se um predicado qualquer a um sujeito qualquer, onde "S" e "P" são as variáveis e o verbo de ligação "é" funciona como constante, que não se refere a qualquer objeto do mundo.

Sob o prisma semântico, nos quatro enunciados acima expostos, os dois primeiros são de mais fácil constatação sobre suas verdades, o terceiro é falso enquanto o quarto é, de certa maneira, instável quanto à verdade ou falsidade, por conta da forte carga emotiva no que tange ao termo "bonita".

Porém, o que importa em termos lógicos é constatar que os quatro enunciados possuem a mesma estrutura lógica: a de atribuição de um predicado a um sujeito.

Mas a Lógica não se preocupa apenas com a estrutura das proposições isoladamente consideradas. Cuida, também, da relação interproposicional.

O enunciado "O Atlântico é um oceano" cotejado com a oração "O oceano é salgado" leva a construção de algo mais complexo pelo sujeito cognoscente: "Se todo oceano é salgado e o Atlântico é um oceano, então o Atlântico é salgado". Na inter-relação entre as proposições sobressai outra forma lógica: a da implicação, na estrutura "*se..., então...*" (ou em termos puramente formais: $p \rightarrow q$, onde se lê "se p, então q".

Aqui reside outra espécie de verdade, diferente daquela antes considerada de viés semântico. Sobressai a verdade sintático-formal na forma lógica da implicação. Na Lógica, coloca-se à parte a referência-a-objetos para destacar a relação entre as proposições como proposições mesmas.

Por isso é logicamente verdadeira a proposição "Se todo leão é um anfíbio e Simba é um leão, então Simba é um anfíbio". Apesar de estar em contrassentido semântico não é uma proposição sem sentido lógico. É uma frase bem construída.

Abstraindo-se o conteúdo chegamos a fórmula lógica do condicional: se S é um L e L é um A, então S é um A. Em linguagem formalizada: $\{[(p \rightarrow q) . (q \rightarrow r)] \rightarrow (p \rightarrow r)\}$.

Nesse sentido é precisa a lição de Lourival Vilanova: "A validade é propriedade da forma lógica de relacionar, independente do conteúdo gramatical e conceptual das proposições constituintes. A validade independe da *correção gramatical* e da *verdade empírica* há algo próprio da forma lógica."[3]

Enfim, na linguagem lógica sobressai o espectro sintático dos dados linguísticos. A relação signo-signo. Destaca-se o plano estrutural da linguagem. Suspende a análise semântica (signo-significado) e pragmática (signo-usuário) para tomar a proposições (e as relações intra e interproposicionais) retrovertidas sobre si-mesmas.

A utilização das categorias lógicas por parte do jurista é uma das possíveis formas de *approach* da análise do direito positivo (objeto de estudos).

3. *As estruturas lógicas e o sistema do direito positivo*. São Paulo : Max Limonad, 1998, p. 45.

Ela não é melhor ou pior, mais completa ou menos completa, parcial ou total. É apenas um dos métodos de aproximação possível. Por isso mesmo, não confere uma visão integral do fenômeno normativo. Aliás, nenhum conhecimento atinge o objeto em sua integridade. O saber "holístico" ficará sempre no plano dos desejos humanos. *Conhecer é reduzir complexidades do objeto.*

3. O método

De forma simplificada, o conhecimento é a relação entre (i) o *sujeito cognoscente*, (ii) o *objeto de estudos* e (iii) a *proposição* que fala acerca do objeto de acordo com um (iv) *método*.

Nessa linha, um mesmo dado material O pode ser visto de múltiplas perspectivas diferentes a tornar possíveis construções de inúmeros objetos de estudos formais distintos O', O'', O''', $O^{n'}$, de acordo com as mais variadas formas de aproximação a serem empreendidas pelo sujeito.

Isso porque a eleição do objeto formal a ser estudado é ato (linguístico) unilateral do agente conhecedor.

Assim, um prédio (dado material) visto por um engenheiro é um objeto O'; o mesmo edifício posto em consideração por um arquiteto é um objeto O''; analisado por um decorador torna-se um objeto O'''; e investigado por um jurista é um objeto $O^{n'}$. Tantas quantas forem as perspectivas (engenheiro, arquiteto, decorador e jurista), tantos serão os objetos de estudos (O', O'', O''', $O^{n'}$).

A aproximação do cientista em relação ao objeto eleito para estudos se faz por meio do método. Vale dizer que essa aproximação está permeada pela linguagem. É uma *aproximação linguística*.

Método são as regras do jogo científico (linguístico) eleitas arbitrariamente pelo sujeito cognoscente para descrever (e construir) o objeto.

Para cada objeto *O* haverá uma descrição *D* empreendida por meio do método *M*.

Por exemplo, o método galilaico para descrever o universo e colocar o Sol com seu "centro" (heliocentrismo) não é o mesmo que aquele adotado pela Igreja Católica, que ao descrever o mundo colocava a Terra como seu ponto central.

Embora o dado material fosse o mesmo (o Universo), Galileu e a Igreja Católica dissentiam quanto aos objetos formais e aos métodos adotados.

A mesma situação ocorre quando se suspende o direito (dado material) para fins de estudos.

O direito-objeto é susceptível de exploração por diversos ramos científicos autônomos. É passível de análise sociológica, filosófica, econômica, religiosa, mas também, numa visão mais estreita, aquela realizada pela denominada Ciência do Direito em sentido estrito. Os incontáveis pontos de vista do dado material, aliados aos respectivos métodos, levam a numerosas teorias científicas. Nenhuma melhor ou pior que a outra: apenas diferentes.

Some-se ao exposto que, mesmo no interior da ciência-do-direito em sentido estrito a alternância entre os possíveis métodos levam às construções de objetos distintos.

Nessa linha, todos "ismos" indicam métodos legítimos de estudo do direito. Jusnaturalismos, positivismos, realismos, idealismos, fenomenologismos, para ficar só com esses, são formas factíveis de aproximação (e criação) do cientista em relação ao seu objeto de estudos (o direito).

Para cada objeto O haverá uma descrição D empreendida por meio de um método M.

4. A Lógica como método

A Lógica é linguagem formalizada cujo elemento nuclear se traduz na denominada forma lógica, ou seja, estruturas linguísticas dotadas de variáveis (categoremas) e constantes (functores ou sincategoremas).

O formal não reside apenas nessas estruturas estaticamente consideradas, mas *também* na *relação* entre elas. Qualquer dado linguístico pode ser objeto de análise lógica.

Daí decorre precisa a lição de Paulo de Barros Carvalho para quem a Lógica enquanto Ciência tem por objeto de estudos "o pensamento da criatura humana, visto na condição de estrutura, independentemente de suas causas genéticas e das circunstâncias externas que lhe imprimem dinamismo funcional (...). Interessa à Lógica lidar com as entidades formais que organizam a estrutura do pensamento".[4]

No que diz respeito ao direito, a Lógica não está preocupada com conceitos oriundos de suportes físicos tais como "casamento", "tributo", "ação"; "lide", "trabalhador". Isso cabe a cada ramo didático e dogmaticamente autônomo como Direito Civil, Direito Tributário, Direito Processual e Direito do Trabalho. Cabe à Lógica a averiguação formal das estruturas (linguísticas) da Ciência do Direito e do direito positivo.

A Lógica aplicada à Ciência do Direito denomina-se Lógica Jurídica que é a análise das categorias aléticas ou apofânticas presentes nos enunciados descritivos (verdadeiros ou falsos). Por isso as leis da não-contradição (é falso afirmar a verdade e a falsidade simultânea de uma dada proposição, como "chove e não chove), do terceiro excluído (ou a proposição "p" se verifica ou não, como "faz calor ou

4. *Direito Tributário, Linguagem e Método*. São Paulo : Noeses, 2008, p. 69.

não") e da identidade (se "p" então "p", como na linguagem ordinária do dito popular "uma coisa é uma coisa, outra coisa é outra coisa") são, em certo modo, estruturantes do discurso descritivo.

Empregada em relação ao direito positivo denomina-se Lógica Deôntica (ou Lógica das Normas). Por se tratar de jogo de linguagem diferente da Ciência, parte da análise dos enunciados prescritivos e normas jurídicas para observar quais são as leis deônticas, os teoremas deônticos, a interdefinibilidade dos modais deônticos e todas as demais operações de deduções no interior do direito positivo.

Nesse sentido é que Paulo de Barros Carvalho afirma: "São portanto, três linguagens-objeto que a análise Lógica formaliza: (i) a do direito positivo, (ii) a da Ciência do Direito e (iii) a da retórica do direito".[5]

Porém, complementar as três linguagens-objeto a que faz referência Paulo de Barros Carvalho, outra importância da Lógica se faz presente: a *Lógica como método*.

Isso significa dizer que a Lógica pode funcionar como *caminho* de aproximação do jurista em relação ao direito positivo, ou seja, como meio de *approach* para *descrever por compreensão sintática* o objeto (direito positivo). Como método, o jurista emprega as formas lógicas para desvelar as estruturas proposicionais em que se manifesta o direito positivo: aplica as formas lógicas ao direito positivo.

Como leciona Lourival Vilanova: "Aplicar as formas lógicas é substituir as *variáveis* por *constantes fácticas*, isto é, por símbolos de valor determinado referentes a fatos e objetos".[6]

---

5. *Direito Tributário, Linguagem e Método*. São Paulo : Noeses, 2008, p. 69.
6. *As estruturas lógicas e o sistema do direito positivo*, p. 64.

5. Algumas formas lógicas e sua importância para compreensão estrutural do direito positivo

Como antes afirmado, a abstração formalizadora leva o cientista à forma lógica, à estrutura sintática da proposição como proposição, composta de variáveis (categoremas) e invariáveis (sincategorema e functor).

O emprego de tais formas à linguagem técnica do direito positivo faz sobressair aquilo que Juan Manuel Terán denominava de *conceitos lógico-jurídicos*, isto é "estructura permanente de los sistemas jurídicos en general y su esquema formal."[7] Daí brota a ideia de conceitos lógico-jurídicos (norma jurídica, relação jurídica, modal deôntico, implicação, etc.) em contraposição aos *conceitos jurídico-positivos* (casamento, tributo, ação, lide, trabalhador etc.).

Assim, a linguagem formalizada faz transparecer dados estruturantes presentes em qualquer sistema do direito positivo.

Assim, a forma lógica do *condicional* "se..., então...." ($p \rightarrow q$) e da *relação* ($x\ R\ y$) tornam-se sobremaneira importante na construção do conceito de norma jurídica (em sentido lógico).

Toma-se como ponto de partida o esquema proposto por PAULO DE BARROS CARVALHO[8], ao discernir entre *enunciado prescritivo* e *norma jurídica*. Os enunciados prescritivos

---

7. *Filosofia del derecho*, 1952, p. 173. Atribui-se também a Juan Manuel Teran a distinção entre os "conceitos lógico-jurídicos" e os "conceitos jurídico-positivos". Estes "tienem un ángulo equivalente al de la postividad del derecho concreto que los há comprendido y implantado, en tanto que los fundamentos lógicos prentenden tener una validez común y universal para todo sistema jurídico y, por lo tanto, para toda conceptuación jurídica" (Op. cit., p. 82).

8. CARVALHO, Paulo de Barros. *Direito tributário: fundamentos jurídicos da incidência*. São Paulo: Saraiva, 1999, p. 58.

são os produtos das enunciações (fontes do direito), ou seja, as frases bem construídas de acordo com as regras do idioma, dotadas de sentido prescritivo, entretanto "sem encerrarem uma unidade *completa* de significação deôntica, à medida que permanecem na expectativa de juntar-se a outras unidades da mesma índole". Do outro lado, as normas jurídicas emergem como *unidades completas de significação deôntico-jurídica* estruturadas na forma condicional ($p \rightarrow q$), resultado do labor interpretativo do cientista. A norma jurídica encontra-se recheada de conteúdo ofertado pelos enunciados prescritivos.

Em síntese – *o enunciado prescritivo é a estrutura sintático-gramatical,* enquanto *a norma jurídica é a estrutura lógico-sintática de significação.* A norma jurídica é o *arquétipo lógico* obtido pela formalização do direito positivo.

Para alcançar a estrutura lógico-sintática de significação, o jurista percorre, numa inesgotável construção de sentido, estes três subsistemas do direito positivo: (a) S_1 – o subsistema das formulações literais, ou seja, o conjunto dos enunciados prescritivos (produto das enunciações); (b) S_2 – o subsistema de significações isoladas de enunciados prescritivos; (c) S_3 – o subsistema das normas jurídicas, como unidades de sentido deôntico, obtidas mediante o grupamento de significações organizadas em um arquétipo formal de implicação ($p \rightarrow q$).

Ademais, LOURIVAL VILANOVA[9] fornece os elementos enunciados pela norma jurídica ($p \rightarrow q$):

O que uma norma de direito positivo enuncia é que, dado um fato, seguir-se-á uma relação jurídica, entre sujeitos de direito, cabendo, a cada um, posição ativa ou passiva. Mais. Que nessa relação jurídica primária define-se o conteúdo da conduta, modalizando-a como obrigatória, permitida

9. VILANOVA, Lourival. *Causalidade e relação no direito*. 4. ed. São Paulo: RT, 2001, p. 102.

ou proibida. E que, no caso de descumprimento, de inobservância, de inadimplência, por parte do sujeito passivo, o outro sujeito da relação pode exigir coativamente a prestação não-adimplida.

A parte da norma jurídica que enuncia "dado um fato F" é denominada "antecedente" ("p") e a parte que prescreve a conduta/relação jurídica (S' *R* S") chama-se "consequente" ("q"), sempre modalizada pelos functores obrigatório (O), proibido (Ph ou V) e permitido (P).

Tomar-se-á como norma jurídica, em sentido estrito, apenas o juízo condicional constituído de parte primária e de parte secundária na qual se encontra a sanção como atuação do Estado-juiz – força coercitiva estatal – que, assim, pode ser esquematizado: dado o fato *F* (fato natural ou social), então *R'(S', S")*; se não-*R'(S', S")*, então *R"(S', S", S''')*, em que *R'* e *R"* representam, respectivamente, a relação jurídica primária e a relação jurídica secundária.

Saturar as variáveis acima com conteúdos proposicionais é tarefa do cientista na interpretação, e dos órgãos competentes na interpretação-aplicação.

Outra categoria lógica de extrema relevância para o trato do direito positivo é a denominada teoria das classes.

O antecedente normativo contém critérios conotativos para que um acontecimento do mundo natural/social (*sein*) tenha relevância para o mundo do dever-ser (*sollen*). Ao assim proceder, a hipótese cria uma classe "K".[10]

Todos os fatos (relatos linguísticos de acontecimentos do mundo) que possuírem, em sua inteireza, os critérios conotativos

10. Na esteira do pensamento de S. K. LANGER, pode-se, satisfatoriamente, definir o conceito de "classe" como "coleção de todos aqueles e somente aqueles termos aos quais um certo conceito seja aplicável". (*An introduction to symbolic logic*. 3.ed. New York: Dover, 1967, p.116).

eleitos pelo antecedente normativo passam a ter relevância para o direito. Isso é o que o jurista denomina *subsunção*. A subsunção nada mais é que um *apropriar-se* das categorias lógicas de teoria das classes.

Assim a expressão simbólica "$x \in K$" (lê-se: "x" pertence à classe "K") exerce função primordial em teoria das classes, de maneira que todo indivíduo "x" que satisfizer as características definitórias da classe "K" a esta pertencerá. Assim a *função proposicional* "$x \in K$", aplicada ao direito positivo leva à conclusão de que, "x" será sempre um fato protocolar – denotação – e "*K*" sempre uma hipótese normativa. A palavra "homicídio" estende-se (extensão) sobre o "fato da morte de J.F. Kennedy" (x) fazendo-o elemento da classe por possuir todas as notas previstas na hipótese normativa do "homicídio" (classe K).

Aqui mais uma vez aparece o jurista como responsável pela inesgotável tarefa de interpretar, indo da forma lógica às normas jurídicas, por saturação das variáveis proposicionais.

Mais uma vez, com esmero, assevera Paulo de Barros Carvalho: "A Lógica não altera o ordenamento jurídico, mas o descreve em linguagem formalizada, transformando o objeto cultural, que é o direito positivo, em objetos ideais, próprios das Ciências Lógicas".[11]

Empregar a lógica como método está no apropriar-se dos arquétipos formais para realizar a aproximação do sujeito cognoscente em relação ao direito positivo, visto sempre como fato dependente da linguagem.

6. O papel da Lógica no construtivismo semântico

A Lógica exerce papel fundamental na teoria conhecida como "Constructivismo Lógico-Semântico" por trazer à tona

11. *Direito tributário, linguagem e método*. São Paulo: Noeses, 2008, p. 69.

o aspecto sintático da linguagem do direito. Sintático aqui não no sentido gramatical-semântico (como a Gramática da Língua Portuguesa, por exemplo) mas como lógico-formal.

Isso, contudo, não significa reduzir o estudo do direito positivo à Lógica. A Lógica não esgota a análise do discurso do direito positivo. Trilhar tal caminho é logicismo, tal qual limitar o direito ao fato (sociologismo), ou restringi-lo à norma (normativismo).

Como já afirmado, o direito positivo é fato cultural apreendido pelo investigador mediante o ato de compreensão. Compreender é interpretar. Interpretar é atribuir sentido aos suportes físicos em que o objeto linguístico se manifesta. No ato da interpretação o sujeito vai do enunciado à norma num espiral hermenêutico como bem notou Paulo de Barros Carvalho.

Daí uma teoria lógica aplicada ao direito careceria de função se não fosse aliada a uma teoria da interpretação.

Aqui reside o grande avanço do Constructivismo Lógico-Semântico: buscar saturar as variáveis das formas lógicas mediante o ato de interpretação dos textos do direito positivo.

O Constructivismo Lógico-Semântico busca não dar ênfase apenas a parte sintática do direito positivo. Sempre se soube que a Lógica como método não seria suficiente (sozinha) para compreender qualquer objeto de estudos.

Busca-se um avanço em termos teóricos: preencher de conteúdo semântico (a expressão aqui é para dar ênfase ao plano semântico) as estruturas lógicas mediante a desformalização, para, ao assim fazê-lo, construir rigorosamente conceitos jurídicos (oriundos de normas jurídicas) apoiado nos valores postos pelo sistema do direito positivo.

Como afirmou Paulo de Barros Carvalho no prefácio do primeiro volume dos *Escritos Jurídicos e Filosóficos*, ao revelar conversa com Lourival Vilanova: "Certo dia, perguntando-lhe como conviria definir sua atitude jurídico-filosófica e o tipo de trabalho que vinha desenvolvendo, respondeu-me que poderíamos perfeitamente chamá-lo de 'Constructivismo Lógico-Semântico'. Não segundo o modelo do 'constructivismo ético', todavia, afinal de contas, todo empenho estaria voltado a cercar os termos do discurso, para outorga-lhes a firmeza necessária (e possível, naturalmente), tendo em vista a coerência e o rigor da mensagem comunicativa. Isso não significa, porém, relegar o quadro das investigações pragmáticas ao nível secundário. Expressa tão somente uma opção metodológica".[12]

12. *Escritos Jurídicos e Filosóficos*. Vol. I. São Paulo. Axis Mundi/Ibet, 2003.

CONSIDERAÇÕES SOBRE O CONCEITO DE NORMA JURÍDICA E A PRAGMÁTICA DA COMUNICAÇÃO NA DECISÃO JUDICIAL NA JURISPRUDÊNCIA DO SUPREMO TRIBUNAL FEDERAL

Robson Maia Lins[1]

1. A escolha do tema

Se para Vilém Flusser a Poesia aumenta o território do pensável, mas não diminui o território do impensável, no sistema jurídico normativo também as decisões do Supremo Tribunal Federal (STF), no exercício de competência de controle de constitucionalidade, aumentam o grau de certeza das interpretações válidas (das normas jurídicas válidas). Entretanto, essas decisões não dizem tudo sobre a certeza quanto às interpretações que, no futuro, venham a ser declaradas inválidas

---

1. Doutor e Mestre em Direito Tributário pela PUC-SP, Professor da Faculdade de Direito da PUC/SP, Professor dos Cursos de Especialização em Direito Tributário do IBET, Advogado.

pelo próprio Poder Judiciário. Com isso, queremos dizer que há sempre presunção de constitucionalidade das normas jurídicas, mas não há certeza, visto que até normas declaradas constitucionais, pelo próprio STF, em controle abstrato e concentrado, podem vir a ser declaradas inconstitucionais, pelo próprio STF, em momento posterior.

É certo que o princípio da inesgotabilidade dos sentidos garante a manutenção da dúvida em todos os objetos interpretados pelo homem. É por isso que Flusser[2] diz que a língua "...é, a um tempo, a mais antiga e a mais recente obra de arte, obra de arte majestosamente bela, porém sempre imperfeita. E cada um de nós pode trabalhar esta obra, contribuindo, embora modestamente, para aperfeiçoar-lhe a beleza."

Comparando a poesia às decisões judiciais, precisamente aquelas produzidas pelo STF, teremos o campo propício para se fazer aproximações entre essas duas categorias. Elas – as decisões judiciais – trabalham para aperfeiçoar o sistema jurídico, que nunca está perfeito e acabado. Elas – as decisões judiciais – assim como a poesia em relação à língua, atualizam o sistema jurídico, constituindo-o.

O ser jurídico, substrato do ser social, ocupou e ocupa o centro das preocupações da Filosofia do Direito, com reflexos imediatos na Teoria Geral do Direito e na Ciência do Direito em sentido estrito (Dogmática Jurídica).

Este trabalho tem por finalidade examinar o ser jurídico das decisões judiciais, precisamente das decisões do STF, elegendo como cenário a função da linguagem na constituição das normas jurídicas, introduzindo-as no sistema jurídico, atualizando-o com os valores predominantes no sistema social.

Entre as várias competências atribuídas ao STF pela Constituição da República escolhemos aquela que prescreve

2. *Língua e realidade*, 2004, p. 37.

o exercício da jurisdição constitucional, competência que permite à Corte Maior realizar o exame de constitucionalidade das normas jurídicas, fiscalizando e preservando a higidez da Constituição, tem sido o cenário propício para o debate acerca de temas relacionados à Teoria Geral do Direito.

A produção de atos de fala pelo Poder Judiciário põe no ordenamento jurídico diversas interpretações, vale dizer, diferentes normas jurídicas. Quando essas interpretações regulam condutas de forma contrária ou contraditória, aparece o STF, órgão que ocupa a cúspide da pirâmide normativa, para prescrever, com assomos de maior segurança jurídica, a interpretação que vale, isto é, a norma jurídica que vale.

Um desses conceitos é o de norma jurídica, foco temático desta abordagem. Para tanto, associamos alguns temas já enfrentados pela Jurisprudência constitucional brasileira, tais quais, efeito vinculante, efeitos *erga omnes*, efeitos transcendentes, inconstitucionalidade por "arrastamento", a causa de pedir nas ações de controle abstrato de constitucionalidade, onde o STF expôs o conceito de norma jurídica como sendo, essencialmente, uma construção de sentido levada a cabo pelo intérprete dos textos jurídicos.

Elegemos alguns temas que, mencionados e utilizados pela jurisprudência do STF, norteiam a concepção de norma jurídica dominante naquela Corte Constitucional, aproximando-a do Constructivismo Lógico-Semântico, onde a postura analítica, estrutural, cede espaço ao hermenêutico, trazendo o lado cultural do fato jurídico.

Essa aproximação ocorrerá com os conceitos de declaração de inconstitucionalidade parcial sem pronúncia de nulidade, efeito vinculante, interpretação conforme a Constituição, inconstitucionalidade por arrastamento, efeitos transcendentes e normas paralelas e a declaração de inconstitucionalidade.

2. Conceitos e associações utilizados pelo STF que permitem identificar o paradigma filosófico utilizado na construção do conceito de norma jurídica

A implantação de ação judicial específica de controle abstrato de constitucionalidade, que ocorreu por intermédio da Emenda Constitucional n. 18, de 1965, além de contribuir para o avanço do controle de constitucionalidade no nosso sistema constitucional, instigou fortes debates acerca dos paradigmas filosóficos adotados pelo STF em suas decisões.

Lembremos que, da Constituição Republicana de 1891 até a referida Emenda Constitucional n. 18, de 1965, as decisões do STF, em matéria constitucional, eram proferidas em relação apenas aos casos concretos, circunstância que, de certa forma, facilitava o exame da matéria: quando procedente a arguição de inconstitucionalidade, afastava-se a aplicação do ato normativo maculado, decidia-se a causa, emprestava à decisão *efeitos ex tunc* e *inter partes*. Esta linha de argumentação, ainda hoje majoritária no STF, parte da premissa de que o ato normativo que está em contradição com a Constituição, é um ato nulo. E nulo no sentido em duas acepções: (i) não produzir efeitos ou, se efeitos houver gerado, (ii) que sejam retirados do sistema jurídico.

A análise das primeiras representações diretas genéricas de inconstitucionalidade contribuiu sobremodo para Corte Maior superar a concepção de norma jurídica como suporte físico, letra da lei, foi cedendo espaço às linhas construtivistas das normas jurídicas. Com isso, pavimentou-se o caminho para o reconhecimento do método de interpretação sistemático como sendo o mais adequado ao conhecimento científico do direito, porquanto percorre os três planos da linguagem jurídica, quais sejam, sintático, semântico e pragmático. Assim, a literalidade textual assume do lugar de ponto de partida dos intérpretes, agentes competentes para realizar a incidência, ou mesmo cientistas que pretendem descrever o direito positivo.

O aumento da complexidade do sistema jurídico normativo, com o disciplinamento de vários temas num mesmo texto normativo, levou o Supremo Tribunal Federal, a pretexto de implementar as técnicas de "declaração de inconstitucionalidade parcial sem pronúncia de nulidade" e a "interpretação conforme a Constituição", a atribuir à interpretação a função de constitutiva de normas jurídicas, cuja empreitada parte do suporte físico (S1), passando pelo plano das significações (S2), sistematizadas (S3) em relações de coordenação e de subordinação (S4).

Também contribuiu sobremodo para esta evolução a necessidade de se implementar o que o STF vem denominando de "efeitos transcendentes das decisões em controle abstrato de constitucionalidade", onde se sustenta que não só a parte prescritiva da decisão do STF vincularia as partes, mas também seus fundamentos.

Ainda mais, a técnica de controle de constitucionalidade das leis aplicada correntemente quando havia o prestígio do método literal de interpretação das normas, que consistia na declaração de inconstitucionalidade com pronúncia de nulidade (redução da literalidade textual, efetivada com o risco no suporte físico) foi, juntamente com a inarredável necessidade de implementação do método sistemático, cedendo espaços a outros métodos de controle de constitucionalidade dos atos normativos, onde, ao invés de se mexer na literalidade textual, para, só indiretamente, atingir-se o plano significações, mexe-se diretamente nos conteúdos de significações, prestigiando umas e excluindo outras do sistema normativo.

Até aí a interpretação funcionava como mecanismo de extração de significados, como se do ser (suporte físico) se passasse para o dever ser (enunciados); ou, pior, como se a interpretação permitisse tirar dos textos outra realidade do mundo do ser, qual seja, a única interpretação possível.

Essa revolução que está por trás da adoção da interpretação conforme a constituição, declaração de inconstitucionalidade parcial sem redução de texto e a concessão de efeitos transcendentes somente foi possível por causa do redimencionamento do conceito de norma jurídica.

3. Norma jurídica *stricto sensu* e *lato sensu*, lei, texto de lei, enunciado prescritivo e outros conceitos conexos

Anotamos que os conceitos de norma jurídica, em sentido amplo e restrito, de lei, de texto de lei, enunciado prescritivo e fontes do direito também respondem por expressiva parte dos problemas e das evoluções porque passa a Ciência do Direito. São conceitos que, para serem bem-postos, necessitam de posicionamento em relação à Filosofia do Direito, precisamente em relação à adoção dos paradigmas das linhas ditas retóricas, onde a linguagem adquire importância central[3], ou ontológicas, que dispensam à linguagem a função descritiva de situações objetivas.

Para nosso trabalho, interessa-nos assentar que na declaração de inconstitucionalidade nem sempre o texto de lei (ou a lei) precisa ser alterado para que a norma jurídica seja declarada inconstitucional. Assim é na declaração de inconstitucionalidade sem redução de texto (adiante retornaremos em detalhes) ou na interpretação conforme a constituição.[4] Intencionalmente, deixamos por último a abordagem de norma jurídica, conceito essencial nos passos seguintes desta empreitada.

3. Incluímos o pensamento de Vilém Flusser entre as linhas retóricas.

4. OSWALDO LUÍS PALU. *Controle de constitucionalidade*, 2001, p. 188 e ss.; GILMAR FERREIRA MENDES. *Jurisdição constitucional*, 1998, p. 202 e ss.

Ademais, o art. 102, I, *a* da Constituição Federal prescreve que é da competência exclusiva do STF julgar ADIn e ADC propostas contra "lei" ou "ato normativo", o que exige que fixemos o conteúdo semântico dessas expressões.

Lei e texto de lei abrigam conotações distintas, notadamente na jurisprudência constitucional. A palavra lei é predominantemente usada no sentido de norma jurídica; ao passo que texto de lei significa a literalidade, suporte físico.

Para nosso estudo, estipulamos que lei é uma espécie de norma jurídica. Já a expressão "texto de lei" é usada para conotar apenas o suporte físico, sem significado. Quando adicionamos ao suporte físico um significado atômico, chegamos ao nível do enunciado prescritivo. Ou seja, o enunciado prescritivo é o texto de lei com significação. Ainda não estamos, contudo, no campo das normas jurídicas em sentido estrito.

Norma jurídica, tomada na sua acepção sintática, é uma estrutura bimembre constituída de um antecedente e de um consequente, capaz, minimamente, de regular condutas[5], e encontra-se um passo adiante dos enunciados prescritivos. Um conjunto de enunciados prescritivos, desde que hábil a modalizar, deonticamente, uma conduta naquela estrutura hipotético-condicional, compõe o que chamamos de norma jurídica em sentido estrito.

De outra parte, o conceito dominante de fonte do direito na jurisprudência do STF oscilou entre dois mundos diversos: o primeiro, aquele recortado pela Sociologia do Direito, onde se sustenta que fatos sociais responsáveis pela movimentação do processo legislativo são as fontes do direito; o segundo prega que a própria jurisprudência é fonte do direito.

5. PAULO DE BARROS CARVALHO. *Direito tributário: fundamentos jurídicos da incidência*, 2008, p. 94 e ss.

Esses dois pontos de vista contribuíram sobremodo para dificultar a uniformidade do conceito de norma jurídica na jurisprudência do STF.

4. A filosofia da linguagem e seus paradigmas

A teoria do conhecimento – Gnosiologia – ganhou expressividade com a Filosofia Moderna que buscou compreender e solucionar os problemas relativos ao processo de conhecimento.

Originalmente a teoria do conhecimento centrava-se no estudo da relação entre sujeito e objeto, tendo como precursor Aristóteles, que destacava apenas o objeto a ser conhecido, pois, considerava o conhecimento como o próprio objeto.

Com a chegada da filosofia da consciência, afirmavam que as coisas tinham existência empírica. Dentro desta teoria podemos destacar o pensamento de Kant[6], que asseverava que o próprio dado real é fruto da manifestação do pensamento, ou seja, o objeto é construído pelo homem através das categorias do conhecimento a partir das sensações ou mundo pré-categorial. Em outras palavras, o limite do conhecimento era imposto pelo pensamento e pela experiência, de modo que a linguagem aparecia nesses dois instantes, à linguagem era o instrumento que ligava o sujeito ao objeto de conhecimento.

4.1. O giro linguístico

Após, surgiu uma nova corrente filosófica conhecida como giro linguístico, que rompeu a tradicional forma de conceber a realização entre linguagem e conhecimento, compreendendo a linguagem como edificadora do próprio mundo circundante.

6. *Crítica da razão pura*, 1987.

Neste momento a teoria de Kant apresentou parcialmente prejudicada, pois, a linguagem deixou de ser um meio entre o ser cognoscente e realidade, convertendo em léxico capaz de criar tanto um como o outro.

O conhecimento não aparece como relação entre sujeito e objeto, mas como relação entre linguagens, entre significações. Aqui a linguagem ganhou um novo sentido, não aparecendo mais como um meio, como algo que estaria entre o eu e o objeto, capaz de criar tanto o eu como a realidade. O marco inicial desta teoria foi a obra de Wittgenstein – *Tractatus Logico-Philosophicus,* com o trecho muito conhecido, "os limites do meu mundo significam os limites da minha linguagem".[7] A partir daí a linguagem passou a ser vista como algo independente do mundo da experiência, e foi mais além, ao afirmar que não só o objeto do conhecimento será arquitetado pelo intelecto humano através da linguagem, mas também o próprio sujeito cognoscente, que só existirá nos quadrantes da linguagem. Se assim é, podemos afirmar que o próprio processo de conhecimento é uma relação entre linguagens.[8] Se tudo é linguagem, nada existindo fora destes limites, não só o objeto, como o próprio ser cognoscente, bem como o próprio processo de conhecimento e, finalmente, a própria realidade, só seriam apreendidas enquanto sentido, cultura, construídos pelo homem.

Esta corrente destrói a verdade objetiva e a correspondente tomada de consciência dos limites intrínsecos do ser humano, com a subsequente ruína do modelo científico representado por métodos aplicáveis aos múltiplos setores da experiência física e social. O giro linguístico está plantado no princípio da autorreferencialidade da linguagem.

7. PAULO DE BARROS CARVALHO. *Direito tributário, linguagem e método*, 2008, p. 25.

8. TÁREK MOYSÉS MOUSSALLEM. *As fontes do direito tributário*, 2006, p. 24.

Assim, o giro linguístico supera os métodos científicos tradicionais, dando uma nova postura cognoscitiva perante o que se entende por sujeito, por objeto e pelo próprio conhecimento. Após o giro linguístico passou-se a exigir o próprio conhecer da linguagem, condição primeira para apresentação do objeto.

O mundo exterior, só existirá para o sujeito cognoscente se houver uma linguagem que o constitua. Deste modo, a relação da linguagem com o mundo, é que aquela é o único meio de compreender a realidade, uma vez, que os signos se autossustentam, mantendo uma independência em face dos objetos que eles representam. Sendo o conhecimento produzido pelo homem, está condicionado ao contexto em que se opera, ou seja, depende do meio social, do tempo histórico e até da vivência do sujeito cognoscente.

A relação do ser cognoscente como o objeto cognoscível só ganha importância a partir do momento em que aceitamos a imprescindibilidade da manifestação em linguagem. A realidade apreendida é fruto do próprio pensamento do homem. Assim, quando o *ser* se aproxima do objeto com fins epistemológicos, em verdade está se relacionando com uma linguagem desse objeto. Ou melhor, com a ideia, utilizando a terminologia husserliana, que o homem irá conhecer.[9]

Para filosofia o giro linguístico significa um novo entendimento sobre o estudo da linguagem, a (linguagem) deixa de ser algo que estaria entre "eu" e a realidade, ou seja, deixa de ser tida como relação entre o sujeito cognoscente e o objeto, e se converte em um nexo capaz de criar tanto o "eu" como a realidade.

De acordo com o giro linguístico, a experiência, além de só se tornar possível por causa da linguagem, resta condicionada

9. TÁREK MOYSÉS MOUSSALLEM. *As fontes do direito tributário*, 2006, p. 26.

pela própria linguagem. A palavra não é só a materialização do pensamento, é o próprio pensamento.[10]

As consequências da adoção do giro linguístico pelo cientista do direito são várias, quais sejam:

(i) o significado do significante não é mais a mesma coisa, o significado passa a ser um outro (novo) significante;

(ii) partindo do pressuposto de que a significação não depende de referência, e se as palavras não representam o que estava presente, então não se pode estabelecer uma distinção precisa entre o discurso da ciência e o discurso da ficção. Não se pode falar de uma linguagem literal e de outro significado. O discurso literal seria aquele capaz de refletir os fatos como eles são, o discurso figurado os deformaria. Mas se o significado de uma palavra não depende da sua relação com outra coisa senão com outra palavra, também o literal seria uma variante do figurado;

(iii) dado que um significante remete sempre a outro significante e jamais a um referente, então os fatos não estão antes que o discurso.

Conforme discorreu Nietzche: "no existen hechos, solos interpretaciones, y toda interpretacion interpreta outra interpretacion". (Eterno retorno, nunca houve uma primeira vez, a primeira vez era já uma segunda vez ou uma repetição).

Desta forma, se os fatos não precedem a interpretação, pois somente aparecem depois de terem sido interpretados, então a interpretação cria os fatos. Interpretar agora significa criar. Cada signo é em si mesmo não o que a coisa se apresenta para interpretar, mas a interpretação de outros signos.

---

10. TÁREK MOYSÉS MOUSSALLEM. *As fontes do direito tributário*, 2006, p. 6.

5. O percurso gerativo de sentido e a criação dos planos normativos

O percurso gerativo de sentido bem demonstra a função criativa, inovadora da linguagem, bem ao gosto de Vilém Flusser.[11]

Na firme convicção de que o conhecimento se opera mediante construção linguística, podemos afirmar que um fato inexiste antes da interpretação. São mediante interpretações, construções de sentido e significações que o homem chega aos eventos, aos acontecimentos do mundo circundante, sendo imprescindível a existência de um corpo linguístico para fazer a conexão entre o homem e a realidade. Todavia, isto não significa que inexiste qualquer objeto físico quando não houver linguagem. O que estamos falando é que, só teremos acesso às coisas que existem no mundo através da linguagem, como leciona Paulo de Barros Carvalho[12], "conheço determinado objeto na medida em que posso expedir enunciado sobre ele, de tal arte que o conhecimento se apresenta pela linguagem, mediante proposições descritivas ou indicativas".

Por isto, o mundo não é um conjunto de coisas que primeiro se apresentam e, depois, são nomeadas ou representadas por uma linguagem. Isso que chamamos de mundo nada mais é que uma interpretação, sem a qual nada faria sentido.[13]

O conhecimento pressupõe a existência de linguagem, esta cria ou constitui a realidade. Não é possível conhecer as

---

11. GUSTAVO BERNARDO (*A Dúvida de Flusser*, 2002, p. 149), bem resume o pensamento de Flusser sobre a função da língua: "*Flusser, esboçando ontologia baseada na estrutura da língua, afirma que universo, conhecimento, verdade e realidade são aspectos linguísticos. Aquilo que nos vem por meio dos sentidos e que chamamos de 'realidade' é dado bruto, que se torna real no contexto da língua, única criadora de realidade. No entanto, como as línguas, plurais, divergem na sua estrutura, divergem também as realidades criadas por elas.*"

12. *Direito tributário: fundamentos jurídicos da incidência*, 2008, p. 109.

13. FABIANA DEL PADRE TOMÉ. *A prova no direito tributário*, 2005, p. 5.

coisas como elas se apresentam fisicamente, fora dos discursos que elas se referem. Nessa linha esclarece Fabiana Del Padre Tomé[14]: "só há realidade onde atua a linguagem, assim somente é possível conhecer o real mediante enunciados linguísticos".

O conhecimento se opera mediante construção linguística, ou seja, a linguagem não só fala do objeto (Ciência do Direito – metalinguagem), como participa de sua constituição (direito positivo – linguagem-objeto). Assim, não há manifestação do direito sem uma linguagem, idiomática ou não, que lhe sirva de veículo de expressão, aqui tomado na sua acepção normativa, como conjunto de normas jurídicas válidas vigentes num sistema, em um determinado momento histórico.

A isto, acrescentamos as lições do professor Paulo de Barros Carvalho[15], que:

> A linguagem, típica realização do espírito humano, é sempre objeto do mundo cultural e, como tal, carrega consigo valores. Por isso mesmo, o direito positivo se apresenta aos nossos olhos como um objeto cultural por excelência, plasmado numa linguagem que porta, necessariamente, conteúdos axiológicos. Agora, esse oferecer-se em linguagem significa dizer que aparece na amplitude de um texto, fincado este num determinado *corpus* que nos permite construir o discurso, aqui utilizando a palavra com sentido de plano de, a ser percorrido no processo gerativo de sentido.

Gregorio Robles[16] afirma que direito é texto e explica que:

> A prova palpável de que direito é texto está em que todo ordenamento jurídico é suscetível de ser escrito, isto é, de ser convertido em palavras. Até mesmo as normas que não

14. FABIANA DEL PADRE TOMÉ. *A prova no direito tributário*, 2005, p. 7.
15. *Direito tributário, linguagem e método*, 2008, p. 186.
16. *O direito com texto,* 2005, p. 2.

> nascem escritas, aquelas que são consuetudinárias, têm essa característica. O direito é linguagem no sentido de que sua forma de expressão consubstancial é a linguagem verbalizada suscetível de ser escrita. Isto aparece especialmente no direito moderno, que já nasce escrito.

Desta forma, como só conhecemos o direito através da linguagem, compreendendo-o, interpretando-o e construindo o conteúdo, sentido e alcance da comunicação legislada. É através do discurso ou a interpretação dos textos que construímos a norma jurídica, entendida como um "juízo implicacional produzido pelo intérprete em função da experiência no trato com esses suportes comunicacionais".[17]

Hans Kelsen[18] faz alusão a dois tipos de interpretação: a interpretação das leis levada a efeito pelo aplicador do direito e a interpretação das leis pelos indivíduos que a elas estão submetidos, ou ainda pelo cientista o direito. Neste sentido, Tárek[19] completa que o cientista, numa inesgotável construção de sentido, atribui significados aos enunciados prescritivos para, criar enunciados descritivos, enquanto o aplicador do direito outorga significações aos enunciados prescritivos para criar outros enunciados prescritivos. Em qualquer destas hipóteses, interpretar significa construir significações; implica formar juízos.

Lourival Vilanova ensina[20] que "interpretar é atribuir valores aos símbolos, isto é, adjudicar-lhes significações e, por meio dessas, referências a objetos". É o intérprete que atribui valor aos símbolos estruturados em forma de frases pelo legislador e assim constrói o conteúdo significativo dos textos.

---

17. PAULO DE BARROS CARVALHO. *Direito tributário, linguagem e método*, 2008, p.188.

18. *Teoria pura do direto*, 1986, p. 388.

19. *Revogação em matéria tributária*, 2005, p. 103.

20. *O universo das formas lógicas e o direito*, 2003, p. 15.

O valor, portanto, não está no suporte físico e sim na construção do intérprete.

O primeiro contato do intérprete é sempre com o texto (suporte físico), único dado objetivo do direito, e seu trabalho é compreendê-lo. A compreensão do texto se faz mediante um processo denominado trajetória hermenêutica, sempre limitado pelo horizonte de nossa cultura, no qual o intérprete vai construindo os conteúdos de significação, atribuindo, às objetivações do legislador, teor de objetividade.

A linguagem oferece-nos três planos para entendermos o sentido do texto, dentro de certo contexto. O processo de produção de sentido do texto (suporte físico) começa com a etapa da literalidade ou expressão, ou nível fundamental, que compreende o conjunto de letras, palavras, frases, periódicos e parágrafos graficamente manifestados nos documentos concretos, postos intersubjetivamente entre os integrantes da comunidade do discurso. A partir do momento em que o intérprete começa a edificar uma construção do sentido da palavra, ele ingressa no plano do conteúdo. Após isso, ele finalmente chega ao terceiro plano da linguagem, que consiste na contextualização das significações obtidas no curso desse processo. O discurso construído isoladamente, até esse momento, passa a ser compreendido em consonância com as demais significações, formando um todo de sentido completo. Tal construção de sentido pode ser aplicada no campo da dogmática jurídica, na construção das normas jurídicas em sentido estrito, conforme veremos.

Transportando para o direito, podemos concluir que o próprio direito positivo se expressa por meio de enunciados (suporte físico), sobre o qual o homem, buscará o seu sentido, na busca da construção da proposição, que, por sua vez, significa conteúdo significativo do enunciado, ou seja, a construção mental do sentido do enunciado; em outras palavras, é a proposição que dá forma à norma jurídica.

Esta construção de sentido foi aplicada pelo professor Paulo de Barros Carvalho[21] no campo da dogmática jurídica, na construção das normas jurídicas tributárias, a partir de quatro subsistemas: o conjunto de enunciados prescritivos (S1); o conjunto das significações dos enunciados prescritivos (S2); o conjunto das significações articuladas entre si (S3) e as normas que dão a esse conjunto de normas o timbre de sistema, estabelecendo relações de coordenação e de subordinação (S4).

O primeiro subsistema está no plano da expressão, ou seja, no plano material, físico, onde está o suporte físico dos enunciados prescritivos. Este sistema marca o início do percurso da interpretação, onde a mensagem expedida pelo autor se manifesta graficamente. Nessa fase, o intérprete depara-se com os textos do direito positivo (Constituição, lei complementar, lei ordinária, decretos, acórdãos, contratos, dentre outros), introdutores de enunciados prescritivos dotados de sentido. Estes são os únicos dados objetivos de que dispõe o intérprete. Um só texto pode ser suficiente para o intérprete conformar a norma jurídica. Nada obstante, não raras podem ser as vezes em que tal missão requererá do intérprete uma detida incursão nos vários textos do direito positivo.[22]

Utilizando o método analítico, podemos isolar os enunciados prescritivos, formando o subsistema das significações proposicionais. Aqui, o intérprete ingressa no plano do conteúdo, no sistema S2 conhecido como o conjunto de conteúdos de significação dos enunciados prescritivos. Nessa fase, o intérprete reúne e seleciona as significações construídas a partir dos enunciados, considerados isoladamente, a fim de compor segmentos portadores de sentido. A articulação dessas significações em relação de coordenação e subordinação

21. *Direito tributário: fundamentos jurídicos da incidência*, 2008, p. 67 e ss.
22. *Direito tributário: fundamentos jurídicos da incidência*, 2008, p. 66/67.

dá origem à norma jurídica. Sua formação dá-se no mesmo plano (do conteúdo), porém, no terceiro subsistema. "Ao terminar a movimentação por este subsistema, o interessado terá diante de si um conjunto respeitável de enunciados, cujas significações já foram produzidas e permanece à espera das novas junções que ocorrerão no outro subdomínio".[23] Neste ponto, o intérprete entra no sistema S3 chamado de domínio das significações normativas, ele já conhece vários enunciados prescritivos, e consegue com este agrupamento de enunciados prescrever a hipótese jurídica e sua consequência. É nessa fase (S3) que o intérprete constrói a *unidade mínima do deôntico*.[24]

As normas constituídas no plano S3 precisam ser dispostas sob a forma de sistema. Entram em cena as normas de estruturação (S4), que estabelecem as relações coordenativas e subordinativas, atribuindo ao direito positivo as características de sistema.

Sempre que necessário, o intérprete poderá voltar aos dois subdomínios S1 e S2, não saindo do percurso gerativo de sentido.

A interpretação não é o produto e sim o processo que se inicia no S1 e vai até o S3. Somente no domínio das significações normativas é que as normas jurídicas aparecem como unidades mínimas e irredutíveis do deôntico completo, estruturadas sempre a partir de juízos condicionais, em que as suas variáveis são ligadas pelo *dever-ser* ou pelo princípio da implicação. Para finalizar, tem-se, o plano de organização do sistema – o S4, ou seja, no S3 tem-se a regras jurídicas e neste sistema hierarquiza-se as normas jurídicas dentro do sistema.

---

23. PAULO DE BARROS CARVALHO. *Direito tributário, linguagem e método*, 2008, p. 189.

24. *Direito tributário: fundamentos jurídicos da incidência*, 2008, p. 66.

Paulo de Barros Carvalho[25] adverte que, construído o sentido da norma jurídica, o intérprete, enquanto órgão do sistema, terá que formalizá-lo em linguagem competente, inserindo, assim, mais um elemento (enunciado prescritivo) no plano da expressão (S1). Ainda que órgão não seja, terá o intérprete que revestir em linguagem o produto de sua interpretação, regressando, destarte, ao plano material (S1). Essa é a função do intérprete.

O processo de positivação do direito inicia com o texto de lei e avança, gradativamente, em direção aos comportamentos inter-humanos para disciplíná-los e tornar possível a vida em sociedade. Não podemos esquecer que a positivação do direito só ocorrerá com a linguagem competente, por meio da linguagem das provas.

José Souto Maior Borges[26] já advertia que:

> A aplicação do Direito pressupõe a interpretação do Direito. Sem prévia interpretação, é impossível aplicar a norma. A aplicação do Direito coloca-se, pois, numa posição de dependência no tocante à sua interpretação. Mas, a interpretação pode limitar-se apenas à pura obra doutrinária de exegese, não implicando, em tais circunstâncias, a necessidade de posterior aplicação. A doutrina interpreta a norma; não a aplica. A aplicação do Direito, quem a pratica é o órgão para tanto autorizado pelo ordenamento jurídico.

Então, o procedimento de aplicação do direito e órgãos credenciados para tanto estão previstos no direito positivo. Ele – o direito positivo – prescreve como deve ser interpretado e aplicado, florescendo dessa aplicação outras normas jurídicas, que podem ser gerais e abstratas, gerais e concretas, individuais e abstratas e individuais e concretas.

25. *Direito tributário: fundamentos jurídicos da incidência*, 2008, p. 86.
26. *Tratado de direito brasileiro*, 1981, p. 87.

6. O conceito de normas paralelas na declaração de inconstitucionalidade

Exemplo bem amoldado ao contexto deste trabalho e que prova a adoção, pelo STF, de concepções relacionadas à filosofia da linguagem, dentre elas, aquele que atribui à linguagem a função constitutiva das realidades social e jurídica, diz respeito às chamadas normas paralelas. Essas espécies de normas são aquelas construídas a partir de diferentes enunciados prescritivos, de competência legislativa de diferentes órgãos, mas que têm seus conteúdos idênticos. Noutro giro linguístico, são normas jurídicas introdutoras distintas, até por serem produzidas por agentes competentes distintos, mas que introduzem normas jurídicas de idêntico conteúdo normativo.

A declaração de inconstitucionalidade de norma jurídica "n1" pode afetar a constitucionalidade de outra norma jurídica "n2", mesmo que o sujeito competente para produzir a norma "n1" seja diferente daquele competente para produzir a norma "n2", e mesmo que as duas normas jurídicas tenham âmbitos de validade distintos (p. ex.: uma lei ordinária produzida pelo Estado de São Paulo (n1) e outra lei ordinária produzida pelo Estado do Rio Grande do Norte (n2).

O STF vem entendendo que a declaração de inconstitucionalidade de norma "n1", produzida pelo Estado "E1", e que foi objeto de ação direta de constitucionalidade, teria o condão de comprometer também a constitucionalidade da norma "n2", produzida pelo Estado "E2", mesmo que essa norma não tenha sido objeto do pedido na ação de controle de constitucionalidade.

Interessante notar que a questão envolvendo as normas paralelas está associada a dois outros pontos também examinados neste trabalho: efeitos vinculantes e efeitos transcendentes das decisões em controle abstrato de constitucionalidade. Com efeito, a aceitação no nosso sistema jurídico da afetação de norma paralela "n2" em função da declaração de inconstitucionalidade da norma "n1" é mais uma demonstração de que a concepção de norma jurídica adotada pelo STF está inserida no paradigma da filosofia da linguagem.

6.1. As "técnicas" de declaração de inconstitucionalidade: interpretação conforme a Constituição e declaração de inconstitucionalidade sem redução de texto

A retirada da vigência e, eventualmente, da validade de lei ou ato normativo do sistema quando da declaração de inconstitucionalidade, acompanhada da retirada do enunciado prescritivo (artigo, inciso e parágrafo, ou parte dele), que, no entender do STF, serve de suporte físico para a interpretação construtora da RMIT que se deseja espancar. É a chamada declaração de inconstitucionalidade com pronúncia de nulidade. Neste caso, nulidade do texto e da norma construída a partir dele. Interessante notar que a declaração de inconstitucionalidade com pronúncia de nulidade estava em perfeita sintonia com o suposto prestígio do método de interpretação literal.

Há hipóteses, contudo, em que pelo menos uma das normas jurídicas construídas a partir da lei (ou ato normativo) arguida de inconstitucional está em consonância com o ordenamento jurídico. Assim, se das interpretações cabíveis na "moldura" da norma, uma delas estiver em consonância com a Constituição, o STF prescreve aquela significação como possível de ser aplicada pelos órgãos competentes e, portanto, válida. Na mesma linha, se dentre as várias interpretações possíveis, somente uma não guardar consonância com a Constituição, será esta declarada constitucional e as outras inconstitucionais. Na primeira hipótese, temos o emprego da técnica de interpretação conforme a Constituição; na segunda, a técnica empregada é a da declaração de inconstitucionalidade sem pronúncia de nulidade (do texto).

Portanto, o alcance da interpretação conforme a Constituição não abrange apesar das semelhanças entre a interpretação conforme a Constituição e a declaração, sem pronúncia de nulidade, de inconstitucionalidade parcial[27], em rigor, somente nesta última hipótese há declaração de inconstitucionalidade das acepções (que são normas jurídicas!) incompatíveis com a Constituição. Na interpretação conforme a Constituição, não há declaração de inconstitucionalidade das outras acepções construídas a partir do texto normativo, mas declaração de constitucionalidade de uma acepção (que também é norma jurídica!). Ademais, consoante os ensinamentos de GILMAR FERREIRA MENDES,[28] ao doutrinar sobre as distinções entre uma e outra técnica: "A constatação de que uma lei determinada é compatível à Lei Fundamental não significa que apenas naquela interpretação deva ela ser considerada constitucional, uma vez que a Corte Constitucional não pode proferir decisão sobre todas as possíveis interpretações."

Interpretações examinadas, mas que não estejam contempladas na parte dispositiva da decisão como constitucional, nem as possíveis interpretações posteriores ao julgamento, podendo elas serem submetidas à nova aferição de constitucionalidade perante o STF. Por outro lado, na declaração de inconstitucionalidade sem pronúncia de nulidade, as acepções incompatíveis com a Constituição são declaradas inconstitucionais, não podendo os órgãos do Poder Judiciário, ou mesmo do Executivo, positivar a RMIT submetida àquelas técnicas de controle, sob pena de dar azo à interposição da ação

27. Reiteremos: a falta de pronúncia de invalidade é em relação ao texto (suporte físico) e não à norma, entendida como significação construída a partir de enunciados prescritivos.

28. GILMAR FERREIRA MENDES. *In: Jurisdição constitucional*, 1998, p. 228. Ainda sobre a interpretação conforme a Constituição e a impossibilidade de declarar a inconstitucionalidade de eventuais significações futuras, vem bem a lembrança do princípio geral de Hermenêutica chamado de *inesgotabilidade dos sentidos*. Significa, em síntese, que, diante do suporte físico de um signo qualquer, os intérpretes podem construir significações infinitas.

de reclamação constitucional para o STF, de acordo com o fundamento de garantia da autoridade de suas decisões (CF, art. 102, alínea *l*), e representação ao órgão competente por crime de responsabilidade.[29]

Essas "técnicas" de controle de constitucionalidade espelham bem a distinção que o STF estabelece, propositadamente ou não, entre texto de lei ou ato normativo e significação, e suporte físico (enunciado) e as normas jurídicas (significações). Aquele está no plano físico, fenomenal; estas, no plano da consciência dos intérpretes do direito positivo. Portanto, para controlar a constitucionalidade das normas jurídicas, o STF pode ou não expulsar parte do enunciado prescritivo correspondente. Advertimos, em tempo, que a retirada dos enunciados prescritivos que, no entender do STF, servem de suporte físico para construção da norma jurídica incompatível com a Constituição não é condição suficiente, *de per si*, de expulsão da referida RMIT do sistema. Isso porque, como a norma é a significação construída na mente do intérprete e cuja estrutura é de um juízo hipotético condicional, pode ocorrer que outros enunciados (não atacados na ADIn ou ADC) sirvam de fundamento para a constituição da norma que o STF, com simples retirada do enunciado, entendeu ter expulsado do sistema. Para evitar esse tipo de ineficácia da decisão que pronuncia inconstitucionalidade de RMIT, a parte dispositiva deve trazer, além da retirada do suporte físico, a proibição de que a

29. Essa conclusão é tirada do parágrafo único do art. 28, Lei nº 9.868/99, que atribui efeito vinculante e eficácia *erga omnes* inclusive à interpretação conforme a Constituição e à declaração parcial de inconstitucionalidade sem redução de texto. Cabe frisar, no entanto, que o STF, na pena do Ministro Moreira Alves, deixou expresso que: "Essa nova orientação, além de ser mais exata, pois, quando só admitimos como constitucional uma das interpretações possíveis da lei impugnada, *estamos, na realidade, declarando a inconstitucionalidade das demais*, tem a vantagem de que apenas se admite constitucional a interpretação que impede a procedência total da ação direta de inconstitucionalidade." ADIn nº 581/DF, j. 12.08.92, *in Revista Trimestral de Jurisprudência, RTJ*, 144: 154 (*grifo acrescido*).

RMIT seja construída a partir de outros enunciados prescritivos válidos no sistema.[30]

Apesar de não se referir à seara tributária convém mencionar o exemplo da Lei nº 9.494/97, que foi julgada constitucional por intermédio da ADC nº 04, Rel. Min. Sydney Sanches, j. 10.09.1997, em sede de cautelar, sendo conferida à medida efeito vinculante e eficácia *erga omnes*. Aquela lei, dentre outras proibições, vedava a concessão de liminares contra a Fazenda Pública que importasse despesas imediatas para o Erário. No entanto, alguns Juízes, inclusive Ministros do STJ, vinham e vêm concedendo liminares que implicam despesas imediatas para a Fazenda, sem, no entanto, sequer examinarem a supracitada lei. Argumentam que o fundamento da tutela antecipada concedida está diretamente previsto na Constituição, razão porque não haveria infração ao efeito vinculante concedido pelo STF à cautelar na referida ADC.

Sem ingressar no mérito das decisões judiciais, temos que retirar deste exemplo lição sobre a qual já advertimos: é possível, com base noutros enunciados prescritivos não declarados inconstitucionais, construir normas jurídicas que foram consideradas inconstitucionais pelo STF. A perplexidade continua no sentido de entender se tais enunciados prescritivos estariam abrangidos pela eficácia subjetiva do efeito vinculante do julgamento do STF.

Entendemos que o julgamento do STF, declarando constitucional ou inconstitucional uma determinada norma, veda que a mesma norma seja constituída a partir de qualquer outro texto normativo, mesmo que não indicado nas petições iniciais da ADin e ADC, nem na respectiva decisão, mas desde que

30. Cabe anotar que não se está, à evidência, propugnando pela vinculação do legislador à decisão de inconstitucionalidade do STF, no sentido que, com a decisão, fique o Legislativo proibido de inserir novamente no sistema a norma declarada inconstitucional. Estamos falando de outros enunciados prescritivos já inseridos no sistema ao tempo da decisão do STF.

postos no sistema até o respectivo julgamento da ação de controle de constitucionalidade. Da mesma forma, se declarada constitucional determinada norma construída a partir de determinado texto, não será dado ao Judiciário e ao Executivo deixarem de aplicar a norma a pretexto de construir outra, a partir de outros enunciados prescritivos, que discipline a conduta em sentido contrário à examinada pelo STF.

Na doutrina, essa propriedade da decisão da Suprema Corte é chamada de *efeito transcendente*, isto é, o efeito que transcende aos enunciados prescritivos que serviram de base para a construção da norma declarada constitucional ou inconstitucional.

Em verdade, tomando a norma jurídica na sua compostura de juízo hipotético-condicional, isto é, uma hipótese "H" implicando um consequente "C" (H→C), teremos que os efeitos transcendentes implicarão no trânsito em julgado das duas partes do juízo hipotético-condicional. Tanto a hipótese "H", quando o consequente "C", passarão em julgado.

Com isso, apenas se a norma jurídica completa – hipótese e consequente – for exatamente igual é que, em princípio, não poderia haver novo exame de constitucionalidade da mesma norma jurídica. Essa estrutura completa – hipótese e consequente – é que o STF tem denominado de "conteúdo essencial".

6.2. Efeito vinculante e coisa julgada no controle abstrato de constitucionalidade: a relevância da causa de pedir (efeitos transcendentes)

A relevância do exame da causa de pedir nas ações de controle abstrato de constitucionalidade apresenta três dimensões imediatas: (i) a vinculabilidade dos fundamentos utilizados para se decidir o mérito, (ii) a possibilidade de o próprio STF não ficar vinculado aos argumentos utilizados pelos legitimados ativos no manejo da Ação Constitucional e (iii) a vinculabilidade do Poder Legislativo às decisões do STF em ações de controle abstrato de constitucionalidade.

O exame de mérito da constitucionalidade das normas jurídicas, que deve ser realizado tendo como parâmetro as normas vigentes da Constituição da República, pode implicar declaração de constitucionalidade – hipótese em que a ADC é julgada procedente e a Adin é julgada improcedente – ou de inconstitucionalidade, sendo, neste caso, julgada improcedente a ADC ou procedente a Adin.

Sustentamos que a causa de pedir, nos escaninhos do Contructivismo Lógico-Semântico, compõe o antecedente da norma jurídica posta pelo STF quando decide o mérito das ações diretas de controle de constitucionalidade. Por isso, não há como apenas o consequente, vale dizer, a parte dispositiva da decisão "passar em julgado", visto que, aqui, além da parte dispositiva da decisão, que é o consequente da norma introduzida, também ingressa no sistema o antecedente, os chamados motivos determinantes, gerando efeitos para além daquela decisão.

6.3. A inconstitucionalidade por "arrastamento"

A chamada inconstitucionalidade por arrastamento demonstra a inclinação da Suprema Corte em direção aos conceitos operados pela filosofia da linguagem. É comum o STF declarar inconstitucional determinada norma jurídica, construída com fundamento no dispositivo "x" da Lei, sendo que os demais dispositivos seriam inconstitucionais. Entretanto, a permanência da "parte constitucional" ou ficaria sem sentido deôntico completo, isto é, não haveria a modalização da conduta em obrigado, permitido ou proibido; ou serviria para constituir outra norma jurídica que aquela (s) que seria (m) criada (s) se não fosse declarada inconstitucional a parte violadora da Constituição.

Numa ou noutra situação não haveria a modalização da (s) conduta (s) disciplinada (s) se fosse mantida a constitucionalidade da parte que fora declarada inconstitucional. A solução adotada pela jurisprudência do STF tem sido a declaração de inconstitucionalidade total do diploma normativo pelos seguintes fundamentos: (i) a parte inconstitucional, por violação da Constituição; e (ii) a parte constitucional, sob o fundamento de que a sua permanência no sistema jurídico não modaliza as condutas que seriam disciplinadas se o ato normativo tivesse sua constitucionalidade mantida ou (iii) porque a parte constitucional, mantida sem a fração inconstitucional, serviria para constituir outras normas jurídicas que não aquelas que seriam construídas se fosse mantida no ordenamento a inteireza do ato normativo, isto é, a parte constitucional e a inconstitucional.

Vemos com hialina clareza que na declaração de inconstitucionalidade por "arrastamento" a parte constitucional do ato normativo que é declarada inconstitucional não viola – *per se* – a Constituição. Entretanto, a interpretação da parte constitucional constitui outra realidade jurídica, vale dizer, outra norma jurídica distinta daquela que seria constituída se todo o texto normativo fosse, integralmente, constitucional.

É bem verdade que, para se chegar a essa compreensão de que há uma parte do ato normativo que, embora constitucional, não serve para construir as normas jurídicas que seriam construídas se todo o texto do ato normativo fosse constitucional, requer-se interpretação não só do ato normativo em si perante a Constituição. É imperioso que as demais normas jurídicas que entram em cálculo com as normas construídas a partir do ato normativo objeto de controle de constitucionalidade sejam examinadas, a fim de que essa dependência sistêmica seja atestada.

Com isso, dizemos que a declaração de inconstitucionalidade depende do exame de duas relações de dependência: a primeira é a relação de dependência da parte constitucional em relação à inconstitucional; a segunda é a relação de dependência da parte constitucional com o sistema jurídico total.

6.4. Ofensa direta e indireta à Constituição e a autonomia normativa

A autonomia da norma jurídica revela o grau de derivação em relação à Constituição. Essa gradação da derivação normativa é medida pelo fundamento imediato de validade do ato normativo.

Nesta linha, se o ato normativo deriva diretamente da Constituição, por exigência da própria Carta Maior, tem-se configurada sua autonomia, sendo qualquer desconformidade com a Norma Maior ofensa direta e, portanto, passível de controle via ADIn e ADC.

É com fundamento na falta de autonomia normativa que o STF[31] não aceita que ADin e ADC sejam propostas contra leis e atos normativos que ofendam ainda que indiretamente a Constituição. Na seara tributária, seria o caso do regulamento de execução de RMIT. O regulamento, na hipótese de desbordar dos limites da RMIT, estaria violando diretamente a própria RMIT e, somente indiretamente, a Constituição. Seria hipótese de ilegalidade e não de inconstitucionalidade. Apenas quando o ato regulamentar invadir competência reservada à lei (outra lei que não a veiculadora da RMIT) é que, segundo a jurisprudência do STF[32], ter-se-ia hipótese de regulamento

31. ADIn-Mca n. 1.590-SP, Rel. Min. Sepúlveda Pertence, j. 19.06.1997, *DJU* 15.08.1997; ADIn 360-DF, Rel. Min. Moreira Alves, j. 21.09.1990, *DJU* 26.02.1993.

32. ADIn 1396-SC, Rel. Min. Marco Aurélio, j. 08.06.1998, onde o STF declarou

autônomo, e por não ser aceito no nosso ordenamento, desafiaria o controle concentrado de constitucionalidade.[33]

Nem toda norma jurídica, mesmo que abstrata e geral, pode ser objeto de controle de constitucionalidade abstrato perante o STF. Requer-se, além de abstração e generalidade, a impessoalidade e, o que nos interessa mais de perto, a autonomia normativa.

Norma autônoma ou derivada diz respeito ao seu fundamento imediato de validade. Sabemos que todas as normas jurídicas, independente do modelo de sistema jurídico que se adote, devem buscar na Constituição da República seu fundamento de validade. De uma portaria ou instrução normativa, passando pelos decretos, medidas provisórias, leis ordinárias, leis complementares – apenas para ficarmos nos atos normativos produzidos pelo Poder Público – todos devem ser fundamentados em normas constitucionais.

Entretanto, nem todas as normas jurídicas, mesmo que gerais e abstratas, têm fundamento de validade diretamente na Constituição da República.

Como, então, saber se determinada norma tem ou não fundamento direto na Constituição? A resposta está na própria Constituição. É que para algumas matérias a Carta Magna reserva tratamento escalonado, deixando que algumas matérias sejam tratadas em termos de normas gerais, pela Lei Complementar, e apenas as normas específicas sejam emitidas. Se ela – a Constituição – exigir algum ato normativo, no caso, lei complementar, para que a lei ordinária possa prescrever as condutas de forma específica, então a lei ordinária não é autônoma

---

inconstitucional decreto estadual que violava divisão funcional de poder. No mesmo sentido ADIn 360-DF, Rel. Min. Moreira Alves, j. 21.09.1990. *DJU* de 26.02.1993; ADIn MCA 1590-SP, Rel. Min. Sepúlveda Pertence, j. 19.06.1997, *DJU* de 15.08.1997.

33. ADIn n. 1.396-SC, Rel. Min. Marco Aurélio, j. 08.06.1998.

em relação à lei complementar. Há, nesse caso, posição hierárquica superior da lei complementar em relação à lei ordinária. Se esta disciplinar de forma diferente a matéria tratada pela lei complementar, haverá ilegalidade direta. Inconstitucionalidade poderá existir, mas apenas indiretamente.

7. Considerações finais

O STF, de há muito, ao examinar os conceitos de efeito vinculante, nos seus aspectos objetivos e subjetivos, efeitos *erga omnes*, efeitos prospectivos das normas declaradas inconstitucionais, efeitos transcendentes, declaração de inconstitucionalidade sem pronúncia de nulidade e interpretação, já sinalizava que o conceito de norma jurídica não se confundia com a literalidade textual.

A maioria das decisões do STF envolvendo controle de constitucionalidade aponta que a Corte Constitucional está atenta aos paradigmas do giro linguístico, colocando em foco a atividade linguística do intérprete eleito pelo sistema como agente produtor de sentido por meio de atos de fala.

A declaração de inconstitucionalidade parcial sem redução de texto e a interpretação conforme a constituição são duas técnicas empregadas pelo STF nas ações de controle de constitucionalidade abstrato que denunciam a forte influência dos paradigmas da filosofia da linguagem nas decisões da Corte Maior. Nelas, não declara inconstitucional (no caso da declaração de inconstitucionalidade parcial sem pronúncia de nulidade) ou constitucional (quando a hipótese for de interpretação conforme a constituição) o suporte fáctico a partir do qual se constrói a norma jurídica (significação). É a própria significação que é declarada inconstitucional ou constitucional.

Outro exemplo que mostra a proximidade das decisões do STF do Constructivismo Lógico-Semântico é a declaração de inconstitucionalidade por arrastamento. Aqui, a parte constitucional do ato normativo, assim reconhecida pelo STF, é declarada inconstitucional, seja porque, isoladamente, não modaliza a conduta que seria modalizada se a totalidade do ato normativo permanecesse no sistema (dependência interna), seja porque os outros enunciados normativos do sistema jurídico (dependência externa) não podem, por imposição normativa, ou não servem para modalizar a referida conduta da forma que seria modalizada se a higidez constitucional do ato normativo fosse integralmente mantida.

8. Bibliografia

BERNARDO, Gustavo. *A Dúvida de Flusser*. São Paulo: Globo, 2002.

BORGES, José Souto Maior. *Tratado do direito tributário brasileiro*. Rio de Janeiro: Forense, vol. 4, 1981.

CARVALHO, Paulo de Barros. *Curso de direito tributário*. São Paulo: Saraiva: 2008.

__________. *Direito tributário: fundamentos jurídicos da incidência*. São Paulo: Saraiva, 2008.

__________. *Direito tributário, linguagem e método*. São Paulo: Noeses, 2008.

FLUSSER, Vilém. *Língua e Realidade*. 2 ed. São Paulo: AnnaBlume, 2004.

__________. *O Mundo Codificado*. São Paulo: Cosac Naify, 2007.

KANT, I. *Crítica da razão*. coleção: Os pensadores, Vol. I e II. São Paulo: Nova Cultural, 1987.

KELSEN, Hans. *Teoria pura do direito*. Trad. José Florentino Duarte. Porto Alegre: Sérgio Antonio Fabris, 1986.

MENDES, Gilmar Ferreira. *Jurisdição Constitucional*. 5. ed. São Paulo: Saraiva, 2007.

MARTINS, Ives Gandra da Silva & MENDES, Gilmar. 2. ed. *Controle Concentrado de Constitucionalidade*. São Paulo: Saraiva, 2007.

MOUSSALEM, Tárek Moysés. *Revogação em matéria tributária*, São Paulo: Noeses, 2005.

__________. *As fontes no direito tributário*, São Paulo: Noeses, 2006.

PALU, Oswaldo Luiz. *Controle de constitucionalidade: conceitos, sistemas e efeitos*. 2. ed. São Paulo: Revista dos Tribunais, 2001.

ROBLES, Gregorio. *O direito como texto*. São Paulo: Manole, 2005.

TOMÉ, Fabiana Del Padre. *A prova no direito tributário*. São Paulo: Noeses, 2005.

VILANOVA, Lourival. O universo das formas lógicas e o direito, in *Escritos jurídicos e filosóficos*, São Paulo: IBET, 2003.

DIVIDIR, DEFINIR E CLASSIFICAR: CONHECER É RECORTAR O MUNDO

Lucas Galvão de Britto[1]

"O Direito é uma técnica de esquematizar classes de condutas para poder dominar racionalmente a realidade social. Generaliza em esquemas abstratos a vida em sua concreção existencial, para ofertar a possibilidade de previsão de condutas típicas, indispensável à coexistência social."

Lourival Vilanova

1. Introdução

Durante um bom tempo na tradição dos estudos jurídicos afirmou-se que as definições e classificações pertenciam ao domínio da ciência. Por isso mesmo, dispositivos como a definição de tributo posta no art. 3º do Código Tributário Nacional, a classificação das competências constitucionais em privativas, concorrentes e comuns eram consideradas excrecências de um legislador desatento.

---

1. Mestre e Doutorando em Direito Tributário pela PUC-SP. Professor dos cursos de especialização em Direito Tributário do IBET e PUC-SP. Advogado.

O avanço das investigações lógicas para além do domínio da *alethea*, alcançando também as manifestações deônticas, logo mostrou que, a despeito de alguns ajustes necessários quanto aos modais e a função desempenhada pelo discurso jurídico, muitos princípios e categorias lógicas poderiam ser utilizados com bom proveito para examinar analiticamente o direito.

O meu propósito neste trabalho é tratar de duas operações lógicas fundamentais: a definição e a classificação, ilustrando como o direito vale-se delas para atingir o seu desígnio de prescrever condutas e implementar valores numa dada sociedade. Mais do que simplesmente mostrar as potencialidades do emprego dessas categorias, pretendo demonstrar como – quer nos apercebamos disso ou não – o legislador e o estudioso *necessariamente* valem-se dessas operações para conhecer e ordenar a realidade com a qual lidam.

O leitor mais arguto poderia logo indagar: mas se tais atividades são *necessárias* à forma humana de agir e as praticamos a todo instante, até mesmo quando não nos damos conta delas, de que serve estudá-las?

O esforço, como de resto qualquer trabalho sobre epistemologia, justifica-se pelo ganho em precisão discursiva que o conhecimento dessas categorias oferece. Devemos *afiar a lâmina do conhecimento sobre a pedra da epistemologia*[2], pois só assim poderemos produzir cortes acurados e profundos sobre o objeto a que dedicamos nossa atenção.

Este, portanto, é um trabalho de epistemologia, encontrando assim bom abrigo em meio a um compêndio de textos que tratam sobre o Constructivismo Lógico-Semântico enquanto método de investigação do fenômeno jurídico. Com efeito,

2. ROBLES, Gregorio. *Epistemología y Derecho*. Madrid: Piramide, 1982, p.19.

a preocupação com o emprego preciso das categorias lógicas, sem, no entanto, descuidar das perspectivas semântica e pragmática da linguagem, tem se mantido no centro das atenções dos autores que lidam com esse método. Dessa maneira, é no intuito de oferecer algumas reflexões a respeito desses expedientes que entrego à obra o presente escrito.

2. *O cindir é desde o início*

Começar algo, qualquer coisa que seja, da mais importante à mais insignificante, significa também *romper*. É essa a imagem que Isaac Newton evoca com a primeira de suas célebres leis ao enunciar que "*Todo corpo continua em seu estado de repouso ou de movimento uniforme em uma linha reta, a menos que seja forçado a mudar aquele estado por forças aplicadas sobre ele*".[3]

Tudo que é novo é, também, ora em maior, ora em menor medida, uma ruptura. Ainda que se faça tal esforço "apenas para conhecer" e escrever sobre alguma coisa, sem a pretensão de interferir sobre ela, o ato de conhecimento não prescinde de uma quebra, uma mudança, como na linha de Rickert: por meio do ato gnosiológico, cinde-se um descontínuo homogêneo a partir de um contínuo heterogêneo. Corta-se do fluxo de acontecimentos que a sensibilidade ininterruptamente nos apresenta certos traços, separando mentalmente alguns elementos dessa "realidade" para sobre eles – e somente eles – repousar a atenção (ou seria mais preciso dizer, *inquietar* a atenção).

Ninguém pode com o todo. Dele sempre temos somente partes. É assim com cada um de nossos sentidos e, também,

3. Para aqueles que prefiram o original, ei-lo: "*Corpus omne perseverare in statu suo quiescendi vel movendi uniformiter in directum, nisi quatenus a viribus impressis cogitur statum illum mutare*".

com nossa consciência, que transcorre como um fluxo, sucessivamente desempenhando atos de consciência (*noeses*), praticando o esforço de vertê-los num corpo (uma forma de consciência), para nos fazer acreditar que conhecemos algo (o *noema*), como já dizia Edmund Husserl.

Por vezes sem conta realizamos esses procedimentos, reiteramo-os desde os primeiros dias aos últimos suspiros de nossas vidas. Tantas que, com efeito, em algumas ocasiões esquecemos que o todo ao qual cremos conhecer é sempre uma parte, pois tudo que sabemos começa com um corte, ou, na feliz expressão de Pontes de Miranda: *o cindir é desde o início.*[4] Até mesmo os contos infantis precisam de um corte inicial, o "*era uma vez*" posto sempre no princípio do texto, apto a dispensar o narrador de maiores digressões para contar sua história; e também de um final: "*e viveram felizes para sempre...*".

Que retenhamos isso: não se pode submeter algo à consciência a não ser por meio de um corte. Aquele que deseja investigar um objeto qualquer, deve primeiro realizar as operações mentais aptas a abstrair todos os demais elementos da experiência que não sejam, propriamente, o objeto ao qual se pretende conhecer. Essa "separação" do objeto e dos demais dados de seu entorno é sempre operada por meio de instrumentos intelectivos (às vezes em combinatória com outros aparatos físicos, tal como o microbiologista que necessita, além de seu pré-conhecimento sobre o assunto, de um microscópio) que lhe permitem suspender a atenção, em seu experimento, dos elementos estranhos ao alvo de seu interesse. Dessa maneira, é apropriado afirmar que esses pré-conhecimentos, esse sistema de referência, ajuda a dar forma ao objeto mesmo ainda quando sua pretensão seja "apenas observar".

---

4. PONTES DE MIRANDA, Francisco Cavalcanti. *O Problema Fundamental do Conhecimento.* Porto Alegre: Globo, 1937.

No espaço desse texto, tratarei duas maneiras complementares de operar esse corte imprescindível ao conhecimento, tomando o cuidado de, ao longo e especialmente ao final do texto, relacioná-los à atividade do cientista do direito e, também, dos sujeitos competentes para regrar o comportamento intersubjetivo por meio das normas jurídicas. São elas: as classificações e as definições. A tomada de consciência sobre esses processos potencializa o seu desempenho. É esforço que se quadra no campo da *gnosiologia*, o estudo desse processo chamado conhecimento, em cujo âmbito encontra-se também a *epistemologia*, dedicada àquele tipo de saber que os gregos antigos chamavam de *episteme* e que em sua feição presente, remete-nos aos estudos de metodologia, lógica e filosofia da ciência.[5]

3. Proposição, juízo e critério: *viver é recortar o mundo*

A cada interação com os objetos no mundo, faz-se necessário o corte gnosiológico básico de que falava Rickert. Isso porque, toda ação humana sobre o estado de coisas do mundo circundante, para que seja *consciente*, pressupõe um *quantum* de conhecimento sobre o objeto manipulado. O agir humano, na acepção que lhe adjudica Georg von Wright,[6] pressupõe um prévio ato de conhecimento – ainda que muito rudimentar – para isolar do todo o objeto que se pretende movimentar. Não haverá ação onde inexistir consciência.

Isso, contudo, não se restringe à atividade mecânica que a expressão "movimento" aparenta sugerir em sua acepção de

5. "*Epistemologia, aliás, é termo mais restrito que Teoria Geral do Conhecimento ou Gnosiologia, pois seu foco temático não é o simples conhecimento (doxa = crença, opinião), mas o saber qualificado como científico (episteme = conhecimento científico + logos = estudo, pensamento, reflexão).*" (CARVALHO, Paulo de Barros. *Direito Tributário, Linguagem e Método*. São Paulo: Noeses, 2011, p. 21).

6. WRIGHT, Georg H. von. *Norm and action*. Londres: Routledge, 1963, p. 35.

base na língua portuguesa. Faz-se sentir especialmente no trato dos objetos cuja existência e lida tem palco no intelecto dos homens: é assim na matemática, nas narrativas de ficção. Vale notar que uma das traduções para a expressão latina *cogito*, do célebre dito descartiano "*cogito ergo sum*", é justamente *movimentar, mexer, agitar*. No domínio da consciência, o movimento, sempre é atrelado ao pensamento. Não há forma de consciência sem a *noeses* que lhe construa, para dizer o mesmo em termos de Husserl. E é precisamente o uso da consciência, doando sentido ao mundo, que nos torna humanos: que nos faz *viver* e não meramente *existir*, para valer-me aqui da comparação feita por Paulo de Barros Carvalho em seu prefácio ao livro *Ciência Feliz* de José Souto Maior Borges.[7]

O corte de que falamos, é parte do pensamento e, por meio dele (corte), determina-se o movimento – seja ele físico, psíquico ou mesmo psicofísico – consciente. Essa atividade intelectiva, delineadora da atividade da consciência, excludente de tudo aquilo que, no instante, não interessa, perfaz a todo momento o papel de juiz de nossa atenção. Pelo corte, separamos logo dois conjuntos: aquilo para onde dirigimos nossa consciência e o seu complemento, ou seja, tudo que *não é objeto* para nossa consciência. É sobre esse objeto cindido, que fazemos recair nossos esforços, daí a *utilidade* do corte.

Ao construir conjuntos *classificamos*. Ao explicar aquilo que nos permitiu isolar o objeto, erguendo as barreiras que lhe conferem unidade em meio a heterogeneidade do mundo, *definimos*. Definição e classificação são operações lógicas que muito se aproximam e, em certo sentido, coimplicam-se, como veremos adiante. Importa, nesse átimo, ver-lhes o traço comum: ambas são maneiras de que nossa consciência se vale para restringir a atenção apenas aos objetos que pretendemos lidar.

---

7. In: BORGES, José Souto Maior. *Ciência Feliz*. São Paulo: Quartier Latin, 2007, p. 15.

É isso que Pontes de Miranda, em seu estilo perspicaz e conciso, escreve na singeleza de uma bem urdida frase "*viver é recortar o mundo*".[8]

Porque *viver*, sendo mais que apenas *existir*, significa assumir uma postura *consciente* ante o mundo, pressupõe esse incansável esforço de *recortá-lo* e, portanto, vivemos a classificar nossas experiências, definindo objetos. Assim ocorre até mesmo quando nem conheçamos o sentido que o idioma outorga às expressões *definir* e *classificar*. Simplesmente fazemos isso.

É precisamente a respeito da abrangência desses conceitos e do delineamento das diretivas lógicas dessas operações que prosseguirei a exposição. Este passo mostra-se indispensável para podermos regressar, com alguma propriedade, ao domínio do jurídico e exemplificar o emprego dessas categorias nesse campo, alcançando assim o objetivo enunciado no princípio deste escrito.

4. Que é classificar?

A definição que acode aos dicionaristas da língua portuguesa para o verbo *classificar* costuma ser muito *abrangente* e *circular*, como ilustra a primeira acepção do célebre Dicionário Houaiss da Língua Portuguesa: "*distribuir em classes e nos respectivos grupos, de acordo com um sistema ou método de classificação*". Sucede o mesmo nas diversas línguas ocidentais com os verbos empregados em cada idioma para designar essa operação lógica. Por que?

A explicação para a *abrangência*, que se costuma associar à vagueza, encontra raiz na própria condição que falamos acima:

8. PONTES DE MIRANDA, Francisco Cavalcanti. *O Problema Fundamental do Conhecimento*. Porto Alegre: Globo, 1937, p. 27.

vivemos a classificar, fazendo e refazendo essa operação inúmeras vezes no curso de nossa existência, de modo que a multiplicidade de elementos que se deve designar com o termo *reclama essa vagueza*.

Já a circularidade, poderíamos explicá-la fazendo recurso as ideias de Irving Copi sobre a "*classe*", expressão que designa a unidade da atividade classificatória: *a ideia de classe é básica demais para ser definida em termos de conceitos mais fundamentais*[9], daí a dificuldade percebida no esforço dos dicionaristas.

Se avançarmos na tentativa de definição, inquirindo agora os elementos do enunciado definitório acima referido, veremos que *classe* é palavra empregada para designar o conjunto que reúne elementos segundo um método, sistema ou, como melhor se costuma designar nos manuais de lógica, um *critério*. O termo grego κριτήριον (*kritérion*), que radica a expressão portuguesa, prestava-se para designar no idioma clássico a "*faculdade de julgar, regra para distinguir o verdadeiro do falso*"[10] outros registros etimológicos associam o étimo a um "*tribunal, lugar de julgamento*". Que julgamento é esse?

Porque a classe é o conjunto *abstratamente* constituído para reunir certos elementos segundo um critério, a *pertinência* de um objeto a um dado conjunto é resultado de um juízo, *binário* (i.e. pertence ou não-pertence, sem espaço para terceira possibilidade), sobre a propriedade (ou conjunto delas[11]) em questão. Com efeito, explica Cezar Mortari, há uma relação *muito estreita* entre ter uma certa propriedade e pertencer a um certo conjunto, a ponto de ser possível afirmar, *grosso modo*,

9. *Apud* MOUSSALLEM, Tárek Moysés. *Revogação em Matéria Tributária*. São Paulo: Noeses, 2011, p.44.

10. HOUAISS. *Dicionário Houaiss da Língua Portuguesa*. Edição Eletrônica.

11. Haveria aqui, a bem do rigor, uma pluralidade de critérios e operações classificatórias que se poderia combinar de modo a coordená-las ou subordiná-las umas às outras, sequencialmente.

que "uma propriedade determina um conjunto"[12] e, conversamente, não tê-la, determina um segundo conjunto.

Classificar, sendo a operação que permite reunir em conjuntos certos elementos, pressupõe a habilidade de *julgar*, *valorar*, *estimar*, positiva ou negativamente tais elementos segundo critérios. Pressupõe, portanto, a *diferença*: pode-se classificar ali onde exista espaço para julgar e somente pode haver um *valor* ali onde houver um *desvalor*[13] ou, em termos de lógica clássica, onde, ao lado da proposição *p*, possa se verificar *–p* (*não-p*). E, ainda, o *fracionamento* ou *divisibilidade* do todo submetido a esse julgamento (ainda que meramente em termos gnosiológicos, sem correspondente separabilidade no "correspondente natural"). O absoluto, se é que dele podemos falar algo, é inclassificável.

4.1. Das regras que devem presidir o processo classificatório

Porque vivemos a recortar o mundo, vivemos a classificá-lo, voltando nossa atenção a diferentes quinhões da experiência para apreendê-la em nossos processos conscientes. As classificações surgem como expedientes que nos permitem, a um só tempo, (a) segregar novas espécies a partir do universo de um discurso e (b) articular esses fragmentos do mundo numa teia conceptual, relacionando-os uns com os outros segundo certos critérios para compor a forma lógica de sistema. Daí seu uso tão difundido em todas as áreas do saber e nos vários setores da vida cotidiana.

12. MORTARI, Cezar. *Introdução à Lógica*. São Paulo: UNESP, 2001, p.44.

13. "*Com efeito, há, pode dizer-se duas características essenciais da primeira* [a existência ôntica dos valores] *que convém nunca perder de vista. Em primeiro lugar, a sua estrutura polar. Dentro da ordem dos valores dá-se, por assim dizer, uma polaridade essencial. Esta consiste na oposição entre valores positivos e negativos, entre valor e desvalor*". (HESSEN, Johannes. *Filosofia dos Valores*. Coimbra: Armênio Amado, 1967, p.60).

Tantos e tão diversos são os intentos classificatórios que muito se diz não existirem classificações certas ou erradas, mas sim úteis ou inúteis. Há, no entanto, a possibilidade de que a divisão apresente falácias, resultado da inobservância de alguns requisitos lógicos que devem orientar esse tipo de trabalho.

Paulo de Barros Carvalho identifica as seguintes regras que devem presidir o processo divisório e cuja inobservância provocará erros capazes de macular o raciocínio e prejudicar a comunicação:

> 1) A divisão há de ser proporcionada, significando dizer que a extensão do termo divisível há de ser igual a soma das extensões dos membros da divisão. 2) Há de fundamentar-se num único critério. 3) Os membros da divisão devem excluir-se mutuamente. 4) Deve fluir ininterruptamente, evitando aquilo que se chama "salto na divisão".[14]

Daqui já poderíamos avançar para o tema dos critérios e falar de como uma estudo das classificações se aproxima do capítulo que lógicos como Irving Copi dedicam às definições. Penso, porém, que alguns esclarecimentos adicionais sobre as classes são necessários para compreender o papel dessas categorias em meio a uma postura metodológica nos moldes do Constructivismo Lógico-Semântico.

5. Mas onde "vivem" as classes?

Que a pertinência seja resultado de um juízo e, portanto, proveniente de uma ação humana de valorar positiva ou negativamente um dado critério para, assim, enunciar a continência ou não-continência de uma espécie a um dado conjunto, é algo digno de notas adicionais.

---

14. CARVALHO, Paulo de Barros. *Direito Tributário, Linguagem e Método*. São Paulo: Noeses, 2011. p. 120.

Justamente porque depende da formação de uma ideia acerca do objeto que se pretende examinar, ou melhor, de uma valoração do sujeito a respeito dos atributos desse objeto, segundo certos critérios, a classe, por definição, *não pode existir fora da mente dos sujeitos*.

As classes são, portanto, construções intelectivas que não encontram correspondente na natureza. "*Não vemos as classes, criam-se, linguisticamente as classes*", como lembra Tárek Moussallem. O professor capixaba acode, em nota de rodapé, a um exemplo de Goethe, cuja citação faz-se aqui bem oportuna para ilustrar o argumento: "*Que é humanidade? Que coisa mais abstrata! Não vemos a humanidade, mas, sim, os homens*".[15]

Para dizê-lo com rigor, é incorreto afirmar que uma nova classe (ou classificação) foi *descoberta*, pois elas só existem na medida em que são *criadas* pelos autores das proposições que as documentam e, também, novamente *criadas*[16] na mente dos sujeitos que interpretam esses enunciados. Eis o problema ontológico das abstrações: não lhes basta ser apenas conteúdo, nem se exaurem na forma, pois só existem no encontro dessas duas dimensões.

Se as classes são o resultado de juízos e estes somente têm lugar na consciência dos sujeitos, como então comunicá-los? É preciso verter-lhes numa forma, num corpo limite, que *signifique* (ponha em signos) esse objeto ideal, conferindo-lhe

15. MOUSSALLEM, Tárek Moysés. *Revogação em matéria tributária*. São Paulo: Noeses, 2005, p.41.

16. Nunca, porém, é o caso de mera *recriação*, ainda que o discurso corrente e o bom entendimento muitas vezes pretendam assumir essa feição em nome da objetividade. Cada sujeito recorta o objeto também circunscrito em sua *circunstância* (como chama Ortega y Gasset) que, ora mais ora menos, compromete a igualdade dos resultados, evidenciando as diferenças nos sistemas de referência dos intérpretes. Com algo mais de poesia, escreveu-o bem Frei Beto: "*cada ponto de vista é a vista de um ponto*", pontos que nunca coincidem inteiramente, comprometendo as observações, que nunca serão exatamente iguais, tal como as águas que nunca são as mesmas no rio de Demócrito.

o indispensável suporte físico para sua existência intersubjetiva. É necessário, para tanto, que o *juízo* seja vertido em sua correspondente forma intersubjetiva de *proposição* para que sobre elas possamos conversar.

5.1. Que há em um nome? – Denotação e conotação, intensão e extensão de um conceito

Na célebre passagem de Shakespeare, "*aquilo a que chamamos de rosa, por qualquer outro nome, cheiraria igualmente doce*".[17] De fato, muitas são as formas de nomear uma mesma coisa. Mas ao contrário do que sugere este gigante da literatura inglesa, nenhum nome quer dizer *exatamente* a mesma coisa.

Expliquemos.

Próximo à virada para o século XX, ao estudar a relação que entretêm a palavra e o objeto por ela designado, Gottlob Frege enfrentou o problema de *diferentes termos que possuíam um mesmo referente*. Manfredo Araújo de Oliveira resume assim o raciocínio estabelecido por Frege no que diz respeito ao tema:

> Todo nome designa algo e, além disso, possui um sentido. A linguagem humana possui três dimensões: a *dimensão significativa* (expressão linguística, sinais linguísticos), a *dimensão objetiva* (o objeto designado) e a *dimensão significativa* (a dimensão do sentido). Que é, então, sentido em sua distinção para denotação? O sentido é a maneira como se manifesta o objeto. Por exemplo, na expressão "estrela da manhã", o planeta Vênus nos é manifestado de um modo diferente do que quando dizemos "estrela vespertina". Há aqui uma *identidade de objeto* (daí a mesma denotação) e

17. " *What's in a name? That which we call a rose / by any other name would smell as sweet*", *Romeo and Juliet.* 2º Ato, Cena 2.

> uma diversidade de manifestação (daí a diversidade de sentido). A *denotação* de um mesmo objeto pode ser feita por meio de várias palavras ou outros sinais.[18]

Justamente porque a *denotação* e o *sentido* (também chamado de *conotação*) não são a mesma coisa, já dizia Frege, pode-se falar vários nomes (sinais), com distintos sentidos, para aludir a um "mesmo ente", tal qual o exemplo de Vênus. É também graças a essa separação de nome/sentido/coisa que passam a *ter sentido* certas expressões linguísticas que carecem de denotação (mula-sem-cabeça, saci-pererê, fantasmas...).

É também em função dessa tripartição que se pode falar que um mesmo étimo tem diferentes significados, variando em contexto, remetendo a diferentes coisas em cada um deles. É isso que sucede, por exemplo, com a palavra "*manga*" que num contexto alude à parte de uma camisa, n'outro, a uma fruta.

Assim também a rosa de Shakespeare não *significa* a mesma coisa que o cientista chama *Rosa gallica officinalis*: ao escritor, a rosa interessa pelo aroma doce enquanto metáfora do amor romântico que a cultura ocidental simboliza com aquela flor, ao botânico, valem mais pela morfologia e outros traços característicos. Um e outro, ante o "mesmo dado-bruto" recortam a "realidade" de maneira diferente, segundo os interesses de sua comunicação e os padrões (contexto) da cultura em que escrevem seus textos.

Um nome pressupõe todo esse conjunto de associações que a cultura compartilhada pelos seus usuários atribui a ele.[19] Eis que há em um nome: uma relação culturalmente estabelecida

18. OLIVEIRA, Manfredo Araújo. *Reviravolta linguístico-pragmática na filosofia contemporânea*. São Paulo: Loyola, 1996, p. 63.

19. Não se ignora aqui a possibilidade de que, num dado contexto, um nome seja estipulado e imposto aos utentes de certa linguagem. Veremos mais adiante, no item 7.1., que é esse, precisamente, o caso das definições estipulativas.

entre sua instância material (fonemas, grafemas ou quaisquer outro suporte físico), o significado e sua significação.

Essas noções ganham especial relevância para este trabalho quando nos damos conta de que a todo nome – isto é, a palavra usada para designar algo – corresponde uma significação e, com ele, um conjunto mais ou menos extenso – ou até mesmo vazio – dos objetos por ele significados. Desse modo, todo nome forma duas classes: a das coisas que podem ser por ele nomeadas e aquela complementar, das coisas que não podem ser por ele designadas.

Mas se essas coisas não são, propriamente, significação de um nome como falava Frege, que são elas?

5.2. Que são os elementos de uma classe? – Ou "*porque não podemos trabalhar nem com uma ontologia ingênua, nem um niilismo desesperado*"

Pois bem, vimos logo acima que as classes não são conjuntos *pré*-existentes na natureza, prestes a serem *des-cobertos*, mas, sim, criados pelo homem por meio de operação lógica que reúne certos elementos com fundamento em um critério. Mas que são propriamente esses objetos reunidos?

É certo que a classe não é o mesmo que a mera somatória dos indivíduos que a compõem. Por isso mesmo separa-se o conceito de *classe* (*class*) daquel'outro *coletividade* ou *conjunto* (*set*). Para enumerar os *elementos* – também chamados *indivíduos* ou *membros* – que pertencem a uma classe, fala-se em *extensão* – ou *denotação* –, já para falar das condições de pertinência à classe que abrange estes indivíduos, fala-se em *intensão* – ou *conotação*. Para ilustrar a diferença vale lembrar o exemplo de Susan Stebbing: a morte de um homem pode mudar a denotação, mas em nada altera a conotação da classe "homem".[20]

20. "*La intension, por lo tanto, son clases, no individuos; la denotación es los*

Os elementos pertencem à classe na medida em que *denotam* as características por ela (classe) *conotadas*. De modo que é correto afirmar que o critério de pertinência a um dado conjunto consiste em *ter uma certa característica (ou conjunto delas) ou não tê-la*, sem que haja terceira possibilidade. Uma classe, portanto, é um modo de *falar* sobre um conjunto de elementos, quer eles existam como coletividade, ou até mesmo quando não exista denotação alguma deles. Desse modo, pode existir *classe* sem a correspondente *coletividade*.

Mas sem indivíduos que se subsumam ao critério, ainda assim, falaríamos de uma classe?

Ainda que a singeleza dos termos faça aparentar, esta não é uma questão simples. Para que possamos entender melhor as dificuldades para dar uma boa resposta a essa questão, convém, nesse instante, esclarecer o uso feito pelos manuais de lógica das expressões *classes de primeira ordem* e *classes de segunda (ou n) ordem*. Alfred Tarski[21] esclarece que:

> *[...] classes of individuals are called CLASSES OF THE FIRST ORDER. Relatively more rarely in our investigations we come upon CLASSES OF THE SECOND ORDER, that is, upon classes which consist, not of individuals, but of classes of the first order. Sometimes even CLASSES OF THE THIRD, FOURTH, and HIGHER ORDERS have to be dealt with.*

Haveria, em meio a teoria das classes, segundo os parâmetros da lógica clássica, duas sortes de elementos possíveis: (a) os indivíduos ou membros, *i.e.* as coisas-do-mundo-que-se-

---

miembros de las clases, no las clases. De aquí que cuando un hombre muere, la intensión de 'hombre' no se vea afectada de modo alguno." STEBBING, L. Susan. *Introducción moderna a la lógica*. México: UNAM, 1965, p. 143.

21. TARSKI, Alfred. *Introduction to Logic and to the Methodology of the Deductive Sciences*. New York: Oxford, 1994, p. 63.

-classifica, ou (b) classes menores que se incluem em outras, maiores, estas são usualmente chamadas *superclasses*, aquelas *subclasses*. Conquanto os princípios que regem a lógica dessas classes sejam os mesmos, é curioso observar que, ao falar de classes de primeira ordem, tratamos de operações de *pertinência* (matematicamente representadas pelos símbolos matemáticos derivados do grego $\in$ – *pertence* – ou $\notin$ – *não-pertence*), já quando tratamos das relações das classes umas com as outras, falamos um conjunto *está contido em outro* (representados pelos símbolos matemáticos $\subset$ e $\not\subset$) ou que uma classe *contém outra* (em linguagem formal $\supset$).

Ocorre que, ao adotar as premissas como aquela de Vilém Flusser, segundo a qual "*aquilo que contamos, o que compilamos e comparamos, e o que computamos, enfim, a matéria-prima de nosso pensamento, consiste, em sua maioria, de palavras*"[22], a noção de que podemos trabalhar com classes de primeira ordem, que se referem, diretamente, aos indivíduos ou às coisas-do-mundo para classificá-los, restará, no mínimo, tormentosa.

Com efeito, todo nome finda por inaugurar uma classe: a dos objetos que podem ser designados por aquele nome. A circunstância de existirem *vários*, *um* ou *nenhum* indivíduo na realidade examinada que atenda por aquele nome é, como vimos, incapaz de invalidar a classe, pois ela pode muito bem existir sem a correspondente coletividade.

Equiparando, brevemente para os fins da continuidade da exposição, "*nome*" à "*palavra*", voltemos ao que escrevia Flusser:

> As palavras são apreendidas e compreendidas como símbolos, isto é, como tendo significado. Substituem algo, apontam para algo, são procuradores de algo. O que substituem, o que

22. FLUSSER, Vilém. *Língua e Realidade*. São Paulo: Annablume, 2007, p.40.

> apontam, o que procuram? A resposta ingênua seria: "em última análise, a realidade". A resposta mais sofisticada dos existencialistas e dos logicistas seria provavelmente: "nada". A resposta deste trabalho será: "Já que apontam para algo, substituem algo e procuram algo além da língua, não é possível falar-se deste algo".[23]

De fato, se o que dispomos para falar do mundo, apreendê-lo, compreendê-lo, fazê-lo passar do *caos das sensações* kantiano a *mundo*, *realidade*, são as palavras, nenhuma tentativa de falar sobre algo além da língua será bem-sucedida. Seja para afirmar a existência de algo fora da linguagem, como fazem os "ontólogos", seja para infirmá-lo como pretendem os "niilistas", servimo-nos de palavras.

Sem dúvida trata-se de problema que envolve boa dose de abstração. Para ajudar sua compreensão, penso ser oportuno darmos um exemplo. Imaginemos um acontecimento simples: o nascimento de uma pessoa. Aos olhos do médico obstetra, está ali um *feto vivo do sexo masculino* (*ou feminino*), *pesando X quilos, com Y centímetros de tamanho, sendo o parto normal* (*ou cesariano*), um fato fisiológico; aos olhos do oficial do registro civil, pouco interessará saber, por exemplo, da modalidade de parto ou mesmo do peso e tamanho da criança, precisa, no entanto, de um *nome* (informação esta que sequer adentrou o atestado do médico obstetra), fez-se com seu relato um fato jurídico. Mas afinal de contas: eis aí um fato jurídico ou um fato fisiológico? O que seria o "fato--puro" do nascimento dessa criança? Qual, ao fim das contas, a "realidade objetiva"?

Sendo herdeiros de uma cultura fortemente influenciada pelo iluminismo, sentimo-nos fortemente inclinados a dizer que a realidade *objetiva*, *absoluta*, seria algo diverso dessas representações parciais, desses "relatos" jurídicos ou médicos.

---

23. *Op. cit.*, p.41.

Os pais, os médicos, os enfermeiros e tantos outros *viram* a criança nascer, *essa é a realidade*. Ocorre que mesmo o relato de qualquer dessas pessoas é, também, fruto da atividade de seu intelecto, que reúne todos os *dados brutos* chegados do entorno, nos limites de uma frase. Tudo o que temos, tudo que não se esvai no fluxo ininterrupto dos acontecimentos, são as interpretações, nunca o evento, a *realidade objetiva*. Mas será que poderíamos chamar uma tal realidade de *objetiva*?

Continuemos com Flusser:

> A imagem que se oferece é a seguinte: a realidade, este conjunto de dados brutos, está lá, dada e brutal, próxima do intelecto, mas inatingível. Este, o intelecto, dispõe de uma coleção de óculos, a realidade "parece ser" diferente. A dificuldade dessa imagem reside na expressão "parece ser". Para ser, a realidade precisa parecer. Portanto, toda vez que o intelecto troca de língua, a realidade é diferente. Mas uma ontologia que opera com uma infinidade de sistemas de realidade, substituíveis é intolerável. É preferível abandonar o conceito da realidade como conjunto de dados brutos. É preferível dizer, como o fiz nos parágrafos anteriores, que os dados brutos se realizam somente quando articulados em palavras. Não são realidade, mas potencialidade. A realidade será, em consequência, o conjunto das línguas.[24]

Deixamos de usar a língua como *retrato* de uma realidade, para falar que ela *cria* uma realidade ao organizar certos "dados brutos" em torno de relatos. Os nomes, portanto, *criam* as coisas na medida em que nos permitem falar a respeito delas. Já os "dados brutos", *em-si*, não podemos falá-los.

Voltando ao problema dos indivíduos e das classes, disse há pouco que cada nome corresponde à classe mais ou menos extensa dos indivíduos que se pode designar por meio dele. Se

24. *Op. cit.*, pp. 52-53.

já não mais podemos falar dos dados brutos, mas apenas das palavras que nos permitem ordenar esses relatos, poderíamos ainda assim falar em classes de *primeira ordem*? Ou para levar a indagação a termos mais concretos: que tamanho precisa ter a classe "oceanos da terra"?

Firmadas as premissas que expus até aqui, fica difícil fazê-lo: se não conhecemos nada a não ser por intermédio dos nomes e estes, por sua vez, sempre formam classes, estaremos sempre a classificar esses nomes e as interpretações que deles fazemos, segundo os critérios de uma cultura, nunca as coisas-em-si. As classes, portanto, sempre tratam de incluir outras classes, montando a base de um sistema classificatório. A esse respeito, vale conferir essa passagem de Paulo de Barros Carvalho:

> [...] as unidades desses sistemas sígnicos, em grande parte nomes, gerais e próprios, são classes que exprimem gêneros ou espécies e, como tais, passíveis de distribuição em outras classes, segundo, evidentemente, as diretrizes do critério escolhido para a divisão. Com os recursos da classificação, o homem vai reordenando a realidade que o cerca, para aumentá-la ou para aprofundá-la consoante seus interesses e suas necessidades, numa atividade sem fim, que jamais alcança o domínio total e a abrangência plena.[25]

Vivemos, portanto, a organizar aquilo que recortamos do mundo em meio a palavras, formando, com elas, classes que se articulam, umas com as outras, por meio de sistemas classificatórios. Se, como enuncia Dardo Scavino: "*não existem fatos, somente interpretações*"[26], nunca classificamos as coisas-em-si, sempre fazemos recair nossos critérios sobre nossas

25. CARVALHO, Paulo de Barros. *Direito Tributário, Linguagem e Método.* São Paulo: 2011, p. 121. Sublinhei.

26. SCAVINO, Dardo. *La filosofia actual: pensar sin certezas.* Buenos Aires: Paidós, 2010, p. 21.

interpretações, pois é somente a elas que podemos submeter os critérios de nossas classificações. Assim, já podemos ficar tranquilos: mesmo a classe "oceanos" cabe ela, inteira, em nossas mentes.

6. Algumas designações especiais de conjuntos

São muitas as formas de trabalhar os conjuntos, podemos defini-los, uni-los, separá-los, complementá-los, interseccioná-los... em meio a essas operações, no entanto, emergem algumas propriedades lógicas interessantes, cuja apreciação fez com que os estudiosos do assunto dedicassem aos conjuntos que manifestavam essas peculiaridades certas nomenclaturas especiais.

Neste item, pretendo falar de algumas delas, mostrando sua serventia à construção do raciocínio jurídico.

6.1. O conjunto "universo" (*U* ou *V*) – o tudo nunca é o todo

Um dos princípios que orientam a lógica clássica é o princípio da identidade: *algo é igual a si mesmo* ($a = a$). Firmada tal premissa, poderíamos descrever uma classe dos indivíduos x que fossem iguais a si próprios. Nessas condições, um tal conjunto seria formado por todos os objetos do universo. Eis a formulação clássica do conjunto denominado *Universo*, geralmente representado nos livros de lógica pelos símbolos U ou V.

No princípio desse texto, no entanto, vimos que nossa atividade cognoscente tem por imprescindível o corte, de maneira que o *todo* é sempre incognoscível. Com efeito, falar em um *todo* seria o mesmo que dirigir nossa atenção a *nada*, pois coisa alguma seria digna de maior atenção do que o seu entorno. Como então entender o conjunto U?

Cezar Mortari logo esclarece que:

> Na verdade, não existe um conjunto universal, contendo todas as entidades do universo – o qual incluiria os outros conjuntos e também a si mesmo. Assim, ao falarmos de 'conjunto universo', queremos com isso indicar apenas o conjunto das entidades que nos interessa estudar num certo momento: o universo do discurso de uma certa situação. [...] o assim chamado conjunto universo é sempre relativo a uma situação específica.[27]

Trabalhar com um conjunto universo firma as possibilidades de conhecimento da experiência e, dessa maneira, potencializa o trabalho cognoscitivo, impedindo que o intérprete trabalhe com elementos estranhos ao seu campo de trabalho. A fixação de um *universo do discurso*, porém, é como toda definição de um ponto de partida, uma escolha do intérprete e, por isso mesmo, uma manifestação de sua conveniência aos propósitos da pesquisa. É o que Alfred Tarski explica sucintamente:

> *Instead of dealing with all individuals and specifying which of them fall within the framework of a particular mathematical theory, it can be more convenient to restrict the consideration from the beginning to the class of those individuals which the theory in question involves; such a class will be denoted again by "V" and will be called the UNIVERSE OF DISCOURSE of the theory. In arithmetic, for instance, it is the class of all numbers which forms the universe of discourse.*
>
> *It should be emphasized that V is the class of all individuals but not the class containing as elements all possible objects, among which are classes of the first order, of the second order, and so on.*[28]

27. MORTARI, Cezar. *Introdução à lógica*. São Paulo: UNESP, 2001, p. 45. Sublinhei.

28. TARSKI, Alfred. *Introduction to Logic and to the Methodology of the Deductive Sciences*. New York: Oxford, 1994, p. 68. Sublinhei.

Curioso observar que nem mesmo a estipulação de um conjunto "universo" prescinde de um corte. Confirmando o que dizia Pontes de Miranda, o *cindir é desde o início*. Antes mesmo de realizar cortes analíticos, decompondo os elementos que pretendemos estudar, precisamos desse corte inicial, que demarque o universo, especificando, naquela situação, quais são os elementos postos em consideração, qual o universo sobre o qual pode versar o discurso. Portanto, a fixação de um conjunto universo, o universo de um discurso é um *pressuposto para o conhecimento*.

Se de posse de tais conhecimentos voltarmos nossa atenção à ciência jurídica, podemos melhor apreciar a grandiosidade da contribuição de Kelsen e sua *norma hipotética fundamental* na Teoria Pura do Direito. Tal expediente, na condição de *pressuposto do conhecimento jurídico*, fixa o universo das normas jurídicas (e, logo, do discurso sobre o direito) a partir das relações de derivação que têm as unidades desse sistema até, na representação piramidal de Merkel, culminarem na norma hipotética fundamental.

A norma hipotética fundamental, portanto, não é – como pensam alguns – a Constituição, ou mesmo algo *posto* no ordenamento: é *pressuposto*, como explica Lourival Vilanova:

> A norma fundamental, como condição da possibilidade do conhecimento dogmático do Direito (sua função gnoseológica) é, sintaticamente, proposição situada fora do sistema de direito positivo. Quando Kelsen diz, repetidamente, que não é norma posta (estatuída por uma autoridade ou pelo costume), mas pressuposta, podemos traduzir isso em termos de Lógica moderna: a norma fundamental é uma proposição de metalinguagem; não está ao lado das outras proposições do direito positivo, não proveio de nenhuma fonte técnica; carece de conteúdo concreto e, relativamente à matéria das normas positivas, é forma condicionante delas (forma cognoscente, hipótese epistemológica). O sistema da ciência jurídica tem na

> norma fundamental a condição de conhecimento do objeto (o direito positivo).[29]

A norma hipotética fundamental de Kelsen, tal como o conjunto universo, na lógica, não é resultado da experiência, mas condição para ela.

6.2. O conjunto vazio (∅) – a diferença entre o objeto e a amostra na experiência

Ao lado do conjunto *U*, faz-se referência ao *conjunto vazio* que se costuma fazer representar pelo símbolo ∅. Tal conjunto consiste precisamente no inverso de *U* e, ante já citado princípio da identidade ($a = a$), poder-se-ia defini-lo como o conjunto formado por todo x tal que x seja diferente de si mesmo. Tal conjunto seria vazio em sua *extensão*, ainda que tenha *intensão*.

Desse modo, o *ser um conjunto vazio* está relacionado à contingência de nenhum elemento do universo do discurso satisfazer o critério de pertinência à classe.

6.3. Os conjuntos unitários – os nomes próprios

Por detrás dos cortes classificatórios está sempre o interesse de reduzir o universo do discurso para concentrar a atenção sobre um dado objeto. Diz-se unitário o conjunto que em sua extensão reúne *um e apenas um elemento*. À classe que segrega de tal maneira o conjunto *U*, chama-se também *nome próprio*.

No direito, as tentativas de produzir uma tal individualização dos sujeitos assumem várias formas: os nomes completos,

---

29. VILANOVA, Lourival. *As Estruturas Lógicas e o Sistema de Direito Positivo*. São Paulo: Noeses, 2005, pp. 164-165. São minhas as sublinhas.

os números de registro geral (RG), os cadastros de pessoas físicas e pessoas jurídicas, os números de matrícula estaduais e municipais, etc.

6.4. O conjunto "complemento" (Ā ou A') – o contrário de preto não é branco

Consideremos que um conjunto *A* está contido em *U*, como, aliás, é preciso para que se possa dele conhecer, já que *U* é sempre pressuposto. Diz-se que o *complemento* de *A* – também chamado de *contraconjunto* e simbolizado por $\bar{A}$ ou *A'* – consiste em todos os elementos que satisfaçam os critérios de (i) estar em *U* e (ii) não pertencer a *A*.[30] Em termos formais teríamos:

$$\bar{A} \overset{\text{def}}{=} \{x \mid x \in U \text{ e } x \notin A\}$$

Um exemplo pode auxiliar a compreensão: consideremos o conjunto *U* dos automóveis e o conjunto *A* dos automóveis de cor preta. No conjunto complemento $\bar{A}$ devem figurar todos os elementos que satisfaçam a condição de ser automóvel (critério de pertinência em *U*) e *não satisfaçam* a condição necessária para figurar em *A* (ter a cor preta). Logo se vê que o contraconjunto de *A* não é formado apenas por carros da cor branca, mas de toda e qualquer cor que não seja o preto.

Os conjuntos-complemento se fazem perceber de maneira muito intensa no linguajar jurídico com os chamados princípios ontológicos do direito, que *permitem ao particular a permissão para desempenhar qualquer ato que não esteja*

30. "*Uma terceira operação é a de complemento: dado um universo U e um conjunto A contido em U, o complemento de A, em símbolos $\bar{A}$, é o conjunto de todos os elementos que não pertencem a A. Ou seja:* $\bar{A} =_{df} \{x \mid x \in U \text{ e } x \notin A\}$". (MORTARI, Cezar. Introdução à Lógica. São Paulo: UNESP, 2001, p. 48).

expressamente proibido e vedam à administração pública a realização daquilo que não lhe tenha sido expressamente autorizado. Tais prescrições, logo se vê, imputam a permissão ou a proibição à condutas que se definem justamente como conjunto complemento das condutas expressamente previstas na legislação. Dessa maneira, emprestam ao direito *completude*, permitindo-lhe ordenar até mesmo as situações intersubjetivas que, mesmo compreendidas no universo de seu discurso, não tenha o legislador sobre elas expressamente versado.

6.5. Gênero e espécie

A contingência de poder uma classe integrar a extensão de outra faz com que tenhamos as chamadas classes de segunda e *n* ordens. A classe que engloba às demais chama-se *superclasse*, a incluída, *subclasse*.

A circunstância de falar-se em *superclasse* ou *subclasse* depende tão somente do ponto de vista. Nos exemplos dados acima, tanto *A* como $\bar{A}$ consistem em subclasses de *U*. Se, porém, construíssemos a classe dos automóveis pretos e conversíveis (chamemos de *C*), logo teríamos uma nova subclasse de *A*, que, em relação a *C*, seria sua superclasse. Poderíamos ainda traçar outras subdivisões, elencando outras diferenças, como o câmbio automático, ar condicionado, vidros elétricos... enfim, tantas poderiam ser as espécies (e subespécies) quantas fossem as diferenças que conseguíssemos apontar.

As expressões *gênero* e *espécie* designam, respectivamente, a *superclasse* e *subclasse*. Há entre elas a mesma relação de continência: todos os elementos que pertencem à espécie têm as notas comuns ao gênero, porém nem todos os elementos que integram o gênero denotam as características da espécie. Há, em cada espécie, a soma de todos os traços do gênero *mais* uma diferença que as demais espécies do gênero não têm: a chamada *diferença específica*.

Saber se estamos diante de uma situação que melhor se amolda à prescrição do *gênero* ou da outra *espécie* é indispensável para que possamos bem identificar o comando jurídico prescrito numa dada circunstância. Um *homicídio*, sendo situação geral, é punido com reclusão de seis a vinte anos, um *homicídio praticado em legítima defesa*, mesmo tendo todos os traços do gênero homicídio, mais a diferença específica da legítima defesa, não terá a mesma consequência. Com efeito, somente se justifica o esforço intelectivo de discernir a espécie quando ela receba tratamento diverso do gênero.

7. Classes, critérios e definições: que relação há entre classificar e definir?

7.1. Os nomes e as definições

No curso deste texto já falamos da importância do corte, dos processos classificatórios, dos elementos que formam as classes e até mesmo de certos conjuntos aos quais os cultures da lógica dedicam não apenas atenção maior como outorgam-lhes certos nomes especiais. É chegada a hora de relacionar todas essas noções com a ideia de definição.

Para cada ideia atribuímos um *nome*, um *termo* que a represente numa instância física, para que então possamos usar e mencionar essa noção em meio a um discurso qualquer.

Paulo de Barros Carvalho explica que a definição é:

> [...] operação lógica demarcatória dos limites, das fronteiras, dos lindes que isolam o campo de irradiação semântica de uma ideia, noção ou conceito. Com a definição, outorgamos à ideia sua identidade, que há de ser respeitada do início ao fim do discurso.[31]

31. CARVALHO, Paulo de Barros. *Direito Tributário, Linguagem e Método*. São Paulo: Noeses, 2011, p. 120.

A expressão definição, como tantas outras, padece da ambiguidade processo-produto, ora referindo-se ao processo de que fala Paulo de Barros Carvalho, ora aludindo ao enunciado encarregado de documentar a realização de tal operação lógica e registrar essa *identidade* do conceito.

Tomada a expressão em sua segunda voz, percebe-se a que definição costuma-se exprimir sob a forma alética clássica, *sujeito é predicado*, que se costuma expor em linguagem formalizada desse modo: *S(p)*. O termo a ser definido, ocupa a posição de sujeito, o(s) elemento(s) definitório(s), que registram os cortes realizados para isolar o objeto, perfazem o papel de predicado. É comum nos livros de lógica a notação que reserva à primeira parte do enunciado definidor, que comporta o termo a ser definido, o nome *definiendum* e à segunda, que apresenta o(s) predicado(s) utilizados para delimitar o *campo de aplicabilidade* do *definiendum*, chama-se *definiens*. Vale aqui tecer uma importante nota: assim como a classe não se confunde com os indivíduos que a integram, também as definições não se deve confundir com os elementos que se pretende definir. Aquilo que se definem são os *conceitos*, nunca as *coisas-em-si*. Para demonstrá-lo, cito um exemplo de Irving Copi:

> [...] as definições são sempre símbolos, pois somente os símbolos têm significados que as definições explicam. Podemos definir a palavra "cadeira", porque tem um significado; mas, conquanto possamos sentar-nos nela, pintá-la, queimá-la ou descrevê-la, não podemos definir uma cadeira em si mesma, pois é um artigo de mobiliário, não um símbolo com um significado que devamos explicar.[32]

As definições mesmo quando adotam a via da extensão, buscando a denotação "exaustiva" dos elementos de uma classe, tal como um relatório extenso que descreva à miúde a

32. COPI, Irving M. *Introdução à Lógica*. São Paulo: Mestre Jou, 1981, p. 112.

prática de um delito por um indivíduo, não perde nunca seu *status* de *representação*. De símbolo se trata, sempre.

Paulo de Barros Carvalho, com a perspicácia que lhe marca o estilo, bem observa que:

> [...] ao inventar nomes (ou ao aceitar os já inventados), traçamos limites na realidade, como se cortássemos idealmente em pedaços e, ao assinalar cada nome, identificássemos o pedaço que, segundo nossa decisão, corresponderia a esse nome.[33]

A palavra "decisão" opera aqui um importante papel. Com efeito, o *definiendum* liga-se ao *definiens* por meio de (a) uma cópula alética que nos é dada pela cultura (e que aceitamos para participar dela) ou de (b) uma cópula deôntica decorrente de um ato de vontade por parte de um sujeito apto para tanto.

Para designar esse segundo modo de definir um termo, os lógicos cunharam a expressão *definição estipulativa*. Explica-a Irving Copi:

> Uma definição estipulativa não é verdadeira nem falsa, mas deve ser considerada uma proposta ou uma resolução de usar o *definiendum* de maneira que signifique o que o *definiens* significa, ou como um pedido ou uma ordem. Nesta acepção, uma definição estipulativa tem o caráter mais diretivo do que informativo.[34]

São duas maneiras bem distintas de definir um termo: na primeira, denominada *definição lexicográfica*, busca-se

---

33. CARVALHO, Paulo de Barros. *Direito Tributário, Linguagem e Método*. São Paulo: 2011, p.122.

34. COPI, Irving M. *Introdução à lógica*. São Paulo: Mestre Jou, 1981, p. 114. Destaquei.

reconhecer um uso já estabelecido numa cultura, por isso mesmo cabe inquirir a *verdade* da definição; na segunda, prescreve-se um uso, ainda que não coincida com aquele já registrado num certo contexto, cabendo apenas indagar a respeito de sua *validade.*[35]

7.2. Os nomes e as classes

Vimos de ver que todo conceito, ideia ou noção faz-se exprimir por um termo, um nome. Quando conhecemos o conceito, seus *fins, confins e limites*, sabemos a que objetos podemos atribuir o termo e a quais não podemos. Há, desse modo, uma relação muito próxima entre o ter as propriedades de um conceito e pertencer a um conjunto, como anota Cezar Mortari:

> Há uma relação muito estreita entre ter uma certa propriedade e pertencer a um certo conjunto (e, como você vai ver depois, entre relações em geral e certos tipos de conjuntos). De fato, poderíamos dizer que, *grosso modo*, uma propriedade determina um conjunto.[36]

Se a definição[37], como vimos acima, consiste no enunciado que exprime os critérios *necessários e suficientes* para quadrar

---

35. Por suposto a divisão entre definições conotativas *lexicográficas e estipulativas* não é "completa". O próprio Irving Copi chama atenção ainda às definições *aclaradoras*, que ocupariam um lugar intermediário entre a liberdade absoluta de estipulação e os usos já estabelecidos de um termo numa certa cultura, as *teóricas* e as *persuasivas*. (COPI, Irving. *Introdução à lógica*. São Paulo: Mestre Jou, 1981, pp. 116-119). O número de classes numa proposta classificatória, como já falamos, têm limite apenas na capacidade humana de encontrar uma diferença que justifique a divisão do gênero em novas espécies.

36. MORTARI, Cezar. *Introdução à lógica*. São Paulo: UNESP, 2001, p. 44.

37. Advirto que se reconhece nos estudos de lógica também as chamadas definições extensivas, isto é, que delimitam o conjunto dos objetos pela enunciação exaustiva, exemplificativa ou ostensiva de seus elementos. Os propósitos e limites do presente texto, porém, impedem que seu trato mais

um determinado objeto em meio a um conceito, parece claro que os conceitos comportam-se como classes: segundo os critérios da definição (sua *intensão*) os elementos pertencem ou não-pertencem à extensão daquela ideia.

Com efeito, Irving Copi registra ideia semelhante:

> Num certo sentido, o significado de um termo consiste na classe de objetos a que o termo pode ser aplicado. Este sentido da palavra "significado", o seu sentido referencial, tem recebido tradicionalmente o nome significado *extensivo* ou *denotativo*. Um termo genérico ou de classe *denota* os objetos a que pode corretamente ser aplicado, a coleção ou classe desses objetos constitui a *extensão* ou *denotação* do termo.
>
> Contudo, o precedente não constitui o único sentido da palavra "significado". Compreender um termo é saber como aplicá-lo corretamente, mas, para isso, não se torna necessário conhecer todos os objetos a que se pode corretamente aplicar. Somente requer que se tenha um critério para decidir se qualquer objeto cabe ou não dentro da extensão do termo. Todos os objetos que pertencem à extensão de um certo termo possuem algumas propriedades ou características comuns que são, juntamente, o que nos induz a usar o mesmo termo para denotá-los. As propriedades possuídas por todos os objetos que cabem na extensão de um termo recebem o nome de *intensão* ou *conotação* desse termo. Os termos genéricos ou de classe têm um significado *intensivo* ou *conotativo* e um *extensivo* ou *denotativo*. Assim, a intensão ou conotação do termo "arranha-céu" consiste nas propriedades comuns a todos os edifícios que ultrapassam uma certa altura, ao passo que a extensão ou denotação desse termo é uma classe que contém o *Empire State Building*, o *Chrysler Building*, a *Wrigley Tower* etc.[38]

---

detalhado. Para estudá-las, recomendo a leitura do trabalho já citado de Irving Copi.

38. COPI, Irving M. *Introdução à Lógica*. São Paulo: Mestre Jou, 1981, p.119-120.

A atividade definitória, sendo o meio pelo qual se demarca o campo de aplicabilidade de um conceito, atua ora pela extensão – por meio das definições denotativas – ora pela intensão – as chamadas definições intensivas ou conotativas. Numa e noutra, demarca-se uma classe: nas primeiras, ao elencar seus elementos, nas segundas, ao dar os critérios para que se possa submeter os objetos da experiência à prova, ainda que não os conheçamos todos de antemão.

Não é mera coincidência que, no domínio das teorias matemáticas sobre classes, uma das operações básicas consista justamente na *definição de conjuntos*. Isto é, no trabalho de identificar as funções proposicionais (a intensão) que permitem isolar os elementos integrantes dessa classe, ou seja, explicitar os critérios para a pertinência dos elementos ao conjunto (para assim demarcar sua extensão). Em tais procedimentos usamos o sinal gráfico $=_{df}$ ou $\overset{def}{=}$, que significam "igual por definição", tal como, para falar da operação que traça o conjunto complemento, usamos a expressão matemática:

$$\bar{A} \overset{def}{=} \{x \mid x \in U \text{ e } x \notin A\}$$

Saltará logo à vista do leitor que as definições conotativas prestam-se bem ao labor jurídico de cunhar os *tipos* e as previsões *genéricas e abstratas* normalmente postas nas leis. Com efeito, é possível estipular um tipo penal x ainda que nenhuma ocorrência dessa conduta tenha se dado na sociedade que se pretende regrar. Com a propositura da lei já haverá *intensão*, ainda que inexista *extensão*. Quando, porém, acontecer de alguém praticar conduta que se quadre a cada uma das notas da intensão desse tipo x, estaremos pois, diante de um fato jurídico, inaugurando a extensão.

Vale observar, ainda, que os próprios documentos lavrados para atestar que a conduta praticada por um indivíduo adequa-se à descrição do tipo x são, eles também, definições. Tomam, porém, o caminho da extensão ao trazer não mais a linguagem em sua vertente conotativa, mas termos pormenorizados, *concretos*, *individualizados*, para *denotar* os mesmos critérios expostos *conotativamente* no tipo.

7.3. Duas advertências: ambiguidade e vagueza

Algumas páginas atrás, registrei as regras que devem ser observadas na construção de uma classificação logicamente correta. Dentre elas, estava a necessidade de que fosse eleito um critério e que tal expediente pudesse ser submetido à inteireza dos elementos para dividi-los proporcionadamente. Mas que é um critério?

Um critério, explica Max Black[39] é:

> *[...] a test wich can be used in determining whether the word in question should be rightly applied to a given specimen. Such a test will normally mention some character (or "constuctive factor" as we shall later call it) that the specimen is required to have.*

Ocorre que, no mais das vezes, não nos limitamos a apenas um critério para tecer nossas propostas classificatórias. Combinamos ora concomitante ora sucessivamente diferentes critérios para compor modelos com várias classes, cada uma delas resultado combinado da satisfação desses vários cortes classificatórios.

Tomemos agora o exemplo de uma sala de aula: estando presentes os alunos posso dividi-los quanto a sua idade entre alunos com mais de 30 anos e outros com menos de 30. Seguindo as regras classificatórias, formarei dois grupos. Posso ainda, segregá-los entre alunos que usam óculos e alunos que não os

39. BLACK, Max. *Definition, Pressuposition, and Assertion*. In: *Problems of Analysis*. Londres: Routledge, 1954, p. 26.

usam, formando também duas novas classes. Coordenando esses critérios, formarei, quatro grupos: (a) menos de 30 anos com óculos; (b) menos de 30 anos sem óculos; (c) mais de 30 anos com óculos e (d) mais de 30 anos sem óculos. Idealmente, cada um de meus alunos figuraria em um – e apenas – um desses grupos.

O problema, porém, é que todos os termos de uma linguagem natural como lembra Alf Ross[40] são vagos e potencialmente ambíguos[41], mesmo aqueles mais objetivos, como os que tentei empregar no exemplo acima: como classificar aqueles que, valendo-se de lentes de contato, não usam óculos? A qual classe pertencem aqueles alunos que, completando seu 30º aniversário no dia em que os divido, ainda não chegaram à hora exata de seu nascimento?

É bem provável que, ainda assim, a maior parte dos alunos quadrar-se-á, sem muitas dúvidas, a um dos conjuntos montados a partir dos critérios eleitos no exemplo. O problema está justamente nas zonas limítrofes entre o *ter a propriedade x* e o *não-tê-la*. Genaro Carrió explica esse problema com uma elucidativa metáfora, para seguir o seu exemplo imaginemos uma definição tal como se fosse uma metáfora a lançar suas luzes sobre a classe definida:

> *Hay un foco de intensidad luminosa donde se agrupan los ejemplos típicos, aquellos frente a los cuales no se duda que la palabra es aplicable. Hay una mediata zona de oscuridad*

40. ROSS, Alf. *Sobre el derecho y la justicia*, Buenos Aires: Eudeba, 1963, p. 130.

41. Vagueza e ambiguidade são expressões que não se pode confundir: "*Embora a mesma palavra possa ser, ao mesmo tempo, vaga e ambígua, vagueza e ambiguidade são duas propriedades muito distintas. Um termo é ambíguo num determinado contexto, quando tem dois significados distintos e o contexto não esclarece em qual dos dois se usa. Por outro lado, um termo é vago quando existem "casos limítrofes" de tal natureza que é impossível determinar o termo se aplica ou não a eles. Neste sentido, a maioria das palavras é vaga.*" (COPI, Irving. *Introdução à Lógica*. São Paulo: Mestre Jou, 1981, pp. 107-108).

> *circundante donde caen todos los casos en los que no se duda que no lo es. El tránsito de una zona a otra es gradual; entre la total luminosidad y la oscuridad total hay una zona de penumbra sin límites precisos. Paradójicamente ella no empieza ni termina en ninguna parte, y sin embargo existe. Las palabras que diariamente usamos para aludir al mundo en que vivimos y a nosotros mismos llevan consigo esa imprecisa aura de imprecisión.*[42]

Se todos os termos com que construímos nossa linguagem parecem carregar essa imprecisão, como podemos lidar com ela ao construir definições?

7.4. Sobre a elucidação e os problemas para construir uma definição útil

Uma primeira saída para lidar com o problema imprecisão causada pela vagueza e pela ambiguidade consiste naquilo que Rudolf Carnap chamou de *elucidação*.[43] Para este pensador, elucidar um termo consiste em elaborar de forma mais detalhada as suas definições e, assim, a melhor circunscrever o objeto que se pretende descrever por meio da combinação mais predicados e, logo, mais juízos sobre novas propriedades. Essa proposta fundamenta-se num princípio lógico chamado *lei de variação inversa*, segundo o qual "*se os termos forem dispostos em ordem de intensão crescente, suas extensões estarão em ordem não-crescente, isto é, se as extensões variam de algum modo, variarão de maneira inversa com suas intensões*".[44] Em outras palavras, quanto mais propriedades atribuímos a um conceito, menos serão os elementos que poderão satisfazer as

42. CARRIÓ, Genaro. *Notas sobre derecho y lenguaje*. Buenos Aires: Abeledo--Perrot, 1994, pp.33-34.

43. CARNAP, Rudolf. *Introduction to Philosophy of Science*. Nova Iorque: Dover, 1996, p.73.

44. COPI, Irving M. *Introdução à Lógica*. São Paulo: Mestre Jou, 1981, p.122.

condições de pertinência à classe por ele inaugurada.

As chamadas *definições por gênero e diferença*, tidas pelo discurso científico como as mais adequadas, procuram fazer esse itinerário: ao alocar o conceito de uma espécie em meio a um gênero, faz-se referência a todos os atributos próprios daquele gênero, acrescendo-se a diferença específica para restringir o campo de aplicabilidade e falar apenas da espécie. A cada vez que o cientista quer falar de uma coisa, alude a um gênero e, a partir dele, mostra as particularidades do conceito que pretende examinar (suas diferenças específicas).

Trata-se de expediente que imprime maior racionalidade e objetividade ao discurso científico, na medida em que exime o autor da mensagem do dever de descrever à miúde os atributos do gênero, voltando sua atenção tão somente às diferenças das espécies.

Ocorre que um tal sistema pressupõe que tanto o autor como o destinatário da mensagem compartilham *o mesmo entendimento a respeito das características do gênero*. Essa condição, com efeito, é difícil de ser apurada no costumeiro silêncio dos interlocutores e, daí mesmo, advém muitas discussões a respeito da validade de sistemas classificatórios.

Exemplo disso é a disputa no estudo do direito tributário que há entre aqueles que afirmam a existência de três espécies de tributos (impostos, taxas e contribuições de melhoria) e aquel'outros que tratam de cinco modalidades (impostos, taxas, contribuições de melhoria, empréstimos compulsórios e contribuições).[45]

Ao examinar o critério eleito pelos primeiros, percebe-se a preferência por traços *intrínsecos à norma de tributação*, isto é, se a relação entre o fato descrito na hipótese e os sujeitos

45. Há, ainda, outras tantas propostas que sugerem mais classes, essas duas, sendo as mais difundidas, já bastam para ilustrar o argumento.

prescritos no consequente se dá em função de um certo tipo de atuação própria da administração (taxas), se independe dela (impostos) ou se deriva da combinação de ambos (contribuições de melhoria). Os segundos dizem que a Constituição valeu-se de disposições alheias à só norma-padrão de incidência para dividir os tributos também em função da destinação específica de seus recursos e da previsão de sua restituição, havendo assim critérios construídos com várias normas.

A raiz da divergência está no conceito de que ninguém fala: *que é o tributo que se divide em espécies? Qual é o gênero a ser fracionado?* Ora, para os primeiros, esse conjunto esgota-se na norma que institui a incidência. Para os segundos, trata-se de conceito mais abrangente, um instituto ao redor do qual gravitam não apenas as normas encarregadas da instituição do gravame, mas também aquelas que versam sobre a destinação do produto arrecadado e da possibilidade de restituição, além de outras tantas que o Código Tributário Nacional chamou de obrigações acessórias. São conceitos diferentes para um mesmo termo (ambiguidade) que montam *universos de discurso* distintos e, por isso mesmo, não se podem comparar no que diz respeito à sua correção ou procedência. O juízo que pode orientar o intérprete na adoção de um ou outro modelo é o da pertinência, serventia, ou utilidade de um ou outro modelo classificatório de acordo com o propósito da experiência, ou seja, se tais classificações servem ao propósito de descrever precisamente os efeitos que se quer compreender ou demarcar.

Se o problema da ambiguidade dos termos, que se faz apresentar de maneira reiterada no discurso científico e no direito positivo, parece encontrar remédio com a elucidação, algo mais difícil é o tema da vagueza.

Em princípio, o tema da vagueza parece ser também solucionado pela elucidação. Dada a lei de variação inversa: um termo deixaria de ser vago a medida em que aumentemos sua intensão, reduzindo, assim, sua extensão apenas às coisas que pretendemos designar. A questão da vagueza, portanto, seria resultado da insuficiência de traços conotativos eleitos na definição e poderia, portanto, ser facilmente suplantada pelo esforço do sujeito encarregado de realizar tal definição.

Entretanto, uma tal ideia teria de partir da premissa de que a língua que usamos é, toda ela, *conhecível* e *invariável*, e, assim, *finita*. De ver está que tais condições são inalcançáveis: a língua nunca a conhecemos em sua totalidade, pois é sempre mutante e está em contínua expansão, como bem diz Vilém Flusser:

> Cada palavra, cada forma gramatical é não somente um acumulador de todo o passado, mas também um gerador de todo o futuro. Cada palavra é uma obra de arte projetada para dentro da realidade da conversação a partir do indizível, em cujo aperfeiçoamento colaboram as gerações incontáveis dos intelectos em conversação e a qual nos é confiada pela conversação a fim de que a aperfeiçoemos ainda mais e a transmitamos aos que virão, para servir-lhes de instrumento em sua busca do indizível.[46]

Para ilustrá-lo, pensemos num exemplo intrigante trazido por Max Black. Hoje dispomos de um bom número de nomes para designar as raças caninas, conhecemos os pastores alemães, poodles, collies... tantas são as variedades conhecidas que parece mesmo ser difícil encontrar um exemplar que não se subsuma às características de uma ou outra. No entanto a variação do universo que se quer rotular é constante, a todo momento surgem mutações que forçam a modificação dos critérios de pertinência à raça e, em alguns casos, tamanha é a ruptura que se justifica a criação de uma nova classe inteira, com seu correspectivo novo nome. Parece, no entanto, haver a necessidade de um *quantum* de vagueza para que um concei-

46. FLUSSER, Vilém. *Língua e Realidade*. São Paulo: Annablume, 2007, p. 199.

to como "raça *x*" possa ser empregado para descrever um fenômeno sempre cambiante:

> *The flexibility of even the technical use of the breed name is demanded by the complexity and variability of the phenomena to be described. Absence of a necessary and sufficient criterion is not a symptom of inadequacy of the language, but accurately reflects the complexity and continuous variability of the subject matter to which the language refers.*[47]

É precisamente esse *quantum* de vagueza que permite abstrair apenas alguns elementos da *irrepetibilidade e infinitude de aspectos do real* e tratar de semelhanças, ignorando as diferenças específicas que os propósitos da classificação levaram a desprezar. A conotação será sempre marcada por algum grau (sempre positivo) de vagueza, pois precisa abranger os elementos de um conjunto que não se entrega pronto e acabado, muito menos conhecido em todos os seus infindáveis aspectos.

É por isso que certos termos como *tipo penal, hipótese tributária, contrato de compra e venda*, são expressões que encerram *sempre* alguma vagueza, pois precisam permanecer *abertas* à variabilidade e infinitude do fenômeno que pretendem descrever.

8. A norma jurídica como instrumento para *definir* e *classificar* condutas

Uma das definições mais concisas e felizes do fenômeno jurídico encontra-se no texto de Lourival Vilanova, trata-se de:

47. BLACK, Max. *Definition, Pressuposition, and Assertion*. In: *Problems of Analysis*. Londres: Routledge, 1954, p. 28. Sublinhei.

> [...] uma técnica de esquematizar classes de condutas para poder dominar racionalmente a realidade social. Generaliza em esquemas abstratos a vida em sua concreção existencial, para ofertar a possibilidade de previsão de condutas típicas, indispensável à coexistência social.[48]

Durante um bom tempo foi dito que a definição e classificação não eram atribuições do legislador, mas sim, da Ciência do Direito. Como, porém, seria possível explicar a atividade do legislador ao segregar certas condutas do conjunto universo das relações intersubjetivas para rotular-lhes como ilícitas, deixando as demais (o seu conjunto complemento) marcadas pela licitude? Como identificar os sujeitos de uma relação, ou mesmo isolar do universo de coisas existentes na realidade social o próprio núcleo de um comando jurídico, a prestação pretendida, senão pelo caminho das definições? Não há como construir tais esquemas jurídicos sem uso de definições e classificações.

É bem verdade que a definição meramente *descritiva* não é o caminho do discurso do direito positivo, tampouco tem a classificação ali realizada apenas propósitos gnosiológicos. Trata-se de discurso *prescritivo*, que se serve desses expedientes lógicos para dar ordens. É com esse cuidado que devemos tratar das expressões *definição* e *classificações* no direito positivo, ainda que a forma dos enunciados com que se apresentem possa ser alética, a proposição jurídica terá sempre a forma deôntica uma vez que os enunciados sejam articulados na estrutura de uma norma jurídica.

8.1. A definição do fato jurídico

Vejamos aqui o termo antecedente de uma norma jurídica. Muitas vezes chamada de *descritor* ou *suposto*, a hipótese

48. VILANOVA, Lourival. *As Estruturas Lógicas e o Sistema do Direito Positivo*. São Paulo: Noeses, 2005, p. 252. É minha a sublinha.

normativa encarrega-se de "*delimitar um fato que, se verificado, ensejará efeitos jurídicos* [...] *e no desempenho desta função, ela estabelece as notas que certos acontecimentos têm que ter para serem considerados fatos jurídicos*"[49], como explica Aurora Tomazini de Carvalho. Se cotejarmos tal descrição com todas as noções que vimos até o momento sobre a operação lógica de definir, parece claro que, invariavelmente, o legislador ao construir um fato jurídico desempenha a operação lógica de marcar os fins, os confins e os limites do *campo de aplicabilidade* daquele conceito.

O fato jurídico, portanto, é um conceito que se define nas prescrições do direito positivo. Define-se não em nome do conhecimento de uma *verdade*, define-se em função do poder que tem o autor do *definiendum* para estipular seus termos, define-se pela *validade*. É caso de definição estipulativa e, por isso mesmo, não está adstrita à coincidência com os conceitos empregados na realidade social, como diz o Prof. Lourival Vilanova:

> [...] nem tudo da realidade física ou social entra no quadro esquemático da *hipótese* da proposição normativa, que a multiplicidade intensiva e extensiva do real requer a operação conceptual normativa, forçosamente simplificadora, inevitavelmente abstrata, pelo processo de esquematização ou tipificação do fáctico. A hipótese ou o pressuposto é a via aberta à entrada do fáctico no interior do universo-do-Direito. Fato da natureza ou fato de conduta entram se há pressupostos ou hipóteses que os recolham, e entram na medida em que o sistema o estabelece. O tipo, que está na hipótese, é o conjunto de fatos que satisfazem a predicação, isto é, a conotação seletivamente construída. Por isso, o *fato jurídico* pode ou não coincidir com o *suporte fáctico total*.[50]

---

49. CARVALHO, Aurora Tomazini de. *Curso de Teoria Geral do Direito*. São Paulo: Noeses, 2009, p. 280.

50. VILANOVA, Lourival. *As Estruturas Lógicas e o Sistema do Direito Positivo*. São Paulo: Noeses, 2005, p. 202.

É preciso, como vimos que o legislador, ao criar as hipóteses abertas das normas gerais e abstratas, faça uso de linguagem conotativa, conservando uma certa dose de vagueza apta a acomodar as variações do real. Em certos domínios, como no direito do trabalho, deixa-se mais espaço à vagueza, noutros, como no direito penal e no direito tributário, os termos precisam ser circunscritos com mais rigor. Num e noutro, porém, persiste a vagueza em algum grau, já que a precisão absoluta inexiste seja no mundo do ser, seja no domínio do dever-ser.

Quando da produção da linguagem das provas que devem instruir o processo de formação das normas individuais e concretas, já não se procura a *intensão* do conceito definido, mas sua *extensão*. Isto é, as notas que foram grafadas na lei com linguagem conotativa devem aparecer agora em linguagem denotativa para evidenciar que o fato alegado integra a classe inaugurada com a definição intensiva da hipótese normativa.

Nada porém, mais acertado que dizer que tanto a hipótese da norma geral e abstrata como o fato jurídico da norma individual e concreta consistem em definições e, como tal, não se podem confundir com o acontecimento que pretendem designar, tal como o conceito de uma coisa não é a própria coisa-em-si.

A subsunção, que é operação lógica entre classes (um conjunto está contido ou não-está contido em outro), nunca se dá, portanto, entre o acontecimento do mundo social e a norma, como aliás, propunha uma certa parte da doutrina brasileira. Porque é operação entre classes, está sempre mediada pelo intelecto humano, já que essas entidades (as classes) não existem *fora* dele e também não podem ser conhecidas senão pelo esforço do sujeito que deve vertê-la em linguagem intersubjetiva. Trata-se, portanto, de subsunção do *conceito formulado sobre esse acontecimento* – versado no relato habilitado a tanto, o *fato jurídico* – ao *conceito da norma* – que encontra sua forma-limite nos enunciados prescritivos produzidos pelos sujeitos competentes, encarregados de interpretar as demais disposições do ordenamento jurídico. Como acertadamente adverte Paulo de Barros Carvalho, somente podemos afirmar que a subsunção ocorre entre fato e norma se considerarmos tanto o fato como a norma como relatos que definem conceitos – esta conotativamente, aquele denotativamente – e, portanto, como classes.[51]

8.2. "*Divide et impera*" – As classificações e os regimes jurídicos

Outra aplicação relevante dos expedientes classificatórios no direito positivo é a estipulação de *diversos regimes de direito*. Para compreender como os mecanismos de classificação contribuem para a demarcação de diferentes efeitos jurídicos convém relembrar as noções de gênero e espécie, de que já tratamos no item 6.5. deste texto.

É atribuída a César a autoria da frase *divide et impera*, cuja tradução mais popular é "*dividir para conquistar*", o termo latino *impera*, entretanto, não significa apenas conquistar, mas também *mandar, ordenar*. Para estipular uma ordem qualquer, é preciso divisar a classe dos sujeitos e também aquela das situações que obrigam os indivíduos a cumpri-la. Sem isso, o comando fica vazio de sentido. Para definir cada uma das variáveis da diretiva jurídica especial,

51. "*Discorremos, em edições anteriores, acerca da subsunção do conceito do fato ao conceito da norma, baseados no entendimento de que a subsunção só se operaria entre iguais. A subsunção, porém, como operação lógica que é, não se verifica simplesmente entre iguais, mas entre linguagens de níveis diferentes. Em homenagem à precisão que devemos incessantemente perseguir, o certo é falarmos em subsunção do fato à norma, pois ambos configuram linguagens. E, toda vez que isso acontece, com a consequente efusão de efeitos jurídicos típicos, estamos diante da própria essência da fenomenologia do direito. Em substância, recorta o legislador eventos da vida real e lhes imputa a força de, relatados em linguagem competente, suscitar os comportamentos que entende valiosos.*" (CARVALHO, Paulo de Barros. *Curso de Direito Tributário*. São Paulo: Saraiva, 2013, p. 254).

é preciso segregar os atingidos do *universo* da sociedade. É preciso criar espécies: de pessoas, de fatos, de objetos e, para isso, criam-se classificações e, com elas, mais definições.

Imaginemos um universo de contribuintes de um dado tributo. Todos eles obedecem a regra de recolher a referida exação mensalmente. Se interessa ao legislador estipular um *regime especial* para exigir a quantia anualmente, deve ele circunscrever as situações em que a regra *geral* será preterida em favor da *especial*. Para isso, precisa separar tais ocasiões elegendo certos aspectos delas, instituindo *critérios* que permitam dividir os contribuintes em dois conjuntos para, a eles, imputar os regimes diversos. Acaso fosse proclamado *regime especial* sem cuidar desse procedimento de classificação, ter-se-ia nova *regra geral*.

Estamos uma vez mais a usar classificações e a delimitar o alcance de cada classe por meio de definições. Vê-se, portanto, que tão inevitável quanto o corte é o emprego de expedientes para definir e classificar as condutas. Quer para conhecer delas – como pretende o cientista –, quer para ordená-las – como deseja o legislador –, os sujeitos precisam valer-se daqueles *esquemas delimitadores de classes de condutas para dominar racionalmente a realidade social*, como de maneira tão aguda escrevera Lourival Vilanova.

Referências

BLACK, Max. *Definition, Pressuposition, and Assertion*. In: *Problems of Analysis*. Londres: Routledge, 1954.

BORGES, José Souto Maior. *Ciência Feliz*. São Paulo: Quartier Latin, 2007.

CARNAP, Rudolf. *Introduction to Philosophy of Science*. Nova Iorque: Dover, 1996.

CARRIÓ, Genaro. *Notas sobre derecho y lenguaje*. Buenos Aires: Abeledo-Perrot, 1994.

CARVALHO, Aurora Tomazini de. *Curso de Teoria Geral do Direito*. São Paulo: Noeses, 2009.

CARVALHO, Paulo de Barros. *Curso de Direito Tributário*. São Paulo: Saraiva, 2013.

________. *Direito Tributário Linguagem e Método*. São Paulo: 2011.

COPI, Irving M. *Introdução à Lógica*. São Paulo: Mestre Jou, 1981.

FLUSSER, Vilém. *Língua e Realidade*. São Paulo: Annablume, 2007.

HESSEN, Johannes. *Filosofia dos Valores*. Coimbra: Armênio Amado, 1967.

MORTARI, Cezar. *Introdução à lógica*. São Paulo: UNESP, 2001.

MOUSSALLEM, Tárek. *Revogação em matéria tributária*. São Paulo: Noeses, 2005.

OLIVEIRA, Manfredo Araújo. *Reviravolta linguístico-pragmática na filosofia contemporânea*. São Paulo: Loyola, 1996.

PONTES DE MIRANDA, Francisco Cavalcanti. *O Problema Fundamental do Conhecimento*. Porto Alegre: Globo, 1937.

ROSS, Alf. *Sobre el derecho y la justicia*, Buenos Aires: Eudeba, 1963.

ROBLES, Gregorio. *Epistemología y Derecho*. Madrid: Piramide, 1982.

SCAVINO, Dardo. *La filosofia actual: pensar sin certezas*. Buenos Aires: Paidós, 2010.

STEBBING, L. Susan. *Introducción moderna a la lógica*. México: UNAM, 1965.

TARSKI, Alfred. *Introduction to Logic and to the Methodology of the Deductive Sciences*. New York: Oxford, 1994.

VILANOVA, Lourival. *As Estruturas Lógicas e o Sistema do Direito Positivo*. São Paulo: Noeses, 2005.

WRIGHT, Georg H. von. *Norm and action*. Londres: Routledge, 1963.

Capítulo IV

SISTEMA JURÍDICO, ORDENAMENTO E NORMA

ORDENAMENTO E SISTEMA JURÍDICOS

Paulo Ayres Barreto[1]

1. Considerações preliminares

A busca pela compreensão de um dado campo objetal impõe ao estudioso a necessidade de se identificar caminhos para a melhor forma de aproximação do seu foco investigativo. Várias perspectivas se abrem para essa aproximação: (i) a decomposição analítica do objeto de estudo; (ii) a sua visão global; (iii) a demarcação das influências do todo em relação à parte, bem assim de cada unidade mínima em cotejo com a sua estrutura integral; (iv) como ele se origina; (v) o que pertence ao campo de estudo; (vi) o dele não faz parte; (vii) quais os critérios utilizados para se definir tal pertinência; (viii) qual é o mecanismo de ingresso e saída de suas unidades ou, por outro giro, a dinâmica de operação do objeto a ser examinado; (ix) que critérios presidem as formas de organização das partes em relação ao todo e dele todo no que concerne às suas estruturas mínimas tomadas em caráter isolado

1. Doutor em Direito pela PUC/SP. Livre Docente pela Universidade de São Paulo. Professor Associado da Universidade de São Paulo. Professor dos Cursos de Especialização do Instituto Brasileiro de Estudos Tributários – IBET.

(x) como esse campo objetal interage com aqueles que estão ao seu redor; (xi) quais as influências que objetos de estudo distintos promovem reciprocamente; (xii) como controlar o trânsito entre os diversos domínios do conhecimento humano.

Da noção de sistema advém necessidade de dar respostas coerentes e consistentes a essas questões. Que postura assumir? Privilegiar a parte ou o todo? Nessa trilha, é constante a tensão entre as teorias holísticas e reducionistas ora com prevalência de uma ora com a com a supremacia da outra perspectiva. Tudo é sistema, e só desta perspectiva (sistêmica) deve ser considerado diriam os holistas. Como afirmou Edgar Morin[2], "*tudo o que era unidade elementar, incluindo, sobretudo o átomo, tornou-se sistema.*" Em contrapartida, os reducionistas afirmariam que não há conhecimento sem redução de complexidades. Sem a precisa e rigorosa identificação da parte, de sua unidade irredutível, não é possível a adequada aproximação do objeto a ser investigado. E assim avançam os estudos nos diversos campos do conhecimento humano, sempre influenciados por aproximações mais analíticas ou de caráter geral, com as virtudes e defeitos de ambas as aproximações.

Nas ciências jurídicas não haveria de ser diferente. Os avanços verificados com a noção de norma jurídica são sempre acompanhados de contribuições em torno das noções de ordenamento e sistema jurídicos, foco temático deste breve estudo. A noção de sistema e a potencial distinção entre ordenamento e sistema são as primeiras questões a serem enfrentadas.

2. Noção de sistema

A noção de sistema, como de resto ocorre usualmente com a maioria dos signos, enseja distintas aproximações. Todo

2. O método I. "*A natureza da natureza*", p. 95. 3ª edição. Sintra: Publicações Europa-América, 1997, trad. Maria Gabriela de Bragança.

sistema jurídico, antes de ser jurídico é sistema. Assim como as classificações em direito devem se submeter aos conceitos da Teoria das Classes, o estudo dos sistemas exigiria plena adequação à Teoria Geral dos Sistemas que, como predica Cristiano Carvalho[3], com supedâneo nas lições de Ludwig Von Bertalanffy, consistiria na "*junção de diversas ciências interdisciplinares tais como a Teoria da Comunicação, a Teoria da Informação, a Cibernética, a Autopoeisis, etc.*" Haveria traços e requisitos comuns pertinentes a todo sistema, independentemente do campo possível de sua aplicação. O qualificativo que se associa ao signo sistema (econômico, político, social, jurídico) deve, necessariamente, na conformação de seu ambiente sistêmico interno, guardar compatibilidade com esses traços e requisitos gerais identificados pela Teria Geral dos Sistemas.

Colocando foco no sistema jurídico, Bobbio[4], por exemplo, cita três significados de sistema.

Um primeiro significado toma em consideração a perspectiva dedutiva dos sistemas. Nesse sentido:

> (...) um dado ordenamento é um sistema enquanto todas as normas jurídicas daquele ordenamento são deriváveis de alguns princípios gerais (ditos "princípios gerais do Direito), considerando da mesma maneira que os postulados de um sistema científico.[5]

Uma segunda vertente vai buscar a noção de sistema na Ciência do Direito moderno:

> Aqui o termo "sistema" é usado, ao contrário, para indicar um ordenamento da matéria, realizado através do processo

3. *Teoria do Sistema Jurídico*. São Paulo: Quartier Latin, 2005, p. 52.
4. *Teoria do Ordenamento Jurídico*. 6ª edição. Editora UnB, 1995, p. 75.
5. *Teoria do Ordenamento Jurídico*. 6ª edição. Editora UnB, 1995, p. 78.

> indutivo, isto é, partindo do conteúdo das simples normas com finalidade de construir conceitos mais gerais, e a classificação ou divisões da matéria inteira (...). O procedimento típico dessa forma de sistema não é a dedução, mas a classificação.

Por fim uma terceira linha associaria a noção de sistema com uma necessária coerência interna. Assim:

> (...) um ordenamento jurídico constitui um sistema porque não podem coexistir nele normas incompatíveis. Aqui "sistema" equivale à validade do princípio que exclui a incompatibilidade das normas. (...) Nesse terceiro sentido de sistema, o sistema jurídico não é um sistema dedutivo, como no primeiro sentido: é um sistema num sentido menos incisivo, se se quiser, num sentido negativo, isto é, uma ordem que exclui a incompatibilidade das suas partes simples. (...)[6]

Vê-se, pois, que as perspectivas indutiva e dedutiva geram diferentes aproximações do próprio sistema que se pretende erigir ou do qual queremos examinar ou descrever. De outra parte, a terceira noção de sistema acima referida diria mais com os atributos do próprio sistema.

O traço comum prevalecente é a noção de parte ou elementos submetidos a certos critérios de coordenação. Na sempre precisa definição de Lourival Vilanova[7], "*falamos de sistema onde se encontrem elementos e relações e uma forma dentro de cujo âmbito, elementos e relações se verifiquem*". Por sua vez, para Tercio Sampaio Ferraz Junior[8] "*sistema é o conjunto de elementos de repertório e as relações entre os elementos de estrutura.*".

---

6. *Teoria do Ordenamento Jurídico*. São Paulo: Quartier Latin, 2005, p. 80.

7. *As Estruturas Lógicas e o Sistema do Direito Positivo*, p. 173. 2ª edição. São Paulo: Max Limonad, 1997.

8. *Introdução ao Estudo do Direito*, p.175. 2ª Edição. São Paulo: Atlas, 1996.

Retomemos, nesse ponto, as concepções reducionistas e holísticas referidas no tópico anterior para enfrentar a dualidade parte/todo. Os reducionistas centrarão foco na parte, na estrutura mínima do sistema, dando menos relevo a sua visão global. Em contrapartida, os holistas tendem a amesquinhar a importância dessas estruturas mínimas, enfatizando o todo.

Talvez seja possível afirmar que ambas as posturas são merecedoras de reparos. Cristiano Carvalho[9] observa que o "*holismo acaba sendo, de certo modo, reducionista. O que queremos demonstrar é o enfoque inter-relacional das partes com o todo, pois ambos se completam.*" Com efeito, a ênfase em uma ou outra linha compromete a própria consistência do discurso, representando tomada de posição *a priori*, que descura da necessária imbricação entre as posturas.

Há inafastável influência do todo em relação à parte e da parte em relação ao todo. São vetores que exercem contínua pressão, podendo resultar alteração da parte, em face das pressões advindas do sistema, bem assim modificações sistêmicas decorrentes da força que a unidade mínima pode vir a exercer sobre a noção de todo. As constantes interações que ocorrem dentro do sistema e na correlação com outros sistemas têm a potencialidade de promover alterações na parte e no todo.

Nessa trilha, o Constructivismo Lógico-Semântico, referido com mais vagar no último tópico deste ensaio, oferece, a nosso sentir, instrumental adequado para trabalhar, com rigor e consistência, essa dualidade.

Nas referências ao sistema normativo, sobressai a noção de ordem, de ordenação de elementos. Disso deflui a recorrente referência a expressão *ordenamento jurídico*, por vezes,

---

9. *Teoria do Sistema Normativo, direito, economia e tributação*. São Paulo: Quartier Latin, p. 49.

adotada como sinônimo de sistema, sendo, que, em outras oportunidades, carrega sentido próprio e distinto do primeiro (sistema).

3. Ordenamento e sistema jurídicos

As expressões "ordenamento jurídico" e "sistema jurídico" são tidas, por diversos estudiosos do direito, como equivalentes. Refletiriam uma mesma noção. Por todos, vale registrar a posição de Paulo de Barros Carvalho[10], para quem "as *normas jurídicas formam um sistema, na medida em que se relacionam de várias maneiras, segundo um princípio unificador*". Tais relações não ocorrem desorganizadamente, razão pela qual é possível se dizer que "sistema" e "ordenamento" jurídico podem ser usadas como expressões semelhantes. Ainda na sua visão, tanto a Ciência do Direito como o direito positivo assumiriam foros sistêmicos.

Em contranota, Gregorio Robles atribui sentidos distintos a essas expressões, ao propugnar que "*ordenamiento es el texto jurídico em bruto em su totalidad, compuesto por textos concretos, los quales son el resultado de decisiones concretas.*"[11] De outra parte, "*sistema es el resultado de la elaboración doctrinal o científica del texto bruto del ordenamiento*".[12] A distinção por ele proposta evidencia a existência de dois corpos de linguagem, cada qual com suas estruturas lógicas próprias: o ordenamento jurídico como resultado da somatória de textos de direito positivo; sistema jurídico como decorrência do esforço de ordenação e depuração (em relação a contradições e ambiguidades) do próprio ordenamento.[13]

---

10. *Curso de Direito Tributário*, 19 ed. São Paulo: Saraiva, p.11.

11. *Teoria del Derecho (Fundamentos de la Teoria Comunicacional del Derecho)*. Madrid: Civitas, v.1. p. 111.

12. *Ibidem*, p. 113.

13. *Ibidem*, p. 113.

Por outro giro, ALCHORRÓN e BULYGIN[14] também fazem uma diferenciação entre "sistema" e "ordenamento" jurídico, colocando foco no aspecto dinâmico do direito. As normas jurídicas que são modificadas com o tempo geram uma modificação no próprio sistema. Concluem assim que o "sistema do direto positivo" é o conjunto de normas estaticamente consideradas e "ordenamento jurídico" é uma série de sucessivos sistemas ao longo do tempo.

Aurora Tomazini de Carvalho[15] reconhece o mérito de tal posicionamento, uma vez que por intermédio dele é possível observar o direito de forma cronológica, conseguindo explicar, dessa forma, a sistemática da aplicação de normas já revogadas. Porém, afirma que esta teoria seria "*apenas um ponto vista sobre objeto que enfatiza seu aspecto dinâmico*".

Deveras, há diversas possibilidades de ferir o tema. Uma delas consiste em atribuir significações distintas às expressões ordenamento e sistema, por razões diferentes, como fizeram os autores antes referidos.

Registre-se, contudo, que, como acentua Paulo de Barros Carvalho, "*há sistema na realidade do direito positivo e há sistema nos enunciados cognoscitivos que sobre ele emite a Ciência Jurídica.*"[16] Conquanto a ordenação e depuração só ocorram neste último sistema, não há como deixar de atribuir caráter sistêmico, ainda que embrionário, ao direito positivo. Assim, para aqueles que entenderem necessário enfatizar as nuanças existentes entre os dois sistemas, a atribuição de um signo distinto para qualificar, por exemplo, o sistema do direito positivo, denominando-o de mero "ordenamento" é um caminho possível.

---

14. ALCHOURRÓN, Carlos e BULYGIN, Eugenio. *Sobre la existência de las normas jurídicas*. México: Distribuiciones Fontamara, 1997.
15. *Curso de Teoria Geral de Direito*. São Paulo: Noeses, 2009, p. 618.
16. *Curso de Direito Tributário*, 19 ed. São Paulo: Saraiva, p. 11.

De nossa parte, não atribuiremos à expressão ordenamento jurídico sentido distinto de sistema do direito posto, adotando assim ambas as expressões como sinônimas, dado o inequívoco foco sistêmico que está atrelado a tais expressões.

4. Axiomas do ordenamento jurídico

O direito, assim como outros sistemas normativos, não prescinde de alguns axiomas para tornar-se operacional. Assim é, v.g., em relação à norma hipotética fundamental. Trata-se de axioma a partir do qual deriva toda a positivação do direito. Nesta trilha, impende reconhecer que não há ordenamento jurídico que se possa estruturar sem a definição de sua hierarquia e do critério de reconhecimento de validade de suas unidades normativas. Hierarquia e validade são dois axiomas do direito posto. Como leciona Aurora Tomazini de Carvalho[17], a "*existência do ordenamento jurídico pressupõe, em primeiro lugar, um conjunto de normas jurídicas (i.e. postas por um ato de autoridade) e, em segundo, que tal conjunto constitua-se numa estrutura*".

Sem a definição de uma hierarquia entre os enunciados prescritivos não há caminhos para decidir sobre a solução de conflitos ou antinomias entre os distintos conteúdos normativos. Consequentemente, a própria noção de sistema, neste cenário, desaparece. É que, como predica Paulo de Barros Carvalho[18]: "*sem hierarquia ninguém poderia apontar o fundamento jurídico das unidades componentes, não se sabendo qual deve prevalecer*". Há liberdade para essa definição dos métodos e critérios pelos quais se reconhece a opção hierárquica estabelecida nos diversos ordenamentos jurídicos. Exemplificativamente, tratados internacionais têm posição

17. *Curso de Teoria Geral de Direito*. São Paulo: Noeses, 2009, p. 619.

18. *Direito tributário, linguagem e método*. São Paulo: Noeses, 2008, p. 216.

de superioridade hierárquica em relação ao direito interno na França e na Argentina. Já nos Estados Unidos a relação é de paridade com o direito interno, devendo as antinomias ser resolvidas por outros critérios. O fato é que hierarquia no ordenamento jurídico tem que existir, sob pena de subtração de seu caráter sistêmico.

O axioma da validade é imanente à noção de ordenamento jurídico. A norma é válida se mantém relação de pertinência com o sistema s'. Vale dizer, foi inserida no sistema por um órgão competente, mediante procedimento previsto pelo próprio ordenamento. Lourival Vilanova[19] esclarece: "*a validade é, assim, validade no interior do sistema do direito positivo.*" (...) "*Regras de outros sistemas requerem regra de regra que as juridicize, que as convalide.*"

Em síntese, sem definição de hierarquia e a noção de validade um pretenso sistema não assume tal caráter (sistemático) em razão da sua absoluta inoperância.

5. Sistema normativo: perspectivas estática e dinâmica

O exame do sistema normativo pode tomar em conta a sua perspectiva estática, bem assim considerá-lo dinamicamente, em virtude das constantes mutações que diuturnamente nele ocorrem. ALCHORRÓN e BULYGIN[20] colocam foco no aspecto dinâmico do Direito para propor a já aludida distinção entre ordenamento e sistema. Defendem, com razão, que as normas jurídicas que são modificadas com o tempo geram uma alteração no próprio sistema. Concluem assim que o "sistema do direto positivo" é o conjunto de normas estaticamente

---

19. *Estruturas lógicas e o sistema do direito positivo*. 3 ed., São Paulo: Noeses, 2005, p.19.

20. *Sobre la existência de las normas jurídicas*, México: Distribuiciones Fontamara, 1997.

consideradas e "ordenamento jurídico" é uma série de sucessivos sistemas ao longo do tempo.

Deixando de lado a distinção entre ordenamento e sistema, é força convir que ambas as perspectivas (estática e dinâmica) têm o seu relevo seja no plano geral e abstrato, seja para a expedição dos sucessivos atos de aplicação do direito. Não há, também, como deixar de colocar certa ênfase na perspectiva dinâmica do sistema normativo, a partir da qual se observará o direito na sua incessante autorregulação e autoprodução. Como leciona Aurora Tomazini de Carvalho:[21]

> O direito vive em constante movimentação, transformando-se a cada instante. Toda vez que surge uma nova lei, que o juiz produz uma sentença, que um ato administrativo é publicado, que o Presidente da República emite um decreto, que particulares realizam contratos, o sistema se renova.

Já a análise estática pode ser vista, analogicamente, como uma fotografia do sistema jurídico num determinado momento, no tempo e no espaço, sem as mutações que são inerentes à perspectiva dinâmica.

É interessante perceber quais os fatores que influenciam a modificação constante do Direito. Para tanto é necessário reconhecer que o sistema jurídico recebe influência de outras ciências do conhecimento humano como as ciências econômicas, sociais, políticas, entre outras. Por outro giro, como se dá a conversa entre essas ciências e quais as dificuldades que se apresentam para se proceder as devidas traduções, no esteio das lições de Flusser.

Além disso, os ramos didaticamente autônomos do direito interagem constantemente colaborando decisivamente para tornar ainda mais complexa a avaliação do sistema normativo em sua dinâmica natural.

---

21. *Curso de Teoria Geral do Direito*. São Paulo: Noeses, 2009, p. 610.

6. Norma jurídica, sistema normativo e interpretação do direito

Normas jurídicas são unidades de manifestação do deôntico.[22] O conjunto dessas unidades normativas conforma o sistema jurídico.

Ao interpretar o direito posto, construímos estruturas normativas e as organizamos sistemicamente. Tal mister é realizado mediante aplicação dos métodos de interpretação do direito. Como salienta Vanoni:

> Desde que as características jurídicas das normas tributárias não se distinguem das demais normas de direito, a opinião que pretende negar aplicabilidade, às leis tributárias, dos mesmos métodos de interpretação que se aplicam às leis em geral parece destituída de qualquer fundamento.[23]

Destarte, os métodos de interpretação tradicionalmente referidos pela doutrina (literal, lógico, histórico, teleológico e sistemático)[24] são aplicáveis aos diversos ramos do direito, com suas virtudes e os seus defeitos.[25]

---

22. CARVALHO, Paulo de Barros. *Direito tributário – fundamentos jurídicos da incidência*. 3 ed. São Paulo: Saraiva, 2004, p. 20.

23. *Natureza e interpretação das leis tributárias*, trad. Rubens Gomes de Souza. Rio de Janeiro: Financeiras, (s.d), p. 181.

24. Para Luciano da Silva Amaro: " [...] o intérprete deve partir do exame do texto legal, perquirindo o sentindo das palavras utilizadas pelo legislador (na chamada interpretação *literal* ou *gramatical*); cumpre-lhe, todavia, buscar uma inteligência do texto que não descabe para o absurdo, ou seja, deve preocupar-se com dar à norma um sentido lógico (interpretação *lógica*), qual a harmonize com o sistema normativo em que ela se insere (interpretação *sistemática*), socorrendo-se da análise das circunstâncias históricas que cercaram a edição da lei (interpretação *histórica*), sem descurar das finalidades a que a lei visa (interpretação *finalística* ou *teleológica*)." *Direito tributário brasileiro*, p. 208-209.

25. Sobre um visão crítica dos métodos de interpretação e sua instru-

De nossa parte, propomos uma aproximação do direito a partir do reconhecimento de que ele se manifesta como um sistema de linguagem. Como demonstra Juan-Ramon Capella, todo direito tem por condição de existência a de ser formulável em linguagem.[26] Fortes nessa premissa, podemos surpreender suas estruturas normativas mediante decomposição em planos do texto jurídico.

Nesse sentido, Paulo de Barros Carvalho ensina que o texto jurídico é composto por um plano de expressão e um plano de conteúdo. No plano de conteúdo, encontramos as significações do plano expressional, construídas pelo intérprete. O subsistema (S1) é composto por um conjunto de enunciados, considerados no plano da expressão. A partir das formulações literais existentes, o intérprete iniciará o processo de construção de significação dos enunciados prescritivos. Um segundo subsistema (S2) será o resultante do conjunto de significações de manifestações prescritivas. As normas jurídicas, unidades de manifestação do deôntico, conformam o terceiro subsistema (S3).[27] O conjunto de normas jurídicas "*integra o texto em sentido amplo (TA)*".[28]

O trânsito do subsistema do conjunto de significação de enunciados prescritivos (S2) para a estrutura normativa (S3) já pressupõe a solução de antinomias (aparentes ou reais), bem como uma tomada de posição diante das relações de coordenação e subordinação sistemicamente estabelecidas. Vale dizer, não há como desconsiderar, de um lado, o caráter sistêmico que o somatório de estruturas normativas apresenta e, de

mentalização pela dogmática jurídica, ver Lenio Luiz Streck, *Hermenêutica jurídica e(em) crise. Uma exploração hermenêutica da construção do direito*, p. 88-93.

26. *El derecho como linguaje*. Barcelona: Ariel, 1968, p. 17.

27. *Direito tributário – fundamentos jurídicos da incidência*. 3.ed. São Paulo: Saraiva, 2004, p. 61 e ss;

28. *Curso de direito tributário*. 19 ed. São Paulo: Saraiva, p.130.

outro, as pressões que a estrutura do sistema exerce sobre as unidades que o conformam.

Como já dissemos, o percurso acima descrito nos conduz à identificação dos conteúdos normativos que, conjuntamente considerados, conformam o sistema jurídico. Residem aqui as maiores dificuldades daquele que se põe diante do ordenamento jurídico com pretensões cognoscitivas: conteúdos prescritivos postos em diferentes níveis hierárquicos; positivação de valores e limites-objetivos; conflitos entre princípios e regras, verificáveis tanto em um mesmo plano normativo, como em níveis hierárquicos diversos; necessidade de ponderação de valores em face de tensões internormativas; enfim, uma série de problemas a serem enfrentados por quem pretende interpretar adequadamente o direito.[29]

7. Sistema normativo e a interdisciplinaridade do direito

O cabimento de uma análise do direito, a partir de uma visão interdisciplinar, suscita diferentes reações na comunidade científica. Há os que trilham esse caminho, vendo-o como uma condição mesma para alcançar o conhecimento; há os que refutam peremptoriamente essa possibilidade; e, há, por fim, aqueles que procuram gizar os limites e as condições para que se considere a interdisciplinaridade, em face da autonomia de que gozam os diversos campos do saber científico.

A expressão interdisciplinaridade jurídica é – como, de resto, é extremamente comum nas expressões dessa natureza – plurívoca. Pode ser empregada em acepções distintas. Uma primeira possibilidade consistiria na consideração dos diversos ramos do Direito como disciplinas jurídicas. Cogita-se, nessa perspectiva, de interdisciplinaridade dentro do próprio Direito,

29. BARRETO, Paulo Ayres, *Contribuições – regime jurídico, destinação e controle*. São Paulo: Noeses, 2006, p.10.

tendo em conta suas disciplinas ou ramos que gozam de autonomia apenas para fins didáticos. Assim, afigura-nos incensurável o aludido exame interdisciplinar, que nada mais é do que a consideração do ordenamento jurídico numa visão unitária. Seria um grave erro não reconhecer essa perspectiva unitária do sistema jurídico e, consequentemente, uma necessária interdisciplinaridade.

Paulo de Barros Carvalho refere-se à intertextualidade no direito, que se apresentaria em dois níveis distintos, quais sejam:

> (...) (i) o estritamente jurídico, que se estabelece entre os vários ramos do ordenamento (intertextualidade, interna ou intrajurídica); e (ii) o chamado jurídico em acepção lata, abrangendo todos os setores que têm o direito como objeto, mas o consideram sob o ângulo externo, vale dizer, em relação a outras propostas cognoscentes, assim como a Sociologia do Direito, a História do Direito, a Antropologia Cultural do Direito, etc (intertextualidade externa ou extrajurídica).[30]

A expressão interdisciplinaridade jurídica, que dá ensejo a grandes polêmicas, refere-se exatamente ao trânsito entre as diversas áreas do conhecimento humano, tais como a Ciência Econômica, as Ciências Sociais e a Ciência Política.

Examinando a controvérsia sobre a interdisciplinaridade jurídica dessa última perspectiva,[31] Marcelo Neves aponta quatro sentidos para essa expressão: (i) enciclopedismo jurídico, assim entendido o somatório de diversos conhecimentos sobre o direito, gerador de um superficialismo generalizado, de reduzida relevância, seja da perspectiva prática, seja sob

30. *Direito tributário, linguagem e método*. São Paulo: Noeses, 2008, p. 19.

31. Pesquisa interdisciplinar no Brasil: o paradoxo da interdisciplinaridade. *Revista do Instituto de Hermenêutica Jurídica*, n. 1, p. 207-214.

um prisma teórico; (ii) imperialismo disciplinar, em que, sob o manto da interdisciplinaridade, subordinam-se critérios do Direito à racionalidade de outras ciências, como a Sociologia, a Economia ou a Política; (iii) metadisciplinaridade, no sentido de uma metanarrativa impositiva a partir de um plano superior, de limites e formas de intercâmbio entre as áreas do saber relacionadas com o direito; e (iv) espaço de comutação discursiva entre os diversos campos do saber jurídico, respeitada a autonomia disciplinar, sem a qual haveria "uma miscelânea resultante de um ecletismo estéril".[32]

Analisando os sentidos acima apontados, estamos convencidos de que (i) o enciclopedismo jurídico, em razão de seu reduzido relevo, pouco ou nada acrescenta ao saber científico; (ii) o imperialismo disciplinar é absolutamente incompatível com a autonomia da Ciência do Direito; (iii) a metadisciplinaridade, como um holismo simplificador, impede a necessária segregação e consideração analítica do objeto do conhecimento jurídico, a partir do código binário válido/não válido, código esse que não prevalece e sequer tem relevo em face de outros campos do conhecimento; e, por fim, (iv) conquanto possível a existência de um espaço interdisciplinar de comutação discursiva, há que se reconhecer os estritos limites à consideração dessa comutatividade para a solução de problemas próprios da Ciência do Direito.

Deveras, as diversas ciências do conhecimento humano estão submetidas aos seus códigos binários próprios. Tomam um mesmo fato cultural e buscam reduzir as complexidades a ele inerentes, tendo em conta o que há de relevante para o seu campo objetal.

Da mesma forma, dá-se em relação à Ciência Jurídica. Como predica Paulo de Barros Carvalho, não é possível:

32. Pesquisa interdisciplinar no Brasil: o paradoxo da interdisciplinaridade. *Revista do Instituto de Hermenêutica Jurídica*, n. 1, p. 212.

> (...) isolar-se, dentro do social, o fato jurídico, sem uma série de cortes e recortes que representem, numa ascese temporária, o despojamento daquele fato cultural maior de suas colorações políticas, econômicas, éticas, históricas etc., bem como dos resquícios de envolvimento do observador, no fluxo inquieto de sua estrutura emocional.[33]

Em precisa síntese, aponta, ainda, para o paradoxo inevitável: " *(...) o disciplinar leva ao interdisciplinar e este último faz retornar ao primeiro*".[34]

Em súmula, impõe-se o reconhecimento de um espaço para investigações de caráter interdisciplinar, objetivando uma adequada valoração do fato jurídico, que haverá de ser colhido após os cortes que se façam necessários, em processo redutor de complexidades, no bojo e sob os influxos do próprio sistema normativo.

8. Sistema normativo: ramos do direito

A divisão do direito nos remete a uma sucessão de dificuldades cognoscitivas: (i) definir onde se inicia e onde se encerra cada ramo do direito; (ii) precisar se os ramos do Direito são cientificamente autônomos ou se há cisão com propósitos precipuamente didáticos; (iii) estabelecer, diante de regramento de fatos de conteúdo econômico ou financeiro, como se dá o reconhecimento de tais fatos pelos diversos ramos do direito.

Paulo de Barros Carvalho salienta que "*(...) o motivo desse embaraço está na necessidade de reconhecermos o caráter absoluto da unidade do sistema jurídico. Mesmo em obséquio a*

33. O absurdo da interpretação econômica do "fato gerador" – direito e sua autonomia – o paradoxo da interdisciplinaridade. *Revista de direito tributário*, n. 97, p. 10.

34. *Curso de direito tributário*, 19 ed. São Paulo: Saraiva, p. 135.

finalidades didáticas, não deixaria de ser a cisão do incindível, a seção do inseccionável".[35]

Está totalmente superada a tese da autonomia científica do direito tributário.[36] Na verdade, buscava-se, com a alegação de autonomia científica, dar relevo a novel disciplina jurídica que então surgia, afastando-a do direito financeiro. Tratava-se, contudo, de proposição descompassada com o caráter de unicidade do sistema jurídico. Paulo de Barros Carvalho, a partir da regra-matriz do IPTU,[37] demonstra, com clareza, a interdependência dos ramos didaticamente autônomos do direito e, por consequência, a impossibilidade de se predicar a autonomia científica a quaisquer desses ramos.

Ressalte-se que, nos processos de reação a uma situação posta, são comuns os exageros contidos nas proposições inovadoras. Deveras, o esforço retórico, por vezes desmedido, pode levar a extremo oposto tão equivocado quanto à tese que se pretende combater.

Foi o que se sucedeu com o esforço de depuração do direito tributário, em relação à Ciência das Finanças e à Ciência Econômica.

Com integral procedência, Alfredo Augusto Becker, enfaticamente, advertiu:

> A doutrina da interpretação do Direito Tributário, segundo a realidade econômica, é filha do maior equívoco que tem impedido o Direito Tributário evoluir como Ciência Jurídica. Esta doutrina, inconscientemente, nega a utilidade do Direito, porquanto destrói precisamente o que há de jurídico dentro do Direito Tributário.[38]

---

35. *Curso de direito tributário*. 19 ed. São Paulo: Saraiva, p. 13.

36. Entre os adeptos dessa tese, temos Fábio Fanucchi, *Curso de direito tributário brasileiro*, p. 16.

37. *Curso de direito tributário*. 19 ed. São Paulo: Saraiva, p. 14.

38. *Teoria geral do direito tributário*. 4. ed. São Paulo: Noeses, 2007, p. 137-138.

Não merece qualquer reparo a eloquente manifestação de Becker. No entanto, essa proscrição das realidades econômica e financeira em relação ao direito tributário levou, por vezes, ao extremo oposto. Vale dizer, desconsideraram-se dados econômicos e financeiros efetivamente juridicizados, sob a alegação infundada de se tratar de realidade econômica, não pertencente ao mundo do direito.

Em outras palavras, aspectos econômicos e financeiros, que foram efetivamente positivados, continuam sendo tratados como se não pertencessem ao mundo do direito; como se não exercessem, por vezes, papel decisivo na demarcação de uma entidade jurídica. Fomos de um extremo ao outro. Partimos de uma situação na qual conceitos jurídicos e de Ciência das Finanças eram tratados sem o necessário corte metodológico, como se pertencessem a uma mesma Ciência, e chegamos ao estágio em que as prescrições normativas de direito financeiro não são consideradas como juridicamente relevantes. E ambas as posições são equivocadas. É preciso dar consequência ao dado jurídico, independentemente de sua origem e sem perder de vista a unidade do sistema normativo.[39]

Esse fenômeno também se operou em relação aos aspectos econômicos. Da mesma forma, o dado econômico, regrado pelo direito, é desconsiderado sob o equivocado argumento de se tratar de matéria alheia às preocupações do cientista do direito. Ambas as posturas estão equivocadas. A parcela do dado econômico ou financeiro que ingressa no mundo jurídico, no bojo de regra dessa natureza, passa a ter natureza jurídica, não podendo ser desconsiderada por preconceitos descompassados com o próprio ordenamento jurídico.

Outro aspecto importante relativo à divisão do direito em ramos didaticamente autônomos diz respeito aos princípios

39. BARRETO, Paulo Ayres. *Contribuições – regime jurídico, destinação e controle*. São Paulo: Noeses, 2006, p. 25.

informadores de seus diversos ramos. Reconhecer a unicidade do direito não autoriza o baralhamento de princípios específicos que regem cada um de seus ramos. Vale dizer, se o que se objetiva é resolver um problema de natureza tributária, são as regras e os princípios informadores desse ramo do direito que, em face de sua especificidade, devem ser aplicados. A observação que pode ser tida por evidente merece destaque, uma vez que, após a entrada em vigor do novo Código Civil, têm sido recorrentemente encontradas na doutrina proposições que buscam dar soluções a intrincados problemas tributários, à luz dos princípios que inspiraram esse novo diploma legal.

9. Sistema normativo e o Constructivismo Lógico-Semântico

A ação de dar foro sistêmico a um determinado objeto do conhecimento passa necessariamente pela linguagem que o caracteriza. Vivemos sob o cerco inafastável da linguagem. Nada **existe** sem uma linguagem que **constitua o objeto**. Como diz Lenio Luiz Streck[40] "*estamos mergulhados em um mundo que somente aparece (como mundo) na e pela linguagem.*"

As proposições desenvolvidas apresentam-se, em qualquer sede do conhecimento humano, como uma camada de linguagem com pretensão veritativa. No escólio de Vilém Flusser,[41] "*conhecimento, realidade e verdade são aspectos da língua*". A própria noção de verdade surge, nesse contexto, com uma perspectiva retórica, lastreada na autorreferência do discurso. A prevalência de uma proposição teórica representa, na feliz expressão de Richard Rorty[42], "*o êxito de um discurso no mercado de ideias*".

40. *Hermenêutica Jurídica e(m) crise: uma exploração hermenêutica da construção do direito*. Porto Alegre: Livraria do Advogado, 1999, p. 178.

41. *Língua e realidade*. 2 ed. São Paulo: Annablume, 2004, p. 34.

42. *El Giro Lingüístico*. Barcelona: Paidós, 1990, p. 65.

Construímos sentidos normativos. Consideramos tais sentidos para a formulação de uma proposta sistêmica do ordenamento jurídico. Consolidamos uma versão das normas e dos fatos. Promovemos a nossa interpretação e a apresentamos à comunidade jurídica. Nas palavras de Dardo Scavino[43], conhecemos uma "*interpretación o una version de lis hechos, y nuestra versión resulta a su vez uma versión de esa version.*"

A aproximação ao Constructivismo Lógico-Semântico, em que a visão analítica do direito e, consequentemente, do sistema normativo faz concessões à corrente hermenêutica, longe de representar um enfraquecimento desta postura analítica, atribui-lhe maior consistência. Como esclarece Paulo de Barros Carvalho[44], o ponto de vista analítico, fica "robustecido com as luzes das construções hermenêuticas:o tom de historicidade, a consideração dos valores, a interdiscursividade entre textos afins, o imergir em segmentos culturais bem desenvolvidos, tudo isso ressalta o teor de analiticidade com que o observador lida com o segmento normativo sob seus cuidados."

A ênfase na linguagem oferece ainda formidável instrumental para uma melhor compreensão dos objetos de nossas investigações. Tárek Moysés Mousallem[45] explica as reações de subordinação dos sistemas a partir dos atos de fala, ao referir que "*vista pelo espectro dos atos performativos, a hierarquia do sistema normativo é dada pela força ilocucionária do ato de fala.*" De nossa parte, utilizamos o instrumental oferecido pela teoria dos atos de fala para explicar a necessidade inserção do parágrafo único ao artigo 116 do Código Tributário Nacional, com vistas a estabelecer limites ao planejamento tributário, qualificando-o com um ato perlocucionário de fala.[46]

---

43. *La filosofia actual:pensar sin certezas*. Buenos Aires, Barcelona, México: Paidós, 1999, p. 38-39.

44. *Direito tributário, linguagem e método*, São Paulo: Noeses, 2008, p. XXIV.

45. *Revogação em matéria tributária*. São Paulo: Noeses, 2005, p.159.

46. *Elisão tributária limites normativos*, p. 244. Tese de Livre-Docência apresentada na Faculdade de Direito da Universidade de São Paulo. 2008. Inédito.

Vê-se, com clareza, que os ganhos são consideráveis. Sem perder o rigor, a força e a consistência da postura analítica, abre-se ensanchas para aproximações com aspectos históricos, axiológicos, em que a intertextualidade assume papel de extremo relevo, permitindo a construção de um discurso sólido, com premissas claras e bem encadeadas, em que o sistema normativo exsurja com naturalidade e consistência.

COMPETÊNCIAS COMUNICATIVAS E O TEMA DA VALIDADE NO DIREITO

Tácio Lacerda Gama[1]

Introdução

Este artigo analisará três explicações positivistas sobre a validade das normas jurídicas sob a perspectiva da Teoria Comunicacional do Direito. O propósito desta análise será o de demonstrar que as três abordagens não são divergentes entre si, mas representam posições parciais sobre o tema, pois refletem pontos de vista distintos sobre a comunicação jurídica. O ponto de partida da análise será a indicação dos múltiplos sentidos que a expressão "validade" pode assumir no discurso jurídico. Vamos distinguir, em meio a estes múltiplos sentidos, as três acepções que interessam à análise proposta, quais sejam: a ideia de validade como efetiva aplicação das normas pelas autoridades competentes; a ideia de validade como existência da norma e, por fim, a ideia de validade como atributo da norma que existe e foi criada de forma compatível com aquela que lhe serve de fundamento.

---

1. Doutor e Mestre em Direito do Estado pela PUC-SP, Professor dos cursos de graduação e pós-graduação da PUC-SP e do IBET.

A primeira acepção, de validade como efetiva aplicação da norma, nos remete a uma ideia realista de validade. É norma válida aquela que é aplicada pelos tribunais. Esta teoria é normalmente combatida por confundir causalidade e imputação, ignorando as especificidades da racionalidade jurídica. Sob outro aspecto, trata-se de uma comunicação jurídica, funcionalmente diferenciada, própria dos sociólogos do direito. As duas outras acepções mencionadas acima divergem entre si, pois uma equipara validade à existência, enquanto a outra diferencia existência de validade, o que significa, neste último caso, que uma norma poderia existir sendo inválida. Estas duas acepções de validade são, ordinariamente, apontadas como contraditórias entre si, representando teses rivais sobre o tema. Defendemos, contudo, que estas teorias representam comunicações jurídicas parciais e funcionalmente distintas sobre o mesmo tema. É próprio da comunicação interna ao sistema jurídico, de natureza prescritiva e emanada de agentes competentes, equiparar validade e existência, ao passo que é típico de quem observa, para descrever, distinguir existência e validade. São dois tipos de comunicação jurídica, realizadas por agentes que ocupam diferentes posições em relação ao sistema jurídico, cumprindo funções igualmente diversas e que, por isso, não podem ser consideradas contraditórias, mas sim complementares.

Assim, as três abordagens sobre validade das normas jurídicas referem-se a três tipos de comunicação jurídica, desempenhadas por sujeitos em diferentes posições, com funções diversas, sendo uma própria do sociólogo, outra própria do juiz e outra típica do jurista dogmático. Daí porque são, todas elas, úteis e complementares entre si.

1. Breve comentário sobre o Constructivismo Lógico-Semântico

Há mais de 11 anos, num tópico denominado "Direito, linguagem e método", com o propósito de contextualizar o método preconizado pelo Professor Paulo de Barros Carvalho, defendemos que:

"O conhecimento é condicionado pelo contexto de sua produção. No dizer de Hans-Georg Gadamer todo saber é finito, pois marcado por sua historicidade. O sentido não resiste ao tempo, muda em razão das transformações de valores e de crenças da sociedade. Por isso, aquilo que se afirma como verdadeiro hoje só o será num dado contexto, segundo determinadas circunstâncias. No século XX, segundo Manfredo Araújo de Oliveira, houve uma mudança no contexto filosófico que resultou significativa alteração na ideia que se tinha sobre a relação entre linguagem e conhecimento. Observa-se, nesse movimento, uma verdadeira virada (giro linguístico) nas formas de responder a perguntas como: "'que é conhecer?", "que significa afirmar algo como verdadeiro?".

De forma sucinta, no antigo contexto filosófico, que poderia ser denominado de "Filosofia da Consciência", o conhecimento seria uma relação entre sujeito e objeto, mediada pela linguagem. Uma proposição seria verdadeira quando correspondesse à realidade do objeto (verdade por correspondência), pouco importando os aspectos culturais que condicionavam a aproximação entre sujeito e objeto ou a situação comunicativa formada pelos sujeitos sociais que lidaram com as proposições.

Após o estabelecimento da chamada "Filosofia da Linguagem Contemporânea", marcadamente com os trabalhos do "primeiro" Martin Heidegger e do "segundo" Ludwig Wittgenstein, "sujeito", "objeto", "verdade" passam a ser compreendidos como construções de linguagem. Isso porque se toma difundida a ideia de que toda e qualquer forma de compreensão se dá na linguagem e segundo os seus limites. Conhecer algo é antes conhecer a linguagem que torna esse algo compreensível. De forma inversa, antes da linguagem não ha compreensão. Trata-se, pois, de uma completa reviravolta na concepção do que é conhecer algo, bem como na importância que a linguagem exerce nesta tarefa.

Karl-Otto Appel sintetiza o significado de colocar a linguagem como centro das investigações filosóficas afirmando que "a Filosofia Primeira não é mais a pesquisa a respeito da natureza ou da essência das coisas ou dos entes (ontologia), nem tampouco a reflexão sobre as representações ou conceitos da consciência ou da razão (teoria do conhecimento), mas reflexão sobre a significação ou o sentido das expressões linguísticas (análise da linguagem)". Com isso, a busca pela essência dos objetos, as verdades únicas e imutáveis, as construções teóricas que independem de suas condições culturais e históricas passam a ser vistas como formas anacrônicas de conhecimento.

A esta altura, já seria possível perguntar: que tem isso a ver com o estudo do direito?

Há várias conexões possíveis entre o contexto teórico instaurado pela filosofia da linguagem e a dogmática jurídica, entendida aqui como Ciência do Direito. Nos limites deste trabalho, basta identificar duas das conexões possíveis: i. o direito e a ciência que o estuda manifestam-se por meio da linguagem, por isso todo e qualquer desenvolvimento teórico sobre a linguagem e sua interpretação podem ser utilizados para desenvolver o estudo do direito; ii. a dogmática jurídica, como espécie do gênero "conhecimento", desenvolve-se segundo um determinado paradigma, embora nem sempre isso fique esclarecido, assim, quando se modifica esse paradigma, torna-se necessário rever os diversos conceitos da Ciência do Direito. Em qualquer dos casos, a utilização de noções pensadas na filosofia e noutras ciências da linguagem para o estudo do direito é opção metodológica. Trata-se de estratégia para o desenvolvimento conceitual da dogmática jurídica (recontextualização, para utilizar o termo de Richard Rorty), que consiste na reformulação de conceitos tradicionais, a partir de um novo contexto teórico.

A necessidade de atualizar os tradicionais esquemas de interpretação da dogmática jurídica é consenso entre os filósofos do direito. João Batista Machado, Tercio Sampaio Ferraz Junior,

João Maurício Adeodato, Lênio Luiz Strek, Luiz Alberto Warat são apenas alguns daqueles que identificam a premência de rever os métodos tradicionais da dogmática jurídica e apontam a filosofia e as demais ciências da linguagem como fontes de renovação desse saber.

A dogmática preconizada pelo Prof. Paulo de Barros Carvalho insere-se nesse contexto. Ao demarcar seus pontos de partida, elucidando o contexto teórico de sua produção, promovendo o encontro entre direito, linguagem e método, esse autor indica o caminho que segue na construção de sentido dos textos de direito positivo. Por isso, viabiliza a reconstrução de uma dogmática atualizada com o discurso científico e filosófico contemporâneo.

Há de se destacar, entre os seus recursos metodológicos, o manejo com a teoria das funções da linguagem, que permite separar os textos de direito positivo dos textos da Ciência do Direito.

Outra distinção de inegável relevo é aquela identificada entre evento e fato jurídico. Os eventos seriam acontecimentos da realidade social. Já os fatos jurídicos seriam o relato, em linguagem de direito positivo, daqueles acontecimentos. Alguém que, dirigindo em alta velocidade, retire a vida de outrem, realiza um evento. Esse acontecimento social, quando levado a julgamento pelo órgão competente que produzirá uma sentença condenatória, transforma-se em fato jurídico.

Passa a integrar o sistema do direito positivo, pois foi captado na forma prevista pelo próprio direito – processo judicial, no caso. Sem essa linguagem competente, introduzindo no sistema jurídico os acontecimentos sociais, não se pode falar em consequências jurídicas.

Com tais construções metodológicas, criam-se instâncias de observação inéditas para aqueles que lidam com o paradigma da dogmática tradicional. Os antigos debates sobre a essência do que seja "norma jurídica" ou de quem sejam os seus "reais destinatários", a busca pela verdade real, afirmações como "contra fatos não há argumentos", passam a exigir um esforço prévio de elucidação. Antes de iniciar tais debates, como explica Tárek Moysés Moussallem, é necessário esclarecer "as regras do jogo" da Ciência do Direito. Com isso, a disputa sobre o significado de termos como "norma" torna-se inócua ou, no mínimo, ingênua. Essa nova perspectiva metodológica vem abrindo espaço para investigações mais consistentes e de maior repercussão prática, pois oferece novos pontos de vista para aqueles que buscam construir a estrutura e o sentido dos comandos normativos.

Esta iniciativa de conjugar, ao estudo do direito, conceitos pensados na filosofia e nas ciências da linguagem, porém, nem sempre é satisfatoriamente compreendida." [2]

Como defendido na época, o modelo preconizado pelo Prof. Paulo de Barros Carvalho oferecia uma intensa renovação metodológica para o direito tributário brasileiro, mas também para a Teoria Geral do Direito e para a própria Filosofia Jurídica. Já se tratava de um sistema complexo, perfeitamente delineado e estabelecido. Porém, nestes pouco mais de 11 anos, a sua intensa aplicação a centenas e centenas de teses, dissertações e monografias, além de muitos congressos e livros especializados, faz como que o "Constructivismo Lógico-Semântico" progressivamente se transformasse numa experiência paradigmática, a ser compreendida e estudada por todos aqueles que queiram saber o principal modo de se estudar direito no Brasil contemporâneo.

É sob esta perspectiva que o tema da validade das normas jurídicas passa a ser estudado.

2. Plurivocidade de acepções – pluralidade de concepções

Plurívoco, o termo "validade das normas jurídicas" pode assumir, entre outras, as seguintes acepções: especial forma de

2. Cf. Item 2: GAMA, Tácio Lacerda. Obrigação e crédito tributário. Anotações à margem de Paulo de Barros Carvalho. *Revista Tributária e de Finanças Públicas*, v. 50, p. 98-113, 2003.

existência de uma norma[3]; atributo da norma compatível com aquela que programou a sua criação[4]; aptidão para vir a ser aplicada por um tribunal[5]; circunstância de, efetivamente, disciplinar comportamentos[6]; compatibilidade da norma do direito positivo com padrões religiosos, racionais ou humanos, em acepção ampla.[7]

Cada um desses sentidos corresponde a um ponto de vista possível sobre o tema da validade das normas jurídicas e se refere a modos diferentes de compreender o que seja o

3. "(...) Quando se diz: 'uma norma vale', admite-se essa norma como existente. 'Validade' é a específica existência da norma, que precisa ser distinguida da existência de fatos naturais, e especialmente da existência dos fatos pelos quais ela é produzida" (KELSEN, Hans. *Teoria geral das normas*. Porto Alegre: Fabris, 1986, p. 3).

4. "Para que algo valha é preciso que exista. Não tem sentido falar-se de validade ou de invalidade a respeito do que não existe. A questão da existência é questão prévia. Somente depois de se afirmar que existe é possível pensar-se em validade ou em invalidade" (MIRANDA, Pontes de. *Tratado de direito privado*. Parte Geral. Rio de Janeiro: Borsoi, 1970, t. IV, p. 7).

5. "(...) somente os fenômenos jurídicos no sentido mais restrito – a aplicação do direito pelos tribunais – são decisivos para determinar a vigência das normas jurídicas. (...) A efetividade que condiciona a vigência das normas só pode, portanto, ser buscada na aplicação judicial do direito, não o podendo no direito de ação entre indivíduos particulares" (ROSS, Alf. *Direito e Justiça*. 1ª ed. Bauru: EDIPRO, 2003, p. 60).

6. "(...) Eficacia es condición de la validez de una norma jurídica, a saber, en el sentido de que uma norma jurídica pierde su validez si deja de ser eficaz o si pierde su eficácia. Eficácia tiene que añadir-se a la 'puesta-en--validez' de una norma jurídica para que ésta no pierda su validez. No para adquirir la validez, sino para seguir siendo válida, una norma jurídica tiene que ser eficaz. Pues una norma jurídica adquiere su validez ya antes de poder ser eficaz; un tribunal aplica en un caso concreto una ley recién promulgada y que, por lo tanto, no pudo todavía ser eficaz, aplica normas jurídicas válidas. Pero una norma jurídica no es considerada como válida si permanece durante um largo tiempo ineficaz" (KELSEN, Hans. "Validez y eficacia del derecho". In: *Validez y eficacia del derecho*. Buenos Aires: Astrea, 2005, p. 72).

7. ALEXY, Robert. *El concepto y la validez del derecho*. Barcelona: Gedisa, 2004, *passim*.

próprio Direito. Temos, entre as concepções que acabamos de apontar, ideias relativas à concepção de direito natural, realista escandinava e positivista, percebida tanto sob a óptica de quem descreve quanto sob a perspectiva de quem prescreve normas.

De fato, definir o conceito de uma expressão pressupõe escolher um sentido e abandonar outros, igualmente possíveis. No caso, definir o conceito de validade pressupõe escolher uma concepção do que seja Direito, ou um ponto de vista sobre ele, abandonando outros.

Neste trabalho, estudaremos a validade das normas sob a perspectiva positivista. Investigaremos o sentido de ser norma válida no sistema de direito positivo, o fundamento desta norma e os efeitos da validade. Veremos, também, as consequências de não ser norma válida, além dos efeitos que projeta na sua vigência e eficácia.

Esclarecer o ponto de vista, contudo, não libera o tema de controvérsias. Basta ver o sempre atual e instigante debate sobre a semelhança ou a diferença entre os conceitos de validade e existência. Se esses conceitos assumirem sentidos distintos, a existência da norma no sistema jurídico é anterior e independente da validade. Seriam, portanto, coisas distintas o estar no sistema e o ser norma válida.

Equiparando, contudo, os conceitos de existência e validade, seria inadequado falar de norma que existe e não é válida, pois valer é a especial forma de existir de uma norma. Noutro falar, a norma existe valendo, prescrevendo condutas coercitivamente. Daí se questionar: se a norma não vale, como segue prescrevendo condutas? Sendo aplicada com o uso da forma? Sendo referendada pelo Poder Judiciário? Se não vale, não vale para quem e segundo quem?

Aqui, o sentido de validade é sutilmente modificado, deixando de ser um juízo de regularidade e passando a ser a forma de existência da norma.[8] Essa mudança, porém, reflete uma alteração de ponto de vista entre a primeira e a segunda posição. Deixaremos essa distinção mais clara a seguir.

Ao contrário do que possa parecer, entendemos não existir qualquer controvérsia – contradição ou contraditoriedade – entre as concepções de validade como sinônimo de existência ou como conceitos distintos.

Explicamos: para que exista uma contradição ou uma contrariedade é necessário que uma proposição signifique o contrário da outra ou que as duas não possam ser simultaneamente verdadeiras. No caso, não temos nem uma contradição, nem uma contrariedade.

Os dois modos de explicar a validade são, simultaneamente, possíveis, pois refletem pontos de vista distintos sobre o sistema jurídico. Um é o ponto de vista de quem vê para descrever, e o outro de quem prescreve normas, disciplinando condutas.

3. Concepções relativas à existência, aplicabilidade, pertinência e validade das normas jurídicas – o ponto de vista dos observadores contraposto ao dos participantes

8. Segundo Paulo Roberto Lyrio Pimenta, a validade pode ser observada a partir de dois modelos teóricos: "No primeiro, a validade é tida como sinônimo de existência da norma. Dizer que a norma vale significa afirmar que esta pertence a determinado ordenamento jurídico. Norma válida é aquela produzida pela autoridade competente, segundo o procedimento previsto em lei. Destarte, nesta linha de posicionamento, a validade é a essência da norma, desprezando-se em sua análise o conteúdo da regra jurídica. Outro modo de enxergar o problema é entender a validade como predicado, como atributo da norma jurídica. Assim sendo, trata-se da conformidade da norma com o ordenamento jurídico, razão pela qual se separa, em tal modelo, dentro do mundo jurídico, os planos da validade e o da existência. A validade é vista, destarte, como qualidade, como algo que se agrega ao objeto – norma jurídica –, e não como sua própria essência." (PIMENTA, Paulo Roberto Lyrio. Normas de competência e o controle de validade da norma impositiva tributária. In: BARRETO, Aires Fernandino [et al]. *Segurança jurídica na tributação e estado de direito*. São Paulo: Noeses, 2005, p. 840).

3.1. Validade como existência – o ponto de vista dos participantes

Quem equipara existência e validade decide descrever o direito sob a perceptiva de quem decide, como se fosse um órgão julgador. O estar no sistema, por si só, já é suficiente para que se possa afirmar que a norma é, pelo menos presumivelmente, válida. É o que sustenta Paulo de Barros Carvalho no seguinte excerto:

> (...) A validade não deve ser tida como predicado monádico, como propriedade ou como atributo que qualifica a norma jurídica. Tem *status* de relação: é o vínculo que se estabelece entre a proposição normativa, considerada na sua inteireza lógico-sintática e o sistema de direito posto, de tal sorte que ao dizermos que u'a norma 'n' é válida, estaremos expressando que ela pertence ao sistema 'S'. Ser norma é pertencer ao sistema, o 'existir jurídico específico' a que alude Kelsen. (...) Seja como for, ingressando no ordenamento pela satisfação dos requisitos que se fizerem necessários, identificamos a validade da norma jurídica, que assim se manterá até que deixe de pertencer ao sistema.[9]

E, sendo o direito positivo um sistema do tipo dinâmico, só um órgão do próprio sistema pode, validamente, decidir se uma norma foi ou não produzida segundo a respectiva norma de competência.

> Segundo a natureza do fundamento de validade, podemos distinguir dois tipos diferentes de sistemas de normas: um tipo estático e um tipo dinâmico. As normas de um ordenamento do primeiro tipo, quer dizer, a conduta dos indivíduos por elas determinada, é considerada como devida (devendo ser) por força do seu conteúdo: porque a sua validade pode ser reconduzida a uma norma a cujo conteúdo pode ser subsumido o conteúdo das normas que formam o ordenamento,

9. *Direito tributário: fundamentos jurídicos da incidência*, p. 57.

> como o particular ao geral. O tipo dinâmico é caracterizado pelo fato de a norma fundamental pressuposta não ter por conteúdo senão a instituição de um fato produtor de normas, a atribuição de poder a uma autoridade legisladora ou – o que significa o mesmo – uma regra que determina como devem ser criadas as normas gerais e individuais do ordenamento fundado nesta norma fundamental.[10]

A fragilidade deste ponto de vista está em não descrever, adequadamente, aqueles casos em que a norma jurídica foi produzida sem fundamento de validade. Esse ponto é, justamente, o que ressalta Pontes de Miranda nessa bela passagem:

> Os juristas que não distinguem o não existente e o nulo, excluem a classe nula, e tropeçam com ela a cada momento, porque o Direito, histórica e sistematicamente, alude a ela. Ao pretenderem tratá-la como sinônimo de não-existente, cometem erro de lógica (confusão entre "nulo" no sentido de não ter todos os elementos componentes, de modo que os que têm não operam, e "não existente").[11]

Como explicar, sob esta perspectiva, que uma norma esteve no sistema jurídico prescrevendo condutas e que, após análise do Poder Judiciário, teve a sua invalidade reconhecida? E quando ocorre, por exemplo, controle de constitucionalidade difusa e a norma jurídica é inconstitucional para uns e constitucional para outros? E todas as normas do sistema de direito positivo que tipificam as nulidades, imputam consequências para a sua ocorrência, são normas que prescrevem disposições para fora do sistema? Essas são apenas algumas das perguntas que nos ocorrem sob esse ponto de vista.

---

10. KELSEN, Hans. *Teoria pura do direito.* 6ª ed. São Paulo: Martins Fontes, 1998, p. 220.

11. PONTES DE MIRANDA. *Tratado de direito privado.* Parte Geral. 3. ed. Rio de Janeiro: Borsoi, 1970, t. IV, p. 8.

Para respondê-las, é útil pensar na distinção entre validade e existência.

3.2. Validade como atributo da norma – o ponto de vista dos observadores

Os que separam os conceitos de validade e existência, assim o fazem por entender que a norma pode estar no sistema de direito positivo sem ser válida.[12] Assim, uma coisa é existir, outra é ter sido produzida de acordo com o que prescreve a norma de competência. A esse respeito, Pontes de Miranda afirma:

> 1. EXISTIR E VALER – Para que algo valha é preciso que exista. Não tem sentido falar-se de validade ou de invalidade a respeito do que não existe. A questão da existência é questão prévia. Somente depois de se afirmar que existe é possível pensar-se em validade ou em invalidade. Nem tudo que existe é suscetível de a seu respeito discutir-se se vale, ou se não vale. Não há de afirmar nem de negar que o nascimento, ou a morte, ou a avulsão, ou o pagamento valha. Não tem sentido. Tão pouco, a respeito do que não existe: se não houve ato jurídico, nada há que possa ser válido ou inválido. Os conceitos de validade ou de invalidade só se referem a atos jurídicos, isto é, a atos humanos que entraram (plano da existência) no mundo jurídico e se tornaram, assim, atos jurídicos.[13]

12. "Contrariamente a la opinión extendida entre los teóricos del derecho, distingo cuidadosamente la validez de la 'existencia' (de una norma, de una disposición o de una fuente). Es condición necesaria para que una norma sea válida que sea conforme a todas las normas que regulan su creación. Para que una norma exista en el ordenamiento, en cambio, no es preciso tanto: es suficiente que sea creada por una autoridad normativa prima facie competente para crear ese tipo de normas. En otros términos, se dice que una norma, disposición o fuente es 'existente' cuando ha sido creada de conformidad (no a todas, sino incluso sólo) a algunas de las normas que regulan su creación." (GUASTINI, Riccardo. *Distinguiendo*. Barcelona: Gedisa, 1999, p. 320).

13. PONTES DE MIRANDA. *Tratado de direito privado*. Parte Geral. 3. ed. Rio de Janeiro: Borsoi, 1970, t. IV, p. 7.

Desta forma, o sistema das normas que existem se divide em dois conjuntos, o das normas válidas e o das normas inválidas. A invalidade, portanto, está no sistema de direito positivo, sendo qualificada e tendo os efeitos da sua ocorrência programados por outras normas.

Nesse sentido, também, afirma Lourival Vilanova que:

> Os conceitos de existência e de inexistência, que o conhecimento jurídico usa, são com referência a normas. A norma é sempre o *pressuposto da experiência especificamente jurídica*, mostra-o Norberto Bobbio. Separar os planos da *existência*¸ da *validade* e da *eficacidade* é acertado epistemologicamente e metodologicamente. Mas, na textura do real, o ser e o não-ser são relevantes porque se predicam como qualificados em juízos-de-validade. A correspondência entre os elementos do fato e as notas do tipo (prefiguradas na hipótese da norma) não é de neutra conformidade ou desconformidade, mas de simultânea e inevitável valoração, nas espécies de licitude ou ilicitude. *O que é logicamente separável, onticamente é interconexo.*[14]

A inconsistência deste ponto de vista decorre do fato de não processar a circunstância de que o direito positivo é um sistema dinâmico. O juízo de validade é, necessariamente, prescritivo. Noutro dizer: em termos concretos, a afirmação de invalidade feita na Ciência do Direito é irrelevante para o direito positivo.

O sinal de validade ou invalidade da norma jurídica não muda em face da posição da doutrina. Só o próprio sistema, mediante a publicação de uma norma, pode prescrever modificações no sistema jurídico.

Daí a completa irrelevância prescritiva da distinção entre existência e validade. Se é inválido, é inválido para quem? De que

---

14. VILANOVA, Lourival. *Causalidade e relação no direito*. 4. ed. São Paulo: RT, 2000, p. 322.

serve a afirmação de invalidade? Quem me qualificou para afirmar ou negar a validade de uma norma?

São perguntas que não encontram respostas satisfatórias entre aqueles que acatam a distinção entre validade e existência.

3.3. Validade como aplicabilidade – um critério realista

Normas que estão no sistema de direito positivo podem ser classificadas como válidas e não válidas. Porém, que significa estar no sistema de direito positivo? Como posso saber se uma norma é ou não jurídica?

Responder a essas perguntas com critérios estruturais ou de sentido é insuficiente. A simples estrutura da norma ou o seu conteúdo, isoladamente, não são suficientes para que se possa afirmar que uma norma é efetivamente jurídica.

Num exemplo, um professor de direito pode criar uma norma para instituir o imposto sobre grandes fortunas. Essa norma, muito embora tenha a estrutura lógica de uma norma jurídica e prescreva conteúdos autorizados pela Constituição da República, não pode ser qualificada como elemento do sistema de direito positivo.

Na incerteza dos critérios de forma e sentido, só o critério funcional pode oferecer resposta satisfatória: é a possibilidade de ser aplicado por ato do Poder Judiciário que qualifica uma norma como jurídica. Esse atributo, de ser objeto de um processo judicial, é o critério por excelência para saber se uma norma está ou não no sistema jurídico.

É justamente essa a ideia preconizada por Alf Ross[15], um dos mais destacados representantes do realismo escandinavo.

---

15. *Direito e justiça*, p. 66.

Segundo esse autor, o critério que separa normas válidas de não válidas é pragmático e consiste na circunstância de uma norma ser suscetível de controle pelo Poder Judiciário.

Entendemos que a efetividade – possibilidade de aplicação – é um critério relevante para a compreensão das normas jurídicas. Porém, esse critério não se refere à validade ou invalidade da norma, pois o juízo de validade ou invalidade nos sistemas dinâmicos só compete aos órgãos do próprio sistema. Eis a lição de Alf Ross a esse respeito:

> (...) somente os fenômenos jurídicos no sentido mais restrito – a aplicação do direito pelos tribunais – são decisivos para determinar a vigência das normas jurídicas. (...) A efetividade que condiciona a vigência das normas só pode, portanto, ser buscada na aplicação judicial do direito, não o podendo no direito de ação entre indivíduos particulares.[16]

O critério de efetividade é útil, então, para o juízo de existência da norma num sistema qualquer. Existe a norma que possa ser levada à apreciação do poder jurisdicional. Não existe a norma que não seja passível de análise jurisdicional. O critério é pragmático: desencadeou a jurisdição, existe. Caso contrário se trata de proposição não jurídica, inexistente no sistema de direito positivo.

Ao optar pelo critério de efetividade da norma como critério de existência ou inexistência, abandonamos as soluções tradicionais que buscavam indicar requisitos de validade para que uma norma exista no sistema jurídico. Com efeito, não é o fato de ter sido produzida por órgão credenciado pelo sistema, nem seguir procedimento devido, nem qualquer outro dado objetivo.

Um prefeito que resolva editar, por meio de lei, adicional do imposto sobre a renda municipal está criando tributo sem

16. ROSS, Alf. *Direito e justiça*, p. 60.

ser sujeito competente, sem usar o processo legislativo adequado, tampouco tratar de matéria que lhe fosse possível. Porém, sendo publicada no Diário Oficial do Município esta norma poderá fundamentar pagamentos, lançamentos de ofício, inscrição em dívida ativa, execução fiscal, constrição de bens do contribuinte inadimplente como se tivesse sido produzida na forma prevista pela Lei Orgânica do Município e pela Constituição da República.

Com esse exemplo, ilustramos a ideia segundo a qual o juízo de existência é feito por quem observa o sistema, podendo ser verdadeira ou falsa. O critério para saber se a descrição feita pela norma é verdadeiro ou falso é o da efetividade. Se se afirma que uma norma não existe é porque ela não pode ser apreciada pela jurisdição; logo, não tem validade nem invalidade; é simplesmente irrelevante. Caso contrário, se se afirma que a norma existe é porque ela é efetiva, podendo ser considerada pelo sistema norma jurídica válida ou inválida.

3.4. Proposta de superação dos paradoxos entre validade, existência e aplicabilidade

Numa síntese do que acabamos de falar, entendemos ser perfeitamente possível analisar uma norma em relação a um sistema jurídico qualquer com base nos seguintes critérios: validade como existência da norma, validade como atributo da norma e existência da norma como efetividade.

O que enseja controvérsia e precisa ser esclarecido é a quem compete efetuar cada um desses juízos, bem como o efeito que projetam sobre a validade ou invalidade da norma.

Nesse ponto, percebemos que a distinção entre observadores e participantes é decisiva para superar as controvérsias. De fato, cabe ao observador: *i.* perceber se a norma jurídica existe ou não existe num sistema qualquer, utilizando como critério para fundamentar esse juízo a circunstância de a norma ser ou não passível de apreciação pelo judiciário; e *ii.* afirmar a compatibilidade ou incompatibilidade entre normas do sistema. No item *i.*, a análise é feita no plano do ser e as afirmações do observador sujeitam-se aos juízos de verdade ou de falsidade. No item *ii.*, as afirmações são irrelevantes, pois são feitas por um observador do sistema; não alteram a validade ou invalidade da norma no sistema jurídico.

Já os sujeitos que participam do sistema de direito positivo como titulares da jurisdição podem prescrever que: *i.* toda norma que está num sistema corresponde a outra norma do sistema jurídico e é, por isso, presumivelmente válida; *ii.* se se demonstra que não há compatibilidade entre uma norma e a que prescreve a competência para editá-la, então é porque a norma criada se ajusta à norma sancionatória da competência – cláusula alternativa tácita em Kelsen e norma processual em Lourival Vilanova; *iii.* a norma criada pode ter sido produzida de forma lícita ou ilícita, conforme se ajusta à norma de competência ou sancionatória da competência; *iv.* a aplicação desta última pelo participante do sistema faz prevalecer a norma de competência em detrimento da vigência ou da eficácia da norma criada ilicitamente; *v.* o participante prescreve a licitude ou ilicitude de uma norma jurídica; *vi.* é pressuposto da manifestação do participante que a norma exista, por isso ele só se refere à validade ou invalidade da norma.

Pois bem, separando os juízos que competem aos observadores e aos participantes, é fácil perceber que os conflitos entre as duas formas de compreender o tema da validade são, em verdade, conflitos de pontos de vista.

A esse respeito, Robert Alexy é didático ao demonstrar que:

> *Adopta la* perspectiva del participante *quien en un sistema jurídico participa en una argumentación acerca de lo que en*

> *este sistema jurídico está ordenado, prohibido y permitido o autorizado. En el centro de la perspectiva del participante se encuentra el juez. Cuando otros participantes, por ejemplo, juristas, abogados o ciudadanos interesados, exponen argumentos en pro o en contra de determinados contenidos del sistema jurídico, entonces, en última instancia, se refieren a cómo hubiera decidido un juez si hubiera querido decidir correctamente.* "Adopta la *perspectiva del obsevador* quien no pregunta cuál es la decisión correcta en un determinado sistema jurídico sino cómo se decide de hecho en un determinado sistema jurídico. Un ejemplo de un observador tal es el de Norbert Hoerster: un americano blanco casado con una mujer de color desea viajar a Sudáfrica en la época de la vigencia de las leyes del *apartheid* y reflexiona acerca de los detalles jurídicos de su viaje."[17]

E mais: esses pontos de vista são compatíveis entre si. Mesmo o juízo de efetividade da norma, se visto como critério de existência, pode ser, também, aproveitado para aumentar as perspectivas de compreensão das normas jurídicas num sistema jurídico qualquer.

Desta forma, percebemos não existir razões para optar por uma definição do conceito de validade em detrimento de outra, uma vez que, com os devidos ajustes e elucidações, não há qualquer contradição ou contrariedade entre elas.

4. Validade e outros conceitos relacionados

Cremos ser insubsistente a distinção entre normas de estrutura e normas de conduta, pois toda e qualquer norma no sistema de direito positivo serve para regular condutas. O que se pode distinguir é que algumas dessas condutas ensejam a produção de novas normas.

17. ALEXY, Robert. *El concepto y la validez del derecho*. Barcelona: Gedisa, 2004, p. 31.

As condutas que ensejam novas normas se chamam condutas nomogenéticas. Essas normas, como vimos, podem ser classificadas pelo observador como existentes ou inexistentes. O critério desta distinção é a efetividade, ou seja, a possibilidade de esta norma vir a ser aplicada por um tribunal jurisdicional.

Quando um tribunal se manifesta sobre uma norma qualquer, não se cogita mais de sua existência ou inexistência. A norma existe. Um órgão jurisdicional – participante – decide sobre a licitude ou ilicitude da ação nomogenética. Sob este ponto de vista, se uma norma existe no sistema jurídico é porque está em relação com outra norma. Se o participante – órgão jurisdicional – decidir que a norma foi criada de forma lícita, a norma, portanto, está em relação com a norma que prescreveu a sua competência.

O resultado desta relação é a aplicação da norma ao caso concreto. Norma criada licitamente é válida, vigente e eficaz até que outra norma prescreva de forma contrária.

Quando o órgão jurisdicional, porém, decide que a norma foi criada de forma ilícita, isso equivale a dizer que a norma irregular não está em relação com a norma de competência, mas sim com a que sanciona o exercício inadequado da atividade nomogenética.

A norma sancionatória tem como hipótese o descumprimento da relação jurídica de competência (-c). É a violação daquilo que dispõem os condicionantes materiais da norma de competência que justifica a aplicação da norma sancionatória de competência. Em meio aos signos de sua composição, é possível ler que: violada a relação de competência – R(S.M) –, deve-se imputar uma relação entre o destinatário da norma e o Estado jurisdição. O objeto desta relação será a norma que prescreve a não aplicação da norma criada ilicitamente. Essa norma é, também, chamada de norma anulatória.

O âmbito material (M) das normas anulatórias consistirá na determinação de que não mais seja válido, vigente ou eficaz o dispositivo conflitante. Esses efeitos, conforme veremos, variam de caso a caso. Nunca é demais ter presente que a norma anulatória é produzida para restringir um ou mais dos âmbitos de vigência ou eficácia da norma ilegítima, justamente naquele ponto em que é conflitante e que, em face do conflito, provoca prejuízos aos sujeitos de direito.

4.1. Validade formal e validade material

Uma norma de competência, em sentido estrito, fundamenta a validade de duas outras normas jurídicas: o instrumento introdutor e a norma introduzida. Há licitude quando as normas criadas se ajustam ao que prescreve a norma de competência.

Sob esta perspectiva, a de existirem dois tipos de normas introduzidas, é possível a existência de dois tipos de incompatibilidade, sendo uma delas entre o instrumento introdutor com o antecedente da norma de competência, e outra a da norma introduzida com o consequente da norma de competência. Para um caso e outro, a doutrina convencionou empregar os termos vício de forma e vício de matéria ou, como preferem alguns, invalidade formal e invalidade material.

Certamente, não se há de falar da existência de vício de forma, pura e simplesmente, ou em vício de matéria. Isto porque toda matéria existe em função de uma forma e vice-versa. A forma só ganha sentido quando conectada com a matéria. Isso não significa negar a existência de vícios de uma ou de outra espécie. O critério para separar uma validade da outra está, pois, no tipo de incompatibilidade existente.

Quando a antinomia é entre instrumento introdutor e antecedente da competência, há vício de forma. A incompatibilidade com o sistema de direito positivo compromete o próprio veículo introdutor, atribuindo a mesma sorte a todos os elementos que foram inseridos pelo instrumento introdutor.

De outra parte, naquilo que é de cunho exclusivamente material, o vício de invalidade poderá ser imputado apenas ao enunciado prescritivo conflitante, sem prejuízo dos demais elementos que integram o texto em harmonia com a competência.

4.2. Validade, invalidade e seus efeitos sobre a vigência das normas

A validade não é um atributo da norma, mas sim da relação que ela mantém com o sistema jurídico. Quando essa relação se dá entre a norma e a respectiva norma de competência, fala-se que a norma é válida. Porém, quando a relação ocorre entre norma e aquela que prescreve a sanção pelo exercício indevido da norma de competência, temos a invalidade. Validade e invalidade são, pois, juízos juridicamente relevantes, presentes no sistema de direito positivo.

O sistema jurídico prescreve tanto os efeitos da validade quanto os efeitos da invalidade. Aquilo que está fora do sistema é o juridicamente irrelevante, o inexistente, não o inválido.

Pois bem, vigência é o atributo da norma válida que está apta a regular condutas. Neste sentido, Paulo de Barros Carvalho não deixa dúvida ao ensinar que:

> Viger é ter força para disciplinar, para reger, para regular as condutas inter-humanas sobre as quais a norma incide, cumprindo, desse modo, seus objetivos finais. É, agora sim, uma propriedade de certas regras jurídicas que estão prontas para propagar efeitos, tão logo aconteçam, no mundo social, os fatos descritos em seus antecedentes. Na verdade, existem normas que pertencem ao ordenamento positivo, mas não dispõem dessa aptidão.[18]

18. CARVALHO, Paulo de Barros. *Direito tributário:* fundamentos jurídicos da incidência. 4ª ed. São Paulo: Saraiva, 2006, p. 58.

Essa aptidão de a norma produzir efeitos pode ser percebida em quatro dimensões: a subjetiva, envolvendo os sujeitos que têm o seu comportamento disciplinado pela norma; a espacial, que delimita o local onde a norma pode irradiar seus efeitos; a temporal, que delimita o início e o fim da vigência da norma no tempo; e a material, em sentido estrito, que é o comportamento disciplinado pela norma (i.e., pagar tributo, entregar declarações, pagar sanções).

Ao ingressar com presunção de validade no sistema de direito positivo, toda norma jurídica possui esses quatro âmbitos de vigência.

Ao estabelecer contato com outras normas no sistema de direito positivo, um ou alguns desses âmbitos podem ter sua abrangência ampliada ou reduzida. A revogação de uma norma, por exemplo, é feita por uma norma jurídica que prescreve um limite temporal à vigência da norma.[19]

A norma sancionatória de competência, quando editada em caráter geral (i.e., ADI, ADECON, ADPF), também pode prescrever um termo para a vigência temporal de uma norma produzida de forma ilícita. Diferente da revogação, essas normas são produzidas de forma condicionada; exigem para a sua edição processo judicial, demonstração de incompatibilidade entre norma inferior e a respectiva competência e prejuízo a direito e dever do proponente.

Nesses casos, porém, a decisão anulatória de norma inconstitucional – fruto da positivação da norma anulatória de competência – pode ter efeitos retroativos (*ex tunc*) e prospectivos ou apenas prospectivos (*ex nunc*). Tudo depende do que prescrever a norma sancionatória de competência.

Pois bem, como se pode perceber a partir dos exemplos que acabamos de apresentar, a vigência da norma pode ser

19. A revogação consiste na delimitação do âmbito temporal de uma norma editada para viger por prazo indeterminado.

para o passado e para o futuro, apenas para o passado ou apenas para o futuro. Quando ocorre de a norma estar apta a produzir efeitos plenos – passado e futuro –, afirmamos, com fundamento nas lições de Paulo de Barros Carvalho[20], existir vigência plena. Porém, há casos em que essa vigência volta-se apenas para o passado ou apenas para parte do passado ou, ainda, do futuro. Nessas hipóteses há apenas vigência parcial.

A aplicação da norma secundária de competência pode prescrever, em face de norma ilícita, que a vigência dessa norma seja suspensa de forma plena (passado e futuro) ou de forma parcial (futuro, apenas). Porém, só podemos falar de suspensão de vigência quando sua prescrição é geral (*erga omnes*). Caso contrário, teremos norma que dispõe apenas sobre a eficácia da norma.

Isso porque só a decisão com efeitos gerais suspende a aptidão da norma para disciplinar condutas.

Noutras situações, em que a norma sancionadora incide para evitar que a norma ilicitamente produzida projete seus efeitos, temos apenas a suspensão da eficácia normativa. E o que se pode definir por eficácia? O juízo de eficácia analisa a produção de efeitos de uma norma. Paulo de Barros Carvalho[21] propõe seja a eficácia desdobrada em três análises, denominadas de eficácia social, técnica e jurídica.

A eficácia jurídica ocorre com a incidência da norma.[22] A eficácia técnica ocorre quando, existindo norma válida e vigente, a norma dispõe de todos os elementos necessários à sua

---

20. *Direito tributário: fundamentos jurídicos da incidência*, p. 58.

21. *Direito tributário: Fundamentos jurídicos da incidência*, p. 59.

22. Já 'eficácia jurídica' é o mecanismo de incidência, o processo pelo qual, efetivando-se o fato relatado no antecedente, projetam-se os efeitos prescritos no consequente. É o fenômeno que acontece com as normas vigentes, sempre

incidência.[23] A social, por fim, é o juízo de modificação das condutas sociais aos padrões prescritos por lei.[24] Para simplificar nossa análise, nos restringiremos a analisar a eficácia jurídica, ou seja, se há subsunção do fato à norma e se há, também, a respectiva imputação de relações jurídicas.

Seja qual forma a espécie de norma sancionatória de competência, sempre que suas prescrições não tenham efeito *erga omnes*, teremos uma norma que impede outra norma de produzir seus efeitos regulares. Noutras palavras, a eficácia da norma sancionatória é prescrever a ineficácia da norma ilícita. E só se pode falar de ineficácia, quando os efeitos são previstos, apenas, para as partes de um processo (*erga simgulum*) e não *erga omnes*.

5. Síntese das posições sobre existência, validade, invalidade, vigência e eficácia

Com fundamento nas ideias expostas ao longo deste trabalho, podemos afirmar que: *i.* o observador do sistema jurídico pode afirmar se uma norma existe ou não; *ii.* existir significa poder ser apreciada pela jurisdição – esse é um critério de efetividade ou de relevância jurídica; *iii.* o juízo de existência como algo distinto de validade só é possível para quem observa

---

e quando os fatos jurídicos se instalam. Tudo por força da causalidade jurídica, decretada pela imputação normativa" (CARVALHO, Paulo de Barros. *Direito tributário:* fundamentos jurídicos da incidência. p. 59).

23. "As normas jurídicas são vigentes, os eventos do mundo social nelas descritos se realizam, contudo as regras não podem juridicizá-los e os efeitos prescritos também não se irradiam. Falta a essas normas 'eficácia técnica' (CARVALHO, Paulo de Barros. *Direito tributário: fundamentos jurídicos da incidência*, p. 59).

24. "A eficácia social ou efetividade diz com a produção das consequências desejadas pelo elaborador das normas, verificando-se toda vez que a conduta prefixada for cumprida pelo destinatário" (CARVALHO, Paulo de Barros. *Direito tributário: fundamentos jurídicos da incidência*, p. 60).

o sistema jurídico; *iv.* para quem é participante (i.e., órgãos jurisdicionais), só existem normas válidas ou inválidas; *v.* válida é a norma produzida de acordo com a norma de competência; o efeito da validade é a vigência e a eficácia, nos termos previstos pela própria norma; *vi.* invalidade é a relação da norma com a norma sancionatória da competência; *vii.* a aplicação desta norma sancionatória pode ensejar suspensão da vigência, e com ela da eficácia, quando a decisão for geral, de forma plena (*ex tunc*) ou parcial (*ex nunc*); *viii.* a sanção pelo descumprimento da competência pode projetar, tão somente, a suspensão da eficácia da norma se os efeitos forem projetados apenas entre as partes do processo.

Referências bibliográficas

ALEXY, Robert. *El concepto y la validez del derecho*. Barcelona: Gedisa, 2004.

CARVALHO, Aurora Tomazini de. *Curso de teoria geral do direito – o constructivismo lógico-semântico*. 3. ed. São Paulo: Noeses, 2013.

CARVALHO, Paulo de Barros. *Direito tributário*: fundamentos jurídicos da incidência. 5. ed. São Paulo: Saraiva, 2006.

________. *Direito tributário, linguagem e método*. Noeses: São Paulo, 2008.

GUASTINI, Riccardo. *Distinguiendo*: estudios de teoría y metateoría del derecho. Barcelona: Gedisa, 1999.

GAMA, Tácio Lacerda. Obrigação e crédito tributário. Anotações à margem de Paulo de Barros Carvalho. *Revista Tributária e de Finanças Públicas*, v. 50, p. 98-113, 2003.

KELSEN, Hans. *O problema da justiça*. 3. ed. São Paulo: Martins Fontes, 1998.

________. *Teoria geral das normas*. Porto Alegre: Fabris, 1986.

_________. *Teoria pura do direito*. 6. ed. São Paulo: Martins Fontes, 1999.

KELSEN, Hans; BULYGIN, Eugenio; WALTER, Robert. *Validez y eficacia del derecho*. Buenos Aires: Astrea, 2005.

LINS, Robson Maia. *Controle de constitucionalidade da norma tributária. Decadência e Prescrição*. São Paulo: Quartier Latin, 2005.

MIRANDA, Francisco Cavalcanti Pontes de. *Tratado de direito privado*. Parte Geral, Tomo 1. Rio de Janeiro: Borsoi, 1954.

_________. *Tratado de direito privado*. Parte Geral, Tomo 2. Rio de Janeiro: Borsoi, 1954.

PIMENTA, Paulo Roberto Lyrio. Normas de competência e o controle de validade da norma impositiva tributária. In: Eurico Marcos Diniz de Santi. (Org.). *Segurança Jurídica na Tributação e Estado de Direito*. São Paulo: Noeses, 2005, p. 839-854.

ROSS, Alf. *Direito e justiça*. Trad. Edson Bini. São Paulo: EDIPRO, 2000.

TOMÉ, Fabiana Del Padre. *A prova no direito tributário*. 3. ed., São Paulo: Noeses, 2011.

VILANOVA, Lourival. *Causalidade e relação no direito*. 4. ed. São Paulo: Revista dos Tribunais, 2000.

TEORIA DA NORMA JURÍDICA E A REGRA-MATRIZ DE INCIDÊNCIA COMO TÉCNICA DE INTERPRETAÇÃO DO DIREITO

Rosana Oleinik[1]

1. Contextualização

1.1. A evolução dos estudos de Direito Tributário: as correntes da glorificação do fato gerador, da superlatividade da base de cálculo e a visão normativa

Os estudos do Direito Tributário tiveram início a partir da obrigação tributária: da existência de um sujeito ativo, na maioria das vezes o Estado-administração e, de outro lado, o contribuinte como sujeito passivo, tendo por objeto o tributo.

---

1. Mestre e doutoranda em Direito Tributário pela PUC/SP. Professora conferencista dos cursos de pós-graduação do IBET, PUC-COGEAE. Professora seminarista do IBET. Palestrante em Congressos. Assistente da disciplina de Lógica deôntico-jurídica no mestrado da PUC/SP e nas disciplinas de pós-graduação da Universidade de São Paulo, todas ministradas por Paulo de Barros Carvalho. Membro do Grupo de Estudos do IBET desde 2007. Advogada em São Paulo.

A partir da análise da obrigação tributária se construía todo o edifício dos estudos tributários.

Em virtude de artigo publicado por Gaston Jéze, na Revista de Direito Público n. 2, falou-se pela primeira vez em "fato gerador". Trata-se de expressão forte, rapidamente aceita pela doutrina e pela jurisprudência e que provocou um deslocamento na perspectiva do estudo do Direito Tributário. Com a difusão da expressão "fato gerador" houve a transferência dos interesses do consequente da norma, ocupado pela obrigação tributária, para seu antecedente, que abriga o "fato gerador" e a partir dele o Direito Tributário passou a ser analisado.

Esses movimentos estão bem representados em obras bastante difundidas no ambiente tributário. Por exemplo, da corrente que glorifica o fato gerador temos "Fato gerador da obrigação tributária" de Amílcar de Araújo Falcão. O professor Geraldo Ataliba concentrava seus esforços no antecedente normativo e a partir dele desenvolveu sua teoria retratada em "Hipótese de incidência tributária".

Alfredo Augusto Becker, com sua obra "Teoria Geral do Direito Tributário" criticou duramente a expressão "fato gerador". Segundo o jurista, gerava apenas confusão mental. "Fato gerador" assim como usado pela doutrina, lei e jurisprudência significava tanto a descrição em linguagem que o legislador faz de um acontecimento da vida real, como o próprio acontecimento, do qual podemos participar, por exemplo, uma operação de compra e venda de mercadoria. Para Becker o importante na norma tributária seria a base de cálculo porque teria funções decisivas para a configuração do tributo.

A corrente que estamos vivendo atualmente é a que trata o Direito como um conjunto ou sistema de normas jurídicas válidas em determinado espaço de tempo e lugar. Daí a procedência desta visão da regra-matriz de incidência, que é uma norma jurídica em sentido estrito. Portanto, está inserida entre os que tecem reflexões sobre o Direito Tributário a partir de um olhar normativista.

Todavia, o recorte normativo no qual se encontra inserida a teoria ou técnica da regra-matriz de incidência, de acordo com a evolução do pensamento de Paulo de Barros Carvalho, envolve modernas reflexões da Filosofia da Linguagem e de outras ciências auxiliares, a exemplo da Semiótica, que compõem um método ou forma de compreender-se o Direito, denominado *Constructivismo Lógico-Semântico.*

Seguindo o fio condutor dessa linha de raciocínio, nosso objetivo é analisar a regra-matriz de incidência não somente em seu aspecto lógico, como o mínimo estrutural de uma norma jurídica, mas como uma técnica de interpretação do direito posto, que aplicada conjuntamente com outras técnicas de análise, consubstanciam o *Constructivismo Lógico-Semântico*.

1.2. A origem e o desenvolvimento da regra-matriz de incidência

O surgimento da regra-matriz de incidência se deu no campo do Direito Tributário, nos idos da década de 60, ocasião em que foi introduzida à comunidade científica por Paulo de Barros Carvalho, com a defesa da tese de doutoramento denominada "Teoria da norma tributária". Originada sobre sólidos pilares insculpidos por estudos de Teoria Geral e Filosofia do Direito, apresentava com argumentação harmônica e firme uma visão normativista, do ponto de vista metodológico: onde houvesse direito sempre haveria normas mediante as quais ele se manifestaria. A regra-matriz, na ocasião, compunha um dos aspectos dessa teoria.

A partir da década de 1970 em diante, a proposta foi se aperfeiçoando e se enriquecendo em seus aspectos e a regra-matriz, devido à capacitação que oferecia ao intérprete do Direito Tributário ganhou destaque, a ponto de ser considerada, em si, como uma técnica de interpretação do Direito Tributário. A razão do bom êxito da regra-matriz foi simplificar a forma de se compreender os textos de direito positivo. Estabeleceu um modelo lógico-estrutural de toda e qualquer norma jurídica em sentido estrito[2], portadora de uma hipótese que se vincula a um consequente, em virtude da imputação deôntica valorada pelo legislador. Tanto à hipótese normativa como a seu consequente foram atribuídos critérios que permitiam ao intérprete instituir o conteúdo mínimo necessário para fins de regular uma conduta.

A técnica interpretativa da regra-matriz de incidência tributária ganhou grande impulso com o concurso para livre-docente da Pontifícia Universidade Católica de São Paulo, ao qual se submeteu Paulo de Barros Carvalho no ano de 1981. Em estudo alentado, de mais de seiscentas páginas, o doutrinador aplicou a teoria ao tributo, então denominado, ICM – Impostos sobre circulação de mercadorias, originando a tese "A regra-matriz de incidência tributária do ICM".

Por essa época, Paulo de Barros Carvalho inicia estreito contato com o professor Lourival Vilanova, catedrático da Universidade Federal de Pernambuco, que em termos de Teoria Geral e Filosofia do Direito possui uma obra de qualidade ímpar. A partir de estudos e intenso diálogo com o mestre pernambucano, a montagem final da argumentação teórica da regra-matriz progrediu na velocidade da luz. Aparece completa,

2. A expressão "norma jurídica" apresenta variedade semântica. Pode, por exemplo, referir-se somente à construção de sentido feita a partir do texto de direito positivo ou, ainda, referir-se à norma jurídica em sentido estrito, que é aquela composta de uma hipótese que se liga a uma consequência por operador lógico (dever-ser neutro), em virtude da vontade do legislador. Em notação simbólica é assim representada $D(H \rightarrow C)$. Podemos desformalizar a expressão simbólica da seguinte maneira: ocorrendo a hipótese então deve ser o consequente. A regra-matriz possui tal estrutura lógica, contudo, tanto a hipótese como a consequência são analisadas mediante critérios que serão debatidos no transcorrer deste texto.

em sua configuração última em 1985, com a edição do "Curso de Direito Tributário", que em 2014, atingirá a marca da 26ª edição.

De modo geral, a técnica de compreensão da estrutura mínima da norma jurídica, consubstanciada na teoria da regra-matriz, foi muito bem recebida pelos juristas, que ao aplicá-la, promoveram intercâmbio de opiniões e colaboraram para o seu aperfeiçoamento no plano da experiência e da prática, não se tratando, a partir de então, de especulação puramente teórica, como na época da tese e do livro. Sem medo de errar, afirmamos que a regra-matriz de incidência tributária é uma teoria muito bem-sucedida porque edificada nos planos teórico, prático e da experiência.

Observamos, porém, que por versar sobre a estrutura de uma norma geral e abstrata (norma jurídica em sentido estrito), a regra-matriz de incidência faz parte de uma Teoria Geral do Direito. Por configurar-se como instrumento capaz de reduzir a complexidade dos textos jurídicos, auxilia o intérprete a estabelecer os critérios normativos mínimos para o campo em que atua.

1.3. A regra-matriz de incidência como parte do método denominado Constructivismo Lógico-Semântico

Em virtude de diálogo feito entre Ciência do Direito e direito positivo, impulsionado pelos trabalhos de Lourival Vilanova e Paulo de Barros Carvalho, um método científico desenvolveu-se e se consolidou: *o Constructivismo Lógico-Semântico,* que toma o direito como linguagem e o analisa em sua integralidade, isto é, em seus aspectos sintático ou lógico, semântico e pragmático.

Compondo o método encontra-se a regra-matriz de incidência tributária, que cumpre a função sintática de fornecer o mínimo estrutural de uma norma jurídica, cujo sentido será atribuído pelo intérprete, que preencherá esse modelo lógico ao movimentar os aspectos semântico e pragmático da linguagem jurídica, em atitude hermenêutica. Essa dinâmica pode ser melhor compreendida ao analisarmos outros aspectos do *Constructivismo Lógico-Semântico* e refletirmos sobre sua relação com a regra-matriz de incidência.

2. Aspectos do Constructivismo Lógico-Semântico e a regra-matriz de incidência

2.1. Linguagem e Direito. Direito positivo e Ciência do Direito

A regra-matriz de incidência tributária tem como premissa a Filosofia da Linguagem, desenvolvida a partir do movimento filosófico denominado giro linguístico. A expressão, atribuível ao filósofo Gustav Bergmann, refere-se a uma corrente de pensamento que na primeira metade do século XX transformou o paradigma filosófico. A linguagem deixa de ser mero objeto de reflexão e se transforma no fundamento do saber humano, a ponto de parte dessa linha de pensadores afirmarem que a linguagem cria a realidade.[3] No campo do Direito, temos como representante desse pensamento

3. As obras *Tractatus Logico-philosophicus* e Investigações Filosóficas de Wittgenstein ilustram bem os paradigmas vividos em dois momentos distintos da Filosofia da Linguagem. Nesse sentido Karl-Otto Apel: *[...] A diferença em relação a antes [refere-se à diferença em relação ao Tractatus] consiste, no entanto, em que agora a função da linguagem não é mais definida no sentido do 'atomismo lógico' – e isso quer dizer: no sentido de um modelo de designação de objetos que acompanha a lógica ocidental desde que ela começa a existir, e que se dá no âmbito da representação ou descrição de estados de coisas. Em lugar desse modelo de apreensão de linguagem [...] surge o novo conceito de 'jogos de linguagem'. [...] Esses 'jogos de linguagem' diferem da linguagem do sujeito extramundano (transcendental) que havia sido concebida anteriormente e que era uma retratadora do mundo – sobretudo por terem sido pensados como unidades concretas (diversas mas aparentadas em si) de uso linguístico, forma de vida e abertura de mundo"*. Apel, Karl-Otto. *Transformação da Filosofia II:*

o *Constructivismo Lógico-Semântico*, segundo o qual o Direito é linguagem.

Nesse sentido leciona Paulo de Barros Carvalho[4]: *Será bom acentuar que lidarei com a linguagem tomando-a segundo os princípios da autorreferência do discurso, na linha das teorias retóricas, e não na acepção das teorias ontológicas, pelas quais a linguagem humana 'constituiria um meio de expressar a realidade objetiva, coisas (res, substantia) e entidades equivalentes', como expõe João Maurício Adeodato. A adoção desse princípio filosófico implica ver a linguagem como não tendo outro fundamento além de si própria, não havendo elementos externos à linguagem (fatos, objetos, coisas, relações) que possam garantir sua consistência e legitimá-la.*

Com a assertiva não se nega a existência do ente (cadeira, homem, pedra etc), mas se afirma que seu conhecimento e, portanto, sua constituição como parte da realidade ou sistema de referência do ser humano se dá pela linguagem.

Para o Direito a assertiva é simples de se constatar. Não há sentença, contrato, lei, fato jurídico ou qualquer outra manifestação dessa ordem, sem linguagem. O Professor Gregorio Robles, com sua didática peculiar, ilustra a ideia com muita facilidade. Afirma o catedrático espanhol que se retirássemos a linguagem do Código Civil, por exemplo, nada restaria em termos jurídicos, somente folhas em branco encadernadas, com, talvez, alguns resquícios de tinta. Porém, se no momento seguinte devolvêssemos a linguagem àquele amontoado de folhas, novamente apareceria o Direito. Eis o dado linguístico constituindo o mundo jurídico.

A linguagem do direito posto se manifesta como a linguagem das ordens, dos comandos, das prescrições. É utilizada

---

*O a priori da comunidade de comunicação.*Tradução de Paulo Astor Soethe. São Paulo: Loyola, 2000.

4. *Direito Tributário. Fundamentos Jurídicos da Incidência.* 8ª edição. São Paulo: Saraiva, 2010, p. 25.

pelo legislador que está investido do poder de legislar para organizar as condutas sociais, de tal modo, que determinados valores sejam atingidos pela sociedade. Portanto, trata-se de linguagem que não pretende coincidir com a realidade social, mas ordená-la, conforme suas estimativas. Do ponto de vista da Lógica-deôntica, as normas jurídicas que tecem a linguagem do direito posto serão válidas ou não válidas e regularão as condutas utilizando-se sempre dos modais permitido (P), obrigado (O) ou proibido (V).

O campo de irradiação semântica do termo "linguagem jurídica" envolve tanto o direito positivo, como a Ciência do Direito. A distinção entre ambas reside no fato de que o direito posto, como visto, prescreve condutas, enquanto a função da linguagem da Ciência do Direito é descritiva, mais precisamente, de ordem crítico-explicativa. Não duplica a linguagem do direito pura e simplesmente, mas a analisa, com rigor e método a fim de torná-la harmônica, sem contradições ou contrariedades. Trata-se de metalinguagem ou linguagem de sobrenível que toma por objeto a linguagem do direito posto e sobre ela teoriza, a partir de um método ou modelo científico.

São linguagens distintas, mas não isoladas, há um incessante diálogo que aperfeiçoa o direito positivo e a própria Ciência que o analisa de forma crítica.

A Ciência do Direito não modifica diretamente seu objeto, o direito positivo. Por mais que os doutrinadores se congreguem e decidam, unanimemente, transformar um texto de lei, não obterão êxito porque essa decisão refoge ao campo de elaboração própria do direito positivo. Por outro lado, não há dúvida que a Ciência do Direito repercute em termos sociais e atinge os legisladores, aqueles que produzem o direito positivo. Com isso há um intercâmbio indelével entre as duas linguagens. Os legisladores ao escolherem no tecido social o evento que futuramente comporá a hipótese de incidência da regra-matriz de um tributo estudam as Doutrinas e, com isso, a Ciência influencia o legislador e este, por sua vez, responde com acréscimos que faz após sua leitura.

Há uma ciência que estuda as linguagens, isto é, o conjunto de signos utilizados para a comunicação. Tomamos como linguagem, o modo como utilizamos uma língua, que, por sua vez, é um sistema de signos em vigor numa determinada comunidade social, a exemplo do idioma. Essa ciência é a Semiótica que se propõe a estudar como teoria geral dos signos, toda e qualquer linguagem, dividindo-a, para fins didáticos em três planos: (i) sintático ou lógico; (ii) semântico ou das significações e (iii) plano pragmático ou dos usos.

A regra-matriz, compreendida enquanto estrutura lógica de uma norma geral e abstrata estaria, em princípio, ligada ao aspecto sintático da linguagem jurídica, por compreender a estrutura mínima de uma norma jurídica em sentido estrito, aquela composta de uma hipótese que se enlaça a um consequente por um ato de valoração do legislador.

Contudo, observamos que a divisão da linguagem nos planos sintático, semântico e pragmático é meramente científica e tem por objetivo um maior rigor na produção de argumentos jurídicos. Esse arcabouço lógico que compõe a regra-matriz servirá de orientação para o intérprete, que preencherá seus critérios utilizando-se da semântica e da pragmática.

2.2. Texto de direito positivo e norma jurídica

Quando falamos em texto do direito positivo, ou da Ciência do Direito é decisivo que elucidemos o que ele representa e qual a concepção do *Constructivismo Lógico-Semântico* a esse respeito. Texto em sentido estrito, ou suporte físico é a base material, a expressão literal, o dado objetivo que se encontra a nosso alcance. No direito posto seriam as páginas da Constituição Federal, dos Códigos, dos processos e do

Diário Oficial, por exemplo. Ao travarmos contato com esse suporte físico atribuímos significação às palavras, que são entidades físicas, marcas de tinta sobre o papel, que em si, não podem trazer significação. Esse é um engano que os cientistas que estudam a Teoria da Interpretação vêm cometendo de longa data.

Carlos Maximiliano em seu clássico "Hermenêutica e Interpretação do Direito"[5] define a atividade de interpretar como *determinar o sentido e o alcance das expressões do Direito*. Prossegue o doutrinador em suas lições afirmando que interpretar *é mostrar o sentido verdadeiro de uma expressão; extrair, de frase, sentença ou norma, tudo o que na mesma se contém*.[6] Para que a retirada do pensamento supostamente contido na frase seja possível, determinados instrumentos são fornecidos: método literal ou lítero-gramatical, lógico, teleológico, histórico ou histórico-evolutivo e sistemático. O exegeta deveria aplicar esses métodos para extrair o sentido do texto. Essas lições, no entanto, não conseguem explicar a imensa variedade de sentidos que são proferidos a partir de um único suporte físico. Se assim o fosse, os ministros do Supremo Tribunal Federal, exímios conhecedores do Direito, utilizar-se-iam de tais ferramentas e alcançariam a essência do texto, o conteúdo único e correto. A experiência nos demonstra exatamente o contrário. Diuturnamente divisões de opiniões que polarizam sentidos diversos ao Direito são emitidas. Grandes julgamentos revelam visões profundamente díspares sobre a mesma base empírica, a exemplo dos debates recentemente efetuados em torno da Ação Penal 470. Dito de outra forma, sobre as mesmas provas, os mesmos argumentos expostos pelas partes, a Corte se divide e os ministros emitem plexo de decisões fundamentadas das mais diversas maneiras, tanto no sentido de absolvição dos réus, como de condenação.

5. Página 1.

6. Obra citada, p. 7.

O texto em sentido estrito é, portanto, o suporte físico que chega às nossas mãos. Sobre ele depositamos nossa atenção para atribuir sentido às palavras, o que é feito com uma rapidez muito grande pelo nosso espírito, até que chegamos a níveis de compreensão da mensagem legislada que nos permitirá regular condutas intersubjetivas. Estaremos nesse momento no plano das normas jurídicas.

Texto em sentido amplo é texto em sentido estrito agregado da interpretação a ele adjudicada. Para efeitos do Direito distingue-se o enunciado, que é o suporte físico, do sentido construído pelo intérprete, que chamamos de norma jurídica. Dito de outra forma, a norma jurídica é a significação, a ideia atribuída pelo intérprete aos textos de direito positivo. Sobre a mesma base empírica, portanto, inúmeras normas podem ser construídas.

O intérprete ao continuar com sua marcha consistente em atribuir sentido às palavras, criando normas, poderá em dado momento formular um juízo hipotético-condicional, figura da lógica utilizada em todos os setores do conhecimento humano. Reconhecemos esse juízo sempre que houver um raciocínio envolvendo uma hipótese e uma consequência. É o "se...então". É por meio desse instrumento lógico que o legislador cria as leis. No campo tributário, por exemplo: se alguém for proprietário de bem imóvel no perímetro urbano do município (antecedente), então, deverá recolher 1% sobre o valor venal aos cofres municipais (consequente).

Esta é uma primeira aproximação, com lentes bem amplas da estrutura da regra-matriz ou norma jurídica em sentido estrito. Esclarecemos que esse juízo hipotético-condicional será analisado a partir de critérios que comporão sua hipótese e consequência, em momento específico do texto.

2.3. Direito como objeto cultural

Tanto o direito positivo, linguagem prescritiva de condutas intersubjetivas, quanto a Ciência do Direito, sobrelinguagem que o toma como seu objeto são fenômenos de ordem cultural.

A teoria geral dos objetos desenvolvida por Edmund Husserl, classifica-os em físico-naturais, ideais, culturais e metafísicos. O *Construtivismo Lógico-Semântico*, ciente de que o ser humano, por intermédio da linguagem é o responsável por criar todo e qualquer objeto, no sentido de constituí-lo dentro de seu sistema de referência, aproveita-se da divisão feita por Husserl para analisar e situar o direito em relação a outros objetos, consoante suas características, mas insere o ser humano na confluência das regiões mencionadas[7], na medida em que pela linguagem constitui tais objetos em seu sistema de referência, em sua cultura.

Os objetos metafísicos são inacessíveis pela via do conhecimento científico: o bem, o mal, Deus, dentre outros. Somente podem ser acessados pela crença, que os gregos denominavam *doxa*. Não são susceptíveis de comprovação empírica ou de demonstração por meio das ciências lógico-matemáticas. Os ideais, por sua vez, não possuem existência no tempo e espaço e a atitude que possibilita seu conhecimento é a intelecção, que se opera pelo método racional indutivo. Os físico-naturais, acessíveis ao conhecimento científico, assim como também o são os ideais e culturais, observa-se de forma indutiva, isto é, o cientista cria padrões de comportamento, generalizando-os e transformando-os em teorias.

Os objetos culturais, onde se situa o direito, são todos aqueles produzidos pelo homem para modificar a natureza circunstante e implantar valores. Criados pelo ser humano para fins utilitários, estéticos, humanitários dentre tantas outras possibilidades têm como fim um valor, conforme pensava Miguel Reale.[8] Portanto, em todo objeto cultural temos o

---

7. Paulo de Barros Carvalho. *Direito Tributário, Linguagem e Método*. 4ª edição. São Paulo: Noeses, 2011, p. 15.

8. Sobre o assunto, consultar, por exemplo, *Cinco temas do culturalismo*, de sua autoria. São Paulo: Saraiva, 2000.

dado axiológico como sua característica principal e a atitude de quem quer conhecê-lo deve ser a compreensão.

O direito é um típico objeto cultural criado pelo ser humano, que modificando a natureza circunstante disciplina as condutas intersubjetivas canalizando-as em direção a certos valores que são relevantes para a sociedade, como a justiça, a igualdade, a proteção da integridade física das pessoas e assim por diante. Nesse movimento uma cultura jurídica é criada, que orienta as interpretações que se fazem no interior do Direito.

Sendo um objeto cultural não há a possibilidade de ser conhecido sem levarmos em conta o dado axiológico. Muitas vezes o que provoca dissensão entre as pessoas não são os sentidos atribuídos aos enunciados, mas os valores. Cada qual possui sua ideologia e no momento de examinar o objeto cultural os valores atuam e geram as discrepâncias de opiniões.

A estrutura da regra-matriz será preenchida pelo intérprete a partir da leitura dos textos de direito positivo. E os valores, como seletores de propriedades, como preferências de um sujeito, influenciam na significação que irá preencher a regra-matriz de incidência. Os valores são de ordem subjetiva, tecidos na experiência psíquica de cada indivíduo, mas certamente, a experiência coletiva também o influencia em suas escolhas. Ninguém é indivíduo sem uma coletividade que lhe permita a diferenciação.

2.4. Incidência normativa

Segundo teoria clássica que habita o pensamento de boa parte da comunidade jurídica, a incidência se dá automática e infalivelmente, isto é, teríamos as normas tributárias pairando sobre o tecido social e a medida que os acontecimentos se sucedem ocorreria um disparo de juridicidade que qualificaria a situação como fato jurídico. Posteriormente, a norma que já haveria incidido seria aplicada pela autoridade competente.

Todavia, a incidência não pode ser considerada como automática e infalível. Nenhum objeto feito pelo ser humano funcionaria por si só, sem a iniciativa do homem. Por isso, o direito tem que ser criado, mas para que efetivamente regule as condutas sociais, necessariamente, deve ser aplicado. É justamente nisso que consiste a incidência.

Em termos lógicos a incidência é uma operação de inclusão de classes e de implicação: um elemento, pertencente à classe dos fatos, é inserido na classe dos fatos previstos em lei, o que implicará o nascimento da obrigação. Contudo, a linguagem jurídica não se resume ao plano lógico, há os planos semântico e pragmático, de modo que, o funcionamento do direito dependerá do ser humano, que ao interpretar a amplitude do texto da lei e examinar as condições do fato concreto, emite uma norma individual e concreta que atenderá aquele caso. Portanto, o sujeito interpreta o direito posto e o faz incidir ao aplicá-lo por meio de linguagem exigida pelo próprio direito, de modo que afirmamos ser sua incidência e aplicação coincidentes, ocorrem num mesmo momento, não podendo ser discernidas.

Para que o direito incida, isto é, seja aplicado, o ser humano necessita interpretá-lo. A doutrina faz distinção entre interpretação e integração. A primeira seria a atividade de extrair o sentido e o alcance dos textos de direito posto e, a segunda, uma forma de preencher lacunas ou falhas existentes no enunciado. Primeiramente, reforçamos a ideia já defendida linhas atrás, de que interpretar é a atividade humana consistente em atribuir sentido ao texto. Dele, enquanto entidade física nada se extrai. O mesmo ocorre com a integração, que é uma forma de interpretar. O sujeito ao examinar as condições do fato e o dispositivo de lei conclui que o preceito não atende diretamente a regulação do caso concreto, aplicando expedientes, a exemplo da analogia e os princípios, como forma de estabelecer um sentido capaz de expedir um comando a fim de regular a situação que se lhe apresenta.

3. A regra-matriz de incidência e a interpretação do direito

A regra-matriz pode ser vista como parte de um método, ou técnica, que compõe o *Constructivismo Lógico-Semântico,* consistente em dirigir a atenção do intérprete à estrutura formal da norma, o que facilita seu controle e produção no posterior ingresso aos planos semântico e pragmático da linguagem jurídica, em atitude hermenêutica.

O expediente analítico de inspiração husserliana, que permitiu a edificação dessa preciosa ferramenta de interpretação do direito, não contradiz nossa afirmação, de que o *Constructivismo Lógico-Semântico* está entre as teorias que colhem seus fundamentos na Filosofia da Linguagem, filiando-se às correntes retóricas, segundo as quais a linguagem constitui a realidade. A teoria normativa derivada deste método compreende a norma jurídica como construção de sentido feita pelo intérprete, que significa que a decomposição analítica, efetuada num primeiro momento, será novamente recomposta, preenchendo-se os elementos estruturais que compõem a regra-matriz de incidência tributária com conteúdos possíveis, de acordo com aspectos semânticos e pragmáticos da linguagem jurídica. A perspectiva analítica, portanto, é uma instância de controle da linguagem jurídica, de redução de complexidades, na qual se afere sua estrutura, facilitando enormemente, a posterior composição da norma em sua integralidade, em posterior momento hermenêutico.[9]

---

9. Segundo Fabiana Del Padre Tomé: *"A análise equivale a um processo de resolução ou decomposição do complexo em algo mais simples. Nesse contexto, analisar equivale a decompor o objeto de estudos em uma série de elementos*

A regra-matriz de incidência nos permite montar a estrutura lógica básica de todo e qualquer norma jurídica, isto é, nos oferece os elementos mínimos para sua existência. Trata-se de um juízo hipotético-condicional que veicula uma hipótese a uma consequência. Assim, numa primeira aproximação, para fins didáticos, podemos exemplificar da seguinte forma, tomando como exemplo o campo tributário: na hipótese de auferir renda então como consequência deverei recolher o imposto aos cofres da União.

O antecedente ou hipótese de incidência da regra-matriz é formado por critérios que permitem ao intérprete compreender qual a atividade que praticada poderá desencadear determinada obrigação, quando e onde, localizando-a, portanto, no tempo e no espaço. Tais coordenadas de ação, tempo e espaço são respectivamente denominadas de critério material, temporal e espacial. O critério material é composto de um verbo pessoal de predicação incompleta que estabelece a ação a ser praticada, como, circular mercadorias, auferir renda, prestar serviços de qualquer natureza. O critério temporal nos diz quando, em que momento a ação deverá ocorrer e, por sua vez, o critério espacial nos diz o local, que pode ser todo o território nacional, parte dele ou um determinado ponto. A conjunção desses três elementos formam o antecedente ou hipótese de incidência da regra-matriz.

O antecedente se une ao consequente por um ato de vontade do legislador, que atribui o elo de natureza jurídica

---

que facilitam a compreensão do fenômeno que se observa. No Constructivismo Lógico-Semântico, o objeto de análise é a linguagem, a qual se pretende produzir ou traduzir a uma linguagem formal e cuja lógica e procedimentos sejam claros, rigorosos e controláveis. É o que Paulo de Barros Carvalho fez em relação às normas jurídicas tributárias, edificando a teoria da regra-matriz de incidência tributária.". "Vilém Flusser e o Constructivismo Lógico-Semântico" *in Vilém Flusser e os juristas: comemoração aos 25 anos do grupo de estudos de Paulo de Barros Carvalho.* Coord. Florence Haret e Jerson Carneiro. São Paulo: Noeses, 2009.

entre as duas proposições. É o que se denomina de "causalidade normativa" ou "imputação deôntica". Se observarmos os fenômenos naturais concluiremos que causa e consequência se dão, independentemente da vontade do ser humano. Assim, os objetos lançados ao ar são atraídos pela força da gravidade ao chão, ou ainda, os metais se dilatam caso sejam aquecidos à determinada temperatura. O mesmo não ocorre com os fenômenos de ordem cultural, criados pelo ser humano para modificar o seu ambiente. É o caso do direito, que visa implantar valores ao regular as condutas intersubjetivas de forma prescritiva. Para que a ação de circular mercadorias em específicas coordenadas de tempo e espaço gere a obrigação de pagar tributo há, necessariamente, um ato de vontade do legislador que une a hipótese a uma consequência.

O consequente da regra-matriz de incidência nos traz elementos que possibilitam apurar quem é a pessoa legitimada a exigir o direito e quem deverá cumpri-lo. Portanto, sujeitos ativo e passivo compõem o critério pessoal do consequente, que revela as possíveis partes constituintes da relação jurídica, que se dará futuramente, no plano concreto, com a incidência da norma-padrão. Não basta saber quem deve adimplir e quem pode cobrar a satisfação de determinado direito. É preciso saber dimensionar a obrigação. No campo tributário, aplicamos uma alíquota à base de cálculo. As conjugações desses fatores formam o critério quantitativo do tributo. Em outros campos, nem sempre será possível medir a exata quantia, objeto da prestação, mas certamente haverá uma obrigação prestacional que representa o dever a ser cumprido.

Mantendo o foco de nossas atenções na regra-matriz de incidência, aplicada ao campo tributário, no qual ela foi desenvolvida e é largamente aplicada, teremos em linguagem formalizada o seguinte esquema lógico:

D{[Cm(v.c).Ce.Ct]→[Cp(Sa.Sp).Cq(BC.al)]}[10]

A fórmula da regra-matriz de incidência tributária pode ser explicada a partir de sua desformalização. Procedendo dessa maneira, teremos:

"D" é o dever-ser neutro, que sinaliza estarmos diante de uma norma válida, existente no universo do direito positivo. "[Cm(v.c).Ce.Ct]" é a hipótese normativa, em que "Cm" é o critério material da hipótese; "v" é o verbo, sempre pessoal e de predicação incompleta; "c" é o complemento do verbo; "Ce" é o critério espacial; "Ct" o critério temporal; "." é o conectivo conjuntor; "→" é o símbolo do conectivo condicional que une proposição antecedente à proposição consequente; e "[Cp(Sa. Sp).Cq(BC.al)" é o consequente normativo, em que "Cp" é o critério pessoal; "Sa" é o sujeito ativo da obrigação; "Sp" é o sujeito passivo; "bc" é a base de cálculo; e "al" é a alíquota.

Portanto, de posse desses conceitos básicos sobre a regra-matriz de incidência, podemos verificar a utilidade do esquema que será preenchido pelo intérprete com as variáveis existentes na legislação. Tomemos como exemplo, acórdão do STF, do qual transcrevemos a ementa, e que demonstra a aplicação dessa estrutura para análise e solução dos casos apresentados:

> AGRAVO REGIMENTAL. TRIBUTÁRIO. CONTRIBUIÇÃO DESTINADA AO CUSTEIO DA PREVIDÊNCIA SOCIAL. ANTERIORIDADE. PRAZO FINAL. DISTINÇÃO ENTRE O CRITÉRIO TEMPORAL E A DATA DE RECOLHIMENTO DOS VALORES DEVIDOS. QUESTÃO INFRACONSTITUCIONAL. MP 63/1989. LEI 7.787/1989. ART. 195, § 6º DA CONSTITUIÇÃO. O acórdão recorrido reconheceu a inconstitucionalidade condicional do art. 21 da Lei 7.787/1989,

10. A fórmula pode ser estudada com riqueza de detalhes no livro *"Direito Tributário, linguagem e método"* de Paulo de Barros Carvalho, da Editora Noeses.

> por violação da regra da anterioridade nonagesimal ou especial (art. 195, § 6º da Constituição), conforme precedente adotado por esta Suprema Corte. Da forma como posta a questão nas razões recursais, o debate toma por parâmetro direto de controle o texto do próprio acórdão recorrido, para definir se a expressão "cobrada a partir de outubro de 1989" significa "incidente sobre a remuneração paga em outubro de 1989" (fato jurídico tributário) ou "recolhido em outubro de 1989" (fato jurídico do adimplemento da obrigação tributária). Ademais, **a solução dessa controvérsia se esgota na interpretação do próprio texto da legislação federal que estabelece o critério temporal da regra-matriz de incidência, que não se confunde com a data de recolhimento do tributo.** Agravo regimental ao qual se nega provimento. (RE 602480 AgR, Relator(a):Min. JOAQUIM BARBOSA, Segunda Turma, julgado em 29/05/2012).

O Ministro do Supremo Tribunal Federal, Joaquim Barbosa, utilizou-se para compor sua decisão dos elementos da regra-matriz de incidência, ilustrando a assertiva inicial de que se trata de instrumento teórico, de ampla eficácia para a solução dos casos que se apresentam ao intérprete, o que justifica sua larga utilização por aqueles que atuam direito tributário.

Tecidas essas considerações iniciais, observamos que a estrutura da regra-matriz será preenchida pelo intérprete de acordo com as percepções e valores que norteiam o seu agir. Contudo, seja como for, os critérios lógicos aqui apresentados e que configuram o mínimo necessário para a existência de um tributo, forçosamente, terão de ser preenchidos.

Observamos, por fim, que o critério quantitativo em outros ramos do direito, nem sempre será composto por uma base de cálculo e uma alíquota, já que a forma de dimensionar o impacto da norma jurídica pode ser outro, como no caso da locação do imóvel, no qual o critério quantitativo é o valor da locação.

3.1. Antecedente da regra-matriz

A regra-matriz de incidência aparece como uma estrutura lógico-sintática. Está representada por signos que devem ser substituídos pela linguagem do direito positivo. Devemos manter sua estrutura em nossa mente e, ao ler os textos do direito positivo, substituímos as variáveis lógicas dessa fórmula pela linguagem efetiva da legislação. Dessa maneira, obteremos a regra-matriz de incidência de cada tributo.

Para que uma norma jurídica possua a dimensão da regra-matriz de incidência é preciso que ela seja uma norma jurídica em sentido estrito, que possui em seu antecedente a descrição de um fato de possível ocorrência na vida real e no consequente, prescreva relação jurídica deonticamente modalizada. Isto é, um sujeito ativo, titular do direito subjetivo e um sujeito passivo cometido de um dever jurídico.

O direito subjetivo do sujeito ativo e o dever jurídico do sujeito passivo podem ser representados por dois vetores com a mesma direção, da mesma intensidade, porém de sentidos opostos, de tal modo que eles se anulem. E é o que ocorre quando o contribuinte paga a importância prevista e desaparece o direito subjetivo do sujeito ativo. Da mesma forma, porém, visto por outro ângulo, a extinção da obrigação se sucede quando o sujeito ativo exerce o direito de exigir e o sujeito passivo satisfaz a esse dever. Com isso se anulam e desaparece a relação pelo seu cumprimento.

No antecedente da regra-matriz de incidência, para que se descreva um fato qualquer é preciso referência a uma modificação da vida social localizada no espaço e no tempo. E com vistas a essa meditação é que dizemos que todo antecedente da regra-matriz prevê um núcleo ou critério material e os condicionantes de espaço e de tempo.

No núcleo haverá um verbo, sempre com seu complemento. A regra-matriz ao incidir no plano concreto constituirá um "fato jurídico". Dessa forma, podemos afirmar que em seu antecedente há a previsão de um fato. O fato é o particípio passado irregular do verbo "fazer". É por isso que necessitaremos invariavelmente de um complemento, que no caso do direito é um fazer humano. Exemplo: industrializar produtos, realizar operações relativas à circulação de mercadorias, praticar operações financeiras, importar e exportar produtos, prestar serviços, ser proprietário de imóvel. Não há a possibilidade de construir-se um fato sem a presença de um verbo, o que demonstra a força imensa que a linguagem exerce na comunicação humana.

O critério material irá tratar de uma conduta, por exemplo, industrializar produtos. O critério espacial nos diz onde, no caso, em qualquer lugar do território nacional, porque o tributo é da competência da União. O condicionante de espaço ou critério espacial será o lugar em que o produto deixar o estabelecimento industrial. O fato ocorre em determinado momento que não é o término do processo de fabricação, mas o momento em que o produto deixar o estabelecimento industrial, ou o que lhe for equiparado.

No consequente teremos a prescrição de uma relação jurídica entre o titular do direito subjetivo (sujeito ativo) e o portador do dever de cumpri-lo (sujeito passivo). Ambos compõem o critério pessoal da regra-matriz. Para nos mantermos no exemplo dado, o sujeito ativo do IPI será a União, é o passivo a pessoa que industrializar produtos, ou importador dos produtos industrializados. O sujeito passivo está acometido do dever de pagar uma determinada importância que será calculada pela multiplicação da base de cálculo pela alíquota (critério quantitativo).

A regra-matriz, assim como ao IPI pode ser aplicada a todo tributo. Também pode ser utilizada para se chegar à conclusão de estarmos diante de uma legislação que verse sobre tributo, caso satisfaça às cláusulas do art. 3º do Código Tributário Nacional, que são cinco: (i) prestação pecuniária; (ii) compulsória; (iii) que não se constitua sanção de ato ilícito; (iv) instituída em lei e (v) cobrada mediante atividade administrativa plenamente vinculada.

3.2. Consequente da regra-matriz: elementos e relação jurídica

Também é representado por critérios: (i) pessoal e (ii) quantitativo. O critério pessoal estipula quais são os sujeitos ativo e passivo da relação jurídica. O critério quantitativo estabelece o necessário para a quantificação do tributo, isto é, a base de cálculo e a alíquota. Com esses elementos podemos compor a relação jurídica tributária, que antes de ser tributária é relação jurídica e, antes de ser relação jurídica é relação.

Relação é uma entidade da Lógica, que nela é estudada. Qualquer pessoa que queira empreender um estudo avançado da obrigação tributária terá que estudar esse capítulo da Lógica denominado teoria das relações ou teoria dos predicados poliádicos.

De acordo com a Teoria Geral do Direito, a relação jurídica pode ser definida como o vínculo abstrato mediante o qual uma pessoa, chamada de sujeito ativo tem o direito subjetivo de exigir de outra, denominada sujeito passivo o cumprimento de determinada prestação, que no direito tributário se consubstancia em um valor pecuniário de acordo com o citado art. 3º do Código Tributário Nacional.

Esse é um tipo de relação jurídica. Há outras, como a do direito processual que se trava de forma angular entre juiz, autor e réu, ou ainda, de vizinhança, sociedade, família etc., que não possuem exatamente a mesma configuração de uma relação prestacional. A definição de relação dada linhas atrás é a que mais convém ao direito tributário, justamente, porque define a relação prestacional.

A relação jurídica, como dissemos, antes de ser jurídica é relação, uma entidade lógica. Dar-se-á sempre que tivermos um vínculo entre dois ou mais elementos. Há quatro modos de formar esse vínculo, relacionando os elementos da seguinte forma: um com um, um com vários, vários com um e vários com vários. Isso demonstra como somos prisioneiros de certas regras da Lógica. Nenhum tirano do mundo, por mais poder que tivesse tido e por mais que quisesse inovar conseguiria criar uma quinta forma de relacionar elementos.

A relação jurídica sempre será irreflexiva. O direito rejeita relações reflexivas, do sujeito para com ele mesmo, já que sua finalidade é regular condutas intersubjetivas. Trata-se de um vínculo aliorelativo, envolvendo duas ou mais pessoas. A relação reflexiva não é rejeitada por outros setores da vida social, a exemplo da moral e da religião. A culpa é uma relação da pessoa com ela mesma, que na religião católica geraria o perdão. O pressuposto seria a pessoa reconhecer aquela culpa e se arrepender. O "arrepender-se" denota relação da pessoa com ela mesma e, portanto, reflexiva.

A relação jurídica pode ser simétrica, na qual trocamos os elementos de posição e nada se modifica. "A" é irmão de "B" e "B" é irmão de "A". Ser "irmão de", "vizinho de", são exemplos de relações jurídicas simétricas. Por outro lado, o direito admite relações jurídicas assimétricas, nas quais pode haver a transposição de seus elementos, sem que o vínculo se altere. "A" é pai de "B", então "B" será filho de "A". "Ser pai de", "ser filho de", "ser credor de", são exemplos de relação jurídica assimétrica.

A relação jurídica pode ser ainda intransitiva, o que ocorre para a maioria dos casos, e transitiva. A transitividade pressupõe três elementos: se "A" é maior que "B" e "B" é maior que "C", então "A" é maior que "C". O vínculo será transitivo ou intransitivo a depender da vontade do legislador. Há casos em que o juiz, por exemplo, decreta a transitividade, como na falência: "A" é credor de "B" e "B" é credor de "C", nem por isso, "A" é credor de "C". Todavia, com a decretação da falência, "A" passa a ser imediatamente credor de "C".

Todos esses elementos da relação devem ser estudados quando observamos o consequente, o prescritor da regra-matriz. Úma análise mais profunda da obrigação tributária, que nele se localiza, deve levar em consideração a teoria das relações.

4. Considerações finais

A teoria da regra-matriz de incidência possui uma forte base no campo da Teoria Geral do Direito e da Filosofia do Direito. E, também demonstra possuir uma dimensão prática muito efetiva. De forma analítica, revela o último reduto da percussão tributária e dessa estrutura parte para as soluções cabíveis aos problemas apresentados.

Não há nada mais teórico que a Lógica, que está presente na regra-matriz de incidência como uma estrutura que retrata os critérios mínimos de uma norma jurídica em sentido estrito e que serve de molde para que o intérprete, ao examinar o direito, em atitude hermenêutica preencha tais variáveis lógicas, alcançado o campo do problema concreto e de suas soluções.

Com o passar do tempo, a maturação da regra-matriz de incidência colaborou na consolidação de um método, o *Constructivismo Lógico-Semântico,* que considera o direito como um fenômeno de linguagem e o analisa nos seus aspectos sintático, semântico e pragmático, compondo discurso coerente entre suas premissas e conclusões, inserido dentre as mais modernas teorias retóricas e que tantos bons frutos tem oferecido à comunidade jurídica brasileira.

Bibliografia consultada

ATALIBA, Geraldo. *Hipótese de Incidência Tributária.* 6ªed. São Paulo: Malheiros, 2004.

BECKER, Alfredo Augusto. *Teoria Geral do Direito Tributário.* São Paulo: Noeses, 2005.

CARVALHO, Aurora Tomazini de. *Curso de Teoria Geral do Direito. O Constructivismo Lógico-Semântico.* 3ª ed. São Paulo: Noeses, 2013.

CARVALHO, Paulo de Barros. *Direito Tributário: Fundamentos Jurídicos da Incidência.* 8ª ed. São Paulo: Saraiva, 2010.

__________. *Direito Tributário, Linguagem e Método.* 4ª ed. São Paulo, Noeses, 2011.

__________. *Regra-matriz de incidência tributária: um encontro bem-sucedido entre os planos da teoria, experiência e prática.* Aula ministrada para o ensino a distância.

OLEINIK, Rosana. *Pressupostos condicionantes da interpretação do direito tributário.* Dissertação apresentada à Pontifícia Universidade Católica de São Paulo para a obtenção do título de mestre em Direito Tributário. São Paulo, 2011.

TOMÉ, Fabiana Del Padre. *Vilém Flusser e o Constructivismo Lógico-Semântico.* In: HARET, Florence; CARNEIRO, Jerson (org.). Vilém Flusser e os juristas. São Paulo: Noeses, 2009.

__________. *A Prova no Direito Tributário.* São Paulo: Noeses, 2005.

VILANOVA, Lourival. *Estruturas Lógicas e o Sistema do Direito Positivo.* 3ª ed. São Paulo: Noeses, 2005.

__________. *Causalidade e Relação no Direito.* 4ª ed. São Paulo: Editora Revista dos Tribunais, 2000.

__________. *Escritos Jurídicos e Filosóficos.* São Paulo: Axis Mundi/IBET, 2003.

Capítulo V

INTERPRETAÇÃO E POSITIVAÇÃO

TEORIA DO FATO JURÍDICO E A IMPORTÂNCIA DAS PROVAS

Fabiana Del Padre Tomé[1]

1. Introdução: proposta metodológica e delimitação do objeto deste estudo

O direito positivo, na qualidade de objeto cultural, apresenta elevado grau de complexidade, nele se conjugando elementos estruturais e axiológicos. Por isso mesmo, o tema do "fato jurídico" comporta diversas perspectivas de observação. O método eleito, portanto, há de ser aquele apto para solucionar os problemas concretos, verificados na realidade jurídica brasileira.

Nessa linha de raciocínio é que se insere o trabalho analítico-hermenêutico, desenvolvido em duas etapas: uma primeira tarefa, consistente na redução de complexidades, mediante decomposição analítica (é o que Paulo de Barros Carvalho fez

1. Doutora em Direito do Estado pela PUC/SP. Professora no Curso de Mestrado da PUC/SP. Assistente da Coordenação e professora no Curso de Especialização em Direito Tributário da PUC/SP. Professora nos Cursos de Extensão e de Especialização do IBET. Advogada.

ao edificar a teoria da regra-matriz de incidência tributária); e uma segunda fase, em que se procede à retomada da visão integral do fenômeno jurídico. Tudo isso, é preciso deixar bem claro, considerando que o intérprete exerce atividade construtiva de sentido, o que lhe dá o toque do pragmatismo. Abandona-se, assim, a ideia de uma Ciência meramente descritiva, ingenuamente imparcial e não valorativa.

O dialogismo, entendido como processo de interação de textos e, por assim dizer, de interlocutores, está sempre presente (Mikhail Bakhtin). Tal ordem de considerações já permite entrever a inadmissibilidade de examinar os "fatos jurídicos" (ou qualquer outra figura jurídica) com suporte na literalidade textual. Esse há de ser apenas o ponto de partida: inicia-se o estudo pelo ângulo sintático (relação dos signos entre si), indo, porém, em direção aos aspectos semântico (conteúdo atribuído aos signos) e pragmático (modo de utilização dos signos). Essas três perspectivas são indissociáveis, até mesmo porque não há como atribuir conteúdo a um vocábulo sem que se tenha em conta o momento social vivido (contexto). Os horizontes da cultura, vistos por Miguel Reale como as circunstâncias que recuperam e contextualizam o ser humano na sociedade, possibilitam essa visão integral e dinâmica do sistema do direito positivo. A título ilustrativo, porém sem fazer juízo de admissibilidade quanto à correção interpretativa, podemos citar a discussão travada nos autos da ADI-MC n. 1.945, no Supremo Tribunal Federal, em que a Colenda Corte manifestou-se pela incidência do ICMS sobre *softwares* adquiridos por transferência eletrônica. Para tanto, considerou existir abertura semântica dos termos empregados pela Constituição, possibilitando sua adaptação aos novos tempos. Nessa esteira, a "mercadoria" não seria restrita a "bem corpóreo", também preenchendo tal requisito aquele de natureza "incorpórea", como um programa de computador.

É com suporte nessas premissas que desenvolveremos anotações sobre o "fato jurídico", evidenciando a necessidade da linguagem do direito para constituí-lo. Com efeito, proceder ao estudo dos textos jurídicos com suporte no Constructivismo Lógico-Semântico não significa objetivar análise exclusivamente estrutural ou com desprezo aos aspectos pragmáticos.

Convém esclarecer, desde logo, que estrutura e função se complementam e só podem ser compreendidas se consideradas em seu conjunto. Afinal, a função do direito, consistente genericamente em disciplinar as condutas intersubjetivas para realizar os valores desejados pela sociedade, só pode ser implementada mediante a expedição de enunciados prescritivos que, tomados em sua estrutura lógica, desencadeiem um juízo hipotético-condicional, enlaçando, no consequente, dois sujeitos de direito. Por isso mesmo, não há como examinar a função do ordenamento sem considerar seu aspecto estrutural. Assim como Paulo de Barros Carvalho[2] anuncia a impossibilidade lógica de segregar-se "forma" e "conteúdo", também não se separam "estrutura" e "função" normativas. De modo algum, portanto, há como pretender atribuir ao Constructivismo Lógico-Semântico, equivocadamente, o qualificativo de *formalista*.

Perspectiva desse jaez, demonstrando a indissociabilidade entre forma e conteúdo, permite entrever que o nome *constructivismo lógico-semântico*, como talhado por Lourival Vilanova, não alude à técnica meramente analítica, preocupada unicamente com a decomposição dos elementos do discurso. Por receber forte influência do *culturalismo*, sendo, por isso, também denominada de postura *hermenêutico-analítica*, o Constructivismo Lógico-Semântico abre espaço a uma "visão cultural do fenômeno jurídico".[3] E, por esse viés, assume indiscutível relevância o plano pragmático.

---

2. Entre a forma e o conteúdo na desconstituição dos negócios jurídicos simulados, *Revista de Direito Tributário* n. 113.

3. *Direito tributário, linguagem e método*, p. XXIV.

2. Notas sobre a relação entre linguagem e realidade: que significa dizer que *nada existe onde faltam palavras?*[4]

O estudo linguístico, nos tempos atuais, reveste-se de extraordinária importância, principalmente no que diz respeito ao conhecimento científico. Somente por meio da linguagem é possível o ato de conhecer. Descabe falar, porém, que inexistam quaisquer objetos físicos onde não haja linguagem. O que se deseja demonstrar é que, pela linguagem, e somente por ela, a realidade social se constitui. A linguagem não cria o mundo-em-si, como objeto fenomênico, mas sim a sua compreensão, realidade objetiva do ser cognoscente.

Partindo dessas premissas e considerando que a realidade do ser cognoscente pressupõe o conhecimento, depreende-se que a própria realidade objetiva demanda a existência de linguagem. A título de exemplificação, recordemo-nos das teorias inerentes à "descoberta"[5] dos átomos. Até o instante em que se deu essa teoria, os átomos inexistiam, quer dizer, não faziam parte da realidade objetiva. E, mais ainda, quando *criados* os átomos, estes eram indivisíveis. Posteriormente, contudo, houve a *criação* de prótons, nêutrons e elétrons, partículas que passaram a ser componentes dos átomos. Igualmente à situação já exposta, antes de surgir a teoria criadora de tais elementos, eles não faziam parte da realidade.

Veja-se quão importante é a linguagem. Além de criar o real, é a única capaz de desconstituí-lo. São as teorias que criam nossa realidade. São as teorias, também, que a destroem, vindo a construir uma realidade diversa. Não são os eventos que se rebelam contra determinada teoria, demonstrando sua

4. Expressão utilizada por José Souto Maior Borges na obra *Ciência feliz*, p. 123.

5. Colocamos a palavra *descoberta* entre aspas em virtude de que, se antes nada se sabia sobre essas partículas que hoje denominamos *átomos*, não houve descoberta alguma, mas sim *criação*.

inadequação a eles. Apenas uma linguagem é capaz de destruir outra linguagem; somente uma teoria, portanto, pode refutar outra teoria.

Temos para nós que o sentido de um vocábulo não se confunde com a coisa em si: seu significado nada mais é que outro signo, outro vocábulo. Pensamos não existir correspondência entre as palavras e os objetos. A linguagem não reflete as coisas tais como são (filosofia do ser) ou tais como desinteressadamente percebe uma consciência, sem qualquer influência cultural (filosofia da consciência). A significação de um vocábulo não depende da relação com a coisa, mas do vínculo que estabelece com outras palavras. Nessa concepção, a palavra precede os objetos, criando-os, constituindo-os para o ser cognoscente. Como anota Dardo Scavino[6], "não existem fatos, só interpretações, e toda interpretação interpreta outra interpretação". Daí a conclusão de que se a coisa não precede a interpretação, só aparecendo como tal depois de ter sido interpretada, então é a própria atividade interpretativa que a cria. O fato inexiste antes da interpretação. É o ser humano que, interpretando eventos ou até mesmo empregando recursos imaginativos, cria o fato, fazendo-o por meio da linguagem, entendida como o uso intersubjetivo de sinais que tornam possível a comunicação.

Por esse mesmo motivo, somente por meio da linguagem é possível o conhecimento, em seu sentido pleno, como algo objetivado. Seguindo semelhante linha de raciocínio, Leonidas Hegenberg[7] conclui que:

> O ser humano transforma a *circunstância* em *mundo*. Dando sentido às coisas que o cercam, interpretando-as, o ser humano pode viver (ou, no mínimo, sobreviver). Quer dizer, o ser humano reconhece as coisas, *entende-as*, sabe valer-se

6. *La filosofía actual: pensar sin certezas*, p. 36 (tradução nossa).

7. *Saber de e saber que: alicerces da racionalidade*, p. 25.

> delas, para seu benefício. Em suma, o caos circundante se transforma em *mundo* – uma circunstância, dotada ainda que parcial e provisoriamente, de certa interpretação". O *mundo* não é um conjunto de coisas que primeiro se apresentam e, depois, são nomeadas ou representadas por uma linguagem. Isso que chamamos de mundo nada mais é que uma *interpretação*, sem a qual nada faria sentido.

Nas palavras desse autor[8], ao nascer somos *atirados* em um mundo, o qual se apresenta, para nós, como uma *circunstância* cheia de coisas, a que aos poucos nos ajustamos. E, para que esse ajuste não seja apenas físico, mas também intelectual, contamos com as interpretações que dela fizeram aqueles que nos antecederam, interpretações estas que conferem inteligibilidade ao mundo. A experiência sensorial é imprescindível ao ato de conhecimento. Essa experiência, porém, não se resume ao mero contato com a coisa-em-si, exigindo, para que se opere, a interpretação dos fenômenos que se nos apresentam. É mediante o contato com essa interpretação que construímos outras interpretações mais elaboradas, denominadas *significações conceptuais*. Em ambos os casos (interpretação primeira e fixação da significação conceptual), faz-se presente a linguagem, sendo-nos lícito afirmar que a linguagem não se restringe a transformar a realidade efetiva em realidade conceptual: mais que isso, a linguagem é o meio pelo qual se criam essas duas realidades.

O conhecimento pressupõe a existência de linguagem. E a realidade do ser cognoscente caracteriza-se exatamente por esse conhecimento do mundo, constituído mediante linguagem. Não é possível conhecermos as coisas tal como se apresentam fisicamente, fora dos discursos que a elas se referem. Por isso é constante nossa afirmação de que a linguagem *cria* ou *constitui* a realidade. Algo só tem existência no mundo social quando a palavra o nomeia, permitindo que apareça para a realidade

8. *Ibidem*, p. 19.

cognoscente. Lenio Luiz Streck[9] é preciso ao discorrer sobre o assunto, asseverando não ser possível falar sobre algo que não se consegue verter em linguagem:

> Isto porque é pela linguagem que, simbolizando, compreendo; logo, aquele real, que estava fora do meu mundo, compreendido através da linguagem, passa a ser realidade. Dizendo de outro modo: estamos mergulhados em um mundo que somente aparece (como mundo) na e pela linguagem. Algo só é algo se podemos dizer que é algo. (...) A construção social da realidade implica um mundo que pode ser designado e falado com as palavras fornecidas pela linguagem de um grupo social (ou subgrupo). *O que não puder ser dito na sua linguagem não é parte da realidade desse grupo; não existe, a rigor.*

As coisas não preexistem ao discurso, mas nascem com ele, pois é o discurso que lhes dá significado. Consoante sublinha Manfredo Araújo de Oliveira[10], "não existe mundo totalmente independente da linguagem (...). A linguagem é o espaço de expressividade do mundo, a instância de articulação de sua inteligibilidade". Na busca dessa inteligibilidade e seu aprimoramento, deixamos de associar palavras a coisas, passando a relacioná-las com outras palavras, mediante aquilo que se intitula *definições*. Como corolário, conclui-se que as definições não dizem respeito a coisas: o que definimos são as palavras mesmas, empregando outras palavras.

É comum nos referirmos a coisas que não percebemos diretamente e de que só temos notícias por meio de testemunhos alheios. Falamos de lugares que não visitamos, pessoas que não vimos e não veremos (como nossos antepassados e os vultos da História), de estrelas invisíveis a olho nu, de sons

---

9. *Hermenêutica jurídica e(m) crise: uma exploração hermenêutica da construção do direito*, p. 178 (grifado no original).

10. *Reviravolta linguístico-pragmática na filosofia contemporânea*, p. 13.

humanamente inaudíveis (como os que só os cães percebem), e muitas outras situações que não foram e talvez jamais sejam observadas por nós. Referimo-nos, até mesmo, a coisas que não existem concretamente. Como se vê, o significado não consiste na relação entre suporte físico e objeto representado, mas na relação entre significações.[11] As assertivas não denotam os acontecimentos em si, mas outras palavras. A verdade não corresponde à identidade entre determinada proposição e o mundo da experiência, mas à compatibilidade entre enunciados: (i) aquele que afirma ou nega algo e (ii) o que constitui o fato afirmativo ou negativo, mediante a linguagem admitida pelo sistema em que se insere.

Além disso, é sabido que os acontecimentos físicos se exaurem no tempo. Uma vez concretizados, desaparecem, sendo impossível ter-lhes acesso direto. Enrique M. Falcón[12], ao discorrer sobre o conhecimento e o modo como este se opera, deixa transparecer tal impossibilidade de intersecção entre fato e evento, ou seja, entre o relato linguístico e o mundo da experiência:

> Em geral, se pensa que os acontecimentos passados sobre os quais temos conhecimento não só foram reais, mas também se podem recordar e reviver com toda exatidão. Isso não é certo, pois não se pode afirmar, fora de toda dúvida, no sentido próprio da palavra, a certeza absoluta com relação à ocorrência do evento. Quando muito, podemos dizer que segundo os dados relativos aos acontecimentos, com uma comprovação e controle estrito disso, a

---

11. Classificação desenvolvida por Edmund Husserl para os três pontos do *triângulo básico*, modelo analítico de comunicação sígnica. *Signo* é a unidade do sistema comunicacional, apresentando o *status* lógico de relação, mais especificamente, uma relação triádica, onde um *suporte físico* (palavra falada, consistente nas ondas sonoras, ou palavra escrita, como o depósito de tinta no papel ou de giz na lousa) se associa a um *significado* (objeto a que o suporte físico se refere) e a uma *significação* (ideia do objeto referido).

12. *Tratado de la prueba*, vol. 1, p. 95-96 (tradução nossa).

> possibilidade de que haja sucedido de outra forma é improvável (mas não impossível). Mas nunca se poderá ter a convicção absoluta disso.

Assim ocorre, como já anotamos, por ser a linguagem que constitui a realidade. Só se conhece algo porque o ser humano o constrói por meio de sua linguagem.

Com efeito, seguimos a linha das *teorias retóricas*, baseadas no princípio da autorreferência do discurso, contrapondo-nos às *teorias ontológicas*, que consideram a linguagem humana simples meio de expressão da realidade. A adoção dessa corrente filosófica (teoria retórica), como noticia Paulo de Barros Carvalho[13], implica reconhecer a autossustentação da linguagem, a qual não tem outro fundamento além de si própria, sendo impossível falar de objetos externos ao texto. É, assim, uma teoria *constructivista*, pois adota a premissa de que a linguagem não descreve a realidade, mas, diferentemente, presta-se para construí-la, conferindo-lhe sentido e inserindo-a no âmbito da realidade do sujeito cognoscente.

3. O direito como linguagem criadora da realidade jurídica e, portanto, do fato jurídico

Consideremos a assertiva de Vilém Flusser[14], para quem o universo, o conhecimento, a verdade e a realidade são aspectos linguísticos. Aquilo que nos vem por meio dos sentidos e que chamamos *realidade* é dado bruto, que se torna real apenas no contexto da língua, única criadora da realidade. Algo se torna real apenas dentro do processo linguístico, quando esse algo é compreendido pelos intelectos em conversação autêntica.

---

13. *Direito tributário: fundamentos jurídicos da incidência*, p. 5.

14. *Língua e realidade, passim.*

Tais axiomas não implicam negação do conhecimento, da realidade ou da verdade. Nega-se, apenas, o caráter absoluto e objetivo de tais conceitos. Por essa perspectiva, conhecimento, realidade e verdade ocorrem no contexto da língua. A famosa correspondência entre frases e realidade não passa de correspondência entre duas frases. Para o ser humano, portanto, inexiste o *dado*, tomado em sua ontologia. Qualquer elemento pressupõe um sujeito intencional e uma linguagem.

É preciso deixar bem claro, porém, que isso não implica adotar uma concepção cética, em que se nega a capacidade do espírito de penetrar as aparências (objeção epistemológica), ou uma postura niilista, mediante a qual se afasta a existência das coisas-em-si (objeção ontológica). A respeito disso, elucidativa é a explicação do citado filósofo[15]:

> As palavras são apreendidas e compreendidas como símbolos, isto é, como tendo significado. Substituem algo, apontam para algo, são procuradores de algo. O que substituem, o que apontam, o que procuram? A resposta ingênua seria: 'em última análise, a realidade'. A resposta mais sofisticada dos existencialistas e dos logicistas seria provavelmente: 'nada'. A resposta deste trabalho será: 'Já que apontam para algo, substituem algo e procuram algo além da língua, não é possível falar-se deste algo'. Não obstante, o fato persiste: as palavras são apreendidas e compreendidas como símbolos, e, em consequência, o cosmos da língua é simbólico e tem significado.

Semelhante linha de raciocínio foi desenvolvida por Bertrand Russell, expoente da Filosofia Analítica[16]:

> Todos nós partimos do 'realismo ingênuo', isto é, a doutrina de que as coisas são como parecem... Mas a física nos garante

15. Vilém Flusser, ob. cit., p. 41.
16. Bertrand Russell, *An inquiry into meaning and truth*, p. 14-15 (tradução livre).

> que o verde da grama, a dureza e a frieza das pedras, e a frieza da neve não são o verde, a dureza e a frieza que conhecemos de nossas experiências pessoais, mas alguma coisa diferente. O observador... realmente... está a observar o efeito da pedra sobre ele... O realismo ingênuo leva à física e a física, se for verdadeira, demonstra que o realismo ingênuo é falso.

Sobre o assunto, convém trazer à colação a obra *Pensamento e movimento*, do filólogo Pinharanda Gomes. Anota o autor que "O ser só devém real pelo pensar e, por isso, o motivo de, na ordem lógica, o ser vir colocado depois do pensar". O *ser* só se torna real pelo *pensar*. E, como o pensar é constituído pela linguagem, podemos inferir que o *ser* só se torna real pela linguagem. É a linguagem (o pensar) constituindo a realidade (o ser).

A essência das coisas, tomadas como dados brutos, não tem existência para o ser cognoscente.[17] É *real* apenas aquilo se insere nos limites da linguagem humana. Recorramos, novamente, às lições de Pinharanda Gomes[18]: "O *ser*, que é, emerge de si mesmo para fora (*ex-istir*), originando a existência que está, mas não é. A existência revela o ser, mas o ser, ou essência, esconde-se e continua oculto, sob a existência". A existência prescinde da essência, mas não prescinde da linguagem. E o que conhecemos, o que nos é real, reside na existência: a forma pelo qual algo nos é apresentado, em dado instante, mediante linguagem.

Como visto, é a linguagem que cria a realidade do ser cognoscente. Só se conhece algo porque o ser humano o constrói por meio de sua linguagem. Por isso nossa assertiva de que

---

17. Sempre fazendo esclarecer que não se adota uma postura niilista, no sentido de que fisicamente inexistiriam as coisas-em-si. Considera-se, isso sim, que a realidade social, ou seja, a "existência de algo para os intérpretes", só se opera pela linguagem, que constitui os objetos enquanto tal.

18. *Pensamento e movimento*, p. 13.

a sociedade é o sistema mais abrangente em que a comunicação se desenvolve, sendo impossível a existência social sem linguagem e, portanto, sem comunicação. Sobre o assunto, já tivemos a oportunidade de, seguindo as lições de Gregorio Robles Morchón[19], concluir que a sociedade é um sistema de comunicação entre seus membros. Posto isso, considerando a presença inarredável da linguagem no processo comunicativo e o fato de a comunicação ser elemento integrante do sistema social, inexiste sociedade sem linguagem. Essa assertiva, por sua vez, leva à conclusão de que o fato social é constituído por relato linguístico, segundo as regras previstas pelo próprio sistema em que se insere.[20]

Tudo que dissemos até agora se aplica, inteiramente, ao direito, pois este se qualifica como um subsistema composto por comunicações diferenciadas, também inseridas na rede de comunicações que é o sistema social. Todavia, o direito apresenta-se como um conjunto comunicacional peculiar e com função específica, sendo inadmissível transitar livremente entre o sistema jurídico e os demais sistemas verificados no interior do macrossistema da sociedade, como o econômico, o político e o religioso. Construir uma teoria jurídica implica, portanto, elaborar teoria comunicacional, respeitadas as especificidades do direito positivo relativamente aos demais subsistemas sociais. Por isso, o *fato jurídico* não se confunde com o *fato social* ou com qualquer outra categoria fáctica.

Ainda, tomado o direito como um sistema comunicativo funcionalmente diferenciado e dotado de programas e código próprios, este apresenta uma forma especial de abertura e fechamento com relação ao ambiente: o direito possui específicos códigos de comunicação e peculiares operações de reprodução

---

19. *Teoria del derecho (fundamentos de teoria comunicacional del derecho)*, vol. I, p. 85.

20. Fabiana Del Padre Tomé, *A prova no direito tributário*, p. 38-39.

de elementos, o que lhe conferem fechamento operativo e abertura cognitiva ao ambiente. Só ingressam no ordenamento jurídico, por conseguinte, os fatos que ali sejam postos pela linguagem eleitas pelas *regras do direito.*[21] E, como sabemos, as linguagens social, econômica, política ou histórica, dentre outras, não satisfazem aos requisitos exigidos pelo ordenamento. Para que se tenha um fato jurídico, ou seja, uma nova realidade no âmbito do direito, é imprescindível que haja produção linguística específica, nos moldes prescritos pelas regras competenciais próprias.

4. Sobre a distinção entre "evento" e "fato"; entre "fato social" e "fato jurídico"

No âmbito da Filosofia do Direito faz-se a distinção, há tempos, das figuras "evento" e "fato". Foi Tercio Sampaio Ferraz Jr.[22] quem tratou o assunto, de modo pioneiro no Brasil, formulando o seguinte comparativo:

> A travessia do Rubicão por César é um *evento*. Mas 'César atravessou o Rubicão' é um *fato*. Quando, pois, dizemos que 'é um fato que César atravessou o Rubicão', conferimos *realidade* ao *evento*.

Nota-se, desde logo, que chamamos de *evento* o acontecimento do mundo fenomênico, despido de qualquer relato linguístico (esse *evento*, como anotamos, não é negado, mas apresenta-se como algo inalcançável). O *fato*, por sua vez, é tomado como enunciado denotativo de uma situação delimitada no tempo e no espaço. Registra Tercio Sampaio Ferraz Jr.[23]

21. Gregorio Robles Morchon, *Las reglas del derecho y las reglas de los juegos*, *passim*.

22. *Introdução ao estudo do direito*, p. 253.

23. *Introdução ao estudo do direito*, p. 253.

que "*Fato* não é pois algo concreto, sensível, mas um elemento linguístico capaz de organizar uma situação existencial como realidade". O fato refere-se sempre ao passado, a algo já sucedido, que se esvaiu no tempo e no espaço. Daí termos acesso apenas ao fato, jamais ao evento. Isso não implica, porém, completo desprezo ou negação do evento, pois, como referido, a postura ora adotada nada tem de niilista. Embora inalcançável, o evento é *pressuposto* para o fato, ou seja, constitui-se o fato "em nome de" relatar um evento supostamente ocorrido.

Entre *evento* e *fato* não se transita livremente. Há, entre eles, um abismo intransponível. Aparece assim, de modo claro, a atuação *constructivista* do sujeito cognoscente[24]: este *constrói* o fato, não se limitando a *descrever* aquilo de que se fala. Como enaltece Gregorio Robles[25], é impossível simplesmente *descrever* qualquer fenômeno: a apreciação humana implica, sempre, uma *construção* de sentido. Ao assim agir, *constrói* o fato e, portanto, a realidade.

Ao lado do resultado *contructivo* da linguagem, a cada relato feito opera-se, ainda, a redução de complexidades. É que, sendo o objeto infinito e irrepetível, consideramos impossível descrevê-lo integralmente, em todos os seus aspectos.[26] E, segundo Goffredo Telles Júnior[27], "cada objeto concreto tem um número ilimitado de determinações porque as notas da compreensão de um indivíduo são inesgotáveis". Graficamente, poderíamos assim representar a relação entre *evento* e *fato*,

24. O termo *constructivismo* é empregado para denominar teorias que defendem a ideia de que há sempre intervenção do sujeito na formação do objeto. É palavra ligada ao contexto epistemológico. Contrapõe-se à corrente descritivista, que concebe o conhecimento ao modo aristotélico, como um processo de assimilação das formas.

25. *Teoria del derecho (fundamentos de teoria comunicacional del derecho)*, p. 129.

26. Fabiana Del Padre Tomé, *Contribuições para a seguridade social à luz da Constituição Federal*, p. 17.

27. *O direito quântico*, p. 272.

na qualidade de relato seletor e, por conseguinte, redutor de complexidades:

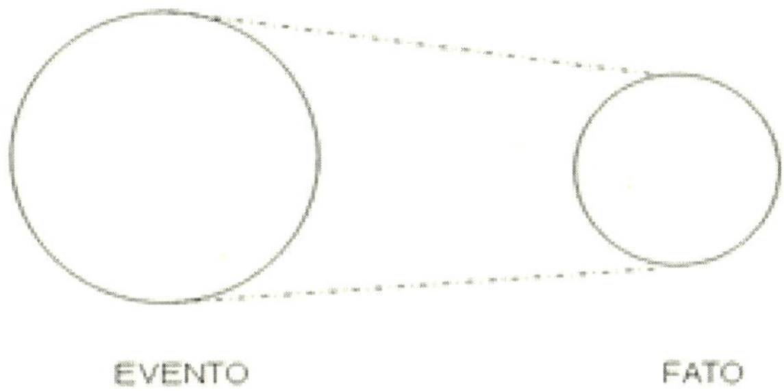

O acontecimento natural, pertencente ao mundo da experiência (evento), não integra o sistema jurídico ou sequer o social. Como já mencionado, as coisas só existem para o homem quando constituídas pela linguagem. Assim, qualquer que seja o sistema que se examine, nele ingressam apenas os enunciados compostos pela forma linguística própria daquele sistema. Relatado o sucesso (evento) em linguagem social, teremos *fato social*; este, vertido em linguagem jurídica, dará nascimento ao *fato jurídico*. A relação entre tais conceitos pode ser assim formulada:

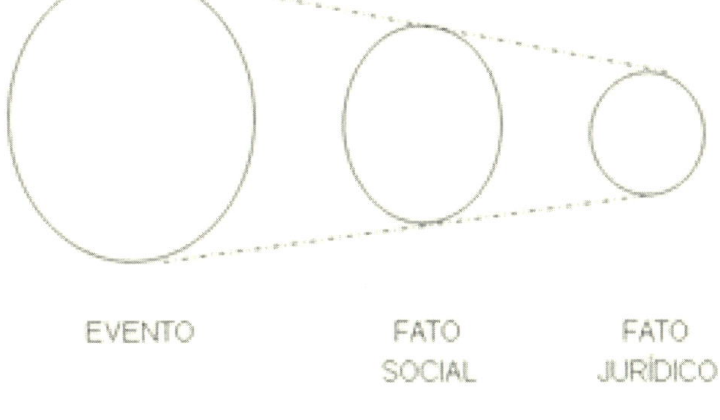

O evento está para o fato social, assim como o fato social está para o fato jurídico. Na lição de Paulo de Barros Carvalho[28], a realidade social é constituída pela linguagem social, sobre a qual incide a linguagem prescritiva do direito positivo, juridicizando fatos e, desse modo, desenhando o campo da facticidade jurídica. Assim é que os fatos da chamada realidade social (fatos sociais), enquanto não constituídos mediante linguagem jurídica própria, podem ser tidos como eventos em relação ao mundo do direito.

O mesmo se dá com o fato político, econômico, biológico, psicológico, histórico etc.: quaisquer desses, enquanto não relatados em linguagem jurídica, permanecem fora do campo de abrangência do sistema do direito posto, na qualidade de meros eventos.

5. "Fato jurídico em sentido amplo" e "fato jurídico em sentido estrito": a importância das provas no processo de positivação do direito

Feitos esses esclarecimentos, cabem ainda algumas palavras sobre o procedimento necessário para que se constituam os fatos jurídicos.

Examinando o sistema do direito positivo, identificamos variadas espécies de normas jurídicas. Conforme o universo de destinatários a que a norma se refira, esta pode ser classificada em *geral* ou *individual*: a primeira dirige-se a um conjunto indeterminado de destinatários, enquanto a segunda individualiza os sujeitos de direito para os quais se volta. Ainda, considerando a descrição contida na hipótese normativa, há normas *abstratas*, que oferecem critérios para identificar fatos de possível ocorrência, e *concretas*, remetendo a acontecimentos

28. *Direito tributário: fundamentos jurídicos da incidência*, p. 11.

passados, indicados de forma denotativa. Esses caracteres podem ser combinados de modo que constituam normas (i) gerais e abstratas, (ii) gerais e concretas, (iii) individuais e abstratas, e (iv) individuais e concretas.[29]

As normas gerais e abstratas, cujo típico exemplo são aquelas veiculadas no corpo da lei, não atuam diretamente sobre as condutas intersubjetivas, exatamente em decorrência de sua generalidade e abstração. É necessário que se emitam outras regras, mais diretamente voltadas aos comportamentos das pessoas, mediante aquilo que se chama *processo de positivação do direito*, para obter maior aproximação dos fatos e ações reguladas. Com fundamento nas normas gerais e abstratas constroem-se normas individuais e concretas, enunciando-se que em virtude da ocorrência de determinado fato jurídico nasceu a relação no âmbito da qual um sujeito de direito S' tem certa obrigação, proibição ou permissão perante outro sujeito S".

Obviamente, para que essa positivação seja realizada de modo apropriado, é imprescindível o perfeito quadramento do fato à previsão normativa. Quando pensamos no fenômeno da percussão jurídica, vem-nos à mente a figura de um fato que, subsumindo-se à hipótese normativa, implica o surgimento de vínculo obrigacional. Eis a fenomenologia da incidência. Referida operação, todavia, não se realiza sozinha: é preciso que um ser humano promova a subsunção e a implicação que o preceito da norma geral e abstrata determina. Na qualidade de operações lógicas, subsunção e implicação exigem a presença

29. As regras-matrizes de incidência são exemplos de normas gerais e abstratas, enquanto as sentenças são casos de normas individuais e concretas. Os veículos introdutores são típicas normas gerais e concretas, ao passo que as normas individuais e abstratas podem ser identificadas nos contratos firmados entre pessoas determinadas, objetivando ao cumprimento de prestações se e quando se concretizar uma situação futura. Cf. Paulo de Barros Carvalho, *Curso de direito tributário*, *passim*.

humana. Por essa visão, requer-se o homem como elemento intercalar, construindo, a partir de normas gerais e abstratas, outras normas, gerais ou individuais, abstratas ou concretas.

Essa movimentação das estruturas do direito em direção à maior proximidade das condutas intersubjetivas exige a certificação da ocorrência do fato conotativamente previsto na hipótese da norma que se pretende aplicar. Mas, para que o relato ingresse no universo do direito, constituindo fato jurídico, necessário que seja enunciado em linguagem competente, quer dizer, que seja descrito consoante às provas em direito admitidas. Observa-se, aí, importante função da linguagem das provas no sistema do direito. É por meio delas que se compõe o fato jurídico, em todos os seus aspectos (conduta nuclear, tempo e espaço), bem como o sujeito que o praticou e sua medida.

Dito de outro modo, para movimentar as estruturas do direito, aplicando normas gerais e abstratas e delas sacando novas normas, é preciso conhecer o fato. Para relatar algo, é preciso ter acesso a ele. Contudo, acontecido o evento, não há como entrar em contato direto com ele, pois se esvai no tempo e no espaço. Sobram, apenas, vestígios, marcas deixadas por aquele evento, as quais servem como base para construção do fato jurídico e adequado desenvolvimento do processo de positivação.

O fato jurídico, portanto, deve ser constituído segundo a linguagem das provas, com vistas a certificar a veracidade dos fatos alegados. Nota-se a relevância capital que apresenta a *prova* no ordenamento jurídico: para constituir o liame obrigacional não basta a observância às regras procedimentais que disciplinam a emissão dos atos de produção normativa; a materialidade deve estar demonstrada, mediante a produção de prova da existência do fato sobre o qual se fundam as normas constituidoras das relações jurídicas.

A figura da *prova* é de extrema utilidade nesse contexto, pois sem ela não existe fundamento para a aplicação normativa e consequente constituição do fato jurídico e do respectivo laço obrigacional. Sem prova não há como estabelecer a verdade e, por conseguinte, o conhecimento.

Vimos que a realidade, tal qual se apresenta aos seres humanos, nada mais é que um sistema articulado de símbolos num contexto existencial. Cada sistema delimita sua própria realidade, elegendo o modo pelo qual os respectivos enunciados linguísticos serão constituídos. É o que se verifica no sistema do direito posto, conforme enuncia Gregorio Robles: "o que o ordenamento faz é delimitar sua *própria realidade*, que é a realidade do direito. Essa delimitação artificial consiste em constituir tal realidade *jurídica* e, simultaneamente, em *regulá-la*".[30] É o sistema do direito que determina o que nele existe ou não. Para tanto, elege uma forma linguística específica, que denominamos *linguagem competente*. Somente por meio dela é que a realidade jurídica se constitui, o que, por si só, revela a importância das provas no ordenamento como um todo.

Como os acontecimentos físicos exaurem-se no tempo e no espaço, estes são de impossível acesso, fazendo-se necessário, ao homem, utilizar enunciados linguísticos para constituir os fatos com que pretenda entrar em contato. Um evento não prova nada. Somos nós quem, valendo-nos de relatos e de sua interpretação, provamos. Esse o motivo pelo qual afirmamos que os eventos não integram o universo jurídico. Do mesmo modo, os fatos sociais, sendo carentes de linguagem admitida pelo ordenamento, apresentam-se como eventos em relação a este, não lhe pertencendo.

Os eventos não ingressam nos autos processuais. O que integra o processo são sempre fatos, na condição de relatos. Mais que isso: os fatos sociais permanecem na realidade social,

30. *O direito como texto: quatro estudos de teoria comunicacional do direito*, p. 13.

de caráter extrajurídico. Apenas os fatos relatados segundo a linguagem do direito é que adentram nesse sistema.

Não é qualquer linguagem, porém, habilitada a produzir efeitos jurídicos ao relatar os acontecimentos do mundo social. É o próprio sistema do direito que indica os instrumentos credenciados para nele constituir os fatos. A linguagem escolhida pelo ordenamento vai não apenas dizer que um evento ocorreu, mas atuar na própria construção do fato jurídico, tomado como enunciado protocolar que preenche os critérios constantes da hipótese normativa.

Apenas se relatado o fato e presentes as provas em direito admitidas que venham a confirmá-lo, ter-se-á por ocorrido o fato jurídico.

A referência acima, feita propositalmente em destaque, permite identificar três categorias fácticas: (i) o fato relatado/alegado; (ii) a prova; e (iii) o fato considerado ocorrido. Todos eles são *fatos jurídicos*.

Como, então, distinguir essas espécies de fatos?

Para tanto, empreendemos o recurso aos qualificadores *sentido amplo* e *sentido estrito*, já aplicados por Paulo de Barros Carvalho[31] para diferençar a "norma jurídica em sentido estrito" da "norma jurídica em sentido amplo". A norma jurídica em sentido estrito consiste na unidade irredutível de manifestação do deôntico, ou, nos dizeres de Lourival Vilanova[32], "uma estrutura lógico-sintática de significação". Assume, assim, a significação construída na mente do intérprete, resultante da leitura dos textos do direito positivo, apresentando a *forma de*

31. *Direito tributário, linguagem e método*, p. 127 e ss.

32. *Norma jurídica – proposição jurídica (significação semiótica)*, p. 16.

um juízo hipotético: proposição condicional que determina a relação de implicação entre hipótese e consequência (a hipótese descreve os critérios identificadores de um fato e funciona como implicante da consequência, a qual prescreve o regramento de uma conduta intersubjetiva). O conceito de norma jurídica em sentido amplo, por sua vez, abrange os enunciados prescritivos cujas significações, articuladas entre si, prestam-se para compor a mensagem deôntica com sentido completo (norma jurídica em sentido estrito).

Adotando raciocínio semelhante, chamamos de *fato jurídico em sentido estrito* àquele posto no antecedente da norma individual e concreta (ou de norma geral e concreta), por ser ele determinado em todos os seus aspectos mediante a conjugação de fatos jurídicos diversos, tidos como seus pressupostos. *Fato jurídico em sentido amplo*, por seu turno, remete a cada um dos enunciados fácticos (relatos de eventos) inseridos no ordenamento, sem que lhes esteja atrelada uma relação jurídica também em sentido estrito.

Posto isso, e considerando o percurso de positivação do direito, identificamos no fato alegado, assim como nas provas, *fatos jurídicos em sentido amplo*.

Para efetuar a aplicação do direito é necessário observar as respectivas regras de ordenação, segundo as quais aquele que pretende ver constituído determinado *fato jurídico em sentido estrito* precisa, primeiramente, afirmar um fato F (fato alegado), para, em seguida, prová-lo.

A afirmação de um fato, segundo Francesco Carnelutti[33], é a posição deste como motivo da petição dirigida ao julgador:

> Quando o ato cuja realização seja pedida ao juiz pressuponha a existência de determinado fato, a petição do próprio ato implica necessariamente a afirmação do mesmo: afirmação,

33. *A prova civil*, p. 34.

> que se entende, de sua existência material. Se peço ao juiz que condene Tício a restituir-me a quantia mutuada, afirmo com isso a conclusão do contrato de mútuo e a entrega da quantia ao mutuário.

A dinâmica probatória exige que, primeiramente, se afirme o fato, para, depois, demonstrá-lo com o emprego de provas. Tal afirmação é veiculada, por exemplo, na petição inicial e na contestação, no auto de infração administrativo e na respectiva defesa, que constituem a base para a produção probatória, realidade jurídica sobre a qual o julgador se orientará para expedir norma individual e concreta resolutiva do conflito de interesses.

Ao discorrermos sobre o *objeto da prova*, evidenciamos tratar-se, sempre, de um fato.[34] Até mesmo na linguagem ordinária o vocábulo *prova* é empregado como demonstração da veracidade de alguma proposição. Daí a inarredável conclusão de que:

> Somente se fala de prova a propósito de alguma coisa que foi afirmada e cuja exatidão se trata de comprovar; não pertence à prova o procedimento mediante o qual se descobre uma verdade não afirmada senão, pelo contrário, aquele mediante o qual se demonstra ou se encontra uma verdade afirmada.[35]

Considerando que a prova de um enunciado se faz por meio de outro enunciado que lhe é posterior, a sintaxe do procedimento probatório pode assim ser formalizada:

$$[F_{al} . (E_1 . E_2 . E_3 . ... E_n)] \rightarrow F_j$$

34. Fabiana Del Padre Tomé, *A prova no direito tributário*, p. 154 e ss.

35. Francesco Carnelutti, *A prova civil*, p. 67.

Interpretando a fórmula apresentada, temos:

(i) O fato alegado (F_{al}) é um *prius* em relação à prova. Primeiro alega-se o fato (fato jurídico em sentido amplo); depois procura-se prová-lo;

(ii) E_1, E_2, E_3 e E_n são, cada qual, enunciados probatórios (fatos jurídicos em sentido amplo), ligados pelo conectivo conjuntor aditivo "."; e

(iii) F_j representa o fato jurídico constituído a partir da combinação articulada dos diversos enunciados probatórios (fato jurídico em sentido estrito).

Nota-se que tanto o fato alegado quanto a prova, na qualidade de enunciados, apresentam-se como *fatos jurídicos em sentido amplo*: (i) *fatos*, por relatarem acontecimentos pretéritos; (ii) *jurídicos*, por integrarem o sistema do direito; e (iii) *em sentido amplo*, por serem apenas um dos elementos que, conjugado a outros, propiciará a constituição do *fato jurídico em sentido estrito*, constante do antecedente da norma individual e concreta.

Por tudo o que se expôs, tem-se a prova como um fato de outro fato. Um *metafato*, portanto: consiste em um fato (em sentido amplo) que alude a outro fato (fato alegado, também fato em sentido amplo). A prova atua, assim, como signo representativo do fato alegado, o qual, por sua vez, apresenta-se como outro signo, que se refere ao fato social (evento em relação ao sistema do direito):

- o fato alegado consiste no relato jurídico do evento/fato social[36];
- a prova é signo do fato alegado; e

36. Clarice Von Oertzen de Araujo, *Fato e evento tributário – uma análise semiótica*, p. 345 e ss.

- constitui-se o fato jurídico em sentido estrito tendo por suporte a alegação fáctica e, no conjunto probatório a ela referente.

Essas relações entre os diversos níveis linguísticos podem ser observadas, com nitidez, na representação gráfica abaixo:

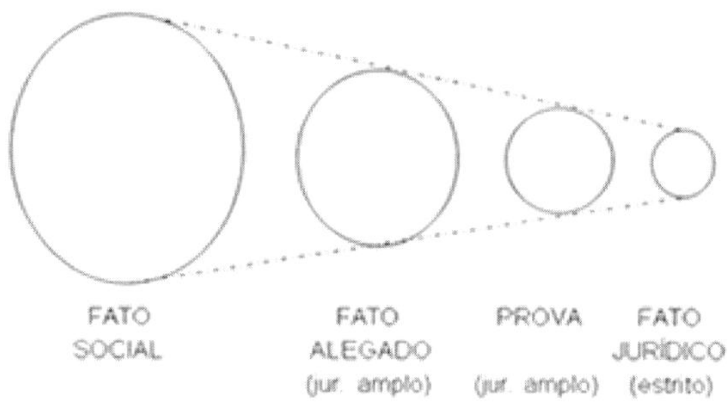

Tendo em visa ser a prova uma espécie de fato que se reporta a outro enunciado fáctico, motivando o fato jurídico em sentido estrito, apresenta-se a prova como elemento indispensável para a regular constituição do fato jurídico em sentido estrito, no âmbito de norma jurídica em sentido estrito (mais especificamente, de norma individual e concreta).

6. Conclusões

O Constructivismo Lógico-Semântico, unindo o emprego do método analítico à tendência culturalista[37], apresenta-se como importante instrumento para o estudo do direito positivo. Com suporte nele, edifica-se uma teoria das normas bem estruturada em termos lógicos, que apresenta firmeza de conteúdo

37. Fabiana Del Padre Tomé, *Vilém Flusser e o constructivismo lógico-semântico*, p. 321 e ss.

no nível semântico, de grande utilidade na aplicação do direito. Por esse caminho, o exegeta terá condições de proceder ao exame da estrutura interna normativa, bem como das relações lógicas existentes na integração das normas com outras unidades do sistema.

Utilizado esse expediente metodológico no que concerne à Teoria do Fato Jurídico, verificamos que o *fato jurídico em sentido estrito*, posto no antecedente da norma individual e concreta, e ao qual se atrela a relação jurídica *stricto sensu*, consiste em enunciado prescritivo formulado segundo procedimento estabelecido pelo próprio ordenamento. Para fazê-lo surgir regularmente no universo do direito, faz-se necessária a presença de, pelo menos, dois outros enunciados fáctico-jurídicos: o fato alegado e a prova deste, ambos fatos jurídicos em sentido amplo.

O *objeto da prova* é o fato que se pretende provar, apresentado na alegação da parte. A prova é sempre da afirmação juridicamente formulada, nunca do evento (podendo abranger, aqui, dada a sua relatividade, a figura do fato social).

Tomamos o direito positivo como o plexo de normas jurídicas válidas em determinadas coordenadas de espaço e tempo, apresentando-se em linguagem na função prescritiva de condutas intersubjetivas. Só integra o ordenamento, portanto, o enunciado formulado em conformidade com suas regras, ou seja, com as normas que prescrevam a produção de outras normas jurídicas. Para tanto, tem-se clausura organizacional, caracterizadora da autopoiese do sistema, decorrente da circunstância de que os fatos sociais não ingressam, eles próprios, no mundo jurídico. É o sistema do direito que estabelece quais fatos são jurídicos e quais não são apreendidos pela juridicidade, quer dizer, os fatos que desencadeiam consequências jurídicas e os que são juridicamente irrelevantes. Por esse mecanismo, os fatos jurídicos, quer em sentido amplo, quer em sentido estrito, são constituídos no interior do sistema de direito, segundo suas regras de formação. E, dentre os requisitos para que essa constituição se opere regularmente, destacamos a figura das "provas", na posição de linguagem apta para representar aspectos do fato alegado no âmbito jurídico, o qual, por sua vez, também é fato jurídico (em sentido amplo), enunciado em nome de fato social supostamente ocorrido e o qual ocupa, perante o sistema do direito, a posição de evento (por faltar-lhe o relato admitido por aquele universo linguístico).

Eis uma perspectiva analítica da aplicação normativa, com consequente constituição do fato jurídico em sentido estrito.

Referências bibliográficas

ARAUJO, Clarice Von Oertzen. Fato e evento tributário – uma análise semiótica. In: SANTI, Eurico Marcos Diniz de (Coord.). *Curso de especialização em direito tributário*: estudos analíticos em homenagem a Paulo de Barros Carvalho. Rio de Janeiro: Forense, 2005.

BORGES, José Souto Maior. *Ciência feliz*, 2ª ed., São Paulo: Max Limonad, 2000.

CARNELUTTI, Francesco. *A prova civil*, trad. Lisa Pary Scarpa, 2ª ed., Campinas: Bookseller, 2002.

CARVALHO, Paulo de Barros. *Curso de direito tributário*. 25ª ed., São Paulo: Saraiva, 2013.

________. *Direito tributário*: fundamentos jurídicos da incidência, 9ª ed., São Paulo: Saraiva, 2014.

________. *Direito tributário, linguagem e método*, 4ª ed., São Paulo: Noeses, 2011.

________. Entre a forma e o conteúdo na desconstituição dos

negócios jurídicos simulados. *Revista de Direito Tributário* n. 113, São Paulo: Malheiros.

FALCÓN, Enrique M. *Tratado de la prueba*. Buenos Aires: Astrea, 2003. v. 1.

FERRAZ JÚNIOR, Tercio Sampaio. *Introdução ao estudo do direito*. São Paulo: Atlas, 1993.

FLUSSER, Vilém. *Língua e realidade*, São Paulo: Annablume, 2004.

GOMES, Pinharanda. *Pensamento e movimento*, Porto: Lello & Irmãos Editores, 1974.

HEGENBERG, Leonidas. *Saber de e saber que*: alicerces da racionalidade, Petrópolis: Vozes, 2001.

OLIVEIRA, Manfredo Araújo de. *Reviravolta linguístico-pragmática na filosofia contemporânea*, São Paulo: Loyola, 1996.

ROBLES MORCHÓN, Gregorio. *Las reglas del derecho y las reglas de los juegos*, Palma de Mallorca, 2ª ed., 1984.

__________. *O direito como texto*: quatro estudos de teoria comunicacional do direito, trad. Roberto Barbosa Alves, Barueri: Manole, 2005.

__________. *Teoria del derecho (fundamentos de teoria comunicacional del derecho)*, vol. I, 3ª ed., Madrid: Civitas-Thomson Reuters, 2010.

RUSSELL, Bertrand. *An inquiry into meaning and truth*. Londres, 1940.

SCAVINO, Dardo. *La filosofía actual*: pensar sin certezas. Buenos Aires: Paidós, 1999.

STRECK, Lenio Luiz. *Hermenêutica jurídica e(m) crise*: uma exploração hermenêutica da construção do direito. Porto Alegre: Livraria do Advogado, 1999.

TELLES JÚNIOR, Goffredo. *O direito quântico*. 6ª ed. São Paulo: Max Limonad, 1985.

TOMÉ, Fabiana Del Padre. *A prova no direito tributário*. 3ª ed. São Paulo: Noeses, 2011.

_________. *Contribuições para a seguridade social à luz da Constituição Federal*. 2ª ed. Curitiba: Juruá, 2013.

_________. Vilém Flusser e o constructivismo lógico-semântico. In: HARET, Florence; CARNEIRO, Jerson (Coord.). *Vilém Flusser e Juristas*. São Paulo: Noeses, 2009.

VILANOVA, Lourival. Norma jurídica – proposição jurídica (significação semiótica). *Revista de Direito Público*. São Paulo: Revista dos Tribunais, 61:12-33, 1982.

CONSTRUCTIVISMO LÓGICO-SEMÂNTICO E PROCESSO DE POSITIVAÇÃO NO DIREITO

Daniele Souto Rodrigues[1]

Um estudo que ambiciona ser dito científico, mais do que considerações de ordem subjetiva quanto ao despertar do autor para um determinado tema, demanda o pronto estabelecimento dos conceitos fundamentais nele adotados, especialmente por conta de essas definições configurarem as premissas que conferem estrutura a todo o resto.

Tema invariável entre aqueles que se debruçam sobre o direito positivo é, pois, ainda que de forma não declarada, o processo de elaboração da norma jurídica, o que pressupõe, por sua vez, reflexão acerca do Constructivismo Lógico-Semântico. É a respeito dessa interação que se tecerá algumas considerações a seguir, aplicando-a, ilustrativamente, à experiência tributária brasileira.

---

1. Doutoranda em Direito Tributário pela Universidade de São Paulo. Mestre em Direito Tributário pela Pontifícia Universidade Católica de São Paulo. Professora em cursos de Especialização de Direito Tributário. Advogada.

Em termos concretos, tem-se como campo de investigação o direito positivo interno, assim entendido o sistema de normas postas com o objetivo de disciplinar as condutas sociais intersubjetivas, a partir do qual se formula proposições descritivas características da Ciência do Direito, tendo-se como alicerce os pressupostos relatados na sequência.

Inicialmente, considera-se que o desenvolvimento do conhecimento, como fenômeno comunicacional que denota, encontra-se estritamente vinculado à linguagem, que não só dá base ao ato de apreensão sensorial de algo do mundo exterior, como também permite a expressão do juízo ou proposição acerca dos predicados do objeto representado à comunidade do discurso[2], tudo isso na linha filosófica desenvolvida por Ludwig Wittgenstein, que tem a linguagem como pressuposta ao saber e performativa sua.[3]

Também o conhecimento jurídico se opera desse modo, isto é, com a realização do processo de semiose, o cientista trava contato com um texto de direito positivo, seu objeto, que revela como significado a conduta intersubjetiva prescrita no enunciado, chegando-se, em nível intelectual, a uma significação representativa do conteúdo desse elemento ou, por que não, constitutiva da norma jurídica.

2. Nas palavras de Roti Nielba Turin, "signo é o processo mental das operações de substituição, a realização da representação, através do engenho e processamento cerebral produzindo aquilo que se constitui no que chamamos de mente ou pensamento. Nós vivemos os signos, enquanto vivemos e apreendemos o mundo por representações. O signo é a unidade mínima de significação a unidade discreta dos códigos." (TURIN, Roti Nielba. *Aulas: introdução ao estudo das linguagens*. São Paulo: Annablume, 2007, p. 21-43).

Para Charles Sanders Peirce (1977, p. 28), citado pela autora, "um signo é tudo aquilo que está relacionado com uma segunda coisa, seu objeto, com respeito a uma qualidade de modo tal a trazer uma rerceira coisa, seu interpretante, para uma relação com o mesmo objeto, de modo tal a trazer uma quarta para uma relação com aquele objeto na mesma forma, *ad infinitum*" (ibid., p. 27).

3. WITTGENSTEIN, Ludwig. *Tratado lógico-filosófico: investigações filosóficas*. 2. ed. Lisboa: Fundação Calouste Gulbenkian, 1995.

Diz-se constitutiva, pois, por meio de uma atividade tipicamente interpretativa[4], o sujeito atribui sentido a um objeto, que jamais poderá ser reproduzido externamente, contrariando a tradição hermenêutica, que, por muito tempo, relacionou o conceito de interpretação à noção de revelação do conteúdo de um texto, como se as coisas possuíssem um significado puramente ontológico.

Com a mudança de perspectiva introduzida na filosofia pelo giro linguístico[5], essa ideia de que o dado bruto conteria o seu próprio significado perdeu espaço para a teoria de que a linguagem criaria o objeto, a partir de um ato de valoração do intérprete, atrelado aos seus referenciais culturais e linguísticos. Sintetiza Dardo Scavino[6]:

---

4. Com relação à dogmática jurídica, muito embora esta possua determinados dogmas como limite operacional, tal qual seu título sugere, paradoxalmente, esses demandam interpretação, certamente que limitada a um grau suportável socialmente. Segundo Tercio Sampaio Ferraz Jr., a ordem vigente que aparece aos juristas "como um dado, que eles aceitam e não negam, é o ponto de partida inelutável de qualquer investigação. Ela constitui uma espécie de limitação, dentro da qual eles podem explorar as diferentes combinações para a determinação operacional de comportamentos juridicamente possíveis.

[...] Ou seja, a dogmática jurídica não se exaure na afirmação do dogma estabelecido, mas interpreta sua própria vinculação, ao mostrar que o vinculante sempre exige interpretação, o que é a função da dogmática. De um modo paradoxal, podemos dizer, pois, que esta deriva da vinculação a sua própria finalidade." (FERRAZ JR., Tercio Sampaio. *Introdução ao estudo do direito: técnica, decisão, dominação*. 5. ed. São Paulo: Atlas, 2007, p. 48-49).

5. O giro linguístico, pode-se dizer, singelamente, representou um movimento de reviravolta linguística do pensamento filosófico do século XX, centralizado "na tese fundamental de que é impossível filosofar sobre algo sem filosofar sobre a linguagem, uma vez que esta é o momento necessário constitutivo de todo e qualquer saber humano, de tal modo que a formulação de conhecimentos intersubjetivamente válidos exige reflexão sobre sua estrutura linguística". (OLIVEIRA, Manfredo Araújo de. *Reviravolta linguístico-pragmática na filosofia contemporânea*. São Paulo: Loyola, 2006, p. 13).

6. SCAVINO, Dardo. *La filosofia actual: pensar sin certezas*. Buenos Aires: Paidós Postales, 1999, p. 38-39.

> *[...] nunca conocemos la cosa tal cual es fuera de los discursos que hablan acerca de ella y, de alguna manera, la crean o la construyen. Siempre conocemos, según el lema nietzscheano, una interpretación o una versión de los ecos, y nuestra versión resulta a su vez una versión de esa versión.*

Essas colocações fazem pensar, então, que o pleonasmo que encerra a expressão *direito positivo*, útil talvez para diferenciá-lo da Ciência do Direito, só significaria propriamente direito posto, no que se refere à forma de introdução e exteriorização dos enunciados no sistema; eis que o seu efetivo conteúdo, a despeito da intenção do legislador, não está presente no texto, mas lhe é atribuído pelos intérpretes, um a um.[7]

As realidades do direito positivo e da Ciência do Direito, como indicadas anteriormente, não se confundem. Em princípio, aproximam-se enquanto sistemas, ou seja, conjuntos de elementos reunidos e relacionados segundo um princípio estruturante unificador, fechados operacionalmente, mas com certa abertura cognoscitiva que possibilite o seu acoplamento estrutural com dados do ambiente ou de outros subsistemas.

Resumidamente, como meio de diminuição de complexidades, a sociedade é considerada um sistema maior e comunicacional, subdividido em outros subsistemas, como o direito positivo e a Ciência do Direito. Àquilo que não se desenvolve por meio de comunicação, relega-se o plano de ambiente, sendo que, do lado exterior de cada subsistema, encontra-se tanto esse ambiente propriamente dito, como também o que é composto pelos demais subsistemas.

---

7. Nas palavras de Gabriel Ivo, "[...] no universo do direito o próprio objeto de estudo é ele mesmo construído pelo homem. Assim a presença humana é encontrada não só no plano da ciência, mas também na constituição do objeto. As normas jurídicas não estão aí independentes do homem. O homem as constrói. E constrói em dois momentos. Quando faz ingressar por meio dos instrumentos introdutores os enunciados e, depois, quando, a partir dos enunciados postos pelo legislador, constrói sua significação, a norma jurídica". (IVO, Gabriel. A incidência da norma jurídica: o cerco da linguagem. *Revista de direito tributário*. São Paulo: Malheiros, n. 79, 2001, p. 187-188).

Na medida em que um subsistema é formado por repertório e estrutura particulares, de acordo com um vetor comum, tudo quanto não corresponde ao seu interior não lhe oferece qualquer interferência, o que equivale a afirmar que é operacionalmente fechado. Por outro lado, em função do que se denomina acoplamento estrutural, um subsistema pode valer-se cognitivamente de dados de seu ambiente, amplamente concebido, desde que introduzidos por suas próprias regras.

Aplicando e limitando-se essas considerações ao objeto em estudo, o direito positivo, enquanto conjunto de normas jurídicas, apenas pode incorporar elementos de outros sistemas ou mesmo condutas sociais, dada sua abertura cognoscitiva, mediante a produção de normas por autoridade competente, segundo procedimento e matéria que ele próprio estabelece. Significa dizer que o sistema trata, ele mesmo, de sua regulação e reprodução, num fenômeno conhecido como autopoiese.[8]

Mais especificamente, é comum que as normas que instituem tributos tomem emprestados elementos econômicos para a construção de suas hipóteses. Ocorre que, uma vez inseridos em seu antecedente, esses critérios alienígenas tornam-se jurídicos, diferentemente do que aconteceria, por exemplo,

8. AUTOPOIESE – "Princípio segundo o qual um sistema (biológico ou social) reproduz os processos pelos quais foi gerado. [...] A elaboração dessa teoria em âmbito sociológico foi feita por Niklas Luhmann, que tentou indagar as consequências de uma caracterização dos sistemas sociais como sistemas autopoiéticos, ou seja, capazes de 'transformar-se mediante auto-referência' (cf. Soziale Systeme, 1984)." (ABBAGNANO, Nicola. *Dicionário de filosofia*. Tradução: Alfredo Bosi e Ivone Castilho Benedetti. 5. ed. São Paulo: Martins Fontes, 2007, s.v. *autopoiese*).

AUTO-REFERÊNCIA – "Faculdade que tem um enunciado (mais em geral, uma 'unidade de sentido') de referir-se a si mesmo [...] A partir de meados do século XX, fala-se de A. ou auto-referencialidade também a propósito de sistemas (sistemas auto-referenciais ou recursivos), entendendo-se a capacidade, por parte dos sistemas em questão, de desenvolver atividades de auto-regulação e auto-organização, portanto de incluir alguma imagem ou representação de si mesmos [...]" (ibid., s.v. *auto-referência*).

se regras econômicas influenciassem diretamente a revogação de normas jurídicas, o que igualmente se aplica à eventual interferência da Ciência do Direito.

A identidade de representarem sistemas de linguagem se encerra, porém, quando o direito positivo e a Ciência do Direito revelam características particulares. O primeiro equivale à reunião de enunciados prescritivos, construídos por linguagem técnica, que visam a regulamentar as condutas intersubjetivas no intuito de realizar, ao menos teoricamente, os valores socialmente desejados.

A coercitividade típica desse sistema legislado está representada em sua formulação sintática, a que corresponde a lógica deôntica e a que estão atrelados os modais proibido, permitido e obrigatório. Seus enunciados se relacionam segundo regras de coordenação e subordinação, admitindo-se a existência de contradição entre eles[9], e têm valência de validade ou não validade, a depender de sua conformação com outras regras que fundamentam a sua produção.

Ao direito positivo atribui-se, ainda, a condição de linguagem-objeto da Ciência do Direito, que, como metalinguagem, o descreve em caráter científico. Diferentemente do anterior, esta se pauta na lógica alética ou clássica, não admite a presença de contradições e tem suas proposições avaliadas segundo valores de verdade e falsidade e submetidas à verificação empírica por qualquer sujeito que se ponha em atitude cognoscente.[10]

---

9. A respeito da consistência do sistema, esclarece Tácio Lacerda Gama que, "para os observadores, as normas jurídicas podem prescrever comandos contrários e, por isso, o sistema jurídico não é consistente; para os participantes, que orientam sua compreensão das normas para tomar decisões, regulando direitos e deveres nos casos concretos, o sistema não possui contradições e é, por isso, consistente" (GAMA, Tácio Lacerda. *Competência tributária: fundamentos para uma teoria da nulidade*. São Paulo: Noeses, 2009, p. 149).

10. "1 - A ciência é constituída de um conjunto de enunciados que visa transmitir, de modo altamente adequado, informações verdadeiras sobre o

Pois bem. Das construções anteriores resultam as seguintes, programaticamente. Se um sistema é formado por elementos comuns agrupados segundo um princípio vetor, o direito positivo é composto por normas jurídicas relacionadas por regras de coordenação e subordinação. Se o conhecimento é produto da construção realizada pelo intérprete a partir da aproximação de um objeto, a norma jurídica representa a significação obtida no contato com um ou mais enunciados prescritivos presentes no sistema.[11]

Embora se diga que essa estrutura sistêmica seja fruto da reunião de normas, o conjunto dos enunciados prescritivos por si só dá início a essa formação, complementada, então, pelas significações que são atribuídas aos signos, pois alegar que as formulações abstratas bastariam para constituir o ordenamento implicaria ignorar, para além da noção de semiose, os critérios que ele mesmo prevê para a sua alimentação e a própria necessidade de linguagem escrita para a comunicação no direito.[12]

---

que existe, existiu ou existirá. Estes enunciados são, pois, basicamente, constatações. A nossa linguagem comum, que usamos nas nossas comunicações diárias, possui também constatações deste gênero. Neste sentido, a ciência é constituída de enunciados que completam e refinam as constatações da linguagem comum. Daí a diferença geralmente estabelecida entre o chamado conhecimento vulgar (constatações da linguagem cotidiana) e o conhecimento científico que procura dar às suas constatações caráter estritamente designativo ou descritivo, genérico, mais bem comprovado e sistematizado.

2 – O conhecimento científico, em consequência, constrói-se a partir de constatações certas, cuja evidência, em determinada época, nos indica, em alto grau, que elas são verdadeiras. A partir delas, a ciência se caracteriza pela busca de termos seguramente definidos, constituindo um corpo sistemático de enunciados. Como a noção de enunciado verdadeiro está ligada às provas propostas e aos instrumentos de verificação desenvolvidos no correr da História, o conhecimento científico pode ser bem diferente de uma época para outra." (FERRAZ JR., Tercio Sampaio. *A ciência do direito*. 2. ed. São Paulo: Atlas, 2006, p. 10).

11. Adota-se neste trabalho, ao se referir à expressão *norma jurídica*, aquela formulação abstrata que possui estrutura hipotético-condicional, mais detalhada na sequência, malgrado não se ignore a conhecida acepção de norma jurídica com sentido amplo, em que não há essa configuração lógica completa.

12. "A linguagem é o meio em que se realiza o acordo dos interlocutores e o

Não significa afirmar, de outra perspectiva, que as normas fugiriam do direito positivo por não estarem expressamente postas. Apenas se quer conferir a condição de sistema também ao conjunto de enunciados, na medida em que são eles que representam as normas enquanto linguagem e que permitem a avaliação de validade ínsita ao ordenamento. Ademais, colocá-las em outro plano, como o da Ciência do Direito, demandaria a produção de outra espécie de linguagem, que seguramente as normas não detêm.[13]

Com efeito, na configuração do triângulo semiótico, o agente credenciado pelo direito positivo coloca-se diante do

---

entendimento sobre a coisa" (GADAMER, Hans-Georg. *Verdade e método: traços fundamentais de uma hermenêutica filosófica*. Tradução: Flávio Paulo Meurer. 3. ed., v. 1. Petrópolis: Vozes, 1999, p. 559-560). Ao seu modo característico de se expressar, Alfredo Augusto Becker diria: "O mundo jurídico é um mundo mesquinho. Ele substitui o mundo dos fatos reais por um universo de palavras. Onde há uma floresta amazônica, o legislador determina que deva existir uma flor de papel. Tudo se converte em papel e em signos gráficos no papel: as palavras. Os próprios juristas passam a vida a investigar palavras, a escrever palavras a propósito de palavras." (BECKER, Alfredo Augusto. *Carnaval tributário*. 2. ed. São Paulo: Lejus, 1999, p. 51).

13. Na classificação de Gregorio Robles Morchón, "el ordenamiento es el texto jurídico en bruto en su totalidad, compuesto por textos concretos, los cuales son el resultado de decisiones concretas", enquanto "el sistema es el resultado de la elaboración doctrinal o científica del texto bruto del ordenamiento. El sistema implica la ordenación del material jurídico y su interpretación es la presentación del derecho de una manera sistemática, conceptualmente depurada, libre de contradicciones y de ambigüedades" (ROBLES MORCHÓN, Gregorio. *Teoría del derecho: fundamentos de teoría comunicacional del derecho*. v. I. Madrid: Civitas, 1988, p. 111, 113). Como se vê, o autor separa em dois planos, ordenamento e sistema. Embora se compreenda sua divisão e a utilidade dela, deve-se esclarecer que na presente exposição está se usando os dois termos com o mesmo sentido, vale dizer, de conjunto de normas jurídicas, includente tanto de signo quanto de significação. Até se poderia utilizar as expressões com sentidos diversos, mas isso seria para diferenciar o plano físico do intelectual, não para se colocar a interpretação entre as descrições científicas – uma terceira hipótese possível, mas obrigatoriamente desvinculada do conceito de norma jurídica, o que, em última análise, equivaleria à segregação que se adota entre direito positivo e Ciência do Direito.

objeto enquanto enunciado prescritivo, que possui como significado a conduta supostamente pretendida por quem o produziu, elaborando a sua significação pessoal, ou seja, a norma jurídica que acredita ali estar contida.

Diz-se supostamente porque, como demonstrado alhures, o intérprete não possui a capacidade de avaliar, com exatidão e certeza, o intuito daquele que inseriu o enunciado no sistema, pelo que lhe imputará, com influência de seus dados axiológicos, o sentido que nele vislumbra[14], obviamente depois de levar em conta a intertextualidade, a relação que o trecho interpretado trava com as demais inscrições jurídicas, seu contexto.

Considerando que a norma jurídica é algo formado pelo homem, sendo este um ser cultural, tantas delas serão produzidas quantos forem os intérpretes em questão[15]. Por outro

---

14. "O fato de alguém realmente compreender o que uma frase significa, compreender seu sentido não depende absolutamente de que seu emissor tenha querido significar isso. A compreensão depende da situação histórica em que a frase é usada e não do ato intencional de querer significar" (PISCITELLI, Thatiane dos Santos. *Os limites à interpretação das normas tributárias*. São Paulo: Quartier Latin, 2007, p. 35).

Com um quê de poesia, embora abordando questão diversa, Emilio Betti entende como "certamente verdadeiro que cada sociedade historicamente determinada vê aquilo que tem no coração, ou seja, aquilo que mais lhe oprime e exige em seu íntimo, Também, cada época histórica vê a mesma coisa com olhos diferentes" (BETTI, Emilio. *Teoria generale dell'interpretazione*. V. II. Milano: Giuffrè, 1955, p. 855-856 apud BECKER, Alfredo Augusto. *Teoria geral do direito tributário*. 4. ed. São Paulo: Noeses, 2007, p. 90).

15. "Se cada palavra (enquanto marca de tinta presente num papel, ou onda sonora) contivesse uma significação própria e o trabalho do intérprete se restringisse em encontrar tal significação, todos os sentidos seriam unívocos, ou pelo menos tenderiam à unicidade. Isto não ocorre justamente porque o sentido não está no texto, está no intérprete e, desta forma, condiciona-se aos referenciais linguísticos" (CARVALHO, Aurora Tomazini de. *Curso de teoria geral do direito: o constructivismo lógico-semântico*. São Paulo: Noeses, 2009, p. 211).

Compreende-se a dificuldade dos cidadãos de lidar com essa concepção, haja a vista a expectativa de certeza e segurança que possuem em relação ao

lado, estes poderão determinar uma norma a partir de um só enunciado, como também necessitar de vários deles para compor o todo.[16]

Eis a razão, aliás, pela qual se aduziu anteriormente que a norma jurídica equivaleria à significação obtida no contato com um ou mais enunciados prescritivos. Em primeiro lugar, porque muitas vezes um enunciado sozinho revela-se insuficiente para permitir que o leitor forme o sentido completo da mensagem na estrutura deôntica. Além disso, como o sistema é um conjunto coordenado de normas, a interpretação sistemática mostra a forma de sua construção por excelência, vale dizer, enquanto significação, uma norma deve resultar da combinação dos enunciados existentes no ordenamento sobre

---

direito, no sentido de lhes fornecer uma única significação correta. Assim se trabalha com o significado de base das palavras aceito pela comunidade do discurso, o que, de certo modo, também decorre de uma experiência cultural e convenção. É verdade, porém, que essa esperada certeza surge com a positivação de determinado sentido por uma autoridade competente, num ato de interpretação autêntica. Até então, tem-se justificação, legitimação e retórica, o que de alguma maneira não termina, já que se inicia outro círculo de interpretação diante do novo enunciado prescritivo, mas por certo com um menor espectro de possibilidades.

Resumindo a questão, Marcelo Neves adverte: "No entanto, embora seja inegável que da complexidade da sociedade moderna resulta uma enorme plurivocidade e vagueza do texto constitucional, condicionada programaticamente pelos valores, interesses e expectativas presentes na esfera pública pluralista, não se pode afirmar que a linguagem jurídica seja arbitrária. É verdade que os sentidos objetivos são construídos em cada contexto específico de uso, mas os sentidos construídos socialmente passam a ter uma força que ultrapassa a vontade ou a disposição subjetiva do eventual intérprete ou utente. Portanto, na interpretação jurídica, não se trata de extrair arbitrariamente de uma infinidade de sentidos dos textos normativos a decisão concretizadora, nos termos de um contextualismo decisionista, mas também é insustentável a concepção ilusória de que só há uma solução correta para cada caso, conforme os critérios de um juiz hipotético racionalmente justo" (NEVES, Marcelo. *Entre Têmis e Leviatã: uma relação difícil*. São Paulo: Martins Fontes, 2006, p. 206).

16. Há também a hipótese de um único enunciado despertar diferentes normas.

o tema em questão, principal e obrigatoriamente, aqueles de maior hierarquia e valor.

Como anota Geraldo Ataliba[17], "[...] os elementos integrantes de um sistema não lhe constituem o todo mediante a sua soma, mas desempenham funções coordenadas, uns em função dos outros e todos, harmonicamente, em função do todo (sistema)."

Enfim, trata-se a elaboração da norma jurídica de um percurso gerador de sentido, imaginado por Paulo de Barros Carvalho[18] como o processo que se inicia com a análise puramente sintática dos dados brutos, no caso os enunciados (S1), passando em seguida ao plano em que se começam a formular proposições, mas ainda destituídas de sentido deôntico completo (S2), só encontrado no nível em que são formadas estruturas hipotético-condicionais, capazes de regular as condutas intersubjetivas com caráter prescritivo (S3), antes que se ingresse, por fim, no plano da sistematização, no qual são fixados os vínculos de coordenação e subordinação que a norma construída mantém com as demais (S4), buscando nas superiores o seu fundamento de validade.

Essa formulação mental é presenciada na construção de qualquer espécie normativa, assim também como todas elas se identificam em função da estrutura hipotético-condicional que apresentam, concebida sintaticamente por um antecedente, que descreve um fato relacionado por vínculo de implicação a um consequente, o qual prevê a existência de uma relação jurídica entre dois sujeitos voltados em sentido assimétrico a um mesmo objeto.

Originalmente, são introduzidas no sistema pelo poder legislativo ou por aqueles que exercem essa função de forma

---

17. ATALIBA, Geraldo. *Sistema constitucional tributário brasileiro*. São Paulo: Revista dos Tribunais, 1968, p. 7.

18. CARVALHO, Paulo de Barros. *Fundamentos jurídicos da incidência*. 5. ed. São Paulo: Saraiva, 2007, p. 67-88.

atípica normas do tipo gerais e abstratas, que carregam em seus descritores fatos de possível acontecimento[19], atrelados a obrigações destinadas a um público indeterminado, a não ser por sua ordinária sujeição à legislação.

Como normas classificadas na espécie, é comum nos escalões mais altos da hierarquia do sistema a presença das chamadas regras de estrutura – que do mesmo modo fixam condutas –, exatamente aquelas utilizadas pelo próprio ordenamento para determinar a sua forma de alimentação ou aquisição de novos dispositivos, constituindo, assim, condição sintática para a produção de outros preceitos.

Observando essas normas de estrutura, os entes políticos exercem a competência que lhes é atribuída e, a partir de então, são introduzidas, por eles mesmos ou seus órgãos e agentes representativos, novas normas gerais e abstratas no sistema, sejam de estrutura ou normas de conduta propriamente ditas.

O mais alto grau de positivação é atingido, todavia, somente quando se chega à individualização e concretude daquilo que antes fora fixado em nível de completa generalidade e abstração. Trata-se da inserção no sistema das conhecidas normas individuais e concretas[20], isto é, em que se torna possível a efetiva descrição da ocorrência do fato previsto

19. Já na Aula Magna do III Curso Especialização de Direito Tributário da Pontifícia Universidade Católica, Geraldo Ataliba mencionava: "Giannini diz muito bem em seus livros, dos melhores de direito tributário, que 'o conceito legal de uma hipótese de incidência é exatamente a imagem abstrata do fato'. Aquela hipótese de alguém receber renda é a imagem de que vai acontecer em certos momentos e locais vinculando pessoas determinadas" (ATALIBA, Geraldo. Direito material tributário, relação jurídica tributária e hipótese de incidência. In: ATALIBA, Geraldo (Coord.). *Elementos de direito tributário*. São Paulo: Revista dos Tribunais, 1978, p. 44).

20. É o que se convenciona chamar de aplicação. Nos dizeres de Gabriel Ivo, "aplicar uma norma significa criar uma outra norma" (IVO, Gabriel. *Norma jurídica: produção e controle*. São Paulo: Noeses, 2006, p. 3).

hipoteticamente naquela outra norma e da determinação da pessoa sujeita ao cumprimento da obrigação parte da relação jurídica instaurada.

Atente-se para que, em função de sua abstração, o termo *hipótese de incidência*, utilizado quando se quer referir ao antecedente das normas gerais e abstratas, não pode ser aplicado àquelas individuais e concretas, em cujo descritor estão os fatos jurídicos, assim como também não é possível, por outra mão, afirmar-se que o consequente das primeiras prescreveria uma relação jurídica, na medida em que esta só pode ser encontrada no plano da individualização e concretude.

Trazendo todas essas considerações para a especialidade do direito tributário, primeiramente, vislumbram-se os entes políticos exercendo a competência que lhes é conferida pela Constituição Federal para a instituição de tributos, o que fazem por meio da produção de normas gerais e abstratas, considerando outras regras constitucionais que influem essa atividade, para além da criação das providências ditas instrumentais.

Passo seguinte, o sujeito competente para a aplicação do direito, verificando a ocorrência no plano social do evento delineado hipoteticamente, descreve-o no antecedente da norma individual e concreta que está a produzir, tornando-o fato jurídico.[21] Noutras palavras, considerando a exigência pelo direito da utilização de códigos próprios para o ingresso no sistema, "sempre uma linguagem deverá resgatá-los [os eventos] para

21. "Em rigor, não é o texto normativo que incide sobre o fato social, tornando-o jurídico. É o ser humano que, buscando fundamento de validade em norma geral e abstrata, constrói a norma individual e concreta [...], empregando, para tanto, a linguagem que o sistema estabelece como adequada, vale dizer, a linguagem competente. Instaura, desse modo, o fato e relata seus efeitos prescritivos, consubstanciados no laço obrigacional que vai atrelar os sujeitos da relação" (CARVALHO, Paulo de Barros. *Direito tributário, linguagem e método*. São Paulo: Noeses, 2008, p. 422).

que eles efetivamente existam no universo humano".[22] Daí talvez dizer Vilanova[23] que "o fato se torna jurídico porque ingressa no universo do direito através da porta aberta da hipótese."

Na realidade, como o fato jurídico é parte de uma norma, e esta, construção do homem, ele só poderá corresponder à descrição de elementos relativos às propriedades que o sujeito competente pretendeu transpor para o interior do sistema[24], do que resulta a impossibilidade de representação do dado fenomênico com absoluta exatidão e, até mesmo, sob um olhar extremo, a possibilidade de fazê-lo sem a sua efetiva ocorrência.

É que, como anota Maria Rita Ferragut, "para que o fato jurídico tributário seja considerado verdadeiro para o direito, não se requer a certeza de que o relato corresponda fielmente

---

22. MOUSSALLEM, Tárek Moysés. *Fontes do direito tributário*. São Paulo: Max Limonad, 2001, p. 27.

Ensina Tercio Sampaio, por sua vez, que "o fato não é algo concreto, sensível, mas um elemento linguístico capaz de organizar uma situação existencial como realidade" (FERRAZ JR., Tercio Sampaio. *Introdução ao estudo do direito: técnica, decisão, dominação*. 5. ed. São Paulo: Atlas, 2007, p. 253).

Aqui vale a classificação de Edmund Husserl para os objetos, aplicada por Carlos Cossio aos fatos e eventos, segundo a qual esses fatos se encontrariam entre os objetos culturais e os eventos se classificariam entre os objetos reais, os primeiros experimentados mediante a interpretação, enquanto os segundos por meio dos sentidos.

Em termos semióticos, dir-se-ia que "a noção de objeto imediato é introduzida por PEIRCE para demonstrar a impossibilidade de acesso ao objeto dinâmico do signo. O objeto dinâmico é inevitavelmente mediado pelo objeto imediato, que já é sempre de natureza sígnica" (SANTAELLA, Lúcia. *A teoria geral dos signos: semiose e autogeração*. São Paulo: Pioneira, 2000, p. 40).

23. VILANOVA, Lourival. *Causalidade e relação no direito*. 4. ed., rev., atual. e ampl. São Paulo: Revista dos Tribunais, 2000, p. 3.

24. Como novamente resume Vilanova, com palavras bem escolhidas e empregadas, a hipótese é uma "proposição descritiva de situações objetivas possíveis, com dados de fato incidente sobre a realidade social e não coincidente com a realidade" (ibid., p. 111-112).

ao evento".[25] Exige-se, sim, "a certeza de que o enunciado descritivo foi elaborado de acordo com as regras do sistema, submeteu-se às provas e resistiu à refutação".[26] Assim, "sendo válido o enunciado, e não tendo sido refutado, ou se foi ao questionamento resistiu, o fato é juridicamente verdadeiro, não importando se o evento neles descrito guarda ou não efetiva relação com o mundo fenomênico".[27] Em resumo, a manifestação do evento em linguagem que interessa ao direito.

Essas circunstâncias só revelam a importância de o extrato normativo constitutivo do fato jurídico vir sempre acompanhado da linguagem das provas, com o intuito de aproximar realidade linguística e fenomênica ou, ao menos, sustentar o conteúdo da norma criada. Explicando essa dinâmica, Fabiana Del Padre Tomé aduz que:

> [...] a linguagem escolhida pelo direito vai não apenas dizer que um evento ocorreu, mas atuar na própria construção do fato jurídico (fato que ingressou no ordenamento jurídico mediante o processo seletivo de filtragem desse subsistema) e, mais especificamente, do fato jurídico tributário, tomado como enunciado protocolar que preenche os critérios constantes da hipótese da regra-matriz de incidência tributária. Apenas se presentes as provas em direito admitidas ter-se-á por ocorrido o fato jurídico tributário.[28]
>
> Obviamente, para que essa positivação seja realizada de modo apropriado, é imprescindível o perfeito quadramento do fato à previsão normativa. Esse fato, por sua vez, deve ser constituído segundo a linguagem das *provas*, com vistas

25. FERRAGUT, Maria Rita. Crédito tributário, lançamento e espécies de lançamento tributário. In: SANTI, Eurico Marcos Diniz de. (Coord.). *Curso de especialização em direito tributário: estudos analíticos em homenagem a Paulo de Barros Carvalho*. Rio de Janeiro: Forense, 2005, p. 315.

26. Ibid., loc. cit.

27. Ibid., loc. cit.

28. TOMÉ, Fabiana Del Padre. *A prova no direito tributário*. 2. ed. São Paulo: Noeses, 2008, p. 35.

> a certificar a veracidade do enunciado subsumido. Observa-se a importância capital que apresenta a prova no ordenamento jurídico, inclusive no âmbito da tributação: ao constituir a obrigação tributária e aplicar sanções nessa esfera do direito, não basta a observância às regras formais que disciplinam a emissão de tais atos; a materialidade deve estar demonstrada, mediante a produção de prova da existência do fato sobre o qual se fundam as normas constituidoras das relações jurídicas tributárias.[29]

De todo modo, sendo a verdade algo construído – afastando-se, portanto, a tradicional concepção de verdade absoluta –, os enunciados correspondentes às provas tornam-se passíveis de contestação por novos elementos, assim como as normas de substituição por outras.[30] Como novamente ensina Fabiana Del Padre Tomé[31]:

> A verdade não se descobre: inventa-se, cria-se, constrói-se. Não há uma verdade objetiva, isto é, uma verdade que possa reclamar validade universal. A verdade é sempre relativa, configurando, como assevera Richard Rorty, "o êxito de um discurso em um mercado de ideias". Depende, portanto, das circunstâncias de tempo e de espaço em que se encontra inserida: a verdade "terra plana" de ontem deixa de existir, dando lugar à verdade "terra redonda" de hoje.

---

29. Ibid., p. 30.

30. Observa Eurico de Santi que "'definitividade' é qualidade do que é definitivo, no sentido de permanente, 'tal qual deve ficar'. É categoria que não se presta para qualificar normas jurídicas, servindo mais, para contrastar com circunstâncias caracterizadas pela transitividade [...]. A 'definitividade no direito' não é absoluta, mas relativa. Depende de outras normas que interagem na trama do sistema normativo, que é dinâmico. [...] Tampouco há de pretender aplicar esse qualificativo, em seu sentido absoluto, ao ato-norma administrativo de lançamento tributário. [...] O ato-norma de lançamento, norma jurídica, é válido até que outra norma jurídica lhe retire a juridicidade" (SANTI, Eurico Marcos Diniz de. *Lançamento tributário*. São Paulo: Max Limonad, 1996, p. 224).

31. Op. cit., p. 16-17.

Tal conclusão decorre do fato de que, como para os adeptos da corrente filosófica denominada *giro linguístico* a verdade não se dá pela correspondência da proposição ao objeto, não há que falar em essências a serem descobertas. Sendo a própria linguagem que cria os objetos, inexistem verdades únicas e imutáveis. O conhecimento, assim como a verdade, são construções linguísticas, sempre sujeitas à refutação por outras proposições.

Aquele sistema de crenças tomado como quadro referencial é mutável. Pode, a qualquer momento, sofrer alterações, sendo seus elementos substituídos por outras crenças. Para tanto, necessário que novas proposições e teorias recém-formuladas sejam acolhidas pelo sistema. A fórmula 'P sabe que S' é falível, sempre existindo ampla possibilidade de rever cada uma das sentenças tomadas como verdadeiras. O falibilismo é inerente aos enunciados que se pretendam verídicos.

Retomando, assim, a escala de positivação, produzida a norma individual e concreta, por força de sua subsunção à norma geral, numa operação de inclusão de classes operada entre iguais, nasce relação jurídica representada, como tal, por dois sujeitos voltados a um mesmo objeto, mais especificamente, a obrigação tributária, em que o devedor possui o dever de levar determinada quantia em dinheiro a título de tributo ao Estado, detentor do direito subjetivo de recebê-la.[32]

Note-se que aqui se trata o crédito tributário, por estar contido na obrigação, como dela indissociável, diferentemente da vertente dualista adotada pelo legislador do Código Tributário Nacional[33] e por autores de peso, como Rubens Gomes de Sousa, Ruy Barbosa Nogueira e Dino Jarach, segundo a qual

32. "Obrigação é o vínculo jurídico em virtude do qual uma pessoa pode exigir de outra uma prestação economicamente apreciável" (PEREIRA, Caio Mário da Silva. *Instituições de direito civil: teoria geral das obrigações.* V. II., 20. ed. Rio de Janeiro: Forense, 2003, p. 12).

33. Lei n. 5.172/1966.

a obrigação surgiria com o chamado fato gerador e o crédito com o lançamento.[34]

Modernamente, principalmente em face do crescimento do número de contribuintes no País e da tendência de "privatização da atividade administrativa", a constituição do crédito tributário tem sido transferida aos particulares, dedicando-se mais o Executivo à fiscalização.[35] Ainda assim, corresponde justamente àquela norma individual e concreta descrita acima, que, nos termos do artigo 142 do Código Tributário Nacional – dirigido exclusivamente ao lançamento, isto é, ao ato privativo de autoridade administrativa, vinculado e obrigatório –, visa a verificar a ocorrência do fato gerador[36], determinar a

---

34. Isso remete à teoria tradicional da incidência da norma tributária, que conta com defensores como Pontes de Miranda e Miguel Reale, segundo a qual esta seria automática e infalível com relação ao evento e o ato de aplicação meramente declaratório, linha esta típica dos sistemas teóricos que não fazem distinção entre os planos do direito positivo (linguagem jurídica) e da realidade social (linguagem social).

35. Nesse caso, o enunciado produzido pelo particular não pode ser denominado lançamento, por ser este ato exclusivo de autoridade administrativa, o que demonstra a impropriedade do título destacado. Para todos os efeitos, isso significa ser possível a constituição do crédito tributário sem que haja lançamento, muito embora sem norma que traga ao universo jurídico o fato praticado pelo contribuinte e a respectiva relação não o seja. Com esse sentido, sintetiza Ferragut: "não pretendemos reconhecer a imprescindibilidade do enunciado jurídico individual e concreto da constituição do crédito. O lançamento é prescindível para a fenomenologia da incidência tributária, ao passo que um enunciado individual e concreto (expedido pelo Fisco ou pelo particular) não o é" (FERRAGUT, Maria Rita. Crédito tributário, lançamento e espécies de lançamento tributário. In: SANTI, Eurico Marcos Diniz de. (Coord.). *Curso de especialização em direito tributário: estudos analíticos em homenagem a Paulo de Barros Carvalho*. Rio de Janeiro: Forense, 2005, p. 321).

36. A expressão *fato gerador* foi recortada do dispositivo mencionado. Contudo, com o intuito de evitar qualquer dúvida que o seu uso possa acarretar – "porque o 'fato gerador' não gera coisa alguma além de confusão intelectual", segundo Alfredo Augusto Becker (*Teoria geral do direito tributário*. 4. ed. São Paulo: Noeses, 2007, p. 336) –, adota-se neste trabalho três nomes diferentes para três realidades consideradas distintas: o *evento* ocorrido no plano fenomênico, isto é, uma situação pré-jurídica que será observada pelo

matéria tributável, calcular o montante do tributo devido, identificar o sujeito passivo e, sendo o caso, aplicar a penalidade cabível.[37]

Parece que o legislador, talvez intuitivamente, determinou que o produtor da regra de constituição do crédito preenchesse denotativamente os critérios indispensáveis a toda norma geral e abstrata de instituição de tributo, o que mais adiante passou a ser estudada em termos lógico-sintáticos e denominada regra-matriz de incidência tributária.

---

produtor da norma; a sua versão em linguagem no antecedente da norma individual e concreta, denominada *fato jurídico*; e a *hipótese de incidência tributária*, componente da norma geral e abstrata que institui o tributo, com a qual o fato jurídico deve guardar identidade.

37. A regra que veicula penalidade apenas foi mencionada neste momento por fazer parte de dispositivo que interessava tratar no trabalho; todavia, não se cuidará do tema neste estudo por opção metodológica, eis que se dedicará mais a componentes da regra-matriz de incidência tributária (critério material e base de cálculo), não obstante se compreenda a importância da classificação das normas jurídicas realizada por autores como Hans Kelsen e Carlos Cossio em primárias e secundárias, endonorma e perinorma, cada qual com suas preferências, pois, como aduzia Vilanova, "norma primária e norma secundária compõem a bimembridade da norma jurídica: a primária sem a secundária desjuridiciza-se; a secundária sem a primária reduz-se a instrumento-meio, sem fim material" (VILANOVA, Lourival. *Causalidade e relação no direito*. 4. ed., rev., atual. e ampl. São Paulo: Revista dos Tribunais, 2000, p. 36). Isso demonstra, na realidade, o significado que o elemento coerção representa para a diferenciação do sistema do direito positivo das demais ordens: "A coercitividade é a possibilidade que o direito tem de se fazer valer, primeiramente através da incidência de uma espécie particular de sanção pelo descumprimento da norma jurídica, e posteriormente pela possibilidade de coagir o sujeito a cumpri-lo. É a possibilidade de violência legítima. Note-se que a coercitividade é essencial ao direito, mas não a coação ou a sanção, que podem ou não se efetivar. A inclusão da coercitividade como característica do direito em face das demais ordens normativas, assim como a bilateralidade foi útil ao positivismo emergente e teve papel fundamental na configuração específica do objeto jurídico" (ADEODATO, João Maurício. *Ética e retórica: para uma teoria da dogmática jurídica*. São Paulo: Saraiva, 2002, p. 24).

A TEORIA DAS RELAÇÕES NA COMPREENSÃO DO DIREITO POSITIVO

Maria Angela Lopes Paulino[1]

1. Sobre os pressupostos da metodologia Constructivista Lógico-Semântica

Conhecer é um processo comum experimentado por todo ser humano: por meio das sensações, o indivíduo entra em contato com os dados empíricos e lhes atribui sentido pela linguagem, constituindo a realidade que o cerca. Tal como há muito afirmado por Ludwig Wittgenstein, em sua aclamada obra *Tratactus logico-philosophicus*, a linguagem é condição para que haja o conhecimento.

O conhecimento científico, por sua vez, consiste em um estudo preciso e rigoroso de seu objeto, cuja linguagem teórica formulada deve estar a salvo das incongruências e inexatidões da linguagem natural. Dado o rigor do saber científico, o mesmo se submete a determinadas regras de aproximação do objeto delimitado. Daí porque a adoção de um método, enquanto

---

1. Mestre e Doutoranda em Direito Tributário pela PUC-SP, Professora do Curso de Especialização em Direito Tributário do IBET/SP e Advogada.

instrumento investigatório para que o cientista estabeleça contato com o objeto de conhecimento, faz-se necessária a fim de que as proposições científicas gozem de credibilidade e sofisticação.

Nesse contexto, o *Constructivismo Lógico-Semântico,* cuja proposta metodológica surgiu a partir da necessidade de aprofundar o conhecimento científico em detrimento de uma compreensão superficial da experiência jurídica, vem justamente protagonizar um excelente modelo de aproximação para o estudo do direito. De acordo com a filosofia constructivista, as Ciências não são meramente representativas de uma realidade preexistente, tampouco o cientista extrai o sentido, conteúdo e alcance dos textos jurídicos.[2] No processo interpretativo, o cientista não simplesmente descreve o "direito positivo", mas constrói, sob um racionalismo descritivo *crítico-explicativo*[3], suas significações e sentidos, atribuindo valores aos enunciados prescritivos, aos textos jurídicos.

Referida metodologia, sustentada firmemente no exame dos planos semióticos da sintaxe e da semântica, elegeu instrumentos aptos a permitir ao estudioso do direito um conhecimento da linguagem jurídico-prescritiva com bases sólidas e consistentes, deixando a Ciência do Direito de ser um mero conjunto de proposições descritivas acerca dos enunciados prescritivos, em que se ignoram seus fundamentos explicativos e justificativos.

Dentre as ferramentas básicas empregadas pelo *constructivismo* para a construção do discurso jurídico-científico, tem-se,

---

2. Nesse sentido, esclarece Eugenio Moya Cantero: "[...] el científico, cuando conoce, no descubre o representa las formas del mundo real, sino que lãs constuye com los conceptos que lê permiten entenderla" – Trecho sobre o "constructivismo" *in Dicionário Espasa – Filosofia* (coord. por Jacobo Muñoz). Madrid: Espasa Calpe, 2003, p. 107.

3. Cf. CARVALHO, Paulo de Barros. *Breves considerações sobre a função descritiva da Ciência do Direito Tributário.* Artigo publicado no *Consultor jurídico* (www.conjur.com.br) em 01/10/2013.

além da Filosofia da Linguagem concebida no movimento denominado "giro linguístico", a Teoria dos Valores, a Lógica e a Semiótica que, utilizadas conjuntamente, permitem não só um exame analítico do discurso jurídico, decompondo-o e esquematizando-o formalmente, com o intuito de analisar as suas unidades normativas e os vínculos existentes entre si, mas também propiciam um exame hermenêutico do objeto, atento ao aspecto axiológico das prescrições jurídicas na regulação dos comportamentos humanos, até porque o direito, na qualidade de segmento linguístico, consubstancia um objeto cultural e, como tal, estudá-lo implica lidar a todo o momento com valores.

2. A relevância da teoria das relações no estudo do direito positivo

A teoria das relações, pertinente à *Lógica dos Predicados Poliádicos*, tem como objeto de seus estudos os vínculos estabelecidos entre dois ou mais símbolos. Relação nada mais é do que o modo de ser ou de se comportar dois termos entre si.[4] Trata-se de um vínculo formal, cujos extremos são ocupados por um termo antecedente e um termo consequente, interligados por um operador relacional.

Retomando premissas propedêuticas, o ser cognoscente, no processo de conhecer, interpreta as informações apreendidas do mundo fenomênico por meio das funções sensoriais, atribuindo nome aos dados empíricos. Criado linguisticamente o objeto, passa a associá-lo a outras percepções, estabelecendo relações entre dados linguísticos, entre significações. As relações não se verificam empiricamente, pois são elementos proposicionais que conformam a nossa realidade. Circundados

4. Cf. ABBAGNANO, Nicola. *Dicionário de Filosofia*, 5ª ed. – São Paulo: Martins Fontes, 2007, p. 809.

por um contexto linguístico, estamos mergulhados num mundo de relações, pois toda linguagem é um sistema relacional, em que seus signos formam vínculos entre si, num contínuo processo associativo.

Não é diferente com o direito positivo, pois, enquanto construção linguística, também é um sistema de relações. O homem que se propõe a estudar o direito, ao entrar em contato com o objeto (suporte físico, textos e enunciados), somente irá compreendê-lo ao estabelecer relações jurídicas. Como bem observado por Eurico Diniz de Santi[5], são diversas as possíveis associações entre sujeitos, normas e fatos formadores da experiência jurídica. Há relação entre: norma e sistema; normas e normas; hipótese e consequente; norma e fato jurídico; norma e efeito jurídico; fato social, provas e fato jurídico; sujeitos de direito; conduta social e conduta prescrita etc. Tratam-se todas elas de relações em seu sentido amplo, sendo que, neste intento investigatório, voltaremos nossa atenção à relação jurídica em sua acepção estrita, isto é, compreendida como efeito jurídico, resultante do fenômeno da incidência das normas gerais e abstratas.

3. O caráter relacional na estrutura normativa

A irrefutável importância da teoria das relações para a Ciência do Direito põe-se em evidência quando nos propomos a investigar as unidades que compõem o ordenamento jurídico – as normas jurídicas -, pois sua natureza relacional se manifesta em toda sua dimensão estrutural.

Norma jurídica, na qualidade de expressão linguística, sofre do vício da polissemia. A variação de sentido funda-se, especialmente, por designarmos como norma jurídica as unidades

---

5. SANTI, Eurico Marcos Diniz de. *Lançamento tributário.* 2ª ed. – São Paulo: Max Limonad, 1999, p. 74.

do sistema do direito positivo, quando este se subdivide em 04 subsistemas interpretativos: S1, S2, S3 e S4, a partir do percurso de construção dos sentidos dos textos jurídicos proposto por Paulo de Barros Carvalho.[6]

Em similar juízo percorrido pelo jurista, designamos norma jurídica como *enunciado prescritivo*[7], se tomada no plano da expressão (S1); *proposição jurídica*[8], quando concebida no plano das significações construídas, de forma isolada, a partir dos enunciados (S2); e, com base no plano das significações deonticamente estruturadas (S3), que mantêm relações de subordinação e coordenação entre si (S4), as unidades denotam as *normas jurídicas em sentido estrito*[9], consistentes no

---

6. O percurso gerador de sentido dos textos jurídicos, proposto pelo Professor, abrange os seguintes subsistemas interpretativos: (S1) Tem-se o suporte físico, desprovido de qualquer sentido: o intérprete entra em contato com a literalidade textual; é o plano da manifestação gráfica do enunciado. (S2) Formulação das proposições jurídicas, entendidas como significações isoladamente construídas com base no suporte físico e, portanto, desprovidas de sentido deôntico-jurídico completo. (S3) Formulação das normas jurídicas: as significações produzidas no plano anterior são contextualizadas, surgindo as normas jurídicas, estas, sim, expressões completas de significação deôntico-jurídica. (S4) Composição do sistema jurídico-normativo: as normas jurídicas são articuladas em relações de coordenação e subordinação. (cf. CARVALHO, Paulo de Barros. *Direito Tributário: Fundamentos Jurídicos da Incidência*. 8ª. Ed. – São Paulo: Saraiva, 2010, p. 104-119).

7. *Enunciado prescritivo:* é o dado material/físico do Direito (palavras, vocábulos, frases), produto da enunciação. Trata-se do conjunto de fonemas ou de grafemas que, obedecendo a regras gramaticais de determinado idioma, tornam possível a comunicação da mensagem isolada.

8. *Proposição prescritiva:* são os conteúdos significativos construídos isoladamente a partir dos enunciados prescritivos (oração). Aurora Tomazini de Carvalho classifica as proposições prescritivas, segundo o critério da posição que cada uma ocupará na composição da estrutura normativa, em: "(i) nucleares do fato; (ii) espaciais; (iii) temporais; (iv) de sujeitos: (iv.a) ativo e (iv.b) passivo; e (v) nucleares da conduta prescrita." (*in Curso de Teoria Geral do Direito – o Constructivismo Lógico-Semântico*. São Paulo: Noeses, 2009, p. 332).

9. Tanto a proposição quanto a norma jurídica em sentido estrito consubstanciam significações. Porém, a primeira é incompleta, do ponto de vista deôntico, enquanto que a segunda prescreve conduta de forma completa. Em

juízo hipotético-condicional formulado pelo exegeta a partir da valoração dos enunciados prescritivos. Posta nesses termos, podemos definir norma jurídica nas seguintes acepções:

> i. *Norma jurídica em sentido amplo*: compreende tanto os enunciados prescritivos (frases enquanto suporte físico ou textos de lei) quanto às significações construídas, isoladamente, a partir dos enunciados (proposições), como também aquelas significações deonticamente estruturadas de forma completa (norma em sentido estrito).
>
> ii. *Norma jurídica em sentido estrito*: consiste nas significações de sentido deôntico completo, estruturadas na forma lógica hipotético-condicional D(H→C) – "Se o antecedente, então deve-ser o consequente". No antecedente (hipótese), tem-se a proposição de natureza descritiva, apontando as propriedades do enunciado factual, às quais deve atender o evento do plano concreto, e, no consequente, localiza-se a proposição de natureza prescritiva, prescrevendo, conotativamente, os critérios para a identificação da relação jurídica modalizada como obrigatória, permitida ou proibida, a ser instaurada, pelo uso da linguagem competente, entre dois sujeitos (S', S") em torno de uma prestação.

Na estrutura da unidade jurídico-normativa em sentido estrito, percebe-se que há dois nexos relacionais, sempre de caráter deôntico: (i) o *vínculo interproposicional,* operado pelo functor deôntico neutro e denominado functor-do-functor (D), interligando as proposições antecedente e consequente da norma jurídica; e (ii) o *vínculo intraproposicional,* no qual o operador deôntico, nas formas obrigatório, permitido ou proibido (O, P e V), conecta dois sujeitos de direito em torno do objeto prestacional. Em linguagem totalmente formalizada, temos: D [H → R(S', S")], em que "D" é o functor-do-functor (deve ser o vínculo implicacional entre hipótese e tese); "H" é

relação à norma jurídica em sentido estrito, constrói-se o sentido do texto positivado, inserido em um contexto jurídico.

a hipótese; "→", o conectivo lógico implicacional; "R(S', S'')", a tese (consequente). Na tese, "R" é variável relacional, tripartindo-se nos modais obrigatório (O), permitido (P) e proibido (V); e S' e S'', os termos-sujeitos desta relação, que se tornam significativos a partir dos conteúdos do direito positivo.

Não se pode perder de vista que, presente o aspecto axiológico em toda a dimensão do direito, suas unidades normativas portam valores que a sociedade quer ver implementados, dimanando os referidos nexos relacionais de atos decisórios do legislador na produção dos textos jurídicos. Com efeito, os valores estão presentes na própria configuração lógico-formal da norma jurídica: o dever-ser internormativo expressa a vontade da autoridade competente em vincular determinado fato social a determinada conduta, enquanto que, no vínculo intraproposicional, a modalização das condutas, positiva e negativamente, também figura uma tomada de decisão por parte do emissor da mensagem deôntica. O "obrigatório" e o "permitido" refletem valores positivos, pois demonstram que a sociedade aprova a conduta prescrita para um melhor convívio social, sendo que o modal "proibido" traz um valor negativo, uma vez que os indivíduos reprovam o comportamento regulado.

Por fim, importante lembrar que o aplicador do direito, mediante a expedição de juízos valorativos, pode combinar uma só hipótese para uma só consequência, ou várias hipóteses para uma só consequência, ou várias hipóteses para várias consequências, ou uma só hipótese para várias consequências que, simbolizadas, originam as seguintes estruturas relacionais possíveis: a) H implica C (*relação unívoca*); b) H'H''H''' implica C (*relação pluriunívoca*); c) H'H''H''' implica C'C''C''' (*relação pluriplurívoca*); d) H implica C'C''C''' (*relação uniplurívoca*).

4. A relação jurídica em sentido estrito

A linguagem do direito positivo disciplina o comportamento humano mediante a formação de relações, em decorrência da aplicação das normas jurídicas. É a *relação jurídica em sentido estrito*, da qual emergem direitos e deveres correlatos, o instrumento por excelência que possibilita o direito a regular as condutas intersubjetivas. Sobre a relevância do prescritor normativo esclarece Paulo de Barros Carvalho: "é incontestável a importância que os fatos jurídicos assumem, no quadro sistemático do direito positivo, pois sem eles jamais apareceriam direitos e deveres, inexistindo possibilidade de regular a convivência dos homens, no seio da comunidade. Mas, sem desprezar este papel fundamental, é pela virtude de seus efeitos que as ocorrências factuais adquirem tanta relevância. E tais efeitos estão prescritos no consequente da norma, irradiando-se por via de relações jurídicas".[10]

A relação jurídica, entendida como efeito jurídico, contida no consequente das normas e instaurada em razão da incidência normativa, constitui o vínculo intraproposicional, individual e concreto, estabelecido entre dois sujeitos de direito: (i) o sujeito ativo, titular do direito subjetivo de exigir a prestação e (ii) o sujeito passivo, titular do dever jurídico de adimpli-la. É fruto da causalidade jurídica, em que, mediante um ato de aplicação da norma geral e abstrata, imputam-se efeitos jurídicos a um fato determinado no tempo e no espaço.

Elucidado que a relação jurídica *strictu sensu* advém de fatos situados em condições espaço-temporais delimitadas, afetos ao plano normativo individual e concreto, carece adiantar assunto, melhor desenvolvido mais adiante, com o fim de já registrar que, no consequente da norma geral e abstrata, não há que falar em relação jurídica enquanto efeito jurídico, mas sim na indicação, em caráter conotativo, de critérios e notas para a formação futura do enunciado fáctico-relacional quando da incidência normativa. A relação jurídica está no território do concreto, ao passo que, em nível geral e abstrato, temos

10. CARVALHO, Paulo de Barros. *Curso de Direito Tributário*. 22ª ed. – Saraiva: São Paulo, 2010, p. 349.

a previsão de classes, de uma conduta-tipo, como pondera novamente Paulo de Barros Carvalho: "No consequente da norma geral e abstrata, não temos ainda o vínculo, apenas os critérios para determiná-lo, isto é, as classes de predicados que a relação deverá conter. Somente com o enunciado do consequente da norma individual e concreta é que aparecerá o fato da relação jurídica, na sua integridade constitutiva, atrelando dois sujeitos (ativo e passivo), em torno de uma prestação submetida ao operador deôntico modalizado (O, V e P)".[11]

A partir desta linha de raciocínio – a produção da norma individual e concreta pelo ato de aplicação é condição de existência da relação jurídica -, nota-se que eventual relação verificada tão somente no seio da sociedade não pertence aos domínios do direito, por não estar revestida de linguagem jurídica. Apenas será relação jurídica se constituído o fato, descrito na hipótese, em linguagem competente, propagando os efeitos que lhe são próprios. Tão logo realizado o ato de subsunção do enunciado factual, referido a um evento no plano concreto, à classe da hipótese normativa, instaura-se a relação jurídica.

5. Algumas propriedades da relação jurídica

Também afeto ao eixo temático da presente investigação, é relevante adentrarmos nas propriedades de uma relação jurídica.

O vínculo jurídico espelha necessariamente uma relação *irreflexiva*[12] na medida em que o direito, definido como um conjunto de normas diretivas da conduta humana, regulador

11. CARVALHO, Paulo de Barros. *Direito Tributário: Fundamentos Jurídicos da Incidência*. 8ª ed. – São Paulo: Saraiva, 2010, p. 199/200.

12. A *reflexividade* em uma relação caracteriza-se quando há identidade dos termos por ela vinculados, ou melhor, quando são idênticas as variáveis (objeto ou sujeito) que ocupam as posições sintáticas de antecessor e sucessor.

de fatos sociais, pressupõe, no mínimo, dois sujeitos distintos para fazer cumprir seu papel existencial. Os comportamentos dos indivíduos regulados como proibidos (V), obrigatórios (O) ou permitidos (P) consubstanciam estruturas relacionais interpessoais, como, aliás, bem observa Lourival Vilanova: "A conduta é um fato-de-relação. É interpessoal ou intersubjetiva. Desdobra-se como ação ou omissão, que percute na conduta de outrem. [...] A sociedade não tem ponto de partida no sujeito-indivíduo, mas na *relação minimal*: pelo menos um sujeito diante de outro sujeito."[13] Acrescenta ainda o jusfilósofo: "Sem a intercorrência da conduta do sujeito *A* com a conduta do sujeito *B*, inviável seria qualquer modo normativo (deôntico), na espécie que é o direito." [14]

Sempre quando nos voltamos ao direito, pressupomos a formação de vínculos entre, no mínimo, dois indivíduos não-semelhantes: credor e devedor, locador e locatário, vendedor e comprador, usufrutuário e nu-proprietário etc. Nenhum indivíduo tem relação jurídica com si próprio, mas com um terceiro, de modo que direitos e deveres outorgados a um sujeito estão em relação necessária com as condutas estipuladas a outro sujeito.

Além de irreflexiva, a relação jurídica qualifica-se também como *assimétrica*[15], porquanto vincula, necessariamente, dois sujeitos *a* e b, em que "*a* tem o dever a ser cumprido em face de *b*" e "*b* tem o direito de exigir o cumprimento do dever de *a*". Na primeira relação, o vínculo é de um dever do antecessor (*a*), ao passo que, na segunda, o vínculo exprime um

13. VILANOVA, Lourival. *Causalidade e Relação no Direito.* 4ª ed. São Paulo: Revista dos Tribunais, 2000, p. 111.

14. VILANOVA, Lourival. *Causalidade e Relação no Direito.* 4ª ed. São Paulo: Revista dos Tribunais, 2000, p. 115.

15. A *simetria* constitui atributo das relações que se equivalem às suas conversas: xRy = yR´x, em que o vínculo instaurado entre x e y é o mesmo estabelecido entre y e x.

direito do antecessor (*b*). Não há simetria, pois as relações não se equivalem às suas conversas: aRb ≠ bR´a, em que o vínculo instaurado entre *a* e *b* não é o mesmo estabelecido entre *b* e *a*. A inversão na ordem de sucessão dos seus termos, ou melhor, a troca de posições entre predecessor e sucessor vem a alterar o vínculo jurídico. Também aqui, tal como se dá no caráter irreflexivo da relação, a assimetria é corolário sintático-semântico da operacionalidade do direito, fazendo cumprir seu objetivo-mor, em ordenar a sociedade por meio da disciplina das condutas intersubjetivas.

Finalizando, tem-se ainda o atributo da *transitividade*, nem sempre característico das relações jurídicas. De acordo com Aurora Tomazini de Carvalho, a "transitividade verifica-se quando a combinação de duas relações de mesma ordem, estabelecidas uma entre um termo predecessor e um sucessor e outra entre o termo sucessor da primeira e um terceiro, implicam outro vínculo, de mesma ordem, instaurado entre o predecessor da primeira relação e o terceiro termo sucessor da segunda".[16] São relações transitivas, portanto, sempre que as condições "xRy" e "yRz" indicam "xRz". No sistema do direito positivo, identificamos a transitividade no instituto da falência, pois, em uma dada situação em que "x" é credor de "y" que é credor de "z", porém, fica decretada a falência de "y", "x" se torna credor de "z".

6. A relação jurídica como fato jurídico

Para melhor compreender a asserção que intitula este item, façamos, com supedâneo na Teoria das Classes – outra ferramenta metodológica aos propósitos da Ciência do Direito –, sintéticas distinções entre as normas gerais e abstratas e normas

16. CARVALHO, Aurora Tomazini de. *Curso de Teoria Geral do Direito – O Constructivismo Lógico-Semântico*. São Paulo: Noeses, 2009, p. 567/568.

individuais e concretas, atendo-se às suas estruturas lógicas, representadas pelos respectivos antecedentes e consequentes. Vejamos:

No plano geral e abstrato, as normas são integradas por *enunciados conotativos*, de elevada vaguidade, que oferecem, no seu suposto, os critérios que os acontecimentos sociais devem preencher para pertencer à classe dos fatos condicionantes de efeitos jurídicos e, no seu consequente, elencam classes com as propriedades que uma relação tem de observar para ser identificada como relação jurídica, reportando-se a um conjunto de sujeitos indeterminados (formas-de-construção). Por outro lado, em nível individual e concreto, as normas são integradas por *enunciados denotativos*, os quais fazem referência a ocorrências particulares e pontuais que se subsomem à classe tipificada na hipótese, implicando relações jurídicas individualizadas, instauradas pelo fenômeno da incidência jurídica e que, por concretizarem o plano geral e abstrato ao longo do processo de positivação, apontam certo indivíduo ou grupo de indivíduos em torno de um elemento prestacional determinado (forma-tabular). Em síntese: na norma geral e abstrata, um enunciado conotativo implicando outro enunciado conotativo; e, na norma individual e concreta, um enunciado denotativo, implicando outro enunciado denotativo.

Ponderadas as distinções acima, pretende-se aqui sublinhar que as relações jurídicas também são fatos jurídicos, na medida em que os consequentes das normas individuais e concretas, local sintático onde são formadas tais relações, compõem-se por enunciados factuais e protocolares, instituidores de direitos e deveres correlatos entre duas ou mais pessoas. Com o ato de aplicação verificamos então (i) o fato-causa (fato jurídico em sentido estrito) no antecedente e (ii) o fato-efeito ou fato-conduta (relação jurídica em sentido estrito) no consequente, ambos construídos segundo os critérios conotativos indicados pela norma incidida.

Sob a ótica sintática, mister assinalar que o primeiro apresenta-se na forma de predicado monádico (S é P), ao passo que o segundo, relacionando dois ou mais sujeitos em torno do objeto prestacional, manifesta-se na forma dos predicados poliádicos (S´RS´´). Em termos semânticos também se distinguem, pois o fato jurídico em sentido estrito, não obstante constitutivo do fato para o universo jurídico, remete-se a um evento passado, exprimindo relato descritivo com função declaratória. Já o fato jurídico relacional arma-se para o futuro, trazendo providência constitutiva de direitos e deveres correlatos ao prescrever, daquele momento em diante (a partir do *tempo do fato*[17]), uma conduta devida por um sujeito em face de outro, a qual apenas não mais assim será quando desconstituída pela produção, por agente competente, de outro enunciado prescritivo. Observa-se, com a insistência necessária, que o direito alcança eventos pretéritos para a criação dos fatos jurídicos, enquanto que o fato relacional produz seus efeitos do presente para o futuro, a partir da produção da linguagem jurídica constitutiva.

Para concluir, destacamos que afirmar que a relação jurídica constitui um fato jurídico, ou melhor, um enunciado factual, vai ao encontro de nossas premissas, segundo as quais, compreendida a relação como um ente lógico, ela apenas irá existir se enunciada pela linguagem e, no caso do direito positivo, a relação jurídica somente irá surgir quando enunciada pela linguagem reputada competente pelo próprio sistema jurídico, com a produção da norma individual e concreta.

---

17. Empregando a distinção entre *data do fato* e *data no fato*, concebida por Jürgen Habermas, (*in Teoría de la Acción Comunicativa*. Madrid: Ediciones Catedra, 1994, p. 117) no campo do direito positivo, temos: o *tempo no fato* reportando-se às coordenadas de tempo e de espaço da concretização do evento descrito na hipótese normativa e o *tempo do fato*, relativo à enunciação da norma individual e concreta pelo órgão competente.

7. Elementos da relação jurídica

Como vimos, a relação jurídica surge com o ato de aplicação, preenchendo denotativamente os critérios traçados na norma geral e abstrata. O aperfeiçoamento do vínculo jurídico somente se perfaz quando, minimamente, apontados os seguintes elementos: (i) o sujeito ativo; (ii) o sujeito passivo; (iii) o objeto prestacional; (iv) o direito subjetivo; e (v) o dever jurídico. Sem a composição conjunta desses elementos não se instaura o vínculo jurídico, cuja completude sintática pode ser assim simbolizada:

$$RJ = Sa \xrightarrow[\text{(crédito)}]{\text{Direito subjetivo}} P \xleftarrow[\text{(débito)}]{\text{Dever jurídico}} Sp$$

Desmembrando tal estrutura formal: Relação jurídica (RJ) equivale a (=) um sujeito ativo (Sa) que é portador do direito subjetivo (→) de exigir determinada prestação (P) perante um sujeito passivo (Sp), o qual tem o dever jurídico (←) de adimpli-la. Os termos “Sa”, “P” e “Sp” são variáveis que se tornam significativos a partir dos conteúdos que lhe são atribuídos pelo intérprete de relação em relação, sendo que os símbolos “→” e “←” cumprem o papel de constantes, persistindo em qualquer relação jurídica.

Relativamente aos termos subjetivos da relação intranormativa, quando sustentamos que, para a existência do vínculo jurídico, esses elementos têm de estar determinados, não sucede depreender que os mesmos devam estar individualizados. Determinação e individualização são conceitos que não se confundem. Isso porque a relação jurídica pode subsistir sem que um dos seus polos esteja individualizado. No chamado direito real (direito de propriedade, de posse etc.), por exemplo, indefinido se encontra o sujeito passivo.

A propósito, no âmbito dos denominados direitos sobre as coisas, surgem opiniões no sentido de que nestas hipóteses a relação não se qualificaria como interpessoal, pois o nexo relacional seria instituído entre um sujeito e um objeto. Não nos parece correto esse entendimento. A indeterminação da sujeição passiva não importa sua inexistência. Nos direitos reais, o vínculo imediato do sujeito ativo com a "coisa" não faz suprimir o vínculo mediato entre ele e a totalidade dos sujeitos passivos, cuja individualização sobrevém diante de comportamento que estorve o exercício do direito sobre determinado bem.

Ainda sobre os termos variáveis apontados, a prestação (P) figura como objeto da relação jurídica, ordenada pela união de um *verbo* mais seu *complemento* (ex.: pagar o tributo, entregar o bem, realizar a obra etc.). Para fins de exigência da prestação, além de sua necessária determinação, ela há de ser lícita e possível física e juridicamente. Deveras, a linguagem do direito positivo somente incide sobre o campo das condutas possíveis, respeitadas as leis da causalidade natural (possibilidade física) e o uso adequado das formas e procedimentos estipulados pela linguagem do direito na criação dos fatos jurídicos (possibilidade jurídica).

8. A relação de "causalidade jurídica" e a relação de "causalidade natural"

Uma breve incursão aos aspectos distintivos entre a *causalidade natural* e a *causalidade jurídica* não apenas assume relevância à proposta cognoscitiva aqui empreendida, mas também importa para demonstrar a recíproca intangibilidade entre o *mundo do ser* e o *mundo do dever ser*.

Causalidade constitui uma relação de causa e efeito estabelecida entre duas proposições. Não há que falar em vínculo implicacional entre dados-brutos, acontecimentos da experiência.

A implicação entre eles apenas ocorre quando o observador destes fenômenos empíricos os ordena linguisticamente, fazendo associações entre eles. Quando Lourival Vilanova afirma que "o simples enunciado que protocoliza o fato 'este S é causa de P' envolve operações que ultrapassam o limite da experiência"[18] quer certificar que a causalidade apenas surge quando os acontecimentos e os objetos são percebidos intelectualmente. Sem linguagem, inexiste causalidade, uma vez que todo processo cognoscitivo se dá no plano proposicional.

Tanto o *mundo do ser* como o *mundo do dever ser* constituem corpos de linguagem, nos quais atuam, respectivamente, a causalidade natural e a causalidade jurídica. A primeira, também denominada causalidade física, compreende as relações de causa e efeito que ocorrem na natureza, revestidas pela linguagem descritiva, em que o vínculo, por já existir na realidade apreendida empiricamente, é apenas referido, citado. Na causalidade natural, as proposições são implicadas pelo ser humano observador para descrever e indicar fenômenos naturais que ocorrem no mundo físico, relatando e transmitindo informações sobre o universo circundante, fundamentalmente para fins epistemológicos.

Já na causalidade jurídica, destinada a regular o campo material das condutas intersubjetivas, o vínculo implicacional entre o descritor normativo (antecedente) e o prescritor normativo (consequente) é posto por um ato de valoração da autoridade competente. Não fora o ato voluntário do aplicador do direito, a proposição-hipótese não implicaria a proposição-tese. É pela causalidade jurídica, sinônimo de imputação normativa, que se atribuem efeitos jurídicos a determinados fatos colhidos da realidade social: por força do comando normativo, associa-se determinado fato a uma consequência jurídica, com o fim de prescrever os comportamentos humanos.

---

18. VILANOVA, Lourival. *Causalidade e Relação no Direito*. 4ª ed. São Paulo: Revista dos Tribunais, 2000, p. 30.

Enquanto, na causalidade natural, sua linguagem se manifesta na fórmula "S é P", o vínculo proposicional jurídico se apresenta na forma "S deve ser P". Neste, o nexo é deonticamente instituído em decorrência da vontade da autoridade que prescreve como relações entre fatos *devem ser*; naquela, as relações já se verificam no objeto cognoscitivo, apenas descrevendo como os acontecimentos naturais *são*.

Disto podemos concluir que a linguagem do direito positivo, ao prescrever como as coisas *devem ser*, nada afirma sobre a realidade-objeto (realidade social). A mensagem deôntica, fruto da incidência normativa, não atinge, diretamente, as condutas intersubjetivas. Através do processo de positivação das normas jurídicas, seguindo o caminho da generalidade e abstração ao da individualidade e concreção, pretende-se incentivar e motivar, cada vez mais, as consciências dos indivíduos, para que os comportamentos sociais sejam alterados, mas sempre com a premissa de que tal modificação não significa intervenção efetiva e material no "ser da conduta". Do *mundo do dever-ser* não se transita livremente ao *mundo do ser*, porquanto, entre esses dois universos, reside o livre-arbítrio do sujeito, a quem caberá efetivamente decidir se acatará ou não a orientação prescritiva.[19]

9. A modificação e extinção das relações jurídicas

Não sem razão deixamos a forma como as relações jurídicas se extinguem e se modificam como abordagem última da presente investigação, justamente porque ela vem a corroborar as nossas assertivas de que só há que falar em propagação de efeitos jurídicos com a produção da linguagem competente.

Isso porque a fim de se alterar ou extinguir os vínculos jurídicos, instaurados pela imputação normativa, faz-se im-

19. Cf. CARVALHO, Paulo de Barros. *Direito Tributário*: fundamentos jurídicos da incidência. 8. ed. São Paulo: Saraiva, 2010, p. 30.

prescindível a produção de atos de enunciação[20] pela autoridade competente, introdutores de outros enunciados relacionais modificativos ou extintivos, com o condão de afetar os nexos relacionais, antes instituídos, seja comprometendo um de seus elementos irredutíveis, seja por erro na enunciação, ou mesmo pela desconstituição do próprio fato jurídico do qual se originou.

Enfim, o nascer, o modificar e o extinguir das relações jurídicas não se realizam sozinhos, com o mero decurso do tempo, pois sempre pressupõem a enunciação de um novo ato de fala deôntico, exigindo sempre, portanto, a produção de uma linguagem competente específica.

---

20. Cf. MOUSSALLEM, Tárek Moysés. *Revogação em matéria tributária*. São Paulo: Noeses, 2005, p. 173.

TEORIA DOS VALORES E A IMPORTÂNCIA DOS PRINCÍPIOS NA INTERPRETAÇÃO DO DIREITO

Olívia Tonello Mendes Ferreira[1]

1. Noção de Valor

A todo momento fazemos escolhas na vida. E cada escolha pressupõe, necessariamente, uma tomada de decisão, ainda que não percebamos. Assim, mesmo um ato simples e corriqueiro como escolher a roupa a vestir implica, invariavelmente, uma decisão e, com ela, uma opção, uma *preferência*. Escolher é, pois, valorar, de modo que a conduta é indissoluvelmente ligada ao *valor* embora com ele não se confunda.

Raimundo Falcão pondera que "*o valor é, digamo-lo, o fator da conduta. Em decorrência, mesmo sem ser o valor, ela contém valor, diluído em sua onticidade dinâmica, como força propulsora, qual combustível diluído na onticidade do funcionamento de um motor. Por conseguinte, 'a conduta é axiológica',*

1. Mestre em Direito Tributário pela PUC-SP, Professora do Curso de Especialização em Direito Tributário do IBET e Advogada.

depende do valor assim como não há movimento sem uma força propulsora que o enseje."[2]

Como não existe ser humano sem conduta, podemos afirmar que tampouco há alguém alheio ao valor. Afinal, o agir é sempre motivado por valorações, pelo que podemos dizer que o homem é um ser axiológico. Valoramos as mais diversas coisas: um quadro, ao considerá-lo belo; uma pessoa, ao tê-la por honesta, um ato ao considerá-lo legal etc. Tudo é objeto de nossa apreciação, de nossa valoração.

Com o direito não é diferente. Ele é um objeto cultural, produzido para atingir determinados valores que a sociedade deseja implementar. Para tanto, o legislador seleciona as condutas que deseja regular, deixando margem a três – e apenas três – possibilidades: obrigatória, permitida ou proibida. As duas primeiras são valoradas com o sinal positivo da licitude, revelando que a sociedade aprova a conduta prescrita, ao passo que à última é atribuído o vetor negativo da ilicitude, caracterizando uma conduta desaprovada pela sociedade. Como bem esclarece o professor Paulo de Barros Carvalho, "*ali onde houver direito, haverá, certamente, o elemento axiológico*,"[3] presente em todas as suas dimensões: lógica, semântica e pragmática.

Sob o ponto de vista lógico, o valor é condição de sua existência no sistema: a norma será válida se pertencente ao sistema; inválida, no caso contrário. No plano semântico, "*é o sentido constituído em face de uma dada realidade cultural, axiologizada segundo os valores de uma coletividade historicamente localizada ou exteriorização de certas preferências ou específicos conteúdos em face da ideologia daquele que*

---

2. FALCÃO, Raimundo Bezerra. *Hermenêutica*. São Paulo: Malheiros, 1997, p. 19.

3. CARVALHO, Paulo de Barros. *Direito Tributário, Linguagem e Método*, São Paulo: Noeses, 2008, p. 174.

interpreta".[4] Como bem esclarece Lourival Vilanova, a escolha das condutas a serem reguladas pelo direito "*depende de atos de valoração, sociologicamente situados e axiologicamente orientados*".[5] Por fim, no campo da pragmática, o valor é o fim em si mesmo, é o motivo que enseja a prescrição da conduta. Segundo Miguel Reale, "*o fim não é senão um valor enquanto racionalmente reconhecido como motivo da conduta.*"[6] Nesse sentido, podemos dizer que os valores igualdade, liberdade e solidariedade, a que se refere o art. 3º da Constituição da República Federativa do Brasil, a par de serem valores positivados no ordenamento jurídico pátrio, são fins por ele almejados.

Se o direito é, como já afirmado, impregnado de valor, faz-se importante uma incursão na própria definição deste, para o que valemo-nos das lições de Tercio Sampaio Ferraz Jr, para quem valores seriam "*centros significativos que expressam uma preferibilidade (abstrata e geral) por certos conteúdos de expectativas, ou melhor, por certos conjuntos abstratamente integrados num sentido consistente.*"[7] Nesse sentido, Raimundo Falcão, para quem valor é toda força que, partida do homem, é capaz de gerar no homem a preferência por algo, pondera que "*o valor gera a preferência. Propicia a escolha. Não é o objeto da preferência ou da escolha*".[8]

A referência a um sujeito é da essência do valor, que só é conhecido pela intuição emocional. O caráter valioso de um determinado objeto só surge quando ele entra em relação com

---

4. HARET, Florence *Teoria e Prática das Presunções no Direito Tributário*, São Paulo: Noeses, 2010, p. 347.

5. VILANOVA, Lourival. *As Estruturas Lógicas e o Sistema do Direito Positivo*. São Paulo: Noeses, 2010, p. 93.

6. REALE, Miguel. *Introdução à Filosofia*, 4ª Ed. 3ª tiragem. São Paulo: Saraiva, 2006, p. 162.

7. FERRAZ JR, Tercio Sampaio. *Introdução ao Estudo do Direito*, 4ª Ed. São Paulo, Atlas, 2003, p. 112.

8. FALCÃO, Raimundo Bezerra. *Hermenêutica*. São Paulo: Malheiros, 1997, p. 21.

uma consciência valoradora, daí porque dizemos que o valor não consiste num ser em si mesmo, mas num ser que está n'outro ser. Assim, temos, por exemplo, um valor estético convertendo-se em existencial no quadro do pintor, que passa a ser belo; um valor ético, na ação do homem honesto etc. Ou seja, "*os valores só podem tornar-se existenciais sob a forma de qualidades, características, modo de ser*"[9], daí porque podemos afirmar que haveria uma dependência ontológica dos valores com relação ao ser. Se os considerarmos de forma isolada, tais atributos assumiriam a feição de objetos metafísicos (a beleza em si, a honestidade em si). Seu ser é valer e por isso se diz que ser é o que é e valor é o que vale.[10] Nos dizeres de Paulo de Barros Carvalho, "*eles são na medida em que valem.*"[11]

2. Valor e Ser

Neste ponto, vale traçar uma separação entre *Realidade* e *Valor*, entre *ciências do ser* e *ciências dos valores*, bem demonstrada por Johannes Hessen.[12] Enquanto as primeiras ocupam-se dos seres para focarem a estrutura do seu objeto, utilizando-se de meros juízos de existência, as ciências dos valores tem uma visão valorativa que só foca o seu objeto no aspecto da referência deste aos valores, fundando-se, pois, em

9. HESSEN, Johannes. *Teoria do conhecimento*. Tradução de António Correia. 7. ed, Coimbra: Sucessor, 1979, p. 57.

10. Nesse sentido, são as ponderações de Ricardo Marcondes Martins: "Valores, entretanto, diferem dos objetos ideais, na medida em que, ao contrário destes, só se concebem em face de algo existente, de uma coisa. Sendo "ser" e "valor" categorias fundamentais, não é possível uma definição de valor, seu ser é valer e por isso se diz que ser é o que é e valor é o que vale. Todas as coisas ou são tomadas enquanto são ou enquanto valem." ("A natureza normativa dos princípios" In: *Revista brasileira de direito constitucional*, n. 6, p. 245).

11. CARVALHO, Paulo de Barros. *Direito Tributário, Linguagem e Método*, São Paulo: Noeses, 2008, p. 176.

12. HESSEN, Johannes. *Teoria do conhecimento*. Tradução de António Correia. 7. ed, Coimbra: Sucessor, 1979, p. 44.

juízo axiológico. Exemplificando, para um químico, um gás que cheire mal não vale mais ou menos que um outro que tenha cheiro de cravo, assim como para o matemático, uma figura geométrica não valerá mais do que outra. O contrário se verifica com as ciências dos valores, que tem por função, necessariamente, uma tomada de posição e valoração. Assim, na Estética, por exemplo, haverá um juízo de beleza, na Ética, um juízo moral.

Fica patente, portanto, a diferenciação que se dá entre o *ser* e o *valer*, entre a ordem *ontológica* e a *axiológica*, a bem demonstrar que tratam-se de duas esferas distintas, em que a valorativa é autônoma à existencial. E tal diversidade fica ainda mais clara ao abordarmos as características dos valores: (i) bipolaridade, (ii) implicação recíproca; (iii) referibilidade; (iv) preferibilidade; (v) incomensurabilidade; (vi) graduação hierárquica; (vii) objetividade; (viii) historicidade; (ix) inexauribilidade; e, (x) atributividade.

(i) bipolaridade

Uma primeira característica dos valores é a sua estrutura polar, caracterizada pela oposição entre os valores positivos e negativos, entre valor e desvalor: ao bonito se contrapõe o feio; ao bom, o mau; ao certo o errado, ao legal o ilegal. Como se vê, o desvalor não elimina o valor, mas apenas sua positividade sendo que ele, mesmo negativo, ainda se qualifica como tal (assim como *bonito*, *bom*, *certo* e *legal*, também *feio*, *mau*, *errado* e *ilegal* são valores). Já em se tratando do *ser existencial*, não podemos falar nessa polaridade. O não-ser não significa outra coisa que não a ausência do ser.

(ii) Implicação recíproca

A implicação é corolária da bipolaridade e significa que cada valor implica o seu desvalor. A bem da verdade, nenhum valor se realiza sem influir, direta ou indiretamente, na realização dos demais, ao passo que no âmbito da existência não temos essa implicação.

(iii) Referibilidade

Também a referibilidade é outra característica dos valores. Afinal, o valor implica sempre em uma tomada de posição do homem perante um objeto (algo ou alguém), constituindo referências. Dizemos, portanto, que os valores não possuem um ser independente, mas são, de certa forma, sustentados por objetos nos quais se realizam, estes sim providos de existência. Os bens são, assim, depositários dos valores.

(iv) Preferibilidade

Consoante bem esclarece Aurora Tomazini de Carvalho, "*o valor demonstra uma orientação, uma tomada de posição que aponta para uma direção dentre várias direções, o valor que atribuímos a um objeto é aquele que preferimos dentre todos os outros.*"[13] A título de exemplificação, vemos que o legislador, ao estabelecer a proibição do assassinato, culminando uma pena de prisão para aqueles que descumprirem a norma, preferiu o valor "vida" ao valor "liberdade".

(v) Incomensurabilidade

Os valores não podem ser mensurados, sendo impossível o estabelecimento de uma medida de valores. Não há como mensurar a beleza de um quadro ou a honestidade de uma pessoa, por exemplo. Eu até posso preferir os quadros de Picasso a Monet, mas não há como enquadrá-los em uma escala de

13. CARVALHO, Aurora Tomazini de. *Curso de Teoria Geral do Direito: o construtivismo lógico-semântico*, São Paulo: Noeses, 2009, p. 256.

beleza, da mesma forma que não consigo medir o grau de honestidade de duas pessoas. Já em se tratando de um objeto do mundo do ser, essa mensuração já se mostra possível. Eu consigo, por exemplo, obter as dimensões de um quadro de Picasso e a de um quadro de Monet, de modo a verificar qual dos dois é maior, por exemplo, assim como consigo pesar duas pessoas a fim de saber qual das duas é mais pesada.

(vi) Graduação hierárquica

Por outro lado, apesar de sua *imensurabilidade*, os valores tendem a seguir uma *graduação hierárquica,* isto é, a ordem dos valores apresenta uma estrutura escalonada conforme a preferibilidade do sujeito. É a ideologia de cada um. Os valores éticos, por exemplo, tendem a sobrepor-se aos estéticos.

Uma estrutura hierárquica dessa natureza é desconhecida dentro da ordem do ser, apesar dela também ser estratificada em sua estrutura (há o mundo inorgânico, orgânico, psíquico e espiritual). A existência desses degraus da realidade não significa, todavia, que qualquer deles seja mais do que o outro. A única alternativa possível é ser ou não ser, existir ou não existir. Nenhum existe ou é mais do que o outro, ficando impossibilitado qualquer grau de comparação.

(vii) Objetividade

Os valores, como já exposto, configuram-se como qualidades aderentes, que os seres humanos predicam a objetos, de modo que os valores pressupõem, necessariamente esses objetos, de cuja existência dependem para valerem. Já o *ser* como ser o é por si só, sendo indiferente aos valores.

(viii) Historicidade

Por historicidade devemos compreender que os valores são frutos da trajetória existencial dos homens e surgem na evolução do processo histórico social. O valor *igualdade*, por exemplo, é um valor que foi ganhando contornos mais precisos a partir da evolução histórica da sociedade. A título de exemplo, observe-se que se hoje os negros e as mulheres deve ser tratados de forma igualitária, nem sempre foi assim.

(ix) Inexauribilidade

A inexauribilidade significa dizer que o valor não se esgota e nem se altera com a modificação dos objetos em que se manifestam, estes sim sujeitos à mutabilidade. Assim, o valor *honestidade* não sofre quebra porque o homem honesto foi corrompido, do mesmo modo que o valor do *belo* não deixará de existir porque o quadro foi destruído. Igualmente, não é porque um ato foi considerado justo que faltará *justiça* para os demais.

(x) Atributividade

Por fim, Paulo de Barros Carvalho elenca ainda a característica da atributividade, que pode ser entendida como a necessidade da presença humana para a valoração. O valor é atribuído ao objeto pelo homem, que é condicionado pela cultura em que se encontra inserido. "*Retirem-se os homens do mundo e os valores desaparecem com eles.*"[14]

Feito esse exame, podemos constatar que, apesar do *valor* se distinguir do *ser*, não podemos separá-los em absoluto, na medida em que eles se penetram e se completam. Como bem observa Hessen, "*os valores estão, segundo vimos, condenados a não poderem existir senão através da realidade, do ser. Só mediante a realidade existem, passam a ter <<existência>>.*

14. CARVALHO, Aurora Tomazini de. *Curso de Teoria Geral do Direito: o construtivismo lógico-semântico*, São Paulo: Noeses, 2009, p. 257.

Por outro lado, a realidade está também voltada para eles; como que sequiosa deles, no sentido de que só na medida em que os acolhe e por eles se deixa penetrar, atravessar, atinge a sua plenitude e se consuma. Isto só por si põe já em todo o relevo que há, portanto, e não pode deixar de haver, a mais íntima ligação entre os dois mundos do ser e do valor."[15]

3. Valor e Dever-ser

Max Scheler[16] distingue entre um dever-ser *ideal* e um dever-ser *normativo*. Aquele funda-se num valor contemplado no aspecto da sua relação com um *possível* ser real, ou seja, o dever-ser ideal tem seu fundamento na relação entre o valor e a realidade, ao passo que o segundo é o que se verifica dentro da relação entre o seu conteúdo e um certo querer que se propõe a realizar esse conteúdo. Desse modo, podemos dizer que o *dever-ser* não é indiferente ao *ser* e *não-ser* possível de seu conteúdo, mas, ao contrário, todo dever-ser é um dever-ser de algo. Assim, quando falamos que algo deve ser concebemos esse algo como não existente. Afinal, se existente ele não mais deve ser, pois já é.

Ainda segundo Scheler, a relação entre dever-ser ideal e os valores está regida, fundamentalmente, por dois axiomas: primeiro, que tudo o que tem valor positivo deve ser e, segundo, que tudo que tem valor negativo, não deve ser. Fica fácil concluir, assim, que todo dever-ser está fundado sobre valores, enquanto o contrário não se verifica.

Um dever-ser ideal (o mal não deve existir) transforma-se num dever-ser normativo (não deves praticar o mal), desde que

15. HESSEN, Johannes. *Teoria do conhecimento*. Tradução de António Correia. 7. ed, Coimbra: Sucessor, 1979, p. 62.

16. SCHELER, Max. *Ética: Nuevo Ensaio de Fundamentación de um personalismo ético*. Tomo I, Revista de Occidente Argentia, Bueno Aires, 1948, traduzido por Hilario Rodriguez Sanz (A edição alemã leva o seguinte título: *Der formalismus in der ethik und die materiale wertethik*).

o seu conteúdo passe a ser concebido por uma consciência confiante na sua possível realização ou a esta inclinada já por qualquer impulso profundo. Nas palavras de Scheler, "*siempre que esté dado um contenido del deber-ser ideal y sea referido a uma tendencia, dará por resultado una exigência dentro de esa tendencia.*"[17]

Para que se converta um dever-ser ideal em um dever-ser normativo, é necessária sempre a suposição de um ato de ordenar, o qual está impregnado de valor. Nesse sentido, podemos afirmar que os valores surgem antes das normas e neles estão a razão final e a justificativa para o próprio surgimento e criação das normas, as quais, em maior ou menor grau, exprimem valores.

O legislador, ao produzir os enunciados prescritivos, atribui valores a certos símbolos, visando a implementação de outros valores, estabelecendo, com isso, as condutas que são obrigatórias, permitidas ou proibidas dentro daquela sociedade. Por seu turno, o aplicador do direito, ao se deparar com o conjunto de enunciados prescritivos também passa a interpretá-los, atribuindo valor aos símbolos positivados, construindo, assim a norma jurídica. Há valoração de todos os lados, daí porque somos obrigados a concordar com Miguel Reale, quando afirma que "direito é valor". Embora não seja exclusivamente valor, sua dimensão axiológica é inconteste.

4. Os Princípios como valores positivados no Ordenamento Jurídico

Entre as normas, destacam-se algumas que se distinguem em face da forte conotação axiológica que carregam. São os princípios, regras do direito positivo que introduzem valores

17. Max Scheler, *Ética: Nuevo Ensaio de Fundamentación de um personalismo ético*. Tomo I, Revista de Occidente Argentia, Bueno Aires, 1948, p. 266.

relevantes para o sistema, influindo sobra a orientação de setores da ordem jurídica.

Paulo de Barros Carvalho distingue entre princípios como *valor* e como *limites-objetivos*. No primeiro caso, enunciam puro valor, ao passo que, no segundo, temos enunciados que determinam meios ou limites-objetivos para se alcançar aqueles valores, positivados no ordenamento jurídico.

Nesse sentido, enquanto os valores são imensuráveis e compreendidos de acordo com a ideologia do intérprete, a identificação dos limites objetivos é identificada mais facilmente. Temos, com isso, que os princípios-valores da segurança jurídica, igualdade e liberdade terão um grau de abstração muito maior do que os princípios da anterioridade, estrita legalidade e irretroatividade, por exemplo. Tanto o é que para se auferir o cumprimento de tais limites, basta examinar se as normas tributárias que instituem ou majoram tributos tem sua vigência condicionada ao exercício financeiro seguinte, foram veiculadas por lei em sentido estrito e alcançam ou não situações anteriores à elas. Já a verificação do cumprimento dos primados *segurança jurídica, igualdade e liberdade* não é passível de objetivação a tal ponto, sendo certo que o significado varia conforme os valores de cada um que interpreta tais princípios.

Como bem observa Cristiano Carvalho[18], os valores advêm *da* e compõem *a* cultura. Desse modo, os princípios afiguram-se como valores que a sociedade quer ver implantados, os quais

18. "Os Valores advêm da e compõem a cultura. Esse processo, assim como ocorre com a linguagem e a comunicação, é circular. A cultura, entendida como manifestação linguístico-social de aglomerados de indivíduos, denota padrões de valores comuns entre os atores sociais. Esses padrões são, portanto, um produto e uma faceta da cultura, fundamental para que se possa identificar as suas características éticas e morais." (CARVALHO, Cristiano. Sistema, Competência e Princípios. *In Curso de Especialização em Direito Tributário: Estudos Analíticos em Homenagem ao Professor Paulo de Barros Carvalho*", p. 871).

são selecionados pelo legislador (consciente ou inconscientemente) e incorporados na linguagem do direito posto como diretrizes do sistema normativo, imprimindo-lhe "*caráter de unidade relativa e servindo de fator de agregação num dado feixe de normas. Exercem eles uma reação centrípeta, atraindo em torno de si regras jurídicas que caem sob seu raio de influência e manifestam a força de sua presença*"[19], consoante ensina Paulo de Barros Carvalho.

Os princípios são, assim, o núcleo do sistema jurídico, especialmente quando tratamos dos princípios constitucionais, os quais dominam a total atividade interpretativa, direcionando as demais normas integrantes do ordenamento jurídico. Todo o sistema se constrói a partir desses pilares e, em última análise, visa a implementação desses valores. Por vezes, esses valores enunciados se apresentam na implicitude dos textos do direito posto, o que não lhe retira, todavia, a força vinculante. São o que Paulo de Barros Carvalho chamou de sobreprincípios, na medida em que aparecem pela conjunção de outras normas e, juntamente, com os princípios funcionam como vetor axiológico que penetra as demais regras do sistema impregnando-lhes a dimensão semântica. Esse é o motivo, aliás, pelo que são colocados no altiplano da Constituição, de onde partem e norteiam toda a criação de normas.

Assim, podemos dizer que os princípios são, primeiramente, direcionados ao próprio Estado, enquanto emissor de normas jurídicas. Nenhuma norma pode, portanto, ser posta no sistema, seja pelo legislador, seja pelo juiz (na prolação de uma sentença), seja pela autoridade administrativa (na lavratura de um auto de infração, por exemplo), seja pelo particular (na elaboração de um contrato) sem que aqueles valores, positivados no ordenamento jurídico sobre a forma de princípios e sobreprincípios sejam observados.

---

19. CARVALHO, Paulo de Barros. *Curso de Direito Tributário*, 18. ed. São Paulo: Saraiva, 2007, p.156.

5. Os Princípios na Interpretação do Direito

A interpretação dos princípios depende de uma análise sistemática capaz de levar em consideração o universo das regras jurídicas, tanto como organização sintática como também enquanto organização axiológica. Apesar dos princípios serem positivados no ordenamento jurídico, conforme os valores comuns da sociedade, certo é que a trajetória existencial de cada um vai fazer com que os padrões axiológicos das pessoas acabem apresentando variações, por vezes significativas, de modo que, em muitos casos, um mesmo princípio pode ser utilizado para defender posições distintas.

A bem demonstrar o exposto, tomemos os exemplos das cotas raciais para ingresso na Universidade Pública. A Universidade de Brasília instituiu reserva de 20% de vagas no processo de seleção para ingresso de estudantes, com base em critério étnico-racial. O Partido dos Democratas (DEM) ajuizou a arguição de descumprimento de preceito fundamental n. 186 contra tal ato, sob o pretexto de que a política de cotas feria vários preceitos fundamentais da Constituição, dentre os quais o princípio da igualdade, uma vez que aquelas pessoas que se identificassem como *negras* teriam um tratamento mais benéfico que as demais. O Plenário do Supremo Tribunal Federal, todavia, julgou improcedente a demanda, invocando, dentre outros fundamentos, o mesmo princípio da igualdade.

Enquanto para o DEM o princípio da igualdade significava o necessário tratamento igualitário para todos os candidatos, independentemente da raça, para o Supremo Tribunal Federal, a iniciativa visava promover a igualdade material dos negros. Nesse sentido, entendeu a Corte Constitucional que o Estado poderia lançar mão de políticas de cunho universalista, para efetivar a igualdade material, mediante ações de natureza estrutural ou de ações afirmativas como forma de promover a suplantação de desigualdades ocasionadas por situações históricas particulares. Ou seja, temos no caso, dois posicionamentos diametralmente opostos e ambos fundados em um mesmo princípio, o da igualdade.

Mas as variações não se dão apenas no âmbito do indivíduo isoladamente considerado. A valência prescritiva das normas integrantes do sistema jurídico é condicionada conforme o enredo que o conjunto dos valores positivados vai compondo, de forma que podemos afirmar que as normas podem variar, ainda que reconhecendo os mesmos valores, ao largo da história e das diversas comunidades. Isso porque o que as normas preveem não só dependem do conteúdo dos princípios positivados, mas também estão determinadas pelo rumo que os valores vão seguindo dentro da Sociedade.

Com efeito, os próprios sistemas de direito positivo prevêem formas de controle das situações jurídicas em que um princípio – ou mesmo uma norma – é violado, de forma que a transgressão dos princípios é o meio juridicamente próprio para testarmos sua eficácia. Se quando atacado for reafirmado na sua força axiológica, podemos dizer que ele é um vetor muito caro ao sistema.

Por outro lado, se a violação passa a ser constante e prospera, sendo absorvida pelo Poder Judiciário, então se opera uma modificação no sistema, na medida em que a norma que hospedava determinado sentido, adquire outra interpretação, abrigando, com isso, outros valores. Dizemos então que o antigo princípio já não apresenta eficácia, substituído que foi por vetores que atuam em outra direção.

É o caso, por exemplo, do valor *honra*, que, por muitas vezes, já foi tomado como superior ao valor *vida*, quando o marido traído era absolvido (ou, ao menos, tinha reduzida sua pena) da acusação de assassinato da mulher adúltera sob o argumento de que estava defendendo sua honra, tese esta que não mais se sustenta nos dias atuais.

Ainda sobre a *honra*, no sistema jurídico brasileiro, vigorou por muito tempo o art. 240 do Código Penal que prescrevia pena de quinze dias a seis meses de prisão ao cônjuge que cometesse adultério. Tal dispositivo legal só foi revogado em 2011, com o advento da Lei n. 11.106. Fato é, todavia, que bem antes de sua revogação, ele já não mais encontrava aplicabilidade, em razão da mudança dos valores da sociedade que, apesar de não compactuar, moralmente, com a traição, atribuía ao valor *liberdade* maior importância que ao valor *honra*. Daí porque, apesar de constante do ordenamento jurídico, o citado artigo era considerado letra morta, por não guardar relação com os valores positivados.

No exemplo acima citado, fica fácil ver que a ineficácia do art. 240 do Código Penal foi fruto de uma evolução histórica da Sociedade que passou a não mais aceitar que o valor honra pudesse se sobrepor a princípios alçados a categoria de fundamentais, como, por exemplo, a *vida* e a *liberdade*. Em alguns casos, todavia, a mudança parecer ser consequência maior da alteração dos intérpretes do que do próprio contexto histórico-social.

A título de exemplificação, vejamos a exigência de depósito prévio como requisito recursal. Durante anos, o Supremo Tribunal Federal firmou o entendimento de que a exigência de depósito recursal no processo administrativo era constitucional e não violava o princípio da ampla defesa e contraditório e tampouco o direito de petição. Tal posicionamento está consubstanciado, por exemplo, no acórdão da Medida Cautelar na Ação Direta de Inconstitucionalidade n. 1049[20], que serviu de base para tantos outros julgados.

20. EMENTA: "CONSTITUCIONAL. PREVIDENCIÁRIO. 13. SALÁRIO: SUA NÃO INTEGRAÇÃO NO SALÁRIO-DE-CONTRIBUIÇÃO PARA O CÁLCULO DE BENEFÍCIO. RECURSO: OBRIGATORIEDADE DO DEPÓSITO DA MULTA IMPOSTA. BENEFÍCIOS: PRAZO DE CARÊNCIA. ABONO DE PERMANÊNCIA: EXTINÇÃO. PECÚLIO: EXTINÇÃO. Lei 8.212, de 1991, § 7º do artigo 28 e art. 93 com a redação da Lei 8.870/94. Art. 25, inciso II e artigo 82 da Lei 8.213, de 1991, com a redação da Lei n. 8.870, de 1994. I. - Suspensão cautelar da eficácia do art. 93 da Lei 8.212, de 1991, com a redação da Lei 8.870/94, que estabelece que "o recurso contra a decisão do

Alguns anos depois, em decisão mais recente (ADI 1976[21]), esse entendimento foi alterado e aquela Corte passou

INSS que aplicar multa por infração a dispositivo da legislação previdenciária só terá seguimento se o interessado o instruir com a prova do depósito da multa atualizada monetariamente, a partir da data da lavratura." (Voto vencido do Relator). II. - Indeferimento da cautelar relativamente aos demais dispositivos legais acoimados de inconstitucionais. (Voto do Relator). III. - Indeferimento da cautelar relativamente a todos os dispositivos acoimados de inconstitucionais: § 7º do art. 28 e art.93 da Lei 8.212/91, com a redação da Lei 8.870/94, bem assim do inciso II do art. 25 e do art. 82 da Lei 8.213, de 1991, com as alterações da Lei 8.870, de 1994." (ADI 1049 MC, Relator(a): Min. CARLOS VELLOSO, Tribunal Pleno, julgado em 18/05/1995, DJ 25-08-1995 PP-26021 EMENT VOL-01797-02 PP-00196).

21. Ementa: "AÇÃO DIRETA DE INCONSTITUCIONALIDADE. ART. 32, QUE DEU NOVA REDAÇÃO AO ART. 33, § 2º, DO DECRETO 70.235/72 E ART. 33, AMBOS DA MP 1.699-41/1998. DISPOSITIVO NÃO REEDITADO NAS EDIÇÕES SUBSEQUENTES DA MEDIDA PROVISÓRIA TAMPOUCO NA LEI DE CONVERSÃO. ADITAMENTO E CONVERSÃO DA MEDIDA PROVISÓRIA NA LEI 10.522/2002. ALTERAÇÃO SUBSTANCIAL DO CONTEÚDO DA NORMA IMPUGNADA. INOCORRÊNCIA. PRESSUPOSTOS DE RELEVÂNCIA E URGÊNCIA. DEPÓSITO DE TRINTA PORCENTO DO DÉBITO EM DISCUSSÃO OU ARROLAMENTO PRÉVIO DE BENS E DIREITOS COMO CONDIÇÃO PARA A INTERPOSIÇÃO DE RECURSO ADMINISTRATIVO. PEDIDO DEFERIDO. Perda de objeto da ação direta em relação ao art. 33, caput e parágrafos, da MP 1.699-41/1998, em razão de o dispositivo ter sido suprimido das versões ulteriores da medida provisória e da lei de conversão. A requerente promoveu o devido aditamento após a conversão da medida provisória impugnada em lei. Rejeitada a preliminar que sustentava a prejudicialidade da ação direta em razão de, na lei de conversão, haver o depósito prévio sido substituído pelo arrolamento de bens e direitos como condição de admissibilidade do recurso administrativo. Decidiu-se que não houve, no caso, alteração substancial do conteúdo da norma, pois a nova exigência contida na lei de conversão, a exemplo do depósito, resulta em imobilização de bens. Superada a análise dos pressupostos de relevância e urgência da medida provisória com o advento da conversão desta em lei. A exigência de depósito ou arrolamento prévio de bens e direitos como condição de admissibilidade de recurso administrativo constitui obstáculo sério (e intransponível, para consideráveis parcelas da população) ao exercício do direito de petição (CF, art. 5º, XXXIV), além de caracterizar ofensa ao princípio do contraditório (CF, art. 5º, LV). A exigência de depósito ou arrolamento prévio de bens e direitos pode converter-se, na prática, em determinadas situações, em supressão do direito de recorrer, constituindo-se, assim, em nítida violação ao princípio da proporcionalidade. Ação direta

a compreender que a exigência de depósito ou arrolamento prévio de bens e direitos como condição de admissibilidade de recurso administrativo constitui obstáculo sério (e intransponível, para consideráveis parcelas da população) ao exercício do direito de petição (CF, art. 5º, XXXIV), além de caracterizar ofensa ao princípio do contraditório (CF, art. 5º, LV). A mudança foi tamanha que deu origem à Súmula Vinculante n. 21: "*É inconstitucional a exigência de depósito ou arrolamento prévios de dinheiro ou bens para admissibilidade de recurso administrativo.*"

Se no primeiro julgamento, a minoria dos Ministros entendeu que a exigência de depósito recursal como condição de admissibilidade do recurso não implicava qualquer óbice à plena realização dos princípios da ampla defesa e contraditório, no segundo julgamento, a unanimidade dos Ministros presentes ao julgamento da ADIn 1976 firmou entendimento no sentido de que a exigência infringia o princípio do contraditório previsto no art. 5º, inciso LV da Carta Constitucional.

Veja, que nesse caso, a composição da Corte havia sido alterada substancialmente, o que nos leva a questionar até que ponto essa alteração não seria o motivo da nova posição adotada pela Corte Constitucional. De fato, é inconteste que a entrada de novos Ministros contribuiu para essa modificação e nem poderia ser diferente, na medida em que interpretar é atribuir valor aos signos, sendo inconteste que ao assim proceder, os intérpretes não conseguem se afastar da sua ideologia. Por outro lado, não podemos atribuir as mudanças apenas à alteração do intérprete, mas também às modificações ocorridas

julgada procedente para declarar a inconstitucionalidade do art. 32 da MP 1699-41 - posteriormente convertida na lei 10.522/2002 -, que deu nova redação ao art. 33, § 2º, do Decreto 70.235/72." (ADI 1976, Relator(a): Min. JOAQUIM BARBOSA, Tribunal Pleno, julgado em 28/03/2007, DJe-018 DIVULG 17-05-2007 PUBLIC 18-05-2007 DJ 18-05-2007 PP-00064 EMENT VOL-02276-01 PP-00079 LEXSTF v. 29, n. 343, 2007, p. 32-53 RDDT n. 142, 2007, p. 166-176).

na própria Sociedade, que está em permanente mutação e cujos princípios devem ser levados em consideração no processo interpretativo.

Percebemos, diante de todo o exposto, que os princípios afiguram-se como indispensáveis no processo interpretativo, guiando a produção de normas e permitindo a constante evolução do Direito.